교수 57인의
외국유학과 문화체험 이야기

교수 57 인의
외국유학과 문화체험 이야기

華山文化

책 머 리 에

　21세기를 바라보는 지금 우리에게는 이제 문화적으로도 더 이상 '은자(隱者)의 나라'(Hermit Kingdom)여서도 안되고, 일수도 없다고 생각한다. 그것은 우리의 할아버지 세대와 아버지 세대로서 충분하였고 더 이상 오늘의 우리에게 아무런 의미가 없다.

　우리는 지금 글로벌(Global) 시대에 그동안의 문화의 충격과 문화의 충돌 그리고 문화와 문화가 맞서는 이른바 "culture vs. culture"의 세계에 살고 있다. 다른 나라의 학문과 문화는 우리의 학문과 문화를 더욱 자극하여 그 깊이와 폭을 더하여 우리의 문화를 보다 풍요롭게 만드는 계기를 이룬다. 그런 의미에서 외국의 유학과 문화체험은 가장 기본적이고도 전형적인 문화교류의 유형이라고 생각되어진다.

　유학의 목적은 앞선 남의 나라의 전문 지식과 가치관및 다른 생활 습관을 알아보는 데 있다. 견문을 넓힌다는 것이 바로 그런 것이다. 이웃 일본은 명치유신 이후 많은 인재를 선진 외국에 유학을 보냈는데 이들이 외국의 지식과 기술만을 배워 온 것이 아니라 그 나라의 좋은 사상과 제도까지 배워 온 것이다. 일본의 근대화가 그래서 일찍 이루어진 것이다. 유학은 이런 점에서 귀중한 기회인 것이다.

　유학은 선린 외교정책의 이름 아래 처음에는 후진국에서 선잔국으로 다소 예속적인 관계에서 시작되었다. 영국과 불란서의 식민지 통치 하에 있던 나라의 엘리트 계층의 젊은이들이 런던과 파리등으로 유학을 했고 해방 이전에는 우리나라의 엘리트들이 다투어 일본 유학을 다녀와야 했고 그 이후 근대화 과정에서는 모두 미국 유학길을 떠나야 했던 것은 좋은 예이다.

그러나 최근에는 유학의 패턴도 많이 바뀌어 교육적 사회적 영향력의 확대라기보다는 경제적 이익 측면이 더 강조되어 유학업무가 일종의 인기산업으로까지 개발되고 있는 실정이다.

또한 유학의 자유화 물결은 유학 인구의 급속한 증가와 함께 유학에 대한 부정적인 견해도 적지않다.

지금과는 달리 50–60년대에는 해외 유학의 길을 나선 사람들이 감수해야 할 엄청난 고생과 용기 그리고 그 어려움은 재정적 문제, 학업문제, 언어문제, 현지 관습과 생활환경 적응문제등이 더욱 컸었다.

재정문제는 희망대학에서의 초청케이스, 풀브라이트 재단장학금, 외국정부 또는 대학으로부터 장학금을 받는 경우등이 있었으나 기회를 얻기가 매우 힘들었다. 그래서 그때만 하더라도 해외 유학이나 연수 케이스로 외국에 나간다는 것은 일종의 선택받은 극소수만이 누릴 수 있는 특권이었다.

또 학문적 지식과 이를 전달받고 전달하는 수단인 언어문제는 서로 밀접히 연계되어 있어 머리 속에 아무리 많은 지식이 있어도 언어를 모르면 활용할 수가 없다. 지식은 언어라는 그릇에 담겨져야 한다. 따라서 언어 실력과 글 쓰기 기술은 각 단계별로 기교와 내용, 질적인 수준이 모두 문제가 되는 것이다. 이 언어문제는 어렵게 유학길에 오른 사람들로서는 말 그데로 "물에 빠져 죽지 않기 위해서는 헤엄을 배워 살아남는다"(sink or swim)격으로 공부를 하지 않으면 안되었다.

사용 언어가 다르고 공부하는 태도와 방식이 다른 나라로 가게되면 이에 적응하느라 많은 충격을 받게 된다. 이런충격을 퉁털어 학업충격(study shock)이라 할수 있다.

또 남의 나라에서 달라진 생활 습관과 문화 환경에 잘 적응해내려면 위와 같은 언어적, 경제적 적응 이외에도 외국의 사회적, 문화적 환경에 빨리 익숙 해지지 않으면 안된다. 이러한 익숙치 않는 사회제도와 문화에 직면하여 느끼는 걱정, 스트레스, 피곤감, 무력감 등, 이 모든 것이 근원적 문화차이에서 오는 즉 문화충격(cultural shock)에서 비롯된 것이다.

또 이와함께 우리 나라에서이든 외국에서이든 간에 그 나라 문화유적은 항상 감동이 있는 역사의 현장이다. 언어와 문자보다도 직관으로 볼 수 있는 인류 공동의 역사적 진실이 있기 때문이다. 이러한 문화 유산은 우리 모두가 느끼며 배울 수 있는 산 교육의 현장이기 때문이다.

이와같이 유학과 외국 문화에 대한 관심과 체험은 오늘의 우리 모두에게 소중한 이야기들이다. .

그러기에 많은 교수분들이 일찍이 겪었던 언어쇼크, 문화쇼크와 함께 경제적 어려움 등이 겹쳐 어지간해서 잊혀지지 않는 유학시절의 교훈과 기억들, 또한 누구이든간에 외국에서 달라진 생활 환경 속에서 겪었던 실수, 극복하기 어려웠던 순간들, 아직도 뇌리에 사라지지 않고 있는 일들과 장면들, 그리고 해외여행과 외국의 역사와 문화 현장에서 느꼈던 감동의 시간들을 정리 해보는 것은 매우 뜻 깊은 일이라고 생각되어진다.

이 책의 내용은 전 한국외국어대학교와 부산외국어대학교 총장을 지내신 서암(西巖) 김동선(金東璿) 박사의 고희를 맞이하여 기념문집으로 간행된 57인 교수들의 생생한 외국유학과 문화체험 이야기를 한데 모은 것이다. 이 책에 담긴 6대주 25개국에서 57인 교수들이 겪은 체험과 그 교훈을 장차 외국유학및 연수에 뜻을 둔 후학들에게 널리 소개되었으면 하는 일념에서 별도로 단행본으로 엮은 책이다.

1999년 10월 29일

차 례

▦ 책머리에

1. 나의 유학시절, 그 교훈과 기억들

4. 외국 문학의 현장을 찾아서

5. 잊을 수 없는 모습들…

1.

나의 유학시절, 그 교훈과 기억들

일본 유학 유감(有感)

박 성 래

한국외대 사학과 교수

좀 엉뚱하게 보이기도 하지만, 일본 동북 지방--인구 100만의 도시 센다이(仙台)에서 중국의 문호 노신(魯迅)은 아주 중요한 인물이다. 대학 구내에는 물론이고, 시내 몇 군데에 그의 동상과 기념관등이 세워져 있을 지경이다. 중국 최고 실력자라는 강택민(江澤民)은 일부러 이 도시를 찾아와 동북대학(東北大學)을 방문했던 적도 있다.

바로 내가 동북대에 초빙 교수로 가기 직전의 일이었다. 나는 1998년 12월말에서 1999년 4월초까지의 3개월 남짓 여기서 살았는데, 당시의 대학 신문(『東北大學新聞』 1998. 12. 16일자)에는 대대적으로 강택민의 방문과 노신에 대한 기사가 실려 있었다. 이 신문에 의하면 강택민은 일부러 자청하여 이 대학을 방문했는데, 그 이유는 바로 노신이 여기서 공부했기 때문이라는 것이다. 우리 나라에서도 『아큐정전』(阿Q正傳)의 지은이로 이름이 널리 알려진 노신은 1904년 9월 이곳의 센다이의학전문학교(仙台醫學專門學校)에 입학하여 1년 남짓 다니다가 1906년 3월 이 학교를 그만두고 동경으로 갔다. 겨우 1년 반 동안만 이 학교를 다닌 셈이다. 당시에는 아직 지금의 동북대학이 생긴 것이 아니어서, 그는 그 전신(前身)이었던 의학전문학교를 다녔던 것을 알 수 있다.

　그런데 노신의 단편 가운데에는 『등야선생』(藤野先生)이란 작품이 있다. '나'를 주인공으로 한 이 소설은 명확히 노신의 개인 이야기로 되어 있다. 그 내용에는 다음과 같은 에피소드가 적혀 있다.

　…대학에 다니던 주인공은 어느 날 수업 끝에 환등(슬라이드)으로 노일 전쟁의 한 장면을 구경하게 되었다. 그가 이 학교를 다닌 것은 일본이 러시아를 물리친 그 전쟁 도중의 일이었을 터이다. 그런데 그를 놀라게 한 장면은 이렇다할 잘못도 없는 중국인이 스파이라는 명목으로 처형당하는 모습이었다. 그를 더욱 화나게 만든 것은 그 장면에서 바보처럼 구경 만하고 있는 중국 민중의 모습이었다. 그는 이 장면에서 중국에게 당장 필요한 것은 의학이 아니라, 중국 민족의 병을 고쳐 줄 수 있는 사회 운동이며 정치 운동이라고 확신하게 되었다. 그래서 그는 의학전문학교를 때려치우고 동경으로 가서 다른 동지들과 함께 문학 운동에 가담하고, 결국 중국이 자랑하는 문호가 되었다는 것이다.

　중국의 교과서에도 실렸다는 이 소설은 바로 그가 여기서 실제 배운 그의 은사 등야(후지노, 藤野嚴九郎)교수를 모델로 꾸민 소설이다. 해부학을 가르치던 이 교수는 노신이 그의 수업을 이해하는지 확인하기 위해 매주일 노신이 필기한 노트를 제출하게 했다. 그리고 그 교수가 노신에게 되돌려준 노트에는 빠뜨린 부분이 보충되고, 문법이 잘못된 곳은 고쳐져 있었다. 이런 일이 그의 강의가 끝날 때까지 매주일 계속되었다. 노신은 그 교수를 위대(偉大)하다면서, 그의 사진을 그의 서재에 장식했다고도 이 자서전적 소설에서 묘사하고 있다.

그래서 강택민은 이 대학을 방문했고, 대학에서는 그를 극진하게 대접했던 것이다. 중국의 권력자라는 강택민은 대학의 배려로 등야교수가 노신에게 준 성적표도 구경할 수 있었고, 노신이 앉아 공부했던 계단식 교실에도 찾아가 앉아 보았다. 그때의 의학전문학교 상징으로 그 계단 교실은 아직 동북대학에 보존되어 있기 때문이다. 언제나 노신이 앉았다던 그 자리에 앉은 강택민은 "이 자리 좋은데요. 모두들 앉아 보세요!"라며 즐거워했다는 기록도 다음호(금년 1월 20일자) 대학신문에 보도되었다.

그러나 노신에게 일본 사람들이 모두 호의적이었을 이치가 없다. 그는 182명 가운데 68번의 성적으로 진급했다. 하지만 이런 성적을 얻었다는 것은 등야선생이 시험 문제를 가르쳐주었기 때문이라는 소문이 퍼졌다. 게다가 그의 하숙에는 그를 협박하는 편지가 오기도 했다. 약국(弱國)이었던 중국의 인간은 저능해야 할 것이라는 생각이 일본 학생들 사이에 널리 퍼졌기 때문이었다. 여하간 이런저런 연고로, 노신은 바로 이곳 센다이에서 그의 일생을 의학으로부터 문학으로 고쳐 잡았던 것만은 분명하다.

동북대에 있는 동안 나는 일제시기에 이 대학을 졸업한 조선인들을 조사했는데, 그 명단 가운데 나의 은사를 발견하고 깜짝 놀랐다. 내가 외대 교수로 평생을 지내게 된 것은 은사 김준섭(金俊燮) 교수의 덕이었다. 그런데 놀랍게도 바로 그 김교수가 여기 센다이의 동북대 철학과 출신인 것을 이번 조사에서 알게 되었다. 사실 나는 김교수 개인에 대해 아는 것이 거의 없다. 서울대 문리대 물리학과를 다니던 1959년쯤 김교수의 과학철학 강의를 몇 차례 청강한 것이 전부이기 때문이다. 1975년 봄 미국에서 박사학위 논문을 쓰고 있던 나는 하와이대 구내 서점 앞에서 우연히 그분과 마주쳤고, 저절로 머리 숙여 인사를 하게 되었다. 그래서 몇 말씀 나눈 다음 나는 그날 저녁 간단한 이력서를 김교수님께 가져다 드렸고, 그 종이 한 장이 당시 당신께서 강사로 나오시던 외대의 박술음학장께 전해졌다. 지금과 달라 미국 박사가 그리 천대받지는 않던 시절이기는 하지만, 김선생님 아니었으면 나는 어쩌면 귀국할 생각도 하지 않았을지 모른다. 그래서 김준섭교수에게 나는 무한한 고마움을 느끼며 살아 왔다.

그런데 바로 그가 지금 내가 와있는 동북대에서 철학 공부를 시작했다는 것이다. 나는 까맣게 몰랐던 일이다. 그거야 내가 철학을 전공한 일도 없고, 또 김교수에 대해 그렇게 상세한 정보를 알 이치도 없었으니 당연한 일이다. 하지만 돌이켜 보면 김교수는 그 스스로 일본에서 공부하신 것을 그리 떠벌리지 않았을 것이란 생각도 든다. 그는 미국 어느 유명 대학에서 철학을 공부하신 것으로 기억하고 있는데, 아마 그 이력만 강조되었을 것이란 생각이다. 나는 동북대에서, 그리고 귀국 직전에는 잠깐 북해도대학에까지 가서 일제 시기 동안 이들 두 제국대학에 유학했던 조선인 학생 명단을 조사해 본 적이 있다. 제법 많은 조선인들이 여러 분야의 공부를 한 기록을 만날 수가 있었다. 그리고 그 상당수는 해방 후 우리 사회 각분야에서 크게 활약한 인사들이다. 하지만 그 가운데 어느 누구도 일본에 유학했던 사실을 자랑삼아 내세운 경우는 적었던 것을 알 수 있다. 오히려 많은 사람들은 자신의 일본 유학을 숨기려고 한 경우도 있다. 왜 그럴까? 특히 중국인들의 일본 유학과 조선인들의 경우는 어떻게 다른가?

중국인들은 당당하게 그들의 일본 유학을 내세우고 거의 친일파에 가까운 노릇을 하고도 떳떳한 데, 왜 조선 유학생들만은 그 반대로 행동했던 걸까?

이런 부자연스런 현상은 일본인들에게서도 똑같이 발견할 수가 있었다. 여기 센다이의 시내 한복판 고도타이 공원에는 이곳 출신 의학자 시가 키요시(志賀潔)의 동상이 서 있다. 그는 적리균의 발견 등 세균 연구로 세계적인 명성을 남긴 의학자다. 그런데 이 동상에 새겨져 있는 그의 경력 가운데에는 그가 말년에 경성대학 총장을 지냈던 사실이 적혀 있다. 사실 그는 경성대 총장이 되기 전에는 경성의학전문학교 교장에 총독부 의료원장을 겸하여 여러 해 서울에 살았고, 아마 그에게서 교육받은 조선인 의학도도 여럿이 있었을 것으로 보인다. 하지만 그런 사실을 더 조사하려고 찾아 본 그의 글모음에는 어느 한 대목도 그가 서울에서 경험했던 일은 적혀 있지가 않았다. 1945년 이후 펴낸 수필집인데, 편집하면서 조선에 관련된 기록은 모두 빼 버린 것이 아닌가 생각된다.

참으로 서글픈 일이 아닐 수 없다. 김준섭박사와 시가박사가 서로 상대방 나라에서의 경험을 숨기려고만 할 수밖에 없는 것이라면, 이는 그들 개인적 손실일 뿐 아니라 두 나라 모두에게 아픈 상처일 수밖에 없다는 생각이 들었다. 식민지 시대의 잔재를 여러 가지 말하지만, 이런 사실이야말로 그 시대의 슬픈 찌꺼기가 아닐 수 없다.

한국과 일본의 경우에 비하면, 중국의 경우는 훨씬 행복스런 셈이다. 1902년 일본에 유학한 노신은 동경의 중국유학생을 위한 일본어 학원에서 2년 동안 말을 배운 다음 센다이로 의학을 공부하러 갔다. 일본 유학을 마치고 1909년 귀국할 때 그는 중국 기선을 타고 있었다. 배 위에서 일본 옷을 입고 있었던 노신과 중국인 선원 사이에는 이런 대화도 있었다.

"손님, 중국어를 아주 잘하시네요."

"나는 중국인이라오. 그러니 당연한 일이지요…"

"하 하 하, 손님은 농담까지 잘 하시네요."

그는 팔자(八字)형 콧수염에다가 키도 작아서 일본인으로 오해 받기 십상이었다. 또 일본에 사는 동안 일본인 옷에 일본인 신발 게다까지 신고 동네를 마음대로 돌아다니기도 했다. 그러나 아무도 그를 일본의 앞잡이 또는 친일파라고 비난하지 않는다. 비록 그의 동생 주작인(周作人)과 주건인(周建人)은 모두 일본 여성(사실은 이들 형제가 자매와)과 결혼했고, 친일파로 몰리기도 한 것 같지만…

중국은 일본의 식민지로 전락하지 않았기 때문에 웬만한 사람은 모두 자기 분야의 공로만으로 좋게 평가될 수가 있다. 노신은 일본 사람으로 오해받을 정도로 친일(親日)적이었지만, 중국에서는 아무도 그를 친일파나 매국노로 손가락질하지 않는다. 하지만 우리 역사에 그와 비슷한 인물이 있었다 해도, 노신과 비슷한 대우를 받기는 불가능할 것이란 생각을 떨칠 수가 없다.

도대체 한 개인의 외국 유학이란 그가 속하는 민족에게 어떤 의미를 갖는 걸까? 이런저런 생각을 골똘하게 했던 1999년 초의 일본 생활이었다.

하와이에서 만난 Mr. Governor

조 재 영

한국외대 영어과 교수

난생 처음 비행기를 타고 내가 미국 땅 하와이에 유학간 해가 공교롭게도 닐 암스트롱이 아폴로 우주선을 타고 달을 향해 '아프로 아프로' 간 1969년이었다. 정확히 암스토롱의 달 착륙이 한국시간으로 그해 7월 21일이었으니까, 나는 약 한 달 후인 8월말 경에 호놀룰루 국제공항에 도착한 셈이었다. 온 인류가 손에 땀을 쥐고 숨을 죽이고 지켜본 장엄한 우주의 장정이 이룩된 해였기에, 내가 처음 유학간 해와 달이 30년이란 긴 세월이 흘러간 지금도 혼탁해진 나의 기억 속에 생생하게 자리잡고 있는 것이다. 이 때만 해도, 비행기 타고 외국 나가는 일은 쉽지 않았다. 출국절차가 짜증날 정도로 복잡했다. 신원조회가 무척 까다로웠으며, 출국전 안보교육도 며칠간 계속 받아야만 했었다.

그러한 때에 미 국무성 장학금을 받고 당시의 최고 호화 여객기였던 보잉 707 4발 제트기에 몸을 싣고 드넓은 태평양 상공 높이 두둥실 날아서 미국에 간 감격은 나에게는 정말 대단한 것이었다. 암스토롱의 달 착륙 감격에는 못 미치겠지만, 어쩌면 나에게는 그에 버금가는 흥분과 감격이었다. 산골 마을에서 자란 나에게는 큰 여객기를 타고 외국 가는 일은 아예 이룰 수 없는 꿈으로 여겨졌기에, 비행기 타고 미국 간 것을 가지고 되잖게 호들갑 좀 떨었다고 크게 흉될 것은 없다고 스스로 위로해 본다.

내가 도착한 호놀룰루는 하와이 제도 중 오아후 섬에 있다. 이 오아후 섬에 유명한 진주만이 있고, 거기서 멀지 않은 곳에 하와이대학교가 있다. 그 대학 캠퍼스 안에 동·서문화센터(East-West Center)가 자리잡고 있다. 동(東)과 서(西)가 서로 만나서 이해를 더 돈독히 하는 데는 이보다 더 좋은 장소는 이 지구상에 없다고 생각한다. 태평양 가운데쯤에 위치하고 있어서 서양문화와 동양문화가 서로 교감하기에는 최적의 지리적 이점을 갖고 있는 곳이다.

나는 외국어로서의 영어교사 훈련관 과정(English as a Foreign Language Administrator's Training Project)을 이수하러 갔었다. 동·서문화 교류는 원활한 언어소통 없이는 어렵다고 보고 이를 위해서는 아시아·태평양 지역의 영어교사를 개별적으로 초청하여 훈련하기보다는 영어교사를 훈련하는 훈련관 과정을 신설하는 것이 더 경제적이고 효과적이라는 착상 하에 그 교육과정을 신설하였다고 들었다. 이 과정 이수 후 나는 20년이란 긴 세월 동안 외대에서 실시되는 중등영어교사 연수에 참가해 왔으며 앞으로도 정년때까지 계속 하려고 한다.

내가 미국 가서 처음 부닥친 불편은 화장실에서였다. 좌변기에 난생 처음으로 앉은 나는 자세의 급격한 변동으로 여간 불편한 것이 아니었다. 도대체 왠지 모르게 일을 잘 볼 수 없었던 것이었다. 그래서 좌변기 위에 발을 올려놓고 당시의 한국적 자세로 일을 보곤 하였다. 그런데 하루는 막 물 청소가 끝나고 물이 채 마르지 않은 변기에 발을 올려놓고 한국적 자세를 취하려다 미끄러져 화장실 바닥에 냅다 나뒹군 적이 있었다. 쿵하는 소리에 놀란 주위의 친구들이 다국적으로 몰려든 것이다. 정말 창피해서 혼났다. 옆구리가 좀 뻐근했지만, 내색하지 않고 싱긋 웃음으로써 낭패스러운 상황을 그래도 비교적 성공적으로 수습하였다. 동(東)에서 간 사람이 서(西)에서 당한 낭패는 이렇게 화장실에서 제일 먼저 벌어졌던 것이다. 그 후 좌식변기가 편하다는 것을 생리적으로 터득하는 데는 약 한 달간의 세월이 흐른 뒤였다.

하와이는 상하(常夏)의 섬 고장이다. 사람들은 대체로 반바지에 양말은 아예 안 신고 통풍 잘되는 샌들을 신고 다닌다. 기숙사 엘리베이터는 정말 다국적 인종의 발가락 생김새를 관찰하는데 최적의 장소다. 습기가 많고 무더운 남태평양 지방에서 온 사람들의 발가락은 짧고 뭉뚝하고 발가락 사이의 공간이 넓다. 대개 '우향우' '좌향좌' 자세로 서로 떨어지려는 본능을 지닌 발가락처럼 보였다. 우측 발가락은 '우향우' 자세고, 가운데 발가락은 '앞으로 봐' 자세이며 왼쪽 발가락은 '좌향좌' 자세를 취하고 있었다. 그런 발가락을 아래로 본 후 차츰 시선을 얼굴 쪽으로 상향하여 보면 영락없이 예상했던 그쪽 지방 사람들의 얼굴이었다. 나의 관찰력의 신뢰성은 어느덧 수준급이 되어 있었다.

건조하고 더운 아프리카 북부지방과 중동의 아랍지역 및 파키스탄 지역 사람들은 발가락이 대체로 깡마름으로써 발가락 사이에 충분한 공간을 확보하고 있었다. 그런 모양의 발가락만 보면 굳이 그 발가락 주인공의 얼굴을 보지 않더라도 어느 지역 인종인지를 금방 알 수 있게 되었다.

사람들이 국제적으로 모이면 다양성은 자연히 수반되기 마련이라는 것과 그리고 그 다양성은 각각의 독특한 특성과 개성을 지녀 인류의 삶이 덜 지루하게 된다는 것을 나는 여러 인종의 발가락에서도 감지할 수 있었다.

교육과정이 약 2개월 지나간 어느 토요일 오후에 일본 친구 3명과 함께 기숙사에서 멀지 않은 한 미국인 의사의 집에 초대를 받은 적이 있었다. 우리는 꽃다발 한 개를 만들어 4명이 그 집에 도착하였다. 그런데 그 의사의 부인이 아주 키도 크고 첫눈에도 쾌활하고 개방적인 풍모의 주인공이었다. 우리 일행이 약 50cm 높이의 나무로 된 현관 앞마루에 올라서자 미리 현관에 서 있던 그 부인이 두 팔을 벌려 껴 않는 식의 서양식 환영 인사 제스처를 취하는 것이 아닌가. 맨 앞에 간 일본 친구는 그런 인사법에 익숙하지 않아서 얼떨결에 자기도 모르게 뒤로 물러나면서 바로 뒤에 서있던 나의 무게중심을 흔들어 놓은 것이다. 그래서 맨 앞에 있던 그 일본인 친구와 나는 그만 마루바닥 밑 화단으로 떨어져 넘어진 것이다. 마침 푸석푸석한 흙으로 된 화단에 떨어져 다친 데는 없었으나 얼굴에는 흙이 묻고 옷도 엉망이 되었다. 동(東)과 서(西)의 인사법 차이로 나는 두 번째로 넘어져 땅바닥에서 나뒹군 것이다.

하루는 점심시간이 되어 카페테리아에 가서 미국인 친구 두 사람과 어울려 간단한 점심을 먹고 있었다. 4인용 식탁이었기 때문에 한 좌석은 공석이었다. 그런데 한 60세쯤 되어 보이는 노신사 한 분이 식판에 커피 한 잔과 계란 후라이 한 개와 토스트 2개 정도의 음식을 담고 그것도 학생들 틈에 끼어 순서에 따라 음식을 챙긴 후 우리의 식탁 쪽으로 오는 것이었다. 앉아도 되느냐고 그래서 옆의 외국인 친구가 공석이라고 하니 거기 앉아서 조용히 음식을 들고 있었다. 나는 시장하던 참이라 열심히 음식 먹는 데만 열중하면서 대화에 한 몫 끼지는 않고 있었다. 그런데 듣자니 그 노인 분의 이름이 '거버너(Governor)'라고 호칭되고 있었다. 나의 영어 실력이 짧은 시절이었지만 '미스터 거버너'는 지사님이 된다는 것쯤은 알고 있는 터였다. 미국에는 노년기에 대학에 다시 가서 과거에 못 다한 전공 과목을 공부하는 사람들이 더러 있었다. 그런데 그 노신사분에 대해서 특별한 관심을 보이는 주위의 사람도 없었고 주위의 분위기로 봐서 그 분은 그저 그렇고 그런 연세든 학생에 다름이 아니었다. 그래서 나는 혼자서 음식만 먹고 있으려니 다소 미안한 생각도 들고 또 좌중의 분위기도 살리는 의미에서 용기를 내어서,

"거버너씨, 당신은 여기서 무엇을 전공하십니까?"라고 특별히 소리의 강약과 억양에 신경 쓰면서 그 노신사분께 질문을 하였다. 그랬더니 거버너씨 바로 옆에 있던 미국인 친구가

"아니오. 미스터 조. 이분은 하와이 주지사님이고, 이 대학교의 재단이사장이예요. 학생이 아닙니다."라고 하는 것이 아닌가? 주지사고 그 대학 재단이사장이 식당에 나타났는데, 주위에 시중드는 사람 한 사람 없고, 주위의 분위기도 전혀 달라지는 데가 없었다. 모두 다 그 분이 주지사인 줄 미국인들은 거의 다 알고 있었을 텐데, 나는 전혀 그런 낌새를 감지하지 못한 탓에 뚱딴지 같이 엉뚱한 질문을 하였던 것이다.

주지사도 식당에 가면 한 평범한 시민으로서 줄서고 혼자서 식판 들고 음식 챙기는 미국의 뿌리깊은 민주적 시민 행동양식을 나는 미처 알아차리지 못한 것이다. 나는 미국의 한 정치 지도자가 보여준 민주적 시민의식과 그 주변 미국인들의 성숙한 시민 평등 의식에 크게 감명을 받았다.

동·서문화센터에서 나는 그 후에도 계속 낭패당하는 경험을

하였고 많은 교훈도 동시에 얻었다. 모두 결과적으로 나의 교단
생활과 사회 생활에 많은 도움을 준 잊을 수 없는 기억들이다.

스탠퍼드에서의 움직이는 휴식

최 영 자

한국외대 영어과 교수

1년간 안식년 휴가를 받고 1993년 9월 11일 일요일 아침에 미국 샌프란시스코에 도착하였다. 이곳 스탠퍼드(Stanford)대학에서 가을학기와 겨울학기동안 나의 전공분야와 관계되는 최신 자료를 수집하고 영·미 시(詩) 교육의 현황과 교수방법도 알기 위해 직접 청강할 계획이었다.

친지 한 사람도 없는 이 고장에서 다행히 나를 도와 줄 사람인 젬마(Gemma)를 소개 받았다. 공항에서 산타 클라라(Santa Clara) 카운티 로스 알토스 힐즈(Los Altos Hills)에 사는 젬마의 집을 가기 위해 고속도로 280(Freeway 280)을 달려가던 도중 낚시 수렵 금지구역인 크리스탈 스프링(Crystal Spring) 저수지에 잠시 들렀다. 미국 고속도로에서 주변의 경관이 가장 아름답다는 지역이다. 신선한 창조의 아침처럼 자연이 그대로 보존되어 있는 것이 '아담과 이브가 지구에 첫 발을 디뎠던 그때의 모습'이라고 격찬했던 어느 작가의 글귀를 생각나게 했다. 그러나 당시에는 아름다운 자연도 더 이상 흥미를 끌지 못했다. 다만 앞으로 크게 신세를 져야할 나의 새로운 친구 젬마에 대한 관심이 더 컸다. 자그마한 체구와 웃음 먹음은 큰 입과 반짝이는 눈을 가진 별로 말이 없는 모습이 마음에 들었다.

젬마는 로스 알토스 주택가에 좋은 조건으로 집을 구할 수 있게 주선해 주었다. 좋은 조건이란 5살된 손이라는 남자아이와 혼자 사는 스탠퍼드 의과대학 연구원인 젊은 미셸과 두 식구라는 점과 출퇴근을 할 때 내가 미셸의 차에 편승할 수 있다는 점이었다. 그리고 그 곳은 주택가이지만 걸어서 20분 거리에 교회가 있고, 슈퍼마켓은 집 옆 '도그호울(doghole)'이라 부르는 통로로 5분이면 갈 수 있었다. 슈퍼마켓은 큰 나무숲이 울타리처럼 둘러 쌓여 있는 곳에 있어서 사람 키만큼 높은 이 '개구멍'이 바로 마을의 유일한 지름길이었다. 인간이 사는 곳이면 이런 편법이 생기게 마련이다.

애초에 미국 시카고에 계신 부모님 곁에서 못 다한 효도도 하고 연구도 할 생각에 로욜라(Loyola University Chicago)대학과 시카고 대학교에 객원교수 허가신청서를 보냈으나 전자에는 그런 제도 자체가 없었고 후자로부터 학과장이 안식년으로 서류 인계하는 과정에 어떤 착오가 발생했으니 다시 신청하라는 통보를 받았다. 그래서 좀 늦게 초청장을 받은 스탠퍼드대학에 가기로 결정했다. 막상 결정되자 두 가지 마음이 혼재해 있었다. 그것은 혼자 떠나고 싶은 마음과 식구들과 같이 가서 20년 동안 소홀히 대접한 일에 대해 보상하고 싶은 마음이었다. 솔직히 말하면 윤리적 책임과 자기보존의 본능적 문제가 대두되었다.

결국 키에르케고오르(Kierkegaard)가 제기한 '이것이냐, 저것이냐?'라는 난제(poser)가 내 앞에 놓인 셈이다. 그래서 식구들의 결정을 기다렸다. 그러나 기다릴 필요도 없이 놀라게 한 것은 남편도 딸도 미국에 가지 않겠다는 의외의 선언이었다. 아버지를 닮은 딸은 자기가 여기서 할 일이 많다는 것이었다. 선택하기 어려운 문제가 자연스럽게 해결되었다. 오랫동안 마음에 지니고 있던 막연한 소망이 이루어졌다. 바쁜 생활에서 나는 쉬고 싶은 마음이 간절하였다. 하루 끝에 밤의 휴식이 있고 6일 동안의 일이 끝나면 주일이 있고 특히 우리 교수들에게는 방학이 있다. 쉬는 날은 언제나 즐겁고 소중한 시간들이다. 그러나 큰 주기로 7년에 한번씩 안식할 수 있는 일년간의 휴식은 참으로 하늘에서 내리는 단비와도 같아서 추수 때 은혜를 입은 누런 들판처럼 마음은 끝없이 펼쳐졌다.

안식이란 하느님께서 엿샛날까지 하시던 일을 다 마치시고 이렛날에 모든 일에서 손을 떼고 쉬신 데서 유래한다. 쉬신 이렛날 안식일은 히브리어 'sabbat'의 어원에서 나온 '중지하다' 혹은 '그만두다'라는 뜻이다. '중지하다'라는 말은 하던 일과 가던 길을 멈춘다는 의미이다. 미국 시인 로버트 프로스트(Robert Frost)의 시 「눈 내리는 저녁 숲가에 서서」(Stopping by Woods on a Snowy Evening)에서 화자는 자연의 아름다움에 이끌려 가던 길을 멈추고 섰다. 그러나 삶에 대한 심미적 통찰과 윤리적 책임행위의 사이에서 자기 실존적 의의를 자각하는 윤리적 실존자의 갈등을 보였다.

이 두 문제는 인간의 영원한 관심사이지만 시인은 실리적 자각의 중요성을 "가야한다"라는 말을 반복함으로서 강조하고 있다. 안식년을 맞이하여 나도 가던 길을 멈추고 일에서 해방되었다. 오로지 나와의 변증법적 싸움을 통하여 나 자신의 묻혀 있는 부분을 찾고 싶었다. 학생들 앞에서 '너 자신을 알라'는 말을 쉽게 한다. 인간이 참된 자기가 되려고 욕구하는 한 개인 자신의 삶이 가지는 의미를 생각할 수 있고 바른 삶을 살기 시작한다고 강조하곤 했다. 그러나 어떤 존재방식으로 참된 자기가 될 것인가를 자문할 뿐이다. 유명한 아폴로 신전이 있는 델포이(Delphi)이라는 곳에 7현인들(the Seven Sages)의 인생에 대한 금언이 새겨져 있었다고 한다. 그 금언 중 타레스(Thales)의 '너 자신을 알라'라는 말이 있다. 남에게 충고하기는 쉬어도 자기자신을 아는 일이 제일 어렵다는 유명한 말이다. 낯선 지역에서 혼자 산다고 자신을 알게 되는 것은 아니지만 나는 『월든』의 작가 소로우(Henry David Thoreau)가 시도한 간소한 삶을 혼자 '주먹구구식으로 살아 보겠다(live by dead reckoning)'고 다짐하였다.

한때 내 삶의 터전이었던 스탠퍼드대학은 1636년 미국에서 창설된 하버드대학보다 250년 뒤늦게 1885년에 창립되었다. 미국에서 금광에 대한 열기가 그 절정에 이르렀을 때 뉴욕에서 이주한 스탠퍼드(Leland Stanford)는 광범위한 무역으로 큰 재산을 모았다. 그는 미국 최초의 대륙횡단 철도를 완성하는데 크게 이바지한 네 사람(Big Four) 중 한 사람이었다. 그러나 1884년에 16세의 어린 외아들이 돌연 사망하자 아들의 죽음을 기념하는 동시에 샌프란시스코의 모든 어린이들을 사랑하는 마음에서 샌프란시스코 반도의 방대한 지역의 사유지에 대학을 세웠다. 그의 계획은 자유사회에 적합한 교육제도의 필요성과 직업전문 교육과는 다른 교양교육(liberal education)의 중요성을 기본 골격으로 하였다.

인간 정신과 사업수완을 개발하는 데 일반적인 문학교육을 통하여 상상력을 배양하고 키워야 한다고 그는 주장하였다. 창립자의 유지를 교육이념으로 뿌리박고 교과과정을 거듭 신설 발전시켜 100여 년의 역사를 가진 이 대학의 영어과는 1993년도 유에스 뉴스 앤드 월드 리포트(U. S. News and World Report)에서 실시한 국내 랭킹 조사에서 4위로 선정되었다.

스탠퍼드대학의 가을학기는 9월 27일에 시작하여 12월 첫주에, 겨울학기는 1월 4일부터 3월 첫주까지 10주간 계속된다. 두 학기동안 1, 2학년 전공필수과목인 미들부룩(Diane Middlebrook) 교수의 「시와 시학」, 3, 4학년 과목인 젤피(Albert Gelpi)교수의 「신 로맨티시즘과 포스트모더니즘」, 그리고 젤피(Barbara Gelpi) 교수의 대학원 과목 「로맨티시즘과 정신분석」이라는 과목을 청강하였다. 「로맨티시즘과 정신분석」과목에서는 라깡과 프로이드의 방대한 저서와 비평서, 그리고 로맨티시즘의 시를 읽어오는 과제가 주어졌다. 사전에 충분한 준비를 하고 시간 중에는 시종 열띤 토론이 전개되었다. 「신 로맨티시즘과 포스트 모더니즘」의 강의에서는 1945년 이후 미국 시를 개관하고 각 시인의 20여 편의 시를 분석하였다.

미들부룩 교수의 「시와 시학」강의는 나에게 적당한 강의 내용이며 알맞은 진도였다. 로마 시인 오비드(Ovid)의 「변형담」(Metamorphosis)에서부터 현재 유행하는 랩송까지 들려주며 학생들에게 운율에 대한 관심을 유발시키는 다양한 방법을 동원하였다. 여러 세기의 많은 시인들의 시를 종횡무진으로 폭넓게 넘나들며 시와 시학의 상관을 설명하였다. 학생, 교수 모두가 성실하고 진지하여 강의실을 열기로 채웠다. 늘 학생보다 10분 정도 일찍 들어와서 주당 4일 1시간 동안의 밀도 있는 강의를 위해 용의주도한 계획을 다시 점검하였다.

미국의 여류시인 무어(Marianne Moore)가 「시」에서 시는 "진실한 것의 장소(a place for the genuine)"라는 사실을 그대로 강

의실에서 재현하였다. 시를 가르치는 미들부룩 교수와 학생과의
교감을 통하여 "진실한 것"을 향한 순수한 마음을 읽을 수 있었
다. 마지막 주에는 랩가족(a rap family)의 어머니로 불리는 러티
화(Queen Latifah)와 소울(De La Soul)이 같이 부른 랩 음악 "엄
마는 흑인 아이를 낳으셨다(Mama Gave Birth to the Soul
Children)"를 들려 주며 리듬 감각에 호소하는 수업을 시도하는
동시에 「랩과 풍자의 전통」에 관한 과제물을 주었다. 미들부룩
교수의 세련된 강의는 학생들의 깨어있는 지성과 타고난 감수성
을 일깨워 주었다. 작가와 독자가 함께 시를 만들어 내는 과정에
서 교수는 학생과 협력하여 산파역을 훌륭히 수행하였다.

　미들부룩 교수와 함께 읽은 시 중에서 특히 나에게 인상적이
었던 것은 세르반테스(Lorna Dee Cervantes)의 시 「고속도로
280(Freeway 280)」이었다. 상상력의 힘과 자기복귀에로 향한 욕
구에 감흥을 느꼈다. 처음 샌프란시스코 공항에서 나를 마중 나
온 젬마의 집으로 달리던 도중에 잠시 크리스탈 스프링(Crystal
Spring) 저수지에서 멈춰 그 주변의 아름다운 경관을 둘러보았
던 고속도로 280이 이 시의 중심 씨앗을 제공하였다. 25행의 짧
은 이 시는 중간 중간에 주제적 구절을 스페인어로 쓴 부분을
제외하면 무리 없이 한 번에 감수할 수 있었다. 자기복귀로 향한
화자의 욕구가 독자의 본능에 호소하는 전통적인 주제를 다루기
때문에 쉽게 이해할 수 있었다. 읽고 또 읽었다. 미들부룩 교수
는 강의계획서에 시를 읽는 효과적인 방법을 친절하게 제시하였
다. 단숨에 한 번 읽은 후 시 속에 등장하는 화자를 의식하고 강
의에 대비하여 꼼꼼히 집중적으로 반복하여 읽도록 권하였다.
시를 한 번 읽기 보다 여러 번 읽으면 대부분의 시에 내재된 비

밀이 벗겨지면서 기쁨과 예지를 얻을 수 있다는 것을 강의 중에 거듭 강조하였다.

시 「고속도로 280」의 배경은 어린 시절에 살던 고향 '집(Las casitas)'이 지금은 우뚝 솟은 고속도로 밑에 '버려진 공터(abandoned lots)'가 된 것이다. '태양 없는 이 곳에서 그 전보다 더 강인하게 자라고 있는 살구나무, 앵두나무와 호두나무' 들이 생명의 위력을 과시하고 있다. 현재 테크널러지에 떠 밀렸던 풀들이 그 나무들 사이사이에 새로이 돋아 나 채송화, 봉선화, 박하 들이 나무들과 어울려 자기의 역사를 가지고 호흡하며 일구어 내는 옛 고향을 시인이 빛의 언어로 다시 그려 놓았다. 미들부룩 교수의 비평서 『언어속에 세계』(Worlds Into Words)의 제목이 시사하듯이 이 시가 그린 고향은 화자의 마음속에 살아 존재하는 내면의 세계였다.

스탠퍼드 대학과 로스 알토스 집의 하루 생활 자체는 매우 단순하였다. 새벽 미사와 간단한 아침 식사후 미셸과 함께 출근, 8시에 학교에 도착, 20분 정도 본관을 향해 이름 모를 나무들 사이로 두리번거리며 걷는다. 영어과 사무실에 잠깐 들렸다가 스탠퍼드 메모리얼(Stanford Memorial) 성전에 앉아 있는다. 그리고 나서 카페테리아에서 신문을 보며 차를 마신다. 10시에 강의실로 간다.

보통 점심은 싸가지고 와서 잔디 위에서 먹고 그 이후는 도서관에서 나의 전공에 관한 자료를 수집하지만, 주로 무작정 읽고 싶었던 책을 읽는다. 4~5시간동안 도서관에 있으면 바깥 날씨의 유혹 때문에 3번 정도 나와 햇볕을 즐기게 된다. 이 때가 자유시간이다. 뒤로도 걷고 뛰기도 하고 서서 학생들을 구경도 하고 학생들이 먹는 음식을 먹어 보기도 하고 생각에 잠기기도 한다. 이 반복적인 삶은 자연스럽게 익숙해졌다. 단조로운 일상사였다. 스탠퍼드에서 어린 시절처럼 뛰놀기 시작하고 지내던 어느 날 수첩에 그어 놓은 동그라미가 눈에 띄었다. 벌써 겨울학기가 끝날 때가 되었다.

김포공항에 도착하니 이른 아침에 남편과 아이들이 와 있었다. 사랑하는 식구들을 만나서 반가웠다. 말이 적은 남편이 나를 늙었다고 했다. 그래, 많이 늙었다. 그 동안 웃음도 화남도, 사랑도, 미움도 없는 삶을 나 자신을 위해 살았다. 생활은 단순하나 마음은 넉넉했다. 이렇게 표현할 수 있을지 모르겠지만, 천사처럼 살았다. 천사는 하늘에 있는 법이다. 아무 욕심 없이 사랑하고 싶다. 이상의 「날개」에 등장한 박제가 된 주인공처럼, 작은 방 안에서 살아온 어느 날 옥상에서 아래를 내려다보다가 12시 점심시간을 알리는 '뚜우' 하는 사이렌 소리에 "날자"하며 활기찬 군중 속으로 뛰어 내린 주인공처럼, 벨로우(Saul Bellow)의 「허공에 매달린 사람(Dangling Man)」에서 자유를 열망하는 조셉이 역설적으로 자유가 없는 군대에 몸을 던지며 환호하는 행위처럼, 엘리슨(Ralph Ellison)의 「보이지 않는 사람(Invisible Man)」에서 이름 없는 주인공이 어두운 지하동굴에서 혼자의 삶을 버리고 지상의 대중과의 호흡을 갈망하는 것처럼, 나의 삶도 자기애의 협소성을 깨뜨릴 때가 왔다.

아마 여기
이 도시의 낯설은 시골 들판
이곳에서 찾을 것이다, 나의 그 부분을…

Maybe it's here

en los campos extraños de esta ciudad

Where I'll find it, that part of me…

　「고속도로 280」의 화자처럼 '여기… 이 도시의 낯설은 저 시골 들판'에서 '나의 그 부분'인 옛 고향을 찾듯이, 나 또 한 여기 이 도시에서 고향을 찾을 것이다. 시의 연구가 인생의 연구라는 말이 실감난다.

　프로스트의 「눈 내리는 저녁 숲가에 서서」의 화자가 가야하는 윤리적 책임뿐 아니라 또 다른 강렬함을 가지고 무욕의 탐험가가 되리라. 나의 부족함과 인간의 불완전함을 수용하고 삶의 기회를 사랑하며 "그리고 나에게 주어진 길을 걸어야겠다." 윤동주의 「서시」의 이 구절은 오늘 기억에 새롭다. 스탠퍼드의 휴식, 움직이는 휴식은 꿈을 낳는 휴식이었다.

멕시코와 나, 그리고 그 향기

정 혜 정

한국외대 서반아어과 교수

　멕시코에서 오랜 유학생활을 하였던 탓인지, 멕시코에 대한 나의 향기, 즉 그 느낌은 어떠한 것일까?

　나는 1978년 8월 멕시코시티에 첫 발을 내딛었다. 그 후 그 곳에 갈 때마다, 비행기 속에서 멕시코시티라는 거대한 도시가 광활한 멕시코 분지에 펼쳐진 모습을 보면서 '너와 나의 인연이 참으로 끈질기구나' 하며 혼잣말을 하곤 한다. 멕시코와 나와의 관계는 과연 어떻게 규정할 수 있을까?

　그것은 한마디로 '애증의 관계에서 발전된 애정관계'라고 정의하고 싶다. 지금 돌이켜보면 철없던 시절에 그곳의 관습과 문화의 차이에 감탄도 하면서 비판도 했지만 20여 년이 지난 지금은 멕시코에 대해 마음 속 깊은 애정만이 남아 있는 것은 세월의 흐름 때문만은 아닐 것이다. 멕시코는 끈기를 갖고, 그들의 모든 것을 바라보면 많은 장점을 가지고 있는 매력적인 나라이다.

　내가 멕시코를 생각할 때 첫번째로 그리운 것은 멕시코 사람들이다. 나는 유학생활을 멕시코의 중류 가정에 들어가 그들의 식구처럼 지냈는데 나의 멕시코 부모님, 그리고 그들의 10남매의 자식들중 그 당시 미혼이었고 학생이어서 부모님과 함께 살고 있었던 까르멘(Carmen)과의 우정은 나의 인생에서 받은 많은 은

혜중의 하나이다. 그들과는 지금도 바로 엊그제 헤어졌다 다시 만난 사람들처럼 몇 년뒤에 만나도 전혀 낯설음 없이 속마음도 터놓고 농담도 한다. 나의 멕시코 생활에서 까르멘(Carmen)은 빼놓을 수 없는 존재이다. 그 친구는 나의 서반아어 선생 역할도 톡톡히 하였다. 그녀의 서반아어는 고급 수준이며 적절한 어휘구사와 그 표현에 대한 설명도 훌륭하고 아주 머리가 뛰어난 친구이다. 그녀가 있었기에 나의 어린 시절(?)의 외로웠던 유학생활을 많은 이야기를 통해서 잘 버텨 나갈 수 있었고 내 속내를 나타내는 과정에서 서반아어의 다양한 표현 방법을 익힐 수도 있었다. 까르멘(Carmen)은 정말 똑똑한 아이이다. 그녀의 정확한 분석력과 비판 의식에 나는 감탄의 감탄을 금치 못했는데 그녀보다 더 똑똑하다는 기호학 학자 남편을 만났으니! 지난해 그들의 집에서 머물렀을 때 그들이 인생의 반 이상을 각자 서재에 칩거하여 컴퓨터 앞에서 보내고 있는 것을 보고 그 먼 나라에 놀러(?)간 나는 이상한 나라의 앨리스같다는 생각이 문득 들었었다.

두번째로 멕시코의 독창성과 유연성을 이야기하고 싶다. 멕시코시티 공항에 도착해서 세관 검사를 받으려면 여행자가 스위치를 직접 누르게 되어 있다. 이 때 파란 불이 들어오면 그대로 통과하고 빨간 불이 켜지면 검사를 받는다. 이를 두고 그날의 재수에 달렸다고, 무작위 추출이라고 해석할 수도 있지만 나는 이것이 오히려 합리적이라고 말하고 싶다. 세관원의 모호한 기준에 의하지 않고 나 스스로 누른 스위치의 결과에 따른다는 것 자체가 일단 시시비비의 원인 제공을 하지 않는다고 생각한다. 그리고 이런 멕시코의 첫 관문이 그들의 독창성을 나타내는 한 단면이라고 생각한다.

유학생활때 외국인으로서의 나의 눈에 비친 멕시코의 비효율성에 실망하며 지쳤던 순간들도 있었지만 지금 생각해 보면 왜 그렇게 좁은 시야를 가졌던가 반문하곤 한다. 나는 사람들이 세워 놓은 절대적 가치라는 것을 별로 달가워하지 않는다. 우리 사회는 경직된 틀을 짜 놓고 그 틀 속에서 서로를 짜 맞추어 가는 경우가 대부분인데 반해 멕시코 사회는 유연한 열린 공간이라 한다면 나를 멕시코 예찬자라고 할까? 그들도 출신 지방, 혈통, 교육 정도에 따라 사고방식이나 업무 태도에 차이는 있지만 그것들이 인생의 필수 조건들은 아니다.

우리의 절대적 비교 습관은 정말로 마음에 들지 않는다. 우리가 IMF체제 속에 들어갔을 때 "드디어 우리는 멕시코처럼 되었다"며 떠들어댔고, 우리의 축구팀이 월드컵 본선 1차전에서 멕시코와 같은 조에 들었을 때 "멕시코는 무난히 이길 수 있다"고 장담하였다. 어김없이 우리의 비교 습관이 되살아나 온 언론에 멕시코가 주인공이었던 때가 있었다. 그 곳에 얼마간 머물렀던 사람으로서 그런 언론의 태도에 일말의 분개를 느낀 것은 우리는 멕시코에 대해 너무나 모른다는 사실이다. 모르면 입 다물어야 한다는 것이 나의 생각이다. 멕시코, 한국 두 나라는 절대적 비교를 할 수 없다. 먼저 IMF 문제에서의 두 나라의 상황은 근본적 면에서 차이가 있다. 그들은 넓은 국토와 풍부한 천연자원을 가지고 있는 복받은 나라이다. 한반도의 9배, 남한 면적의 20배의 국토와 세계적으로 손꼽히는 석유 매장량, 다양한 식물과 과일. 우리의 입장에서는 정말로 부럽기 짝이 없다. 나는 우리가 그들의 모든 천혜의 조건을 가지고 있다면 역사는 달랐을 것이다라고 감히 말하고 싶다. 이렇게 근본적인 여건이 다른 두 나라를 같은 선상에서 비교 분석한다는 것은 모순이 아닐 수 없다.

축구 문제도 그렇다. 나는 우리 한국의 축구 실력을 논하기에는 축구에 관해 문외한이다.

그러나 나는 언론의 접근 방식에는 많은 문제점이 있다고 본다. 언론은 우리 국민들이 양은냄비 같은 성격이어서 쉽게 달았다가 쉽게 식었다 한다지만 실제로 우리를 부추기는 것은 그들 바로 언론이다. 월드컵 본선 1차전에서도 멕시코와 우리를 비교하면서 부추긴 이들이 바로 그들이었고 또 결과가 우리의 패배로 끝났을 때 선수들을 질책한 이들도 바로 그들이었다. 우리는 그저 언론에서 바람을 잡은 대로 멕시코의 축구 실력이 우리와 비슷하다고, 아니면 한 수 밑이라고 믿었다가 실망한 꼴이 되고 말았다.

이렇듯 우리는 멕시코에 대해 별로 아는 것도 없으면서 그저 옛날 미국 서부 영화에 등장하던 판쵸를 걸친 가난한 사람들의 나라 혹은 놀기 좋아하며 게으른 국민성 때문에 발전이 더딘 나라라는 왜곡된 선입견 속에서 헤어나지 못하고 있는 것은 아닐까? 한 나라를 지나치게 미화해서도 안 되겠지만 비하해서는 더더욱 안 될 것이다. 멕시코의 독창성은 그들의 거대한 문화를 바탕으로한 유연성에서 비롯되었다고 생각한다. 멕시코의 문화는 신대륙 발견 이전에 존재했던 찬란한 여러 원주민 문화와 그 문화들을 정복한 스페인 문화가 함께 융화되어 어우러진, 한마디로는 정의할 수 없는 종합체이다. 그러한 많은 문화들이 충돌하며 뿌리를 내리는 과정에서 생겼을 독특한 멕시코의 색깔이 여러 분야의 토대를 이루고 있기 때문에 그들을 끈기 있게 지켜보아야 이해할 수 있는 점도 있을 것이다.

현재의 정치, 사회 전반의 현안들의 복잡함을 "하나님이 멕시코를 만드실 때 그들에게는 하나도 부족함이 없이 다 주어라. 그러나 미국 바로 밑에 위치하게 하라"라는 언중유골의 말로 농담도 하는 멕시코인들의 여유를 보며 나부터도 국제화, 세계화 시대에 맞는 안목과 지혜를 얻기 바라며 끝으로 멕시코는 결코 우리의 헛된 "멕시코쯤이야"라는 자만심을 수용하지 않을 저력의 나라이라는 것을 강조하고 싶다.

돌려받은 인생

김 명 옥

한국외대 영어과 교수

혹자는 인생을 우연의 연속이라 정의할지 모르나 나의 살아온 삶을 돌이켜 볼 때 자의적이든 타의적이든 임의적인 선택이었음을 알게 된다. 특히 인생에서 가장 중요한 배우자와 나의 직장의 문제에서는 더욱 그러했음을 절감한다.

대학의 1차 시험에 떨어진 후 실의에 빠져있던 나에게 부모님과 담임 선생님은 외대를 추천하였고 그래서 선택한 대학과 오늘날까지 뗄 수 없는 인연을 맺으면서 살아가고 있다. 더구나 이 대학을 다니는 동안 만난 사람을 나의 배우자로 선택하여 아들, 딸을 둔 가정을 꾸려가고 있으니 말이다.

대학을 졸업한 후 부모님이 미국 이민을 결정하였을 때 과연 부모 형제를 따라 미국으로 건너가서 원하던 유학의 길을 가야 할지 아니면 부모와 유학을 포기하고 당시에 사귀던 한 남자와 결혼하여 한국에 주저앉을 것인지의 선택의 기로에 섰을 때 나는 감히 후자를 택하였다. 모르면 용감하다고 하였던가.

그때의 선택은 결국 현재의 내 인생을 만든 결정적 계기가 된 셈이다. 지금 생각하면 미래가 불투명한 그 당시 상황에서 갈망하던 유학의 기회는 물론 부모, 형제와도 미련 없이 이별하였으니 소설 속의 어느 여주인공만큼이나 용감했다는 생각이 든다.

그래서인지 프로스트의 시 '밟지 않은 길'(The Road Not Taken)
을 읽을 때면 남다른 감회에 젖는다.

    그 아침 두 길은 아무도
    밟지 않은 낙엽 속에 나란히 놓여 있었다.
    길이 길로 이어져감을 알면서도
    나는 처음 길을 훗날을 위해 남겨 두었었지!
    다시 돌아오리라 믿지 않으면서도.

    나는 먼 먼 훗날 그 어디에서
    한숨지으며 이렇게 말할 테지
    숲속에 두 갈래 길이 있었고
    나는 덜 밟은 한 길을 택하였으니
    그래서 모든 것이 달라졌노라고.

　과연 그 당시 현재의 삶으로 이어진 그 길을 선택하지 않았다
면 나의 현재는 어떠했을까? 지금이라도 그 때로 돌아간다면 이
길 아닌 다른 길을 선택할 수 있을까? 사실 이러한 질문들은 이
제 와서 내게 아무런 의미가 없다. 다만 분명한 것은 나의 인생
은 그때의 임의적인 선택으로 결정되었으며 한 배우자를 선택할
때 적어도 그가 가진 소유를 고려하지 않았다는 점에서 지금 다
시 선택할 기회가 주어진다 해도 역시 같은 선택을 했을 것이라
는 점이다.
　인생의 반려자를 그가 가진 외적인 조건을 무시하고 선택한
것을 기특하게 본 하나님의 배려였을까. 나는 프로스트에게는 불

가능했던 일 즉 과거로 돌아가서 못 가본 인생 길을 다시 밟을 수 있는 행운을 얻게 되었다. 거의 사반세기가 지난 후 비록 짧으나 1년간 유학의 기회를 돌려받게 되었다. 뿐만 아니라 대학을 선택할 때는 과거에 못다나눈 부모님과의 사랑을 다시 되찾고 싶어 일부러 부모님이 사시는 곳에 위치한 대학을 택함으로써 완벽하게 과거로 되돌아간 셈이다.

미국의 북서부에 위치해 있는 포틀랜드 시가에서 동북부쪽으로 몇 마일 떨어진 사립대학 루이스 앤드 클락(Lewis & Clark)에서 교환 교수로 1년간 공부할 수 있는 허가서가 왔을 때 나와 우리 부모님 모두는 흥분하였다. 특히 그 대학은 매우 부유한 자녀들이 공부하는 사립 대학으로 방문 교수들에게 그리 쉽게 허가서를 보내지 않는다는 말을 들었던 터였으며 부모님집에서 차로 20여분의 아주 가까운 거리에 있었기 때문이었다.

당시 미련 없이 짝을 선택하고 떠난 맏딸에 대해 늘 서운하시던 두 분 앞에 늙어 가는 딸이 뒤늦게 나마 함께 지내겠다고 나타났을 때 두 분은 너무 황홀해 하셨다. 그것도 자식들이 모두 짝을 찾아 훨훨 날아가 버린 터에 못내 아쉬웠던 큰딸과 한동안 지낼 수 있게 되었으니 얼마나 좋으셨을까 짐작된다. 나 역시 우리 아이들이 훌훌 떠날 나이가 되어가니 새삼 부모님의 그 심정을 이해하게 된다.

30년 세월을 뛰어넘어 한가하게 마주하게된 부모님과 나는 한동안 지나간 세월의 흐름을 잊고 있었다. 아침이면 차려놓은 식탁 앞에서 부모님은 '이것 먹어라', '저것이 맛있다' 면서 반찬을 밥 위에 얹어주시고 나는 어린 아이처럼 '배불러요. 그만 먹을 거예요' 하며 버릇없이 굴었다. 어디 그 뿐인가. 아침에 학교갈 때면 어머니는 현관에 신발을 나란히 내놓으시고 차 조심하고 늦지말라고 당부하시면서 보이지 않을 때까지 손을 흔들곤 하셨다.

처음에는 너무 부담스러워 '이것이 아닌데… 무언가 잘못되어 가고 있어. 두 분은 나를 30년 전의 어린 딸로 착각하시나본데… 이거 큰일이군' 하면서도 내심 이게 웬 뒤늦은 복인가. 부모님의 사랑을 이토록 독차지할 수 있는 행운도 흔치 않음을 알면서 새삼 되돌아간 세월을 소유한 삶에 감사하게 되었다.

근 30여년 간 학교와 집에서 부쳐준 화려한 이름들 즉 며느리, 마누라, 엄마, 교수에 맞추어 사느라 늘 산더미같은 짐을 등에 업고 살아온 터라 갑자기 응석받이 딸의 역할만 해도 되니 처음에는 너무 어깨가 가벼워 균형을 잃은 듯 어질어질했으나 그것도 잠시 잠깐, 이것이 웬 횡재인가! 모처럼 홀가분해지니 날아갈 듯이 행복했다. 끼니때마다 반찬 걱정에서 해방되니 좋고 더구나 못 다한 부모님의 사랑을 늦게나마 통째로 받으니 더욱 더 좋아 때로는 지나친 듯한 두 분의 잔잔한 소리(잔소리?)마저도 축복처럼 느껴졌다.

때아닌 시절로 돌아가 못다한 공부의 한을 풀어 볼 결심으로 아예 십대의 학생들처럼 청바지에 책가방을 둘러메고 교실과 도서실 그리고 식당과 집을 왕래했다. 아들과 딸 같은 십대들과 어울려 도서실에 모여 그룹 스터디를 하고 선생 집에 모여 밤샘 파티에도 끼어서 지내다보니 워낙 개인의 프라이버시를 존중하는 그곳 풍습 덕에 나는 나의 나이도 직업도 거의 잊고 살 수 있었다. 더구나 공부하는 분야가 시공을 초월한 문학 작품이다 보니 나이에 상관없이 우리는 때로는 키이츠의 "성 애그느스 전야"의 순결한 메델라인이 되기도 하고 쉘리의 "알라스토"의 낭만의 주인공 혹은 바이런의 맨프래드가 되어 그들의 아픔을 공유하면서 아들 또래의 학생들과 차별성을 별로 의식하지 못했다.

교수와 학생들에게는 부르기 좋으라고 내 이름을 '명'으로 소개한 터라 나는 어디가나 '명'교수도, '명'엄마도 아닌, '명'이었다. 이름이 외자로 바뀌고 존칭마저 사라진 홀가분한 '명'학생은 아침이면 학교가고 저녁이면 하교하는 영락없는 십대 학생일 뿐이었다.

그렇게 지나던 어느 날 "20세기 미국 문학"의 수업 시간이었다. 나 보다 너댓살 위인 로레타선생은 교실에 들어서자 마자 겉옷을 벗어 던지더니 네다리를 있는 대로 벌리고 달려가는 호랑이가 그려진 티 셔츠를 구경시키듯 선 자리에서 빙그그르 한바퀴 돌았다. 그 후 의자에 털썩 주저앉으면서 "이 나이에 호랑이의 정열로 뛰어 다니려니 너무 힘들다"고 푸념했다. 국민학교에 다니는 두 딸아이의 선생님과 면담하고 수업시간에 맞추어 헐레벌떡 뛰어오느라 숨이 차다면서 직업 여성의 어려움을 십대 남녀 학생들 앞에서 호소했다.

직업 여성으로 아이를 낳고 키우는 일에 회의가 들 때가 많다는 그녀의 신세 타령에 특히 여학생들이 적극 맞장구를 치자 갑자기 교실이 떠들썩해졌다. 어떤 여학생은 자기는 결혼해도 아이는 안 낳겠다하고 또 다른 학생은 저희 엄마들도 늘 비슷한 불평을 한다면서 머리들을 저었다. 선생과 학생들이 마치 사공과 물결이 합세하듯 어울리니 뜨거워진 화제의 흐름이 좀처럼 쉽게 가라앉지 않았다. 더구나 흥분한 여선생이 자녀 교육에 소극적인 남편에게로 불만의 화살을 돌리자 엉뚱하게도 남학생들이 기가 죽고 대신 여학생들은 더욱 기세가 등등해지면서 교실은 남녀의 성 차별이라는 거센 물살을 만나 더욱 시끄러워졌다.

동양에서 온 직업 여성으로 성차별의 주제에 대해 그들보다 할말이 더 많았지만 오가는 말을 놓치지 않으려고 귀를 세워 듣기에 바쁜 중이었기에 갑자기 "미옥"하는 선생의 부름에 나는 흠칫 놀라지 않을 수 없었다. 열띤 논쟁 속에서 넋을 놓고 듣던 참이라 미처 나를 호명하리라고는 기대하지 않았기에 의아해하는 나에게 "명! 당신은 아이가 둘이라고 들었는데 직장여성으로 일하는데 어려움이 없었어요?"하고 동지로서의 지지를 얻고 싶어했다.

얼마 동안 자신의 정체를 잊고 살던 나에게 갑자기 아이가 둘이라는 너무 당연한 말에 나의 머릿속 필름은 지나온 30년세월 뒤로 휙리릭 풀리면서 갑자기 정신이 번쩍 들었다. '그래, 나는 장성한 아이 둘을 둔 50대의 직장 여성이지. 아무렴! 너희들과는 엄연히 구별된 세대에 속해있어. 더구나 나는 동양에서 온 여성이기에 너희들의 사고와 분명히 다르고 말고' 하는 반론이 마음 속을 스쳐갔으나 곧 나 역시 과거 아이들을 키우던 어려움이 새삼 상기되면서 그들에 공감을 표시했다.

"물론 어려움이 많았어요…" 어렸던 시절에 대한 감정이 앞서자 더 이상 말을 이을 수 없었다. 어떻게 그것을 짧은 언어로 표현할 수 있겠는가. '그래, 너무 어려웠었지. 때로는 모든 것을 다 포기하고 싶을 때도 있었어. 그러나 한편으로는 그 어려움 속에서 오히려 아이들은 나에게 살아갈 힘을 주었고 또 그들 때문에 삶의 어려운 순간들을 수월하게 넘길 수 있었던 것도 사실 아닌가.' 이러한 생각이 들자 나는 자신 있게 다음 말을 이을 수 있었다.

"그러나 아이들은 내게 너무나 많은 것을 주었어요. 내가 그들에게 준 것보다 그들은 내게 더 많은 소중한 것을 주었어요." 나의 목소리는 왠지 떨렸다.

부모로서 아이들을 키우면서 때로 나는 그들을 나 자신의 화풀이의 상대로 혹은 게으름의 구실 내지는 핑계의 방패막이로 이용하지 않았던가. 당연히 내가 나의 부모님으로부터 사랑을 조건 없이 받은 만큼 나도 우리 아이들에게 사랑을 무조건적으로 주어야함에도 나는 내 부모와는 달리 내 일을 한다고 그들의 요구를 성가시게 여겼고 때로는 말도 안되는 교활한 논리로 그들을 욱박지르지 않았던가.

생각이 이에 미치자 나는 나도 모르게 "그런데 나는 주는 것에 인색했으니… 당시 나는 미쳤어요."라는 고백을 하고 있었다. 지금은 아이들이 다 자라 더 이상 나의 도움을 요구하지 않게 되고 더구나 이역 만리 떨어져 보상할 수도 없는 상황에서 돌이킬 수 없는 과거를 회상하자니 자연 마음이 약해졌다. 너무 엉뚱한 발언이었으나 이심전심이라고나 할까. 모두 숙연해졌다. 다소 어리둥절해하는 그들에게 나는 내 느낌을 가능한 한 솔직하게 전달하려고 애썼다. 과연 얼마나 정확히 전달되었는지는 알 수 없으나 갑자기 숙연해진 교실의 분위기로 적어도 한 방향으로 내달리던 화제의 거센 물결이 걸림돌을 만났음을 짐작할 수 있었다.

심각해진 로레다선생이 침통한 어조로 요즈음 부모들의 이기심이 미국 사회를 멍들게 한다고 화제의 방향을 돌리면서 "혹시 여러분 중에 자기를 낳은 부모와 사는 학생은 손을 들어 보세요"하고 물었다. 몇 안되는 학생들을 둘러보면서 하나, 둘 세어

보던 그녀는 "과연 지금 미국은 어디로 흘러가고 있는 것인지 알 수 없어요."하는 개탄의 말을 던진 후 말을 더 이상 잇지 못했다.

그 뒤로 나는 학생들과 선생의 시선이 달라져 있음을 감지할 수 있었다. 특히 로레타 선생은 종종 나를 동양인의 대변자로 삼아 내 의견을 물었고 나 역시 나의 정체성을 인식하고 보다 적극적으로 이를 드러내고자 애썼다. 수업 후 길에서 혹은 수영장 샤워 실에서 만나면 그녀는 매우 솔직하게 자기의 의견을 드러내고 나의 의견에 경청하곤 했다. 아이를 가진 부모로서 생명을 위탁받은 사실이 얼마나 멋진 일인지 그리고 바로 이 엄숙한 의무는 그 어떤 일 보다 우선되어야 한다는 나의 회한 섞인 열변을 그녀는 특히 듣고 싶어했다.

부활절이 되자 나는 내 아이들에게 소홀히 했던 과거를 간접적으로 보상하고 싶은 마음에서 그녀의 두 아이에게 등을 선물했다. 직업을 가진 어머니 밑에서 자란 우리 아이들에 대한 미안한 마음을 전하는 나의 편지 탓인지 그녀의 아이들은 자신의 엄마가 무척 자랑스럽다는 감사 편지를 보내왔고 그 글을 읽으면서 나는 우리 아이들의 편지인 양 고마워했다.

귀국할 날도 다가오고 또 그녀의 수업을 청강하도록 허락한 마음에 답례도 할겸 우리 둘은 호젓한 어느 식당에 마주 앉았다. 포트랜드 시를 끼고 유유히 흐르는 윌라멧 강 저 너머로 숲과 집들이 아름답게 그림처럼 펼쳐져 있었다. 불현듯 근 1년 동안 떨어져 있던 고국과 식구들이 보고 싶어졌다. 자연히 대화는 가족의 소중함으로 흘렀다.

"명, 고마워요. 나는 늘 아이들을 무거운 짐으로 여겼는데 당신의 말을 듣고 보니 정말 아이들은 오히려 삶의 짐을 가볍게 해준다는 것을 알게 되었어요."

그녀는 나의 체험적인 고백이 학생들에게도 많은 자극을 주었을 것이라고 덧붙였다. 돌아오는 길에 그녀는 윌라멧 강 언덕에 자리잡고 있는 자기 집에 잠시 들러가자면서 나를 데리고 갔다. 비스듬한 언덕 뒷마당에는 이름도 알 수 없는 꽃들이 흐드러지게 피어있었다. 나지막한 그림 같은 집에 들어가서 두 딸의 방과 침실을 보여주는 그녀 앞에서 나는 오히려 민망하여 고개를 돌렸다. 발들여 놓을 틈도 없이 옷가지하며 인형, 신발이 널려있는 아이들 방과 침대 위에 고양이, 신발이 올라 앉아있는 침실들. 보기만 해도 '너무 심하구나' 하는 감탄사와 함께 과연 직장 여성의 힘의 한계를 눈으로 확인할 수 있었다. 언덕 아래로 흐르는 강과 남방의 무릉도원 같은 아름다운 정원을 내려다 보면서 커피를 대접받는 나는 무언가 알 수 없는 혼란으로 마음이 편치 않았다. 아름다운 바깥 풍경과 쑥대밭처럼 널려있는 방, 방들.

"로레타, 이 아름다운 정원은 누가 가꾸고 있어요?" 한쪽에 세워 놓은 작은 손수레, 삽, 긴 고무 장갑 등을 보면서 물었다.

"물론 내가 하지요!" 의외의 대답이었다.

"어떻게 정원까지 돌 볼 시간이…" 겉으로 감탄하면서도 마음 속으로는 '그럴 시간이 있으면 집안 청소나 좀 하지. 정말 해도 너무 했어.' 하는 반감이 치밀었다.

"명! 우리 집 꼴을 보았지요. 다 할 수는 없어요. 사실 내게는 지체가 부자유스런 언니가 있어요. 어머니가 돌아가신 후 우리 형제들이 그녀를 4개월씩 돌아가면서 맡고 있어요. 그러니 더욱 집안을 정돈할 틈이 없어요." 자신의 치부를 서슴없이 드러내는 그녀의 용기에 내 자신이 작아지면서 잠시나마 오해했던 나 자신이 갑자기 부끄러워졌다.

"맞아요. 생명에 지장이 없는 것들은 아무래도 좋아요. 집안이 어지러워도 더욱 소중한 것은 생명이니까요." 나의 위로에 그녀는 신나서 맞장구를 쳤다.

"맞아요. 맞아. 오늘 아침 이혼한 친구와 그 말을 나누었어요. 당신과 나는 여러 면에서 통하는 것이 많아서 정말 기뻐요." 사실 그녀도 나처럼 엘리엇으로 학위를 받은 터라 나 역시 그녀와 통할 수 있는 많은 이야기를 나눌 수 있어 매우 기뻤다.

부모님 드리라고 한아름 꺾어준 꽃다발을 안고 오면서 나는 곰곰이 생각했다. '그래, 맞아. 살아있는 생명들--아이들, 나무들, 꽃들 이 모두가 우리의 관심의 최우선이어야 하는데 왜 나는 그토록 집안을 쓸고 닦는 일을 아이들보다 더 힘써했던가. 그 아까운 세월을 곧 무너질 모래성 쌓기에 열중하였는지 모를 일이다. 아직도 그렇게 살고 있으니. 돌이킬 수 없는 회한이 이번에는 그녀가 내게 깨우쳐준 말 한마디에 묻혀 마음에 머물렀다. 이래서 우리는 서로 주고 받는 것이구나.'

지금은 이미 또 다른 과거로 파묻힌 지난 1년의 세월이 내게는 아직도 마음에 잔잔한 파문을 일으키면서 감동을 준다. 나는 오늘도 넓은 태평양을 사이에 두고서 살고 있는 부모님, 로레타에게 서로 만난 축복을 고마워하면서 특히 그녀가 보내준 그림 엽서를 들여다보며 조용히 말을 건넨다.

"로레타. 당신의 이름은 참으로 낭만적이에요. 두 딸을 후회 없도록 소중하게 키우세요. 그들은 너무 근사한 신의 선물들이니까요."

나의 영국 체류기

최 옥 영

한국외대 영어과 교수

영국은 내 인생에서 중요한 자리를 차지하는 나라이다. 다시 말하면 영국은 나의 친정같은 나라인 동시에 제2의 고향이라고 해도 과언이 아니다. 그 이유는 영국에서 내 인생의 가장 중요한 시기인 30~40대를 지냈으며, 세 아들 중 둘을 그 곳에서 낳았기 때문이다. 또한 두 아들을 낳았을 때 내 산후 조리를 기꺼이 해 준 두 명의 벽안의 어머니가 있기 때문이다. 그뿐인가? 조산한 두 애기를 구할 수 있었던 것도 영국의 의료보험제도 덕분이었기 때문이다.

최초로 영국에 발을 디딘 것은 1962년 10월, 먼저 영국 문화원(The British Council) 장학금으로 신혼 일년만에 유학간 남편의 뒤를 쫓아서였다. 브리스틀(Bristol)이라는 남서부 항구에서 이곳 브리스틀 대학교 대학원에 다니며, 생계를 돕기 위해 정신과 종합병원에서 보조간호사 노릇을 하였다. 그 당시 노동허가(labour permit) 없이 구할 수 있는 직업은 간호사와 웨이트레스뿐이었다.

서울대 문리대 영문과를 졸업하고, 대학원을 다니면서 영어에 꽤 능통하다고 자부하면서 영국에 갔지만 자메이카에서 온 고참 보조간호사들의 영어를 알아듣기 무척 힘들었다. 또 그들의 텃세도 견디기 어려웠다. 마침 몇 달 후 임신의 몸이 되어 핑계를 대고 사직하였다.

공부하며 직장에 다니던 것이 힘에 겨웠던지 첫 아이를 조산하였다. 달수로나 몸무게로나 미숙아인 우리 애기는 인큐베이터 신세를 지게되었다. 이 때부터 우리는 영국의 사회보장제도와 의료보험제도의 덕을 톡톡히 보게 되었다.

영국에서는 개인 개업의사를 제외하고는 모든 의료비를 국가에서 부담해준다. 임신 중 진찰은 물론 분만, 입원비 및 산후 조리까지 모두가 무료이다. 한국에서는 그 당시 하루 인큐베이터 사용료가 3,000원(내 월급은 50,000원)이었으니까 만일 한국에서 조산을 했더라면 경제적 이유 때문에 아기를 살릴 수 없었을지도 모른다. 출산 후에는 보통 일주일 정도 입원한 상태에서 조리를 한다. 병원에서는 식사 네 끼는 물론 오렌지쥬스나 우유 및 필요한 영양제도 보급해준다. 차가 없는 산모는 퇴원시 앰브란스로 귀가시킨다. 퇴원한 후에도 간호원이 규칙적으로 방문하여 후유증이 없도록 돌봐준다.

내 경우 아기는 인큐베이터에 8주일 정도나 더 있어야 하므로 나만 먼저 퇴원을 하였다. 병원에서는 모유를 적극 권장하고 있었는데 마침 나는 젖이 아주 흔해서 병원에서 빌려준 조그만 아이스박스에 젖을 짜서 모아두면 간호원이 일주일에 한번씩 찾아와서 젖을 가져가서 다른 미숙아들에게도 내젖을 나누어 먹였다. 아마도 내젖을 먹고 건강하게 큰 미숙아 수가 꽤 있을 것이다.

그 당시 우리는 대학 소속 영국국교 신부의 소개로 브리스톨대학교 수의과 교수를 알게되었다. 이 교수 부부는 우리를 친자식처럼 친절히 대해주고, 영국에서의 첫 크리스마스도 함께 지낼 수 있게 해주었다. 아기가 퇴원한 후에는 베이비씨팅(babysitting)도 해주어 우리는 가끔 저녁에 영화도 보러 갈 수가 있었다.

남편의 학위가 끝나던 해 우리는 유람선을 타고 귀국하기로 하였다. 런던의 남쪽 브라이튼 근처 친구 집에서 크리스마스 휴가를 같이 지낸 후 사우스햄튼(Southampton)이라는 남쪽 항구에서 배를 타게 되어 있었다. 1960년대 후반에는 대륙횡단 유람선이 자주 다니던 때였으므로 사우스햄튼에서 일본 요꼬하마까지 한 달이 걸리는 호화유람선을 택하여 귀국 길에 여러 나라 관광도 겸할 계획이었다. 배는 글자 그대로 호화스러운 바다 위의 호텔이었다. 식사는 최고급 호텔 못지않았으며 선상 수영장은 물론, 각종 오락 설비를 고루 갖추고 있었다. 매일 밤 저녁 식사 후에는 댄스 파티와 음악회가 있거나, 혹은 영화를 감상할 수 있었다.

가장 인상 깊었던 밤은 '미친모자쓰기 파티(The Mad Hatter's Party)'였다. 바구니나 버켓을 쓰고 나오는 사람, 양말을 뒤집어 쓰고 나오는 사람, 전등갓을 머리에 얹은 사람 등등, 제각기 창조성을 발휘하여 기발한 모습으로 나타났다. 가장 창의력이 있는 모자를 쓴 사람이 상을 받았다.

유람선은 무척 거대한 배였지만 파도가 워낙 세기로 유명한 홍해를 통과할 때는 모두들 토하고 비틀거렸다. 배 안의 식탁의 네 면은 조금 운두가 있어서 높은 파도가 올 때 식탁이 기울어져도 유리잔이나 음식물이 엎어지지 않게 되어 있었다. 그럼에도 불구하고 홍해를 통과할 때는 식탁 위의 잔이며 접시들이 미끄럼을 타듯이 선상 마루 위로 곤두박질하였다. 순식간에 영화 『타이타닉(The Titanic)』 같은 장면이 벌어졌다. 선원들은 배멀미가 날 때는 되도록 음료나 국물 있는 음식을 피하고 마른 음식을 권했다.

배는 수에즈운하를 통과한 후 처음으로 아덴에 정박하였다. 생전 처음으로 지도에서만 보던 수에즈 운하는 신기하기도 하였으나 생각보다는 규모가 작았다. 흙탕물 위를 화물선이 유유히 건너가고 있었다. 아덴에서는 밤거리를 관광하고 낙타가죽으로 만든 핸드백을 기념으로 샀다. 그 후 유람선은 아시아의 주요 항구에 들렀으며, 여객들은 썰론(지금의 스리랑카)의 콜롬보, 봄베이, 캘커타, 콸라룸푸르, 싱가포르 등을 골고루 볼 수 있었다. 싱가포르에서는 마침 서울을 출발하여 프랑스 말세이유 행 유람선이 우리가 도착하기 하루 전 날에 도착하기로 되어있었는데, 그 배 안에는 친정 어머니와 언니 그리고 형부가 타고 있었다.

나는 콜롬보에서 그 지방 국내선비행기를 이용하여 하루 먼저 가서 그들을 만나 하루 같이 지낸 후 내 배가 도착하면 다시 남편과 합류할 계획이었다. 그러나 미개국의 비행기회사 직원의 약속을 믿기 어려운 것이 상식인 것을 모르고 있던 나는 그들의 말만 믿고 예약을 하지 않았다. 비행장에 달려간 나는 싱가포르 행 비행기를 눈앞에 보고서도 예약을 하지 않았으므로 좌석을 구할 수 없었다. 결혼 후 사년이나 친정식구를 보지 못했다가 모처럼 계획한 만남이 실패로 돌아간 날 나는 남편을 원망하며 마음껏 울어댔다.

마침내 한 달이라는 긴 여정이 요코하마를 끝으로 막을 내렸다. 불행히도 여행 마지막 주일에 배 안에서 홍역이 유행하여 배 안의 모든 아이들이 옮아서 우리 아이도 고생을 했다. 마침 4주 동안을 한 식탁에서 마주 지냈던 일본인 부부가 고오베에 살고 있었으므로 그들이 소개해준 의사의 진료를 받은 후 이틀날 서울행 비행기에 몸을 싣고 그리운 고국에 돌아왔다.

절대로 런던에는 일요일에 도착하지 마라!(Never arrive in London on Sunday!)

두 번째 영국으로 떠난 것은 1970년 1월이었다. 이미 두 아이의 아버지가 된 남편은 또다시 홀로 1968년 유학길에 올랐다. 이번에는 박사학위를 취득하기위해 만체스터(Manchester)대학교로 가있었다. 약 1년 반 뒤 두 아이를 데리고 다시 그의 뒤를 따라 영국에 갔다. 남편은 그 당시 풀브라이트(Fulbright) 교환교수로 6개월간 미국 텍사스 대학교에서 로렌스(Lawrence) 강의를 하고 있었으므로 우리가 영국에 도착하는 날에 맞추어 영국에 오기로 약속이 되어 있었다. 그러나 막상 런던 비행장에 도착해보니 남편의 얼굴은 찾아볼 수도 없고 메시지 한마디도 없었다. 화가 머리끝까지 났지만 어린 두 아이 때문에 꾹 참고, 비내리는 런던거리로 친구를 찾아 나섰으나 마침 친구는 주말이라 시골 고향집에 가고 없었다. 해는 지고 어둑 어둑해 가는 낯선 런던 거리를 두 아이를 데리고 헤매자니 너무 처량한 신세였다. 우선 지친 애들을 위해 호텔에 묵기로 하였다.

우리는 히스로우에서 그 다음날 어머니와 언니가 사는 프랑스 니스로 향할 작정으로 패딩튼에 싸구려 호텔에 들었다. 남편은 그 다음날에 도착하였으나 우리가 살집이 없었으므로 그냥 니스에서 당분간 지내면 그 동안 집을 구해놓겠노라고 해서 니스행 비행기를 탔다. 아름답고 따뜻한 니스에서 어머니와 언니 그리고 형부 덕에 호강하고 한달 뒤 다시 영국에 도착했다.

4살과 6살 짜리 아이들은 가까운 성공회 학교에 입학시켰다. 영어 한 마디도 못하는 형편이었으나 친절한 담임 선생님 덕에 방과 후에 무료로 특별지도를 받고 곧 몇 달이 되지도 않아 적응하고 영어도 곧잘 하게 되었다. 그 담임 선생님의 성이 램즈버톰(Ramsbottom)이었는데, 그 뜻은 숫양의 궁둥이였으므로 우리는 소개 받자마자 웃음을 금할 수가 없었다. 그녀는 방과 후에 자발적으로 과외를 시켜주고 영어를 잘 읽을 때에는 초콜릿을 상으로 주곤 했었다.

남편의 학위가 끝나갈 무렵 친구 이안 행키(Ian Hankey)가 자기 어머니의 정원사 집에 무료로 살도록 주선해 주었다. 서머셋(Somerset) 주의 톤턴(Taunton) 근처 아주 외딴 시골이었는데 우리집의 주소는 마운트 플레잔트 커티지(Mount Pleasant Cottage, 즐거운 작은 산장)였고, 전기도, 수도도 전화도 없는 문명과 동떨어진 집이었다. 후에 알게 된 사실이지만 이 집 정원사는 아내가 바람을 피워서 정원사가 이 집에서 목메어 자살을 하였던 사연이 있었다. 그 뒤 몇 년 동안 집이 비워져 있었다고 한다. 이리하여 나의 원시 영국생활이 시작되었다.

당시 남편은 논문을 끝내고, 런던 대학교의 아프리카 및 아시아 연구소(SOAS)에서 강의하고 있었으므로 주중에는 런던에서 하숙하고, 주말에만 집에 오곤 했었다.

톤턴은 매우 보수적인 도시로서 그 당시 외국인이 거의 없었으므로 우리만이 동양인으로 주목을 끌었다. 우리 식구를 그들은 유색인종(coloured people)이라고 불렀다. 두 아이는 그 지방 초등학교에 입학하였는데, 스쿨버스가 데려가고 데려다 주곤 했다. 등교할 때는 교장선생님이 버스기사이고, 집에 올 때는 그 마을의 빵집 아저씨가 기사였다. 물론 버스비는 무료였다. 애들은 책 가방이나 도시락을 가져갈 필요 없이 몸만 가면 되었다. 점심 식 사는 1주일에 1파운드만 내면 아주 영양가가 골고루 있는 따뜻 한 식사를 주었고, 그것도 아주 가난한 학생에게는 무료로 급식 하였다. 학교에는 교과서는 물론 비치되어 있고, 선생님은 학생 을 위해 연필을 많이 깎아두고 일체 학용품도 학교에서 준비해 준다. 공책, 크레용, 도화지, 지우개, 여러 가지 공작시간에 필요한 진흙, 풀, 풍선, 등등. 영국에서는 15세까지 의무교육이므로 경제 가 허락하지 않아서 학교에 가지 못하는 법은 없다. 이러한 영국 교육제도 덕분에 우리 두 아이는 전혀 교육비를 들이지 않고 초 등학교를 졸업한 셈이다.

그 당시에는 11+(eleven plus)라는 국가고시가 있었는데, 이 시험에 붙어야만 인문계 중고등학교에 입학할 수 있고, 또 후에 대학에도 진학할 수가 있었다. 그 시골 초등학교에서는 단지 두 명, 교장 선생님의 딸과 우리애가 합격하였었다.

이 무렵 나는 세 번째 아이를 갖게 되어 그 지방 대지주이며 유지인 집주인의 배려로 특별히 전화를 달아주었다. 그래도 아직 전기가 들어오지 않았으므로 밤이면 밖에 있는 차고에 나가서 자가발전기를 틀면 시골 방앗간처럼 텅텅 소리를 내며 전기가 들어왔다. 수도도 없어서 집 지하에서 샘물을 자가발전기를 틀어 끌어 올려서 사용하였는데 물에 철분이 많아서 흰색 빨래를 하 면 불그스레 물이 들곤 하였다. 친구와 사교를 즐기는 남편은 가 끔 주말에 두세 명의 친구를 데려와 나를 심심치 않게 해주었다.

외딴 집에 혼자서 일주일 내내 만나는 사람이라고는 우유 배 달군과 우편배달부뿐인지라 런던에서 손님이나 친구를 데려오면 반갑기 그지없었다. 나는 무거운 몸이지만 정성껏 대접하고, 그 고장을 관광시켜 주말을 함께 지내고 일요일 밤에 그들은 런던에 돌아가곤 했었다. 그러던 어느 주말 너무 무리를 했던지 이튿날 나는 슈퍼에서 장을 보다가 양수가 터져 그 길로 병원에 옮겨져 또한번 조산을 하게 되었다. 다행히 아주 조그만 아이였으나 순산하고, 나만 먼저 일주일 후에 퇴원하였다. 이번에는 혼자 전기도, 수돗물도 없는 내집으로 돌아간 것이 아니라, 그 지방 귀족의 큰 저택으로 간 것이다. 우리 집 주인의 친한 친구인 파젯트 부부(Sir John and Lady Paget)는 동양의 한 젊은 엄마가 남편과 떨어져 혼자 원시생활을 할 것을 가엾게 여겨 우리를 초대한 것이었다.

남편은 내가 퇴원한 후 곧 런던 직장에 복귀하였으므로 나는 두 어린 아들과 이 귀족 집에서 거의 두 달이나 산후 조리를 하였다. 이층집인 이 저택에는 거의 스무 개의 침실이 있어서 주말이면 아들딸들의 친구들이 묵고 가는 것이 예사였다. 나에게는 욕실이 달린 큰 더블룸을, 두 아이에게는 각기 욕실이 달린 싱글룸을 빌려주었다. 마침 존 경은 요리에 지대한 관심이 있는지라 산후조리를 하는 와중에도 한식을 가끔 내가 조리하여 대접하였다. 불고기, 생선 및 호박 전유어, 잡채 등 재료를 구할 수 있는 것은 모두 만들었더니. 맛이 좋다고 그 이튿날에 자기 비서를 불러서 한국요리 조리 방법을 녹음기에 녹음까지 하는 것이 아닌가!

한편 병원에서는 일주일마다 내가 있는 귀족 저택으로 간호원이 출장 나와서 나의 산후 관리를 해주고 내가 짜서 모아둔 젖을 찾아다가 우리 아이는 물론 다른 조산아에게도 주었다. 이번에는 아이스박스를 빌려주지 않아도 되었다. 이 집에는 큰 냉장고가 두 개나 있었으니까. 아기는 위험한 고비를 몇 번이나 겪어 신부님을 불러 종부성사까지도 했지만, 다행히 한 달은 인큐베이터 안에서, 그 다음달은 따뜻한 미숙아실에서, 또 그 다음달은 조금 서늘한 방에서 조금씩 정상분만아로 적응하고 있었다. 아기가 퇴원하던 날 간호원들은 모찰트와 처칠 경도 조산아였다고 걱정하는 나를 위로하였다.

애기가 퇴원한 후에도 정기적으로 그 마을의 보건소에서 진찰을 해주고, 예방접종도 빠짐없이 해주었다. 그뿐인가? 두 아이 몫으로 매주 가족수당(Family allowance)이 2파운드 정도 지급되어 아쉬운 살림에 보탬이 되었으며, 갓난아이를 위해서는 우유 할인표(Milk tokens)가 나와서 우유를 반값으로 살수 있었다.

그러므로 영국은 교육적으로나 경제적으로나 내가 가장 신세를 진 나라이다. 우리 세 아이들은 우리말과 영어 두 나랏말을 자유자재로 구사할 수 있는 능력을 갖게되어 외국 유학에 어려움이 없었으며, 남편은 영국 국비 장학생으로 우리 나라 최초로 영문학박사를 영국 본고장에서 획득하여 한국 영문학계에서 활발한 활동을 하고 있으며, 나 자신도 영국 영어 덕분에 귀국 후 방송국에서 영국 영어 강좌를 맡는 영광도 가져보았다. 아직도 나의 두 벽안의 어머니들과는 자주 소식을 나누고 있으며, 친구들과도 끊임없는 교신으로 우정을 돈독히 하고 있다. 이런 이유 때문에 영국은 항상 내게 정다운 친정 같은 나라이며 고마운 나라이며, 영국인은 내 마음에 점잖고 친절한 사람들로 남아있다. 그러므로 예고 없이 갑자기 들이닥치는 영국 손님들을 기쁜 마음으로 지금도 대접하고 반기고 있다.

책 밖에서 배우는 유학

한 국 현

한국외대 화란어과 교수

백문이 불여일견이라!

한국 사람으로는 처음으로 네덜란드 문학을 공부하겠다고 하니 주한 벨기에 대사가 주선하여 벨기에 국비장학금을 수혜하게 되었고, 나는 여러 대학 중 브룻셀 자유대학을 택하게 되었다. 책자를 통하여 여러 대학의 안내를 받을 수 있었는데 그 중에서도 내가 브룻셀 대학을 택하게 된 이유는 크게 두 가지에서 였다.

그 첫째는 브룻셀이 벨기에의 수도이며, 특히 그 도시에는 유럽연합 본부와 나토 본부가 자리잡고 있다고 배웠으니 벨기에 사람들이 얘기하듯 그 곳이야 말로 유럽의 심장부로 생각되었다. 예부터 우리는 '고기도 큰물에서 놀아야 한다'는 말을 즐겨 사용한 민족인 탓에서인지 이왕에 유럽에 가서 공부할 바엔 유럽 한 복판에 있는 대학으로 가고 싶은 유혹을 뿌리칠 수 없었다. 적어도 그 당시에 나는 그 곳이 유럽의 심장부인줄로 알고 있었다. 나중에 알고 보니 사실과는 좀 달랐다.

실은 그 이웃나라들인 프랑스나 독일은 물론이고 심지어는 약 백 오십년 정도만 거슬러 올라가도 한 나라를 이루고 살던 네덜란드에서까지도 벨기에를 유럽의 시골뜨기 정도로 생각하는 사람들이 많은데에 나는 놀랐다. 이렇게 해서 큰물에서 놀기를 좋아하는 한 한국청년의 기대는 그냥 빗나가고 말았다.

부릇셀 대학을 택한 두 번째 이유는, 그 곳에서는 두 가지 언어가 공용어로 쓰이고 있다는 정보 때문이었다. 한가지 언어는 네덜란드어이고 다른 한 가지는 프랑스어인데, 역사적으로 볼 때 브룻셀이라는 도시는 원래 네덜란드어를 사용하는 사람들이 살고 있었던 지역이라고 했다. 그리고 브룻셀 자유대학이라는 같은 이름을 사용하는 대학이 두 개가 존재했는데 하나는 네덜란드어권 대학이고 하나는 프랑스어권 대학이었다. 나는 물론 네덜란드어권 대학에 가서 공부하기로 되어 있지만 그래도 잘만하면 여러 가지 면에서 꽤 우세한 프랑스어를 그다지 힘들이지 않고도 배울 수 있으리라는 욕심도 많은 기대가 은근히 작용하고 있었다.

그러나 이를 어쩌면 좋으리요, 브룻셀에 도착한 후 거리에서 들려오는 말소리는 온통 프랑스 말뿐이었다. 가다가 길을 물어도 네덜란드어로 물으면 이상한 눈으로 나를 보면서, 자기는 네덜란드 말을 못한다는 말을 프랑스말로 대답하는 것이었다. 그러니까 내가 브룻셀에 가서 처음으로 귀에 익은 프랑스말이 바로 "나는 네덜란드 말을 못해요."라는 것이고, 그 말을 응용하여 내가 애용하기 시작한 프랑스 말이 "나는 프랑스 말을 못해요"이었다.

유학을 한다는 것은 정해진 학교 캠퍼스 안에서만 공부를 하는 것이라고 생각해서는 안 된다. 물론 내가 다니던 브룻셀 자유대학은 네덜란드 어권의 대학이어서 캠퍼스 안에서는 어디엘 가나 또 어느 누구와도 네덜란드 말을 사용할 수 있었다. 그러나 캠퍼스 밖의 생활이 언어의 장벽으로 닫혀지고 있는 것 같았다. 이윽고 나는 지도 교수에게 다음과 같이 얘기할 수밖에 없었다.

"이 대학은 마치 브룻셀이라는 프랑스 말의 바다 위에 외로이 있는 네덜란드 말의 섬과도 같이 느껴집니다. 제가 이곳에 올 때는 학교 안과 학교 밖의 생활을 다 중요하게 여기면서 거기서부터 배울 수 있는 모든 것을 다 배우고 싶었으나, 이 대학에서는 그것이 불가능하다고 여겨집니다."라고 말했더니 그분 역시 나의 이런 말을 인정하고 받아들여서 다른 대학으로 옮기도록 도와주었다. 그곳은 철저하게 네덜란드어주의(더 엄격히 말하자면 플람스 주의)가 지켜지고 있는 곳으로 유럽에서도 가장 오랜 역사를 자랑하는 대학중의 하나인 뢰븐(프랑스어로는 루벵)대학이었다. 이와 같은 체험을 통해서 나는 백문이 불여일견이라는 말의 참 뜻을 다시 한번 실감했다.

유럽인들의 절약성

한국외대에 네덜란드어과가 창설된 뒤 첫 번째 외국인 교수로 계셨던 분은 '블레이어벨트'라는 분으로 지금의 교수회관 건물에서 버스길 건너편 쪽에 '암스테르담'이라는 찻집을 차려 경영했던 분이기도 하다. 그분은 곱추였는데, 워낙 키가 커서 모르는 사람들은 그가 곱추라는 사실을 눈치채지 못하는 경우도 흔했다.

내가 브룻셀에 도착한 후 약 4개월이 지나자 여름이 겨울로 바뀌고 크리스마스 방학이 2주간 있었다. 네덜란드에도 가보고 싶고 또 암스테르담에서 멀지 않은 곳에 있는 레이던이라는 대학도시에 살고있는 블레이어벨트 선생님도 한 번 찾아 뵙고 싶어서 기차를 타고 그곳에 갔다. 네덜란드의 겨울날씨는 그들이 흔히 쓰는 표현인 '개날씨' 그 자체였다. 바람이 불고 어두컴컴하고, 진눈깨비가 뿌리고, 등등…. 그 날도 역시 예외가 아니었다.

블레이어벨트 선생님 댁은 아주 전형적인 네덜란드식 집이었다. 반갑게 맞아 주는 블레이어벨트 선생님을 따라 거실로 들어섰을 때 나는 "그렇지, 서양사람들 집에 들어가면 외투부터 벗어서 걸라고 했겠다." 하고는 용감하게(?) 외투를 벗었다. 선생님은 "아니야, 아니야" 외투를 벗지 말라는 게 아닌가!

어쨌든 주인이 시키는 대로 따랐다. 외투를 입은 채로 앉아서 그 동안의 이야기를 하며 마주 앉은 선생님을 보니 빨갛게 되어 있는 코끝을 만지기도 하고 두 손을 서로 비벼대기도 하면서 간간이 코를 훌쩍 거렸다. 네덜란드는 북해에서 나오는 천연가스를 이웃 나라들로 수출하여 꽤 많은 돈을 벌어들인다고 책에서 배운 바 있는데 도대체 왜 이렇게 춥게 사는 것일까? 하는 의문이 생겨나서 나는 그곳의 난방에 관해서 물어보았다.

아주 추운 때가 아니면 방열기를 잠그고 산다고 대답하면서, 경제적인 이유 말고도 사람이 견딜만한 정도만 되면 될 수 있는 대로 덥지 않게 사는 것이 몸에도(특히 호흡기관에) 좋다는 설명을 덧붙여 주셨다. 조그만 집에서 코끝이 빨갈 정도로 사는 네덜란드 사람들, 그러나 그들은 국제적으로는 경제 강국의 사람들임에 틀림이 없다. 그렇게 살아야 경제 강국이 되는 것이구나 하고 느꼈다.

사실 그보다 얼마 전에는 브뤼셀에 내가 세 들어 있는 곳에서도 나는 그 비슷한 경험을 한 적이 있다. 내가 방 하나를 빌려쓰고 있는 집은 브뤼셀의 중심가에서 그리 멀지 않은 곳에 꽤 오래 전에 지어진 4층 건물이었다. 1층은 차고와 창고 등으로 쓰이고 있었으며, 2층은 주인집 거실과 부엌 등이 있고, 3층은 역시 주인집 서재와 침실들, 그리고 4층은 큰방 2개와 작은 방 2개가 있는데, 모두 브룻셀 대학 학생들이 한 칸씩 세를 얻어 쓰고 있었다. 그 집이 지어졌을 당시에는 꽤 부유한 사람이 살던 집 같았다. 맨 아래층에서 그 위층들로 음식을 달아 올리는 장치가 엘리베이터 식으로 되어있었던 흔적이라든가, 2층 거실의 입구가 넓은 대리석 계단으로 되어있는 점 등이 이를 뒷받침해주고 있었다.

그런데 문제는 새벽의 냉기였다. 저녁때는 방열기가 잘 들어오다가, 꼭 새벽녘에는 나가버리는 것이었다. 그러면 나는 잠에서 깨어나 추위와 싸워야만 했다. 그런 집에서 처음 살아보는 나로서는 맨 처음엔 보일러에 무슨 문제가 있을 것이라고 추측했었다. 그러나 꽤 여러날 똑같은 일이 반복되자, 나는 주인에게 항의 비슷하게 그런 얘기를 사실대로 했다. 주인은 좀 난처한 얼굴을 하더니, "우리 집에서는 6개월 짜리 아기도 당신과 똑같은 온도의 방에서 자는데 아무 일이 없다."고 말하는 것이었다. 그러면서, 그 집은 중앙난방식이어서 모든 방의 온도가 똑같게 조절되고 있다는 설명까지 해주었다. 나는 더 이상 들을 설명이 필요 없게 되었다.

하기야 우리 나라에서는 구공탄을 껐다 켰다 할 수도 없는 노릇이다. 한 번 불을 붙여놓으면 꺼뜨리지 않는 것이 오히려 경제적이었으니까. 그런데 지금 와서 생각해 보니 연탄이 아닌 석유를 연료로 하는 아파트에서 이게 웬일이란 말인가! 아파트 실내가 너무 더워서 러닝 셔츠 바람에 겨울을 보내고들 있으니 말이다. 국민들 각자가 경제적으로 살아야 나라가 경제적으로 살고 그렇게 되어야 경제 강국을 이룰 수 있으리라 생각한다.

술을 통해 본 중국 대학

이 상 도

울산대 중어중문학과 교수

"무엇이 중국적인가"라는 질문에 어느 중국인 교수는 다음과 같이 대답했다.

"글쎄요… 이렇다고 할 만한 특징이 없다는 것이 '중국적'인 것이 아닐까요?"

중국 사회는 과거와 현재, 선진적인 것과 후진적인 것이 병존하는 사회이다. 벤츠와 인력거가 나란히 거리를 누비고 다니는 것이 아주 자연스러운 사회인 것이다.

중국은 큰 코끼리이고 난 장님이어서, 내가 지금 하는 이야기는 코끼리 등에 난 작은 혹일지도 모르겠다. 그저 그 작은 혹에 대한 이야기가 잠시 피로를 덜어준다면 좋겠다.

중국 음식과 술은 과히 세계적으로 유명하다. 음식과 술 종류는 셀 수 없을 정도이다. 그러니 짧은 지면에 중국의 음식 문화를 다 설명한다는 것은 불가능하다. 내가 손님으로 중국 몇 곳을 다녀왔던 기억을 더듬어 중국 술에 대한 일화를 소개하고자 한다.

중국의 대학은 우리의 대학과 차이가 많다. 예전처럼 국가가 교육 경비를 크게 부담할 수 없기 때문에 중국의 대학은 원활한 운영을 위해서 학비를 올리던가 아니면 자체적으로 돈을 벌어야 한다. 중국의 현실상 학비를 올리는 것만으로는 막대한 경비를 충당할 수 없다. 그러니 중국 대학의 교원은 대개 기업가의 면모도 갖추고 있지 않을 수 없다. 그들에게 있어서 외국 유학생 유치는 아주 좋은 장사거리이며, 유학생을 많이 보낼 수 있는 한국 대학은 큰 고객이다. 한국의 대학교수는 자연스럽게 큰손님으로 대우를 받는다.

접대의 수준은 대개 접대 장소와 그날 준비한 술의 수준에 비례한다. 접대비는 소위 정부기관 감사의 대상이 아니다. 학교 자체적으로 벌어들인 돈이라서 상급 기관에 잘 노출되지 않기 때문이다. 대개 이런 돈은 명분만 있다면 얼마든지 쓸 수 있다. 그러니 고객 접대에서 음식과 술이 부족할 리 없다.

대개 '마오타이'나 '우량예' 등 고급술을 내지만, 요즘은 그 지역의 특산주를 내는 경향이 있다고 한다. 외국 술을 선호하던 이전과는 사뭇 다른 풍경이다. 토산품 애용은 바람직한 일이지만, 그 내면에는 '중국 우월주의'가 자리하고 있을지 모른다.

'깐 빼이'(乾杯)는 잔을 다 비우라는 뜻이다. 대개 작은 고량주 잔이지만 술 도수가 40~50도에 달하기 때문에 연거푸 몇 잔 마시면 쉽게 취한다. 상대방이 같이 '깐 빼이'하자고 청하면 든 잔을 예의상 다 비워야 한다. 중국의 음주 습관은 잔을 다 비우고 서로 마주보며 빈 잔을 보여주는 식이라서 이 경우 다 마시지 않을 수 없다.

아직도 그들에게는 접대의 성공 정도를 손님이 취하는 정도로 판단하는 경향이 남아 있어서, 배석한 사람들이 주빈을 집중 공략(?)하는 전략을 구사하기 때문에, 술을 적당히 사양할 줄 아는 것이 대단히 유익하다. 어지간한 핑계로는 권하는 술을 사양하기

어렵다. 그들은 영업 차원에서 많은 일들을 겪어온 베테랑들이라
서 접대 수단이 워낙 다양하고 수준이 높기 때문이다. 술을 전혀
못한다고 처음부터 선언을 하던가, 아니면 술이 약해서 맥주나
포도주를 선택하겠다고 하면 어느 정도 공격을 막을 수 있다. 이
러 저러한 핑계도 안 통하면 아예 심장병이나 급성 장염 등 비
교적 심각한 병명을 구실로 위기를 모면할 수밖에 없다. 사실 접
대하는 측에서도 술을 많이 마시는 것을 좋아할 리 없다. 특히
요즘은 술은 적게 음식은 많이가 유행한다고 하니 주빈이 술을
마시지 않겠다고 하면 오히려 그들을 도와주는 셈이다.

주빈이 술을 어느 정도 마신다는 것을 알면, 접대하는 사람 중
제일 윗사람이 서너 잔 연거푸 '깐 빼이'를 청한다. 이 때 주고
받는 인사말로 서로의 지적 수준을 가늠하기 때문에 술자리 공
부(?)도 게을리 할 수 없게 만든다. 그 다음 차례, 또 그 다음 차
례…

생선 요리가 대개 그날 접대의 클라이맥스라고 할 수 있다. 생
선 요리가 큰 요리로서는 거의 마지막 순서인데, 이 때 술 권하
는 것도 절정에 달한다. 대개 생선 머리는 주빈을 향해 놓여지고,
꼬리는 그 다음으로 높은 손님을 향해 놓여진다. 이 좋은 풍경을
그들이 놓칠 리가 없다. 이렇게 몇 번 접대를 거치면 정말 집에
가고 싶어진다. 술을 마시기 전에 먹는 약, 숙취를 없애주는 약
등을 대대적으로 선전하고 약방마다 팔고 하는 나라는 아마 우
리 나라 밖에 없을 것이다. 중국에서는 접대가 있던 다음 날 힘
들어도 묽은 죽으로 속을 달래는 것이 고작이다. 이것을 보면 우
리 나라는 술을 마시기 위해 일도 하고, 밥도 먹는 것 같은 생각
이 든다.

대학생들을 보면 우리 나라가 너무 술에 익숙해 있다는 것을 알 수 있다. 어느 외국인 교수가 우리 대학생들에 대해 느낀 점이 공부를 너무 안하고, 술을 너무 잘 마신다라는 것이란다. 사실 우린 고등학교 때부터 술에 익숙해져 있다. 대학 입시가 백일 남았다고 마시는 '백일주', 94일째는 '구사일생주', 생일날 마신다는 칠배주… 여기에 대학 입학 후에 신입생 환영회, 개강파티, 학년별 야유회, 연합 야유회, 동아리에서 하는 각종 행사 등등. 다 세기도 어려울 정도이다. 사실 우린 자주 마시는 정도를 이미 훨씬 넘어서 있다. '죽도록' 마시는 정도이다. 신입생 환영회를 치르다가 술로 죽은 학생, 동아리 회장이 되었다고 술을 마시고 동아리 관례를 치르다가 연못에 빠져 죽은 학생. 우린 이렇게 몇 명 죽었다고 해야 정신이 다소 드는 사회에서 살고 있다.

중국 대학생들은 거의 술을 마시지 않는다. 이 점은 대만 홍콩도 마찬가지이다. 옷도 아주 검소하게 입고, 여학생들의 경우 화장도 거의 하지 않는다. 고색 창연한 대학 건물과 잘 어울리는 분위기이다. 왜 중국 대학생들은 자주 모여서 술을 마시지 않는가? 어느 중국인 교수의 대답인즉, 우선 사회 분위기가 대학생들이 술 마시는 것을 허용하지 않는다는 것이다. 그 다음 이유로 술을 마실 돈이 없고, 학사 행정이 아주 엄격하기 때문이라는 것이다.

우리 대학은 이 모든 것에서 자유롭다. 고등학교만 졸업하면 얼마든지 자연스럽게 술을 마실 수 있다. 얼마 전, 텔레비전의 어느 프로그램에서 미성년자에게 술을 팔지 않는 레스토랑을 찾아 헤매고 다니지 않았던가. 술 마실 돈도 많다. 학생들 손에 손에 쥐어져 있는 핸드폰만 보아도 알 수 있지 않을까. 학사 행정도 마찬가지이다. 입학이 어렵지, 어디 졸업이 어렵던가.

중국 대학에는 한 학과에 다섯 명 정도의 학생 관리 전담 요원이 배치되어 있다고 한다. 그들은 수업을 하지 않고 주로 학생들의 생활을 감독한다. 학생들이 무단으로 1/4선까지 결석을 하면 학점이 없고, 필수과목 두 과목에서 학점이 나오지 않으면 유급이다. 과목 담당 교수가 수업 시간을 지키지 않는 것까지도 징계 대상이 되기 때문에 거의 모든 교수가 학사 관리를 엄격하게 하지 않을 수 없다. 이런 상황에서 공부를 하는 중국 대학생들이 쉽게 삼삼오오 모여서 밤늦게까지 술을 마시겠는가.

요즘 우리 대학가에는 '시장 경제'라는 불길에 휩싸여 있다. 잘하면 활활 타오를 수 있지만, 잘못하면 한 줌 재로 사그라질 위기에 처해 있다. 정부 지원금에 의존하지 않고(사실 의존할 수가 없다) 스스로 위기를 타개하려는 중국 대학의 노력도 배워야 하고, 대학생들을 엄격하게 관리하여 인재를 양성하려는 대학 본연의 자세도 본받아야 하며, 중국 대학생들이 자신의 미래를 위해 스스로를 아끼며 학업에 열중하는 성실함을 우리 모두 두려워해야 할 것이다.

뮌헨 유학 시절의 꼬마 친구 '개새끼'

이 인 웅

한국외대 독일어과 교수

"개새끼! 개새끼!"

신경질적인 중년 부인의 째질 듯한 외침소리가 독일의 문화도시 뮌헨(München)중심가의 한 주택가에서 아침마다 저녁마다 울려 퍼졌다. 지금부터 30여년 전 겨울, 뮌헨의 최고급 아파트 5층에 살고 있던 어느 한 부인이 창문을 열고서, 길거리에서 개망나니 짓을 하고 다니는 자기 자식을 부르는 소리였다.

필자가 독일의 명문 뮌헨대학교에 입학한 것은 1966년 겨울학기였다. 어느 신부님의 소개로 나는 뮌헨의 한 중심부이면서도 비교적 조용한 주택가인 뷔르클라인 슈트라세(街)에 위치한 아파트 2층에 방을 구하여 입주할 수 있었다. 이 거리에 외국인이, 그것도 이름도 잘 알 수 없는 코리아라는 조그만 나라에서 온 이방인이 산다는 것은 상상할 수도 없는 일이었다. 그런데 바로 옆에 있는 아파트에 그 거리에서 가장 악명이 높은, 또 그러하기에 어느 누구도 그들을 상대하거나 교제하려 하지 않는 모자(母子)가 살고 있었다.

제2차 세계대전 당시에 여군으로 종군했다는 그 부인은 전선에서 한 남자를 알게 되었고, 그와 사랑을 나누다가 전쟁이 끝난 후에도 계속 관계를 맺어왔다. 결국 자식까지 낳았지만 상대는 아내가 있는 유부남이었기에 결혼은 할 수가 없었다. 남편 아닌 남편은 뮌헨의 또 다른 부자 촌에서 본처와 살며 일주일에 한 번 정도 작은댁을 찾아왔다. 그러기에 그 부인은 경제적인 면에서는 윤택한 삶을 누릴 수 있었지만, 남녀관계란 문제에 있어서는 계속 불만과 불쾌감에 휩싸여 있었다.

자식이 태어난 후에도 그녀의 마음은 진정되지 못하고 오히려 더욱 거칠어지기만 했다. 그래서 자식을 사랑하기는커녕 어린 아들에게 온갖 심부름을 시키고 집안 일을 다하게 했다. 그뿐만 아니라 툭하면 혹독한 매질까지 해대며 낮이고 밤이고 온 거리가 시끄러울 정도로 욕설을 퍼부어 댔다. 그 아들은 커가면서 자신에게 덮쳐오는 스트레스를 어머니가 아닌 바깥 세상에 터트리고 다닐 수밖에 없었던 것이다.

그는 눈 속에 돌을 넣어 단단히 뭉쳐 가지고는 이웃집 창문을 깨트리는가 하면, 그 깨끗한 거리에 설치된 쓰레기통을 모조리 뒤엎어 버리기도 했다. 지나가는 아이들의 발을 걸어 넘어뜨리거나 어른들을 놀려대고 힘 없는 노인들을 괴롭히기도 했다. 학교에서는 같은 반 여학생들의 치마를 들치거나 도시락을 빼앗아 먹고, 선생님들을 골탕먹이는 데 앞장서곤 했다. 공부에는 아예 관심이 없어서 꼴찌 면하기 어려웠고, 벌써 두 번이나 낙제하여 열 살이 넘었는데도 아직 3학년 반에 주저앉아 있었다. 이렇게 그는 거리에서나 학교에서나 못된 짓만 골라하는 난폭스런 문제아가 되었던 것이다.

그런 망나니가 이웃집에 이사 들어온 코가 납작한 황인종인 나를 보고 가만히 있을 리 만무하였다. 놈은 나를 발견하자마자 '납작코 떼놈', '눈 째진 중국놈' 하고 놀려대기 시작했다.

나는 즉시 그의 훌륭한 공격표적이 되었을 뿐만 아니라, 동시에 당시까지 그 거리에 살게 된 첫 번째 동양인이었을 것이기에 모든 주민들의 관심의 대상이 되기도 했다.

학교에서 돌아와 창문을 열기만 하면 어느새 놈이 거리에 나타나 소리를 지르며 나를 놀려대고 욕지거리를 퍼부었다. 놈을 잡으려고 아래층으로 내려가면 그는 잽싸게 달아났다가 다시 나타나곤 하였다. 그러던 어느 날 나는 미리 계획한대로 창문을 열어놓고 즉시 아래로 내려가 몸을 숨겼다. 아니나 다를까. 이번에도 어김없이 놈이 나타났다. 채 놀림과 욕질을 시작하기도 전에 나는 재빨리 달려나가 그를 붙잡았다. 내 방으로 끌고 올라와서는 여러 가지 말로 달래보았지만 헛된 일이었다. 오히려 발광하듯 날뛰었다.

마지막 수단으로 나는 공갈을 쳤다. "너 이놈, 태권도 알지? 한번만 더 놀려대면 이 주먹으로 네놈 대갈통을 두 동강으로 빠개 놓겠다!"라고. 그는 태권도란 말을 몰랐기에 그것은 '가라데'와 같은 것이라고 설명해 주었다. 그리고 조금도 그를 다치게 하고 싶은 생각은 없지만, 그가 계속 까불어대면 그대로 놓아둘 수는 없다고 설명해 주었다. 내가 태권도를 배워본 적도 없고 대갈통을 두 동강낼 수도 없다는 사실이 거짓말인 줄도 모르는 그 순진한 녀석은 순간에 태도를 바꾸었다. '떼놈'이라고 한 것을 사과하며, 당장에 나를 '헤어 가라데 마이스터'(Herr Karate Meister-태권도 사범님)으로 모시겠다는 것이다. 나중에 깨달은 일이지만 독일인들은 거짓말을 하지 않기 때문에 그는 내 말을 그대로 믿었던 것이다.

그때부터 11살 짜리 개망나니 독일 소년과 26살 짜리 납작코 한국 청년과의 사이에 우정이 싹트기 시작했다. 한국 이름을 지어달라는 그의 청을 받고서 나는 '게르손'이라는 녀석의 이름에서 '게'라는 음을 '개'로 고치고, '손'이라는 음에서 '자식, 아들'이라는 의미를 합하여 장난 반 복수 반의 감정에서 '개새끼'라는 이름을 지어주었다. 그리고 언제나 그를 '개새끼'라고 부르며 학교만 갔다 오면 내 방으로 올라와 인사를 하도록 지시했다. 그는 그대로 순종했다. 나는 매일 녀석을 불러 앉혀놓고 공부를 가르치기 시작했고, 길거리에서도 학교에서도 난폭한 장난이나 망나니짓을 하지 못하게 했다.

"개새끼! 개새끼!"

옆 건물 5층에서 그의 어머니가 녀석을 부르는 소리가 길거리에 울려 퍼진다. 그 소리가 들려올 때마다 녀석은 "네, 어머니!" 하고 소리쳐 대답하고는 어머니에게로 달려갔다. 어머니에게 녀석은 너무나도 충직한 하인이었다. 어머니가 요구하는 일들을 모두 마치면 그는 언제나 내게로 다시 돌아왔다. 그리고 우리는 함께 공부했다. 나는 그에게 초등학교에서 배우는 대개의 과목을 하나하나 가르쳐 주었고, 이를 통해 나는 독일어를 유창하게 구사할 수 있는 능력을 배우고 실습했다. 독일에는 없는 일종의 과외공부를 한 셈이었다.

약 1년이라는 세월이 흐르는 동안에 나의 '개새끼'는 놀라울 정도로 변모하였다. 망나니짓도 하지 않았을 뿐만 아니라, 무엇보다도 학업성적이 급진적으로 향상되었다. 담임선생님까지도 이를 이상히 여겨 가정에 전화까지 걸어왔으며, 이웃 주민들도 더 이상 '개새끼'에 대한 혐오감을 나타내지 않았다. 그의 어머니도 차츰 아들에 대한, 또 세상에 대한 태도를 바꾸어 '납작코' 한국인이 사랑하는 자기 자식을 사랑하기 시작했다. 그뿐만 아니라 종종 나를 집으로 초대하여 푸짐하게 대접도 하고, 한국에 관한 여러 가지 이야기를 물어보기도 했다.

그러던 어느 날 나는 내가 지어준 '개새끼'라는 이름에 대해 사실을 털어놓았다. 글자 그대로라면 작은 강아지를 의미하지만, 이는 독일인들이 사람을 욕할 때 "슈봐인"(돼지새끼)라고 말하는 것처럼 나쁜 욕설이라고 설명해 주었다. 그리고는 이제 정말 좋은 훌륭한 이름을 지어주겠다고 했다. 그러나 그들은 거절했다. 그 동안 정말 욕먹을 짓을 많이 했기 때문에 그 이름이 아주 잘 어울린다며 그것을 고집했다. 나는 한국말을 모르는 외국인에게 장난으로라도 그런 욕된 말을 사용해서는 안되겠다는 점을 절실히 느꼈다.

그리고 우리는 헤어졌다. 나는 뷔르츠부르크(Würzburg)로대학을 옮겨 유학생활을 계속했고, 또 학업을 마친 후에는 곧 귀국하여 정신없이 바쁜 나날을 보냈다. 나의 꼬마친구 '개새끼'는 견디기 힘들 정도로 많은 변화를 겪으면서도 굳건한 삶을 살아왔다.

내가 귀국한 후 그의 성(姓)이 달라졌다. 그 동안 생부(生父)의 본처가 세상을 떠났고, 첩으로 살아가던 그의 어머니와 다시 정식 결혼을 하였기 때문이다. 지금은 결혼을 하더라도 신부(新婦) 자신의 결정에 따라 처녀 때의 성을 가질 수도 있지만, 그 당시의 독일 법으로는 여자가 결혼을 하면 무조건 남편의 성을 따르도록 되어 있었다. 그러기에 어머니의 성을 사용하던 꼬마친구의 성이 효력을 상실하고 이제 아버지의 성으로 바뀌었던 것이다.

　그러고도 여러 해가 지난 후에야 우린 다시 만날 수 있었다. 그때에는 내 귀밑에 오던 작은 꼬마가 나보다 훨씬 더 큰 거구의 청년으로 변해 있었고, 그의 어머니도 많이 늙어 있었다. 그러나 그들 마음은 옛 시절의 천진스런 추억을 소중하게 간직하고 있었으며, 내가 가르쳐 준 몇 마디의 한국어도 잊지 않고 있었다. 지금도 그는 어머니를 한국어로 "어머니!"라고 부르고, 그의 어머니는 그를 "개새끼"라고 부른다.

　그러나 그들에겐 그 동안 또 하나의 시련이 지나갔다. 부모와 자식이 함께 사는 아늑한 가정생활을 제대로 맛보기도 전에 그의 아버지가 세상을 떠난 것이다. 본처 슬하에 자식을 두지 못했던 그의 아버지는 그들 모자에게 뮌헨 시내에 있는 여러 채의 빌딩을 비롯하여 막대한 재산을 유산으로 남겨 놓았다. 그리고 수의사가 되어 한국에 와서 살겠다던 잊을 수 없는 나의 꼬마친구 '개새끼'는 어린 시절의 꿈을 버리고 법학을 전공했다. 뮌헨 지방법원에서 법관시보 생활을 마치고는 부동산 임대에 관련된 사건만을 처리하는 전문변호사로 활약하고 있었다. 그 이유는 그들 소유의 부동산에 관련된 일을 처리하면서, 여력이 있을 경우에만 사건을 수임하기 때문이다.

　그 꼬마 놈이 '납작코 떼놈'이라고 놀려대던 시절, '개새끼, 개새끼'라고 외쳐대던 그 시절이 그립다. 그러나 한번 지나간 세월은 다시 돌아오지 않는다. 내 꼬마친구를 그리면서 나는 생각한다. 아무리 생김새가 다르고 사는 법이 다르다 할지라도 우정이 싹트고 이해와 사랑이 깊어질 수 있다고. 문화간의 충격이나 순간의 갈등쯤은 언제라도 극복될 수 있으며, 나아가서는 국경이나 이념까지도 충분히 초월할 수 있는 것이라고.

모스크바에서의 나의 체험

최 태 강

한림대 러시아학과 교수

영국 글라스고우대학 박사과정 시절 교환 연구원 자격으로 세계경제 및 국제관계연구소(IMEMO-모스크바 소재)에서 약1년간 유학생활을 할 기회가 있었다. 이 시기는 1991년 12월말 구소련 붕괴라는 나의 생애에 가장 잊을 수 없는 역사적 현장을 직접 체험했다는 것이 러시아 지역학을 연구하는 사람으로써 행운이라 하겠다.

모스크바 연구생활을 지원해 준 사람으로는 나의 지도교수인 영국 글라스고우대학 소련 및 동유럽연구소장인 윌리엄 월러스 교수, 정치학과 스테판 화이트교수, 그리고 늘 격려를 잊지 않으셨던 아버지 최주호교수님이 있다. 지역학에 있어 특히 한반도 주변 4강 가운데 러시아의 중요성을 심어 주셨던 분들이며 나로 하여금 체험적 러시아를 권해 주셨다. 또한 현재 나의 학문적이고 인간적인 면에서 큰 영향을 끼친 분들이다.

1991년 10월 28일. 기다리고 기다리던 모스크바에서의 유학 길에 올랐다. 런던을 이륙한 지 3시간만에 모스크바에 도착했다. 상공에서 본 모스크바는 러시아문학 책에서 상상했던 바로 그 모습이다. 대평원 위는 고운 소금을 뿌려 놓은 것처럼 숨찬 느낌이다.

　택시를 타고 시내로 가는 길목엔 이 낯선 이방인을 반기기라도 한 듯 자작나무들이 줄지어 있다. 내가 묵고자 했던 곳은 시의 중심부에 있는 다름 아닌 세계적인 동화 『데니스의 모험』을 쓴 유명한 러시아 아동작가 빅토르 드라군스키 집이었다. 나를 반겨준 사람은 드라군스키의 미망인 알라여사로 전형적인 러시아미인이다. 오래 전 남편과 사별하고 결혼한 딸과 함께 살고있었다.

　1950년대 후루시쵸프 서기장시절 지은 건축양식의 8층 아파트로 시내 중심 가에 위치했다. 집은 작았지만 거실벽면은 물론이고 곳곳에 문학 책이 빽빽하게 늘어서 있다. 러시아인들이 독서를 생활화하고 있다는 말은 들어서 알고 있었지만 내심 놀라움을 금치 못했다. 작가의 집이라 그랬을까…여하튼 시작부터 인상은 깊었다.

　나는 한 달에 100달러를 주기로 하고 방 하나를 얻었다. 다음 날, 이곳 생활에 필요한 물건을 사기 위해 중심 가에 있는 큰 상점들에 가 보았다. 그런데 모스크바에 도착한 이후 도무지 믿기지 않은 일을 두 눈으로 목격했다.

　1917년, 사회주의국가 탄생으로 이때부터 사회주의와 자본주의 체제간의 이념적 대립이 시작되었다. 볼셰비키정권이 목표로 세운 전세계의 사회주의 체제확립이 정말 가능한 것인가 의아심이 날 정도였다. 물건들은 조잡했고, 다양하지도 않았으며 그 나마 꼭 필요한 공산품조차도 대부분 태부족상태였다. 군사적으로 강대국인 나라가 국민생활에 필요한 생필품이나 먹는 것조차 해결하지 못한 사회주의 계획경제의 제도적 문제가 무엇인지를 직접 보게 되었다.

전환기의 러시아는 모든 것이 모순 덩어리 그 자체다. 대신 사회주의 국가답게 공공요금은 아주 값싸서, 국제전화나 국제우편을 보낼 때 한 번 이용료가 특히 저렴했다. 1991년 당시 러시아에는 세계에서 단일 매장으로 가장 큰 미국 맥도널드사의 햄버거 가게가 있었다. 개장한 지 얼마 되지 않아 모스크바 시민들은 마치 자본주의의 상징물 마냥 맛보려고 안간힘을 쓰는 것 같이 보였다. 사실 가벼운 점심 한끼 때우려고 1～2시간씩 줄을 선다는 것은 많은 인내력을 요구했다. 영하 20도의 혹한에서도 말이다. 하지만 이 자본주의라는 패스트푸드는 단박에 사람들을 매료시켰다.

고르바쵸프의 개혁이후 인플레는 점점 증가하게 되고 모든 생활용품들의 가격이 하루가 다르게 올라가 연금생활자나 봉급생활자의 삶은 날이 갈수록 어려워져 갔다. 알라여사에 의하면 전에는 한 달에 두 번 정도 발레나 음악회에 부담 없이 구경하러 갔는데 지금은 경제적 부담 때문에 한 달에 한 번 가기도 힘들다고 한다.

고르바쵸프가 집권하면서, 소련이 일등국가로 살아남기 위해 페레스트로이카(Perestroika-재건)를 시작하게 되었다. 이 개념은 과거의 정치 구조를 그대로 두고 민주화와 자본주의 시장경제의 요소를 가미하면서, 정치·경제적 상황의 점진적인 개혁을 통해 소비에트 사회주의를 지키려는 시도로서 정의할 수 있다. 그는 사회주의의 기초를 건드리지 않는 상태에서 상층부에서 실시한 개혁이후 국가는 사회·경제적 발전을 촉진시켜 생기를 되찾을 것이라고 확신했다. 그러나 개혁을 둘러싼 정치인들간에 대립, 경제위기, 민족문제 등이 정국을 더욱 혼란으로 빠트렸다.

과도기였을까, 이 시기의 러시아인들은 홍역을 앓은 것처럼 힘들어했다. 거리엔 젊은이들이 희망을 잃은 채 방황했고 거지들도 난무했다. 경제는 마피아로 인해 지하로 파고들었고 치안 범죄는 날이 갈수록 늘어났다. 과거 박물관에서나 볼 수 있었던 문화재들이나 서적들이 밖으로 쏟아져 나왔다. 그들에겐 더 이상 예술품으로 남아 있지 않았다. 돈이 될만한 물건이라면 집안의 가보라도 염두에 두지 않았다. 때문에 유일한 취미인 벼룩시장 구경은 큰 즐거움을 주었다. 자유시장, 그곳에선 분명 작은 자본주의 물결이 일고 있었다. 국영상점에 없었던 물건들을 원하면 구입할 수 있었다.

지금도 차가운 유리관 속 레닌이 이런 광경을 봤다면 분명 통곡할 일이라 생각했다. 하지만 사람들은 자존심을 잃지 않으려 노력하는 모습이다. 영화 『닥터 지바고』에서 그리던 톨스토이가 사랑하던 이곳 러시아에서 비로소 나는 현실의 벽에 부딪쳤다. 자주 볼쇼이극장이나 차이코프스키 음악 홀에서 발레, 오페라, 음악 등의 문화적 풍요를 누렸지만 맘 한구석엔 공허함만이 남았다.

구소련을 붕괴시킨 장본인이라고 비난을 받고 있는 사람이 바로 고르바쵸프이다. 오늘날 그는 러시아에서 인기가 전혀 없다. 그러나 최근에 그는 "개혁가는 지금 평가받는 것이 아니라 후세에 평가를 받는다."고 말하면서, 자신이 반대해온 것은 첫째는 전쟁, 둘째는 폭력, 셋째는 환경오염이라고 한다.

그의 신조는 자유, 민주주의 그리고 인간을 인간답게 하는 것이라고 한다. 의식변화에 방향성을 제시해 주어야 한다고 말하면서, 인간의 의식변화는 갑자기 오지 않으며, 여기에는 기나긴 여

정 즉 시간이 필요하다는 것이다. 즉 국민들이 자신이 추진하고 있는 개혁에 좀더 참을성 있게 기다려 주면서, 개혁에 동참해 주었다면, 소련의 붕괴도 막을 수 있었고, 현재 러시아의 위기도 일찍 끝나고, 안정된 국가가 되었을 것이라고 한다.

  구소련 붕괴당시 현지에 있으면서, 느낀 것은 폐쇄된 사회 속에서 세계가 급속하게 발전하고 변화하는 것을 러시아 국민들은 제대로 인식하지 못한 것 같았다. 국민들은 스스로 살아가기 위해 노력하기보다는 국가에서 자신들을 먹여 살리지 못한다고 비난만 하는 타성에 젖어 있었다. 이것이 70여년간 공산주의 정권의 크나큰 유산이다.

45년간 계속되는 펜팔 (Pen pal)

김 정 매

동국대 영어영문학과 교수

　내가 외국인과 친밀한 관계를 갖게 된 것은 편지를 통해서였다. 중학교 2학년 때인 1954년에 같은 반 친한 친구의 고모부가 당시 육군장교로 미국에서 일정 기간동안 특별 교육을 받도록 선발되었다. 내 친구는 고모부가 떠나기 전 자기가 펜팔(pen pal)을 원한다는 광고를 주소와 함께 일간 신문에 내달라고 부탁했다. 당시 어떤 종류의 신문에 그 광고가 실렸는지 모르나 그 반응은 대단해서 미국을 중심으로 해서 여러 나라의 학생들에게서 펜팔을 원한다는 편지들이 날아들었다.

　그 친구는 예상과는 달리 수십 통의 편지가 날아들자 다 감당할 수가 없어 당황했다. 자연히 가까운 나에게 그 중에서 마음대로 몇 아이를 고를 수 있는 특권을 주었다. 나는 보내 온 편지를 읽고 나이와 나라 및 성별을 감안하여 5명쯤을 골랐는데 미국, 독일, 및 알젠틴의 아이들이었던 것으로 기억한다. 그렇게 해서 나는 졸지에 여러 나라의 학생들과 편지 왕래를 하는 학생이 되었다. 이렇게 몇 차례 편지를 주고 받았으나 결국은 다 떨어져 나가고 한 미국 여학생하고만 꾸준히 편지를 주고받게 되었다. 글린다 플렛처(Glynda Fletcher)라는 나와 비슷한 나이의 여학생이었다. 미조리주 센 루이(St. Louis, Missouri)에서 남동생과 어머니와 사는 학생이었다. 우리는 서로의 가족을 소개하고 사진도 주고 받았다.

1학년에서 갓 올라간 때라 나의 영어 실력으로 편지 한 통을 쓰려면 영한사전과 한영사전을 한없이 뒤져야 했다. 그러는 가운데서 나의 영어 어휘는 조금씩 늘어났고 작문력도 조금씩 나아졌을 것이다. 예를 들어 글린다의 두 번째 편지에는 생소한 단어가 들어 있었다. 'separate'라는 단어였는데 나는 그녀의 부모가 'separated'했다는 표현을 이해할 수가 없었다. 문장의 앞뒤를 보니 잠시 여행으로 떨어져 있는 것은 아닌 것 같았다. 그래서 그 단어는 나에게 커다란 숙제가 되었다. 결국은 그 단어가 그 문맥에서는 '별거한다'는 뜻이라는 것을 알아냈지만 나의 마음은 못내 찜찜했다. 당시의 나의 성장 배경으로는 부모가 별거한다는 말을 들어본 적이 없었기 때문에 잘 이해가 가지 않았다. 50년대 한국 사회에서는 부부가 별거하는 일은 거의 없었다. 이렇게 해서 나의 영어 어휘의 수와 미국 문화에 대한 이해가 조금씩 늘어갔다. 뿐만 아니라 나의 편지왕래는 한 반 친구들을 매우 즐겁게 해주기도 했다.

한번은 글린다가 남동생과 함께 찍은 사진을 보냈는데 나는 이 사진을 보자마자 너무나 놀랍고 희극적이어서 계속 웃음이 터져나왔다. 그 사진에 나온 남동생은 어찌나 살이 쪘는지 셔츠의 앞단추 사이가 크게 벌어져 있었고 가슴살이 밖으로 삐져나온다는 인상을 주었다. 가랑잎이 굴러도 배를 쥐고 웃는 나이었던 반 친구들은 이 사진을 보자 어찌나 웃어댔는지 반에서 큰 화제가 되었다. 결국 그 사진은 반 전체에 돌아가며 10대초의 여학생들에게 한없는 웃음과 함께 문화적 차이의 한 구체적인 예를 보여 주었다.

다이어트를 한다고 떠들어대는 요즈음과 50년대 한국의 사정은 판이했다. 도대체 그렇게 살찌게 할 만한 음식이 없었다. 그렇게 살찐 사람을 한국내에서는 본 적이 없었다. 성인이 되어서도 비만증이 계속되던 그 동생은 40대 후반에 카나다의 외딴 호수에 낚시를 갔다가 뇌일혈로 쓰러진 후 그만 세상을 떠났다는 소식을 뒷날 들었다.

글린다의 글씨는 아름답고 정연해서 무슨 글씨든 알아볼 수 있었다. 예술품 같이 아름다웠다. 당시 영어를 배우기 시작한 때에 예쁜 글씨를 보고 나도 영어 글씨를 잘 써보겠다는 마음을 먹기도 했다. 한번은 글린다가 에이브러햄 링컨 대통령의 고향인 일리노이주의 스프링필드에 수학여행을 다녀와서 관계되는 엽서와 유명한 링컨의 게티스버그 연설문을 보냈는데 그것은 링컨의 친필로 되어 있어서 나의 실력으로는 읽어낼 수 없었다. 혼자 읽어내려고 며칠간 끙끙거리다가 결국은 영어 선생님에게 보이니 줄줄 읽어 내려가시지 않는가!

글린다의 살붙이를 직접 만난 것은 그로부터 4년쯤 지난 1958년경이었다. 군대에 입대한 그녀의 막내 외삼촌이 주둔지를 한국으로 신청했고 얼마 뒤에 우리를 만나러 온다고 했다. 그가 온다는 말에 우리 식구는 모두 긴장하고 흥분되어 있었다. 아직 미혼이었던 그의 외삼촌은 미남형 청년이었다. 그는 주소 하나만을 들고 북아현동의 우리 집을 찾아와 우리식구를 깜짝 놀라게 했다. 우리 나라 주소는 매우 비조직적으로 되어 있어서 주소만 가지고 집을 찾는 일은 한국인에게도 어려운 일이었기 때문이다.

우리 집은 전형적인 한국식 가옥으로 집 한 가운데는 정원이

있었고 어머니는 집안 깨끗하게 가꾸기로 동네에서 소문나 있었
다. 그는 우리식구들과 인사를 나누고 유리알 같이 알른거리는
온돌방에 들어섰을 때 계속 "Oh, boy!"를 연발했다. 나는 의아해
했다. 방안에는 아버지와 그만이 있는데도 자꾸 "오 소년"을 찾
아댔기 때문이다. 나중에야 "Boy!"가 아무 의미도 없는 감탄사인
것을 알게 되었다.

내가 처음으로 글린다와 대면한 것은 편지 왕래를 시작한지
12년이 지난 1966년 봄이었다. 처음 글린다와 펜팔을 맺을 때
에는 그녀와 만나리라는 생각은 해본 적이 없었다. 단지 서로에
게 일상적인 생활과 생각을 알리며 작은 선물을 가끔 교환하는
것이 전부일 수밖에 없었다. 내가 조지아주 아틀란타의 한 대학
교의 대학원에서 1965년 가을학기부터 영문학 공부를 하며 한
학기를 정신없이 마치고 나니 부활절 휴가가 끼인 봄방학이었다.
글린다는 이 휴가 동안에 자기 집에 꼭 다녀가라고 청했다. 그러
나 나는 반갑기보다는 걱정이 더 앞섰다. 공부도 공부려니와 무
엇보다도 호주머니 사정이 아틀란타와 센 루이를 오갈 차비를
댈 수 없었기 때문이다. 이 사실을 솔직하게 알렸더니 글린다와
그 어머니는 뜻밖에 그레이하운드버스의 왕복표 대금을 선뜻 보
내주었다. 그러니 가지 않을 수가 없었다. 미국 남부의 아틀란타
와 중부의 센 루이의 거리는 상당하여서 하룻밤을 버스 속에서
꼬박 자며 갔고, 도중에 휴계소에서 식사도 여러 번 해야 했다.

그러면서 나는 한 가지 사실을 발견하게 되었다. 흑인과 백인
사이에 음식을 먹는 방식이 다른 점이었다. 백인 승객은 자기들
이 시킨 음식을 몽땅 먹어치워 뒤가 깨끗했다. 이에 반하여 흑인
들이 먹고 일어선 밥상엔 먹을 만한 음식이 그득히 남아 있곤

했다. 그들은 대체로 여러 가지를 시켜놓고 먹다가 버스가 떠날 시간이 되면 그냥 일어서서 나갔다.

드디어 글린다를 만났을 때의 그 반가움이란! 사진보다 그녀는 훨씬 부드럽고 친절했다. 당시 2년제 간호전문학교를 졸업하고 한 병원의 간호사였던 글린다는 어찌나 열성인지 나를 위해서 직장에서 특별 휴가를 얻고 나를 위한 계획을 자세히 짜놓았다. 일주일간 글린다와 함께 지내면서 나는 미국 서민층의 여러 면을 보게 되었다.

우선 50년대에 첫남편과 별거 중이던 그녀의 어머니는 첫 결혼을 이미 청산했고 내가 센 루이 도착 며칠 전에 재혼을 했다. 그런데 두 사람 사이가 어찌나 친밀한지 놀라웠다. 글린다는 나를 자기 가족들이 다니는 교회에 데리고 가서 소개했는데 이 중년의 재혼부부는 예배시간 내내 손을 놓지 않고 꼭 잡고 있어 나는 매우 별나다고 생각했다. 우리 나라 풍속에서는 아무리 사이 좋은 신혼부부라 해도 공공 장소에서 그렇게까지 하는 일은 없었기 때문이다. 글린다는 센 루이의 친지와 친척들에게 나를 소개하느라 연일 나를 이집 저 집으로 데리고 다녔고 한꺼번에 나는 많은 사람들을 만났다. 당시 글린다는 이미 결혼을 해서 에릭이라는 세 살 짜리 아들이 있었다. 끊임없이 온 데를 돌아다니는 개구쟁이 귀염둥이었다. 글린다의 어머니는 나를 만난 이후부터는 노골적으로 글린다를 타이르기 시작했다. 제발 옷을 좀 단정히 입고 에릭도 깨끗이 씻기고 옷도 자주 갈아 입히라고 닥달을 했다.

당시는 일반적으로 미국인들의 한국에 대한 인상은 전쟁을 갓 치른 가난에 찌든 나라로 구호의 대상국이라는 것이었다. 우리 문화에 대한 것은 더구나 전혀 소개되지 않은 때였다. 그런데 나는 우리 문화의 한 면을 보일 수 있는 한복을 가져가서 특별한 모임에 입곤 했다. 나를 보자 그들의 선입견이 달라졌다. 한국 친구인 나에 대해서 그들이 가지고 있던 이미지는 지금 우리가 아프리카나 동남아시아인들에 대해 갖고 있는 이미지와 유사한 것 같았다.

나는 이 때에 센 루이 뿐 아니라 인근의 다른 주에서 살고 있는 그녀의 친척들을 방문했다. 글린다는 이웃 주의 작은 마을에서 사시는 외조모 댁에 나를 데리고 갔는데 그 때 먹은 아침 식사를 지금도 잊을 수가 없다. 칠십 세가 다 된 할머니는 외손녀의 동양 친구가 왔다고 갖가지 음식을 조반으로 준비하셨다. 굉장한 성찬이었다. 솔직히 말해 글린다네 집에서는 조반을 제대로 먹어 본 적이 없었다. 도대체 요리라는 것을 하지 않았다. 첫날 눈을 떴을 때 글린다는 냉장고에서 다이엇 콜라를 꺼내 훌훌 마시고 있었다. 난 아찔했다. 난 콜라로 조반을 때울 정도로 강체질은 아니었다.

그러다가 처음 조반다운 조반을 그 외조모 댁에서 든 것이었다. 직접 구운 머핀, 비스켓, 햄, 베이컨, 달걀 범벅, 토스트, 닭튀김까지 있어 조반과 점심을 겸한 정통 아메리카 음식이었다. 우리가 조반 후에 다른 주에서 농사일을 하는 친척을 방문한다는 것을 안 할머니의 배려였다. 도착한 날 밤에 인사를 드린 칠십이 넘은 할아버지는 이웃 군부대의 기계공으로 이미 새벽에 출근을 하셨다고 했다. 그 외조모 댁은 아홉 남매를 길러낸 집이라 집안 곳곳에 침실이 있었고 방마다 침대가 있어 글린다와 나는 마음에 드는 방을 골라 하룻밤을 참 잘 지냈다.

도시에서 활동하는 자식들이 고향집에 찾아올 때를 대비해 그 많은 방들은 옛 모습대로 잘 정리되어 있었다. 조반을 마친 후에 글린다와 세 살 짜리 에릭과 나는 이웃 주에 사는 한 친척을 방문하러 길을 떠났다. 글린다는 운전 솜씨가 대단할 뿐 아니라 운전을 퍽이나 즐겼다. 여러 시간 후에 우리는 그녀의 큰 외삼촌 댁에 도착했다. 넓은 평평한 밭 가운데 서 있는 농가였다. 그녀의 삼촌 댁을 본 나는 매우 놀랐다. 이건 내가 가지고 있던 농가에 대한 이미지와 전혀 달랐기 때문이다. 농부라는데 당시 서울에 사는 중산층보다 훨씬 더 풍요롭게 살고 있었기 때문이다. 우리나라 농부와는 대조가 안 되었다. 스케일이 달랐다. 승용차와 트랙터와 농산물을 나르는 트럭까지 갖추고 있던 것으로 기억한다. 대형 사일로가 있고 농토는 아주 넓어서 어디가 경계선인지 알 수 없었다. 주로 옥수수를 재배한 것으로 기억된다. 집안의 냉장고, 텔레비전 등 문화 시설을 다 갖추고 살고 있었다. 아이들은 학교 버스로 인근 학교에 다니고 있었다. 이렇게 해서 나의 일주일은 책에서 배울 수 없던 미국의 진면모를 공부하는 기간이 되었다.

다음 번 글린다와의 만남은 우리 집에서였다. 한국이 아닌 켄터키주의 머레이(Murray, Kentucky)라는 대학촌에서였다. 1966년 여름 아틀란타에서 나는 약혼자와 결혼을 했다. 나의 약혼자는 나보다 일년 먼저 유학을 와서 영문학 박사과정을 마친 때였다. 내가 석사과정에 요구되는 학점을 다 딴 이듬해인 1967년 6월에 신랑은 박사학위를 받고 켄터키주의 머레이 주립대학에 조교수로 취직이 되어 졸업식 바로 다음 날부터 강의를 해야 하였다.

그해 가을 학기에 나는 종합시험을 치르고 석사논문을 쓰기 시작했다. 그리고 이듬해인 1968년 4월에는 귀한 첫 아들을 낳았다. 이 소식을 들은 글린다는 내가 출산한 지 보름 정도 되었을 때 대부대를 이끌고 우리의 아파트로 들이닥쳤다. 자그만치 네 세대의 식구들이 함께 우리 아기를 보러 왔던 것이다. 한국식으로 말하면 산후 조리를 해야 할 때에 뜻하지 않게 대부대의 손님을 맞은 우리는 참으로 난감했다.

글린다는 이때에 5살과 2살 짜리의 두 아들과 어머니와 내가 2년 전에 조반을 잘 대접받았던 외할머니를 대동하고 차를 몰아 나타났다. 이 대부대는 우리의 상상을 초월하는 대식가들이었다. 도와주는 사람 없이 혼자서 갓난아기를 돌보아야 했던 나는 아직 몸이 시원치가 않은 터였다. 게다가 갑자기 들이닥친 다섯 사람의 숙식을 해결해야 하니 몸이 무척이나 고달팠다. 하는 수 없이 내 손이 모자라자 남편은 강의 준비에다 요리까지 도와야 해서 굉장히 힘든 일주일을 보냈다. 아침부터 그들이 소모하는 음식의 양은 대단했다. 계란, 햄, 소시지, 쥬스와 빵은 물론 물대신 다섯 사람이 마셔대는 우유의 양이 대단하여서 — 이 때에 글린다는 콜라 대신 우유만 마셨다— 우유는 아예 갤론으로 구입해야 했다. 그것까지는 힘들었지만 한편 즐거운 마음으로 대접할 수 있었는데 글린다는 도착 이튿날부터 피크닉을 가자고 조르지 않는가!

한국식의 사고방식으로는 상식 밖이었다. 내 몸이 아직 깨끗지 않은 데다 겨우 보름된 아기를 데리고 아직 써늘한 들판에 피크닉을 갈 수가 없었다. 그런데 산후에 병실에서 3일간 지나면서 나는 미국 백인 여자의 체질이 우리와 다르다는 것을 알게 되었다. 그들은 아기를 낳자마자 음료수 자판기까지 어기적어기적 걸어가서 찬 콜라를 빼서 즉석에서 마시는 것이었다. 또 내가 누워 있던 병실에 하루 늦게 들어온 —2인용 병실이었다— 미국인 산모는 병실에 들어서자마자 에어컨을 틀어 놓았다. 4월 중순이라 아직은 약간 써늘한 기운이 있는 때였다.

그 이후 또 다시 기억할 만한 만남은 1992년에 있었다. 내가 동국대학교와 자매결연을 맺은 워싱턴 주에 있는 이스턴 워싱턴 대학교(Eastern Washington University)에 일년간 교환교수로 가 있을 때였다. 글린다는 나와의 긴 여행을 위해서 미리부터 캠핑 용 트레일러 하우스(Trailer house)를 월부로 구입해 놓고 있었 다. 숙식을 할 수 있는 시설을 갖춘 침대차 같은 것이었다. 글린 다의 어머니가 직장에서 막 은퇴를 하신 참이라 기념 여행도 되 는 셈이었다.

엘로우스톤 파크를 중심으로 해서 중북부와 서부의 여러 주를 누비며 명승지를 두루 다닐 참이었다. 물론 구체적인 계획과 루 트는 차를 운전하는 글린다가 최종적으로 짰다. 미조리주에서 함 께 만나 글린다의 커다란 스테이션 왜건을 타고 우리는 출발했 다. 우리가 탄 차 꽁무니에 10평 남짓한 침대차를 달고 다니는 여행이었다. 우리가 탄 차와 뒤에 단 침대차는 다 합치면 상당히 길었다. 보통 사람의 운전 기술로는 그것을 끌고 다니기가 무척 힘들 것 같았다. 이러한 캠핑 차를 위해 경승지에는 주차장이 있 었고 일정한 사용료를 내면 전기, 가스, 하수도, 상수도 등을 연 결해서 사용하는 시설이 갖추어 있었다. 캠핑 차를 위한 주차장 은 모두가 산 속에 위치해 있어서 공기와 경관이 좋았고 일단 들어가서 정해진 자리에 주차를 해놓으면 간이 테이블과 의자를 나무 밑에 내어놓고 앉아 자연을 즐길 수 있었다. 엘로우스톤 파

크에 갔을 때에는 주차할 자리가 거목 사이의 좁은 공간이었는
데 운전솜씨가 뛰어난 글린다는 혼자서 잘해 내었다. 남자들이
서로 돕겠다고 나섰지만 글린다는 끄떡 않고 비좁은 나무 사이
를 묘하게 몰아서 나무 숲 가운데에 주차했다. 놀라운 솜씨였다.
  글린다는 일찍부터 컴퓨터에 심취하여 그것을 이용해서 자기
집안의 족보를 조사하고 있었고 우리가 몰먼교로 유명한 솔트
레이크시티(Salt lake City)에 묵었을 때 나는 유명한 몰먼태버내
클 합창단(Mormon Tabernacle Choir)의 연주를 즐기는 동안 글
린다는 몰먼교의 유명한 족보 도서관을 이용했다.
  나는 여행 도중 지리적 양상 외에 다른 사실도 발견했다. 캠핑
차 안에서 숙식을 같이 하며 동양과 서양, 한국인과 미국인의 음
식 문화에 큰 차이가 있음을 알게 되었다. 우리가 여행길에서 처
음 식품점에 들렀을 때 우리에겐 뜻하지 않은 이견이 생겼다. 내
가 귤, 사과, 오이, 홍당무 등을 많이 구입하자 글린다는 냉장고
의 공간이 부족하고 그 양을 다 소모할 수 없다고 난처한 표정
을 지었다. 그러나 나는 냉장고에 넣을 필요는 없고 내가 알아서
소모를 할 것이라고 대꾸했다. 글린다 모녀는 계란, 고기, 버터,
쨈, 빵 등을 많이 먹고 나는 고기나 빵보다는 과일과 채소를 더
많이 먹었다. 내가 매끼마다 생 채소와 과일을 상당량 소모하자
놀라워했다. 셋이서 여행비용을 분담하기로 했는데 음식은 주로
글린다 어머니가 담당하여 동네 푸주간에서 제일 좋은 고기를
주문하여 집에서 손수 햄 등을 만드시고 그 밖에 치즈, 버터, 쨈,
빵 등을 준비하고 글린다는 캠핑 차를 마련하여 운전을 맡고, 나
는 휘발유를 대기로 되어 있었다. 물론 엄청나게 소모하는 과일
과 채소는 내가 자진해서 구입했다. 덕택에 나는 끝까지 내 본래

의 몸무게를 유지할 수 있었다.

그런데 중고등학교 시절에 예쁘던 몸매의 글린다는 결혼 후에 점점 몸이 불어나더니 중년으로 들어서면서 살이 더 올랐고 그녀 어머니도 1968년 재가를 했을 당시는 애써 다이어트를 해서 보기 좋은 몸매였으나 일단 결혼에 성공하자 긴장을 풀어서인지 몸이 크게 불어나 있었다.

함께 생활하는 날수가 늘어나면서 글린다 어머니는 나를 딸처럼 대해 주었다. 두 딸을 대하듯 자신의 인생 이야기를 들려 주셨다. 내가 1954년에 글린다의 편지를 받고 왜 그녀의 부모가 '별거' 해야 하는가를 궁금히 여겼는데 드디어 40여년이 흐른 뒤에 그 질문을 할 수 있었다. 내 질문에 그 어머니는 회한 어린 어두운 표정을 지으며 "애야, 그이에겐 다른 여자가 있었단다."라고 대답하여 나의 가슴을 아프게 했다. 그리고 어머니는 "정매야, 처음 너를 만났을 때 솔직히 난 네 영어를 잘 알아들을 수가 없었다. 그런데 지금은 다 이해하겠어." 라고 토로를 해서 60년대의 나의 회화 실력이 어떠했는지를 짐작하게 했다.

처음 편지 교환을 한지 45년이 흐른 지금도 글린다와 나는 서로 언니, 동생 하면서 편지를 쓴다. 요즈음에는 이메일을 주고받고 있다. 두 아들인 에릭과 클라크는 고등학교를 졸업하고 이미 장가를 가서 글린다의 손자와 손녀는 초등학교엘 다닌다. 그 외조모는 70년대에 돌아가시고 어머니는 일년 전에 알츠하이머로 고생하시다가 세상을 떠나셨다. 내가 가까이 있었다면 분명히 명복을 비는 꽃을 영전에 바쳤을 것이다. 앞으로 기회가 닿으면 성묘를 하려고 한다.

그리고 오늘날까지 계속되는 한 가지 일은 글린다가 경제적으로 풍족하지 못한 데도 1950년대 말부터 나에게 부쳐주던 『리더즈 다이제스트』의 구독료를 오늘날까지 계속 내주어서 매달 꼬박꼬박 나에게 배달된다는 사실이다. 요즈음엔 아시아판이 따로 생겨서 두께가 얇아지고 내용에 차이가 있지만 50년대와 60년대엔 미주 판과 아시아 판이 따로 없었기 때문에 아주 묵직하고 광고에서부터 기사 하나하나에 이르기까지 많은 읽을 거리를 제공했다. 나는 가끔 교양영어의 교재와 시험문제 출제의 자료로도 이용한다. 나는 대신에 한국의 아름다운 비단 옷감을 보냈고 요사이는 매 겨울철이면 화려한 누비 코트를 보내서 글린다가 추운 '센 루이의 겨울을 따스하게 보내게 한다.

또 글린다를 보며 기특하게 여기는 것은 오늘날 미국에는 이혼하고 재혼, 3혼, 4혼까지 하는 경우가 흔한데 그녀는 지금까지 35년 가까이 첫 남편과 해로한다는 사실이다. 그녀의 남편은 일찍이 80년대부터 당뇨병으로 고생하며 직장을 떠나 글린다는 자신의 적은 수입으로 생활을 한다. 이러한 어려움 가운데서도 건실하게 살아가는 글린다는 참으로 자랑스럽다.

인간사는 반복의 연속이라 하더니 정말 그렇다. 얼마 전 글린다는 손녀가 한국 학생과 펜팔을 맺고 싶으니 학생을 소개해 달라고 하여 한 여학생을 소개했다. 그 한국 여학생도 나처럼 펜팔과 평생 교제를 즐기기를 간절히 기원한다.

나의 프랑스 유학기

이 정 원

부산외대 불어과 교수

　나의 유학체험은 남다른 데가 있다. 일반적으로 유학을 하는 사람들은 짧게는 1~2년에서 길게는 수년까지 일정기간에 걸쳐 유학장소에서 지내게 된다. 그런데 나의 경우에는 박사학위를 취득하기까지 짧게는 두 달, 길게는 15개월에 걸쳐 매우 여러 번 유학생활을 하였기 때문이다.

　박사학위를 받기 위해서 프랑스 파리를 오간 것이 햇수로 따지면 7년 정도가 되니까 어떻게 보면 지루하기도 하였으나, 그 오랜 기간 동안 나는 끊임없이 나 자신과의 외로운 투쟁을 하였던 것 같다. 유학생활을 하는 데 가장 중요한 것은 내가 시작한 일을 꼭 달성하겠다는 의지와 해낼 수 있다는 자신감 그리고 건강이라고 생각한다. 그러나 해외에서 생활을 하다가 보면 가끔 지쳐서 자신도 모르게 포기하고 싶어질 때가 있기 마련인데, 그럴 때마다 나에게 가장 큰 도움이 되었던 것은 역시 가족의 뒷받침이었다. 지금도 여전히 가족 모두에게 감사를 드린다. 특히 돌아가신 아버지께… 어려서 나에게 프랑스어를 가르쳐주신 것에 감사를 드리며 지금까지도 나의 울타리 역할을 하시는 어머니의 지극한 사랑에 감사를 드린다.

　프랑스 파리를 유학 장소로 선택한 사람들은 누구나 학업 다음으로는 무엇보다도 세계적으로 유명한 예술의 도시, 패션의 도시에 가서 살게 된다는 사실에 자연 자랑스럽고 들뜨게 된다. 그러나 나에게 있어서 파리는 단지 나의 학업을 지속하기 위한 하나의 장소로밖에는 인식되질 않았었다. 그것은 이미 유학을 떠나기 전에 그 곳을 한번은 관광을 하였다는 이유에서일 것이며, 그 곳을 방문한 소감이 단순히 좋았던 것만은 아니었고 다소 실망했던 점도 있었기 때문이다.

처음 프랑스의 수도 파리에 발을 딛게 된 것은 1976년 6월 어느 찌는 듯한 여름날이었다. 가족이 아프리카의 모로코로 이주를 하게 되어서 파리를 경유하게 되었다. 그 때는 파리가 나의 유학지가 될 것이라는 생각도 없었을 때였다. 단지 오랜만에 가족과 함께 하는 여행에 마냥 즐거웠고 또 한창 꿈이 많던 대학 3년 시절이었으므로 굉장히 들떠 있었다. 그러나 파리 오를리 공항-지금은 파리 국제공항이 샤를르 드골 공항이지만, 그 당시만 해도 파리의 국제공항은 지금 국내선이 주로 사용하는 오를리 공항이었다.-도착 직후부터 파리에 대한 환상은 깨지고 있었다.

우리의 여행 짐을 큰 캐리어에 담아 어머니가 지키시고 잠시 화장실에 다녀온 사이에 나의 핸드백을 도난당한 것이다. 그 안에 귀중품은 없었으나 친구들의 주소가 적혀있는 수첩과 내가 가장 아끼던 상아 도장 그리고 몇 가지 자질구레한 기념품이 들어 있었다.

두 번째 일어난 일은, 파리 시내를 관광하던 중 고풍스러운 건물들을 올려다보느라고 정신없이 길을 걷다가 개똥을 직통으로 밟은 것이다. 미끄러져서 넘어지지 않길 다행이다 싶었지만, 그래도 세계적인 도시 파리 중심에 웬 개똥이람! 상상만이라도 해

보시라! 조그만 동양 여자가 예쁘게 차려입고 신비한 도시의 수백년 전에 만들어졌다는 건축물에 도취되어 걸어가며 한껏 낭만에 취해 있다가 미끄덩! 하고 개똥을 밟는 상상을… 더구나 여름샌들을 신고 있었으므로 나는 완전히 죽을상이 되어버려 그날의 나머지 관광은 어떻게 끝냈는지도 기억이 나지 않는다. 물론 지금도 가끔 길거리에서 개똥을 발견할 수도 있으나, 프랑스 정부는 거리 정화의 일원으로 80년대에 들어서면서 개를 산책시키는 주인은 비닐봉지와 작은 삽을 갖고 다니게 의무화하였다.

　세 번째 추억도 별로 좋지 못한 것이었다. 우리 가족 여섯 명은 난생 처음으로 파리 지하철을 타게 되었다. 지금은 지하철 문의 개폐가 자동으로 이루어져 있으나 당시에는 지하철을 타고 내릴 때 문고리에 달린 쇠로 된 손잡이를 들어주어야 문이 열렸다. 그것을 알 리가 없었던 우리 식구들, 한술 더 떠서 덜렁대던 나는 혼자만 정거장을 잘못 알고 내려버렸는데, 지하철에서 내려 뒤를 돌아보니 가족은 모두 그대로 타고 있는 것이 아닌가. 아차! 하는 순간에 차 문이 닫히고 말았다. 나는 발만 동동 구르고 전동차 안에서는 부모님께서 나더러 빨리 다시 타라고 야단이시고… 몇 초가 흘렀을까 지하철이 떠나기 직전에 안에서 어떤 사람이 우리의 상황을 눈치채고 문을 열어주었는데 나는 하도 놀라고 다급한 마음에 차에 급히 타느라고 왼쪽 맨 가슴을 그 쇠문고리에 찢겨버리고 말았다. 여름옷이 두꺼워 봤자지… 옷이 찢어지고 가슴 쪽에 아픈 상처를 안고 그대로 그 날의 관광을 마저 끝내야 했다.

　이렇게 파리를 처음 대면하고 얻은 교훈은 파리의 어디를 가나 소매치기를 조심하라는 것, 절대로 고개를 들고 다니지 말고 항상 발 아래를 내려다보고 걸어야 한다는 것, 낯선 곳에 가도 당황하지 말고 남들이 하는 것을 유심히 보고 배워서 익히라는 것 등이다.

본격적인 유학생활의 시작은 1980년 여름으로 거슬러 올라간다. 당시 한국외국어대학 동시통역대학원에 다닐 때였는데, 1년 동안의 국내학업을 마치고 영-불학과의 국비장학생으로 선발된 4명중에 끼어 파리로 파견연수를 떠나게 되었다. 학교는 파리 3대학의 통번역학 대학원(Ecole supérieure d'Interprètes et de Traducteurs: ESIT)이었는데, 나만 불어가 제1외국어였고, 다른 세 명의 학우들은 영어가 제1외국어였기 때문에 함께 수업을 받은 것은 몇 과목뿐이었으며 처음 상당 기간을 나는 한국인으로서는 외롭게 혼자서 한-불-영 3개국어에 관한 공부를 해야했다. 이 시기에는 주로 언어의 능숙도를 얻고자 노력했다.

특히 나의 경우에는 영어가 프랑스어보다 상대적으로 많이 약했기 때문에 어떻게 하면 영어를 잘 할까 하고 고심했던 시기였다. 그 외에도 통번역에 대한 기술, 이론, 국제회의, 국제 정치 및 문화 등 끝없이 이어지는 수업과 통번역실습이 계속되는 고된 나날이었다. 사실은 이 때 처음으로 프랑스 본토에서 프랑스어로 강의하는 대학강의를 들은 셈인데, 프랑스 선생님들의 자유로운 강의 분위기가 참 매력적이었다.

선생님들은 끊임없이 리포트를 내주고 실습시키면서 학생들을 힘들게 다그쳤지만 가끔 우스개 소리를 해서 강의실의 긴장된 분위기를 부드럽게 바꿔주기도 했다. 그 당시에 선생님들이 무서웠던 것은 말도 할 수 없었지만, 무섭지 않았던 선생님 두 분이 유난히 기억에 남는다. 칠순이 넘으셨던 할아버지 선생님 한 분이 계셨다. 그분은 늘 파이프를 물고 수업시간에 들어오셨는데, "너희들 담배 피우면 안 된다고 배웠지? 통역사는 목소리 관리를 잘해야 하므로. 또 담배 많이 태우면 암에 걸린다고 하지? 거짓말이야. 날 좀 봐. 나는 젊었을 때는 아주 독한 필터가 없는 지탄(Gitan)을 태웠고 지금은 이렇게 파이프를 물고 사는데도 멀쩡하잖아." 하면서 껄껄 웃으시기도 했다. 그렇다고 담배가 좋으니 태우라는 뜻이 아니고, 우리 통역사들은 스트레스를 받는 직업이므로 담배로 해소가 된다면 굳이 끊으려 애쓰지 말라고 한마디 덧붙이시곤 하셨다.

또 한 분은 여자 선생님이셨는데, 수업 도중에도 너무나 자연스럽게 당신의 사생활이며 지나간 인생역정을 진솔하게 털어놓아 주시는 것이었다. 우리사회 같았으면 숨기고 학생들에게는 알리지 않았을 그런 내용(?)까지도. 처음엔 낯설게 느껴지더니 어느 샌가 그 선생님의 인간미에 같은 여자인데도 매력을 느끼게 되었었다.

이 시기에 배운 것은 많았지만 그 중에서도 외국어 습득에 있어서 프랑스 학생들이 얼마나 지리적으로 유리하며 다양한 방법으로 현지 체험을 하는가를 알았다. 그 당시 나에게는 특히 가까이 지내던 프랑스 학생들 몇 명이 있었다. 그 중 두 명이 불-영-독 3개국어를 공부하는 학생들이었는데, 이 친구들은 방학 때만 되면, 독일로 영국으로 아르바이트를 떠난다고 했다. 독일이나 영국에 가서 새벽 우편배달부도 하고, 베이비시터도 하면서 현지에서 그들의 말을 배우고 문화를 익힌다고 했다. 참 부러운 현실이었다. 스페인어를 공부하는 친구도 역시 스페인에 가서 두세 달을 해변 청소부로 지내면서 생활한다고 했다. 그들을 본받아

나도 매달 장학금을 조금씩 모아 그 이듬해 여름 영국에 영어연수를 다녀오기도 했다.

또 한가지 배운 점은 프랑스 사람들이 토론하기를 무척 좋아하는 민족이라는 것이었다. 여름 바캉스를 제외하고는 프랑스 학생들에게도 특별한 여가 문화가 없는 것처럼 보였다. 그래서 가끔 마음 맞는 친구들끼리 모여서 포도주나 가벼운 음료 및 간식거리를 놓고 대화를 나눈다. 대화의 주제는 매우 다양하고 흥미롭다. 소소한 일상사에서부터 정치, 경제, 사회, 문화, 철학에 이르는 다양한 주제까지. 하루는 내가 참석한 자리에서 밤을 새며 동양철학에 관한 이야기를 나누게 되었는데 모두들 열심히 자신의 의견을 주장하면서 다른 친구의 주장을 반박하고 있었다. 그 모습을 보고 한편으로는 왜들 저렇게 열을 올리나하고 의아해 한 적도 있다. 그러나 남의 이야기를 잘 들어 주면서도 모두들 진지하게 자기의 의견을 논리적으로 전달하는 것을 보고 배울 만한 점이라고 생각했다.

그 후 몇 번에 걸쳐 여름방학을 이용해 불어 교수법 연수를 받았다. 그러나 그 기간은 본격적인 유학기는 아니었다. 내가 다시 프랑스 파리에 유학을 하기로 결심하게 된 때는 1986년이다. 그때 나는 이미 부산외국어대학에서 교직생활을 5년째 맞이하던 시기였다. 처음 파리 7대학 언어학과에 유학을 결심했을 때는 응용언어학의 한 분야인 불어교수법을 전공으로 택하려고 하였다. 그러나 현지에 도착하여 공부를 하는 과정에서 말소리를 과학적으로 연구하는 일반언어학의 음성학과 음운론이라는 전공을 택하게 되었다. 이 때부터 1993년 2월 박사학위를 취득할 때까지의 유학기에는 말 그대로 공부만 죽어라하고 하였다. 물론 가끔 언니의 가족과 함께 하는 시간을 갖기도 하였지만.

1986년 10월에 박사과정인 DEA(Diplôme d'Etudes Approfondies
의 약자: 박사과정에 해당)에 등록을 하여 10개월만에 박사과정
에서 요구하는 학점을 받고 논문을 썼다. 이 시기에 나의 좌우명
은 '나는 가급적 빠른 시간 안에 소정의 목표를 달성하고 귀국
한다' 이었다. 그래서 배가 고프지 않을 정도로 먹을 시간과 쓰러
지지 않을 정도로 잠을 자는 시간 이외에는 몽땅 참고자료를 읽
고 글을 쓰는 작업을 계속했다.

그 때 지도교수이었던 선생님이 나에게 인생은 그렇게 사는
것이 아니라고까지 말씀하실 정도로 공부에 몰두해 재미를 붙였
었다. 그 때 진심으로 공부가 재미있는 것이라는 것을 깨달은 것
이다. 유학을 계획하는 후배들에게도 이 점을 꼭 알려주고 싶다.
공부도 재미를 붙여야 잘 할 수 있다는 것을.

박사과정을 이수하는 과정에서 특히 음운론 공부에 재미를 느
꼈던 이유 중의 하나는 우리에게 강의를 한 어떤 교수의 새로운
음운이론에 나의 이론적 의견이 첨부되면서 그 이론이 더욱 발
전하게 된 계기가 있었기 때문이다. 또한 그 과정에서 1987년 파
리의 봄방학 때 그 교수의 초청으로 한 달 반을 캐나다 몬트리
올의 퀘벡대학(Université de Québec Montréal) 언어학과에서 연
구원 생활도 했었다. 이 시기에 어려웠던 점은 글쓰기였다. 지금
처럼 컴퓨터가 개발되지 않았던 시기라서, 모든 리포트를 손으로
쓰거나 타이프라이터로 타이핑을 했어야 했다. 그런데 다 써놓고
나서 수정을 하려면 결국 전체를 다시 써야 하는 어려움이 있었
다. 그 시기에 리포트는 말할 것도 없고, 약 100페이지 정도의
분량이었던 졸업논문을 다섯 번에 걸쳐서 다시 쓴 것과, 세 번에

걸쳐서 타이핑 한 것이 기억에 남는다.

지금은 컴퓨터가 있으므로 아무런 문제가 되지도 않는 글쓰기이지만 그 당시 시간을 다투어야 하는 나의 입장에서는 정말 밤을 꼬박 샐 정도의 고된 작업의 연속이었다.

1987년 6월에 박사과정을 마치고 귀국했다. 그리고 1991년 8월 이전까지 매해 겨울방학만 되면 파리로 자료수집 및 연구를 위해 왔다갔다 했다. 이 시기에 가장 어려웠던 점은 박사학위 지도교수와의 마찰이었다. 박사학위 논문을 쓰면서 지도교수가 바뀌었는데 내가 다루고 있던 이론은 80년대 중반에 새로 개발된 이론으로 나와 바뀐 지도교수가 함께 배운 내용을 토대로 하고 있었다. 그 후 나는 그 새로운 이론을 계속 쫓아가고 있었고, 새로운 지도교수는 그 내용을 토대로 자기의 이론을 새롭게 만들어서 여러 언어에 적용시키고자 하는데 문제가 생겼다. 갈등은 박사학위를 취득할 때까지 계속되었다.

1991년 여름방학을 시작으로 나는 다시 파리로 1년간 유학할 결심을 하게 된다. 그 동안 모았던 자료와 틈틈이 써놓은 글들을 정리하여 1년만에 박사학위논문을 마치고자 했다. 파리 유학생활을 다시 시작하기 전, 1991년 8월 프랑스 남부 도시 엑스앙프로방스(Aix-en-Provence)에서 개최된 제12회 국제음성학회(International Congress of Phonetic Sciences: ICPhS)에서 처음으로 논문을 발표하였다. 이 논문발표는 나에게 있어서 통과의례와 같은 것이었으며 또한 학자로서의 자신감을 갖게 해주는 계기가 되기도 하였다. 책 속에서만 만났던 많은 석학들을 직접 만났고 그들의 특강과 논문발표를 듣고 배우면서 나도 이제부터는 저들과 나란히 서게 될 수 있구나 하는 자만심을 갖기도 했다. 일주

일간의 학회 참석을 마치고 파리로 돌아와 나의 유학기 마지막 기간을 보내게 되었다.

1년만에 학위논문의 집필을 마치겠다고 벼르고 떠났었으나, 지도교수와의 마찰을 빚으며 논문의 상당 부분을 수정하면서 유학 일년을 마무리할 무렵, 뜻하지 않은 불행이 나를 기다리고 있었다. 지도교수가 연구비를 받고 2년 계획으로 아프리카로 떠난다는 것이었다. 나는 우편으로라도 지도를 받겠다고 하고 일년을 다 소비한 다음 1992년 여름에 귀국하였다. 지도교수에게는 반학기 후 1992년 겨울에 반드시 논문을 마무리 지어 제출하겠다는 약속을 하고 난 후였다.

그리고 가을학기 강의를 하는 틈틈이 논문을 쓰고 새롭게 정리하여 아프리카에 있는 지도교수에게 보내 마침내 박사학위 논문제출 승낙을 받게 되었다. 이제는 정말 끝내야 한다는 각오를 하고 그 해 겨울방학을 이용하여 다시 파리를 찾았다. 그런데 지도교수가 파리로 올 수가 없다는 것이었다. 내가 우편으로 보내 준 논문을 읽어 본 결과 제출을 해도 되겠다는 답을 준 직후 곰곰이 생각했는데, 파리까지 도저히 못 오겠다는 것이다. 지도교수를 바꿔서 다시 시작을 하느냐, 박사학위를 포기하느냐 하는 기로에 서게 되었다. 그러나 나는 그 둘을 모두 선택하지 않고 새로운 제안을 하였다. 대학원장에게 면담을 신청하여 현재 상황이 이러한데 나는 이번에 꼭 논문을 제출해야 하는 형편이므로 지도교수 없이 나 혼자서 논문심사를 받겠으니 허락해 달라고 하였다. 그러나 대학원장은 이제까지 지도교수 없이 학위논문 심사를 한 예가 없다며 난감해 하였다. 또 허락이 되더라도 통과할 자신이 있겠느냐고 물었다. 나는 해낼 수 있다고 답했고, 결국 두 달 가량을 투쟁한 결과 1993년 2월 12일에 나의 학위논문 심사 예정일이 발표되었다.

1993년 2월 12일. 박사학위논문 심사는 공개발표이기 때문에 이 날 강의실에는 많은 사람들이 와 앉아 있었고 그 중에는 가족도 있었으며, 제자도 세 명이나 앉아 있었다. 심사순서에 따라 먼저 학위논문 제출자인 내가 약 1시간 내에 논문을 요약 발표한 후 심사위원들의 질문에 답하게 되었다. 그런데 심사위원장은 발표 후 심사위원들이 질문을 하기 전에 먼저 지도교수의 질문에 답하라면서 두 페이지에 달하는 비평을 읽어주었다. 그곳에 있던 그 어느 누구도 예상치 못했던 일이 벌어진 것이었다. 함께 방어를 해줘야할 지도교수가 자리에 없는 것도 상상할 수 없는 문제인데, 덧붙여서 비평을 하고 질문을 하다니… 순간 당황하기는 하였으나, 나는 침착하게 나의 의견과 입장, 이론적 취지를 설명하였다. 그리고 그 후 한시간 정도에 걸친 질의 응답을 어떻게 하였는지 그 순간이 너무나 순식간에 지나가 버린 것 같았다. 약 20분 정도 심사위원들이 나갔다가 들어와서 나의 학위논문이 심사에 통과되었음을 알려 주었다. 지도교수가 없는 관계로 최우수 점수에 플러스 알파는 못 받았지만 결국 최우수 점수를 받고 학위를 받게 되었다.

여러 번의 유학생활 중 습득된 경험 속에서 후배들에게 들려주고 싶은 말은 언제 어느 때 어떤 상황에 부딪히더라도 반드시 해결책은 있기 마련이란 것이다. 어려운 일을 해결하고 난 후 마시는 샴페인 한잔이 평소의 맛과는 확실히 다르다는 사실은 경험해 보지 않은 사람이면 알 수 없을 것이다.

장학금 많은 미국 대학이 부럽다

김 미 자

한국외대 영어과 교수

미국대학에서 교수의 휴강은 있을 수도 없을 뿐만 아니라 학생들의 결강이 흔하지 않다. 출결석의 처리가 엄격히 다루어 지고 있기 때문일 지도 모르나 수업시간이 엄수되고 주어진 수업시간을 중요시하는 미국 대학의 풍토를 한국대학생들이 이해하기는 힘들 정도다. 등록금이 한국 대학에 비해 열 배 내지 열 다섯 배를 받는 교육 때문일까? 혹은 미국 대학생들의 학구열이 높아서 일까? 잠깐 생각해 본다면 아마도 출결석이 장학금과 직결되기 때문이라고 풀이하고 싶다. 한국하고는 비교도 되지 않는 짧은 역사를 가진 미국이지만 미국의 대학교육 행정이 부럽고 대학의 장학금 제도가 부럽다.

미국 대학생들이 등록금 삭감이니 등록금 인상 동결 등으로 항의 시위를 하는 일을 목격해 보지 못한 본인은 대학에서 수업시간을 소홀히 다루는 한국 대학과 비교하지 않을 수 없다. 미국에서는 대학생이 되면 열심히 공부하여 학점 따는 일에 열중한다. 성적이 부진하면 가차없이 대학교육이 중단되기 때문이다. 수업에 참여하지 않고 만족할 만한 성적을 받을 수 없기 때문이다. 매 시간 있는 퀴즈와 과제물에 대응해야 하는 대학 수업은 학생들을 꼼짝 못하게 만든다.

미국에서 학부 일학년 때에 일이다. 어느 교수의 말을 인용하면 "학생 여러분, 자기 옆에 누가 있나 잘 보시오. 일 년 후에는 그들 얼굴을 볼 수 없게 될 것입니다." 유학간 첫해에 나의 짧은 영어실력으로는 그 말을 이해하지 못했다. 4년 후 졸업 당시에 그 교수의 말을 겨우 이해하게 되었다. 실은 미국대학은 입학하기 쉬운 반면 졸업이 힘들기 때문에 4년까지 남아서 졸업의 영광을 받는 자들이 어느 대학을 막론하고 4분의 1로 줄기 때문이다. 예를 들면 일학년 입학생 수가 400명이라면 4년 후 겨우 100명 정도가 졸업을 하게 된다는 말이다. 학과에 따라 다르지만 어느 학과는 10분의 1로 주는 학과도 있다.

성적이 떨어지면 장학금을 받을 수 없기 때문에 교육이 중단된다. 학생 개인 부담으로 공부하는 미국 대학생들은 극히 드물다. "전체 재학생의 90%가 장학금 수혜자이다"라고 학부 재학생 상황을 일전에 내한한 저의 모교 총장으로부터 직접 들었다. 그는 장학기금 마련을 위해 한국에까지 오는가 하면 동문들에게 한 달이 멀다하고 장학기금 운동참여를 서신으로 호소하고 있다. 동문 장학금, 기관 장학금, 교회 장학금, 전공별 장학금 등으로 수없이 다양한 메뉴의 장학금을 보유한 미국 대학교육 제도가 부럽기만 하다.

성적이 우수하고 고등학교 선생이나 대학 교수의 추천으로 장학금 수혜자가 되어 학부 및 대학원 교육을 마치고 박사학위까지 받을 수 있는 것이 미국의 대학교육 제도이다. 부모의 도움은 전혀 없다고 해도 과언이 아니다. 고등학교를 졸업하면 성인이 되기 때문에 자립을 강요하다시피하는 미국 가정의 문화가 우리는 이해하기 어려울 정도다. 그러므로 공부하기 싫은 학생들은 대학에 진학할 생각조차 못하는가 하면 처음부터 진학을 포기한다. 장학금 이외에 장기 융자를 받는 학생도 있다. 그래서 일생 동안 융자금을 갚어가는 졸업생들도 적지 않다.

한국에서는 입시 시기가 되면 신문 지상에 매일 일일연속극처럼 애처로운 호소문이 실리는 기사를 읽게 된다. 대학 등록금을 호소하는 슬픈 기사는 독자의 가슴을 아프게 만든다. 우리도 하루속히 가진 자가 장학기금에 앞장서서 정말로 공부하고 싶은 대학생들에게 골고루 나눠주는 21세기가 되기 바란다. 올바른 교육을 받아 훌륭한 사회인이 되라고 주는 장학금으로는 결강을 일삼고 등록금 항의나 시위 등을 대학 캠퍼스에서 하겠는가. 등록금이 아무리 인상된다 해도 장학금을 받을 수 있는 자격을 갖춘 자들은 등록금에 신경 쓸 필요가 없으니 장학금으로 공부하는 미국 대학생들은 정말로 복 받은 자들이다.

기부금 및 후원금에 의한 장학금 제도가 발달되어 있는 미국이 부럽다. 기부금 사용 용도는 장학금 이외에 건물도 짓고 대학 발전에 쓰여진다. 기부금에 비례하여 교수 증원은 물론 연구비에 많은 투자를 한다. 그러므로 기부금이 많이 들어오는 학과는 발전이 빠르고 기부금을 확보 못하는 학과는 그 학과마저 없어지는 예도 볼 수 있다. 장학금이 조달되지 못하면 지원하는 학생에 줄 등록금도 없고 교수 월급도 지급 못하게 되니 대학마다 재주를 부리지 않을 수 없다.

미국 대학생들은 돈이 없다. 시간도 없다. 돈과 시간이 없는 대학생들은 돈 벌기 위해 소위 아르바이트로 용돈을 마련한다. 공부를 희생하고 일 할 수는 없기 때문에 하루의 24시간을 요령껏 나누어 활용한다. 미국 대학생들은 누구나를 막론하고 아르바이트를 한다.

한국 부모처럼 대학생 자녀들에게 등록금 및 용돈을 주지 않는다. 아르바이트는 주로 자기 캠퍼스에서 구한다. 각 부서에서 한두 명의 직원 책임자 이외에는 전부 학생들의 일자리다. 화장실 청소를 포함한 청소 담당, 잔디 깎기, 도서정리 및 대출, 식기 닦기, 음식 나르기 등 요리 이외의 식당 업무 일체, 교내의 모든 분야에 학생들이 시간당 저임금으로 일하며 학비를 벌고 용돈을 번다. 누구나가 다 일을 하기 때문에 일과 공부를 병행하지 않는 자는 오히려 비 정상인으로 취급받는 예도 있다. 이와 같이 바쁜 대학생활에도 클럽 활동이나 동아리 활동에 적극 참여하여 대학생활을 만끽한다. 그러나 어디까지나 모든 학생활동은 수업시간이 끝나고 시작된다.

수업에 몰두하는 미국 대학생들이 부럽다. 우리 나라 대학에서도 등록금 걱정, 나라 정치 걱정하지 않고 학생들이 마음놓고 학업에만 전념할 수 있다면 얼마나 좋을까? 세계 선진국 대열에 참여할 수 있는 훌륭한 학자들이 줄지어 배출하게 될 날이 멀지 않으리라 믿고 싶다. 운동회도 좋고 축제도 좋다. 휴강이나 결강으로 얼룩지고 있는 우리 나라 대학 교육은 이제 그만 하루 빨리 바로 잡혔으면 한다. 한국에서는 미국 대학의 10분의 1 내지 15분의 1에 해당하는 등록금을 내기 때문에 미국 대학에 비해 10분의 1 내지 15분의 1에 해당하는 수업으로 만족하는 한국 대학생들이 되지 않기 바랄 뿐이다.

성공적인 유학 생활을 위하여

김 홍 구

부산외대 태국어과 교수

1987년 8월부터 1년 동안 태국의 치앙마이(Chiang Mai) 국립 대학에서 객원교수 생활을 한 적이 있다. 이 기간 동안 박사학위 논문자료의 수집과 논문작성에 몰두하면서 지냈다. 필자의 외국 생활은 그리 길지 않았지만 이미 나이가 들어서 외국생활을 해서인지 적응이 그리 쉽지 않았던 것으로 기억이 된다.

많이 말하고 많이 듣는다

유학생활 중 스트레스를 제일 많이 받는 일은 언어 소통의 불편함일 것이다. 유학을 다녀 온 사람들이라고 모두 그 나라의 언어를 유창하게 구사하지는 못한다. 꼭 그렇지는 않겠으나 활동적인 사람들이 조용한 성격의 사람들 보다 좋은 언어 구사력을 갖추게 되는 것 같다. 언어를 잘 구사하기 위해서는 많은 사람들과 자주 만나서 말하고 듣는 것이 중요할 테니까 말이다.

각계 각층은 그 관심사에 따라 대화의 주제가 다양하다. 인텔리 층과 보통 사람들의 주제가 따로 있으며 남성, 여성, 노인, 어린이에 따라서도 대화의 주제가 다르다. 따라서 이들 중 어떤 한 계층과만 대화를 나누다 보면 비교적 친숙해 있는 이들과는 대화가 잘되는 데 다른 사람들과는 그렇지 못한 경우가 많다. 친숙한 사람과 대화가 잘 된다고 자신의 외국어 실력을 과신하는 것은 금물이다. 왜냐하면 대화의 주제가 한정되어 있기 때문에 말하는 실력도 듣는 실력도 별로 늘지를 않기 때문이다.

필자는 주로 전공관련 교수들과 대화를 나누었다. 그러다 보니 어찌된 일인지 어려운 말을 하고 듣는 일이 더 쉬웠던 기억도 있다. 교수들만큼 더듬거리는 외국인의 말을 가장 빨리 이해하는 사람들도 드문 것 같다. 또 그들은 말은 좀 하지만 평범한 말보다는 더듬거리기는 하나 내용이 풍부한 말을 선호하는 듯 싶었다. 교수들과만 대화를 나누다 보니 일상생활 속에서의 대화가 오히려 힘든 적도 있었다. 그러나 생활 속의 평범한 대화가 살아 있는 대화가 될 것이니 보다 좋은 외국어를 구사하기 위해서는 될수록 많은 계층과의 대화가 필요할 것이다.

인간은 들리는 것만큼 말할 수 있게 되어 있다. 따라서 말을 잘 하기 위해서는 듣는 일이 무엇보다 중요하다. 듣는 것도 여러 사람의 말을 듣고 여러 주제에 대하여 들어보는 것이 중요하다. 보통 남성보다는 말이 빠른 여성들의 말을 듣는 것이 힘든 것 같고 성인보다는 어린이들의 말 듣기가 어려운 것 같다. 가장 잘 들리는 것은 아나운서의 말이었다. 왜냐하면 정확한 표준어를 사용하고 발음이 또렷하기 때문이다.

필자는 TV뉴스를 통해서 듣기 연습을 많이 했다. 특히 정치분야의 뉴스를 많이 들었다. 필자의 전공이 정치학이었기 때문이었다. 그러다 보니 가끔씩 보는 연속극이나 쇼 프로그램을 이해하는 것이 참 힘들었다. 일상생활을 하는 데는 이러한 프로그램을 이해하는 것이 뉴스를 이해하는 것보다 더 중요할 수 있다. 따라서 TV를 보더라도 다방면의 프로그램을 접해 보아야 할 것이다.

필자는 듣는 실력을 기르기 위해 TV뿐 아니라 시간이 나는 저녁 시간에는 2본 상영 영화를 즐겨 보러 갔다. 그러나 말이 즐기는 것이지 이것 역시 외국어 공부의 연속이었다.

취미생활을 갖자

외국생활을 하다보면 처음에는 외국에 대한 신비감이나 흥분감에 사로잡히기도 하지만 얼마 지나면서 단조로움과 따분함에 젖기도 한다. 사실 유학기간 내내 공부만 한다는 것은 불가능한 일이다. 필자는 박사학위 논문 작성에 골몰하다보니 정서가 꽤나 메말랐던 기억이 난다. 낯선 이국 땅에서 공부는 잘 안되고 해서 필자의 인상이 그리 좋지 않았나 보다. 하루는 그곳의 교수 한 분이 필자의 얼굴이 안됐다고 하면서 취미생활을 갖도록 권유했다. 유학 초창기에 하도 고민을 하다 보니 얼굴 모습도 바뀌었던 것 같다. 그래서 필자에게 붙여진 별명이 '디요우'였다. 이 말은 혼자, 고독 등의 의미를 갖는 태국어였다.

이 때부터 일부러 연극도 보러 가고 음악회도 찾게 되었으며 헬스클럽에 등록도 했다. 또 혼자 생활하는데서 오는 외로움과 무료함을 달래기 위해서 태국 친구 한 명을 사귀어 같이 생활하게 되었다. 이렇게 하다 보니 생활이 훨씬 활기차게 되었다고 기억된다. 필자는 특별한 취미생활을 갖지는 못했다. 지금 와서 생각하니 다시 한 번 기회가 주어지면 취미생활로 여행과 사진 찍기를 열심히 해 보고 싶다. 필자는 대학에서 태국의 정치, 사회, 문화를 강의하고 있다. 강의를 할수록 학생들에게 태국의 생생한 모습을 전달하기 위한 슬라이드 교육의 필요성을 절실히 느끼게 된다. 한 나라를 이해하는 데는 역시 백문이 불여일견이기 때문이다.

특별한 취미를 갖지 못한 대신에 필자는 헬스클럽을 자주 찾고 수영을 즐겼다. 상하의 나라인 태국에서는 일년 내내 수영을 즐길 수 있다. 1~2월 따사로운 햇볕을 맞으며 일광욕과 수영을 즐기는 맛은 아주 색다르다. 한나절 그러고 있노라면 기분이 상쾌해지고 연구과제로 고민하던 문제가 풀리기도 했던 기억이 새롭다. 일이 잘 안 풀리고 고민이 많은 날일수록 도서관이나 답답한 방구석에서 벗어나 운동을 하면 생활이 훨씬 활기차게 되고 자신감을 갖게 될 수 있을 것이다.

다양한 문화와 접촉하도록 하라

필자는 태국 정치를 전공으로 하고 있다. 그러나 전공에 관한 관심 못지 않게 중요한 일은 태국의 전반적인 문화를 이해하는 일이었다. 왜냐하면 문화에 대한 이해가 전공에 대한 자신감을 붙게 했기 때문이다.

한 나라에서도 여러 지방에 따라 방언이 다르다. 우리 나라의 전라도와 경상도의 방언이 다르듯이 말이다. 필자가 유학생활을 한 치앙마이는 방콕을 중심으로 하는 태국의 중부지방에서 사용하는 말과는 다른 소위 캄므엉(kham muang)이라는 방언을 사용한다. 태국 남부의 방언은 빡 타이어(pak thai)라고 불린다. 태국어는 중국어와 같은 성조어로서 평성을 포함하면 5성이 있다. 이러한 성조도 중부와 남부지방이 다른 경우도 있다.

음식문화도 각 지방마다 다르다. 태국은 풍요로운 자연환경을 갖고 있는 나라이기 때문에 음식물이 풍부하며 상좌부 불교를 신봉하는 태국은 음식물에 대한 종교적 금기가 없어서 음식문화가 발달되어 있다. 그러나 말레이시아 국경에 가까운 몇 개의 도에는 주민의 상당부분이 이슬람교도이기 때문에 다른 지방과 식생활이 다르다. 이슬람교도는 돼지고기를 먹지 않고 술도 먹지 않는다. 북부에는 우리 나라의 조그만 둥근 소반과 유사한 밥상에 오른 요리인 칸똑(khan tok)요리가 유명하다. 동북부에도 향토요리가 잘 발달되어 있다. 이 지방의 주식은 찹쌀(khao niou)이다. 태국의 찹쌀은 우리 나라의 찹쌀과는 다르다. 끈기가 있되 손에 묻지 않는 것이 큰 특징이다. 닭구이(kai yang), 소금으로 절인 민물 게, 민물 새우와 녹색 말라꺼(malakeo)를 섞어 만든 쏨땀(somtam) 등도 이 지역의 대표적인 음식이다.

민속 무용의 경우에도 람윙(ram wong)이라는 윤무(輪舞)는 중부지방에서 발달하고 모조로 된 긴 손톱을 끼고 추게 되는 휀렙(fen leb)과 촛불을 들고 추는 웡 티엔(wong thien)은 북부에서 그리고 동북부에는 비교적 템포가 빠른 흥겨운 춤이 유행한다. 동북부에는 음악도 템포가 빠른 것이 많으며 대나무로 만든 플루트 캔(khaen)연주가 유명하다. 의상의 경우에도 북부에서는 논, 밭일을 할 때 움직이기 편리한 감색의 소매가 짧은 셔츠와 머홈(morhorm)바지를 입고 남부에서는 치마 모양의 싸롱(sarong)을 입는다.

태국 북부에는 고산족(chao khao)이 거주하고 있다. 이들은 비타이계의 소수종족으로서 태국전체 인구의 약 1%를 차지하고 있다. 이들의 문화는 타이족과는 아주 다르다. 이들은 고유의 언어, 문화, 풍습을 유지하면서 독립적으로 소규모의 촌락을 형성하여 거주하며 화전경작을 주로 하고 아편재배도 하고 있다.

이 같이 다양한 문화를 접해보기 위해서는 여행이 유익했던

것 같다. 여행을 통해 각 지역의 문화의 차이를 이해하고 태국을
전반적으로 이해할 수 있었던 일은 필자의 전공에 대한 이해의
폭을 훨씬 넓혀주었던 것으로 기억된다.

음식을 직접 만들어 보자.

독자들은 음식을 만들어 보자는 말이 뚱딴지 같이 무슨 말인
가 할지 모른다. 그러나 스트레스가 많이 쌓이게 되는 유학생활
중 먹는 일은 아주 중요한 즐거움 중의 하나가 된다. 금강산도
식후경이라는 말이 있지 않은가. 먹는 즐거움이 없으면 생활이
얼마나 삭막해 지겠는가? 사실상 인간의 욕구 가운데 가장 단순
하면서도 중요한 것은 먹는 일일 것이다.

필자의 경우 학교기숙사에 머물지 않고 근처에 집 한 채를 전
세내어 혼자 살고 있었다. 원래가 가리는 음식이 많은 터라 먹는
일에 굉장한 어려움을 겪었다. 아침은 빵과 커피 한잔으로 때우
고 점심은 학교식당에서 해결되었으나 저녁이 문제였다. 태국사
람들은 매식을 즐겨하며 가정부가 있는 사람이라도 시장 등에서
음식을 사다 먹는 경우가 많다. 그래서 태국음식은 완제품이 발
달되어 있다. 밥까지도 사다 먹을 정도이다. 저녁의 경우는 대부
분 시장에서 음식을 사다 먹게 되었는데 그것도 싫증이 날 때는
한국음식이 그렇게 생각날 수가 없었다. 그러나 막상 음식을 만
들자니 방법을 알 수 없어 답답하기 그지없었다. 제일 먹고 싶은
음식은 김치였으나 한번도 만들어 먹어 본 적이 없었다.

필자가 유학할 당시에 치앙마이에는 한국 음식점이 한 곳도
없었다. 그래서 2~3개월에 방콕에 한번씩 들릴 때 겨우 한국 음
식점을 찾아 김치를 맛보곤 했다. 하루는 학교에서 돌아와 집에

들어가려는데 집 앞에 김치 한 봉지가 놓여 있었다. 평소 잘 알고 지내던 태국 교수 한 분이 일본 음식점에 들렸다 필자가 생각나 김치 한 봉지를 사서 놓고 간 것이다. 눈물 나도록 고맙다는 표현은 이럴 때 사용하는 것 같은데 사람은 상황에 따라서 아무리 사소한 일에도 감명을 받게 되는가보다. 그날은 모처럼 저녁 같은 저녁을 먹게 되는 가 했으나 그 김치 맛이 왜 그렇게 달짝지근한 지 입만 버렸다 싶었다. 그래서 직접 김치를 만들기로 해 보았으나 방법을 몰라 애태운 적이 있었다. 이럴 줄 알았으면 요리 백과사전이라도 갖고 올 걸 하는 후회가 들었다.

한국 음식을 그리워하던 차에 하루는 방콕에 와 계셨던 은사 한 분이 찾아 오셔서 큰 마음먹고 가장 손쉽게 해 먹을 수 있는 음식이 무엇일까 생각하다가 닭백숙을 만들어 먹어보기로 했다. 시장에 나가 닭과 찹쌀, 마늘 등을 사다가 음식을 만들었다. 그 맛은 평소에 먹던 닭백숙의 맛은 아니었으나 오랜만에 포식을 했다는 데 만족했다.

외국 생활 중 몇 번의 경우를 제외하고는 음식을 만들어 본 기억이 나지 않는다. 우리 나이의 한국 남자들은 거의가 음식을 만들어 본 경험이 많지 않을 것이다. 그러나 적어도 몇 가지 음식 만드는 법은 익혀 둘 필요가 있을 것 같다. 더욱이 외국에 가면 그 곳 사람들도 우리의 음식에 대하여 많은 관심을 보인다. 필자 친구들의 관심사항은 주로 불고기와 김치였다. 불고기와 김치는 한국을 대표하는 음식이니 말이다. 가끔씩 신세진 친구들을 초대해 내가 손수 만든 대표적인 한국 음식과 문화를 소개한다는 일은 매우 보람있는 일일 것이다.

2.

외국 문화의 충격 속에서

영국인과 옷, 'Dress (up) for Dinner'

김 동 선

전 한국외대 · 부산외대 총장

앙드레 모르와(André Maurois, 1885-1967)는 '영국에 가려는 청년에게 주는 충고'라는 제목의 글에서 의복에 관하여 두 가지 점에 대해서 충고하고 있다. 영국사람은 보수적이요, 옷을 검소하게 입는 만큼 영국에 가면 그들과 같이 옷차림을 하라고 충고하면서 다음 두 가지 점에 유의하라고 말하고 있다. 즉 "승마 바지를 입고서 골프를 치거나, 반바지를 입고 단체식사에 임한다면 영국사람들을 크게 놀라게 할 것이다. 반면에 요란스레 차려입는 나쁜 버릇을 보인다면 그들을 한층 아연케 할 것이다!"라고 하면서 "런던에 가서는 아예 해외 여행중인 영국인을 본따서 차려입을 생각을 말라"고 덧붙이고 있다.

사실 영국 사람들은 옷차림의 격식에 있어 매우 까다롭기는 하나 평소에 소박한 차림을 하는 것이 사실이다. 아마 영국 사람이 서울에 와서 명동이나 종로의 번화가를 거닐면서 신사 숙녀의 옷차림을 본다면 매우 놀랄 것이다. 서울에 사는 웬만한 사람 치고서 넥타이를 매고 아래 위 같은 천의 정장 즉 한벌 옷(suit)을 안 입은 사람이 거의 없다. 아마 처음 서울을 방문하는 영국 사람의 눈에는 거리를 다니는 양복장이들이 모두 생일을 맞이한 사람들이거나 잠시 후에 파티나 공식 석상에 나갈 사람들로 비칠지 모른다. 이것은 영국 사람들이 평상시 회색이나 검정 색 바지에 두툼하고 실용적인 스포츠 자켓(이른바 콤비 상의)을 걸치고 다니고 파티나 공식 석상에 나갈 때가 아니면 좀처럼 정장을 하지 않는다는 것을 의미한다.

필자가 1963년에 영국에 가서 처음 보고 놀란 것은 영국인의 옷차림이 좋게 말해서 검소하나 뜻밖에 초라한 데 놀랐다. 평소에 머리 끝에서 발 끝까지 단정하게 차려입으면 영국 신사 같다는 말을 곧잘 들어왔기 때문이다. 그러나 막상 런던의 거리를 걸어 보아도 그런 '신사'는 좀처럼 눈에 띄지 않을뿐더러 옷소매나 깃 그리고 팔꿈치에 가죽을 댄 자켓을 걸치고 심하면 바지 엉덩이에 가죽을 대 입은 사람마저 눈에 띄는 것이었다. 양복점에서 옷을 맞추어 입는 일은 드물고, 대개가 기성복을 골라 몸에 맞도록 간단히 손질해 입는 것이 보통이다. 더욱이 자켓의 경우 신품인데도 옷소매와 팔꿈치 깃 부위에 가죽을 대서 팔고 있는 것을 보고 영국인의 소박성과 검약정신에 정말 놀라지 않을 수 없었다. 그러나 필자를 더 한층 놀라게 한 것은 영국인의 옷차림의 까다로움과 지나치게 형식을 좇는 인습적인 태도였다.

영어에 'dress (up) for dinner'라는 말이 있다. 'dress up'하면 우리말로 '성장(盛裝)하다', 즉 '옷을 차려입다'라는 영어의 한 관용적인 표현이다. 그러니까 'dress (up) for dinner'하면 정찬 혹은 만찬을 위해 야회복을 차려입는다는 말이 된다.

우리가 영미 소설을 읽어나갈 때 가끔 이런 표현을 발견하게 된다. 나는 대학에서 영어를 가르치면서 영문 강독이나 영국 소설시간에 그 표현이 나오면 하루 중에 제일 잘 먹는 식사가 '디너(dinner)'요, 남이 베풀거나 자기 집에서 차린 '디너'를 위해

옷을 차려입는다는 정도의 뜻으로 이해했고 또 그렇게 가르쳐
왔었다. 내가 이 말의 참뜻, 다시 말하면 이 말이 뜻하는 영국인
의 사회생활의 한 면을 정말로 알게 된 것은 영국에 다녀오고
나서였다. 그것도 영국 체재 중에 깨달았다기보다도 유학을 마치
고 귀국길의 항해 중에 40일 남짓한 순 영국인 동승객들과의 생
활을 통해서 깨닫게 되었던 것이다.

영국의 리버풀(Liverpool)항에서 배를 탄 것이 1964년 7월 5일
경으로 기억된다. 우리 나라 같으면 꽤 더울 때지만 우리의 5월
초 정도의 날씨였다. 내가 탄 배(The Perseus호)는 영국의 고급
화물 여객선으로서 승객은 모두 합쳐 20명, 정원 대로였다. 대개
가 본국에서 휴가를 보내고 인도, 싱가포르, 태국, 필리핀, 홍콩
등지의 해외 파견 근무지로 돌아가는 젊은 부부의 가족이거나,
각 기항지에 적어도 4~5일 혹은 1주일을 정박하며 일본까지 갔
다가 다른 코스로 해서 영국으로 돌아가는 화물 여객선을 이용
하여 관광 여행을 하는 꽤 부유한 노부부들이었다. 외국인이라곤
정말 홍일점 격으로 나하나 뿐이어서 나는 그들의 주의와 관심
의 초점이 아닐 수 없었다. 사실 당시 30대 초반의 젊은 교수로
서 영국인 승객들의 많은 사랑을 받았다.

우리가 탄 배는 일단 화란의 로터담(Rotterdam)에 들러 1주일
정박했다가 지브랄타(Gibraltar)를 지나 포트 사이드(Port Said)
까지 직행했다. 아침, 낮, 저녁, 밤으로 변하는 바다의 색조와 풍
경, 너무나 고요하고 아름답기만 한 따사로운 7월의 지중해, 정
말 사랑하는 이와 같이 나누지 못한다면 아깝게만 여겨지는 즐
거운 여행이었다.

그러나 배가 수에즈 운하를 통과하여 아라비아와 아프리카를

갈라놓는 홍해에 들어서면서부터 선실 내(당시 에어컨은 없고 선풍기만 설치되었음)와 갑판의 구별도 없고, 아침, 낮, 저녁, 밤의 차이도 없다시피 그저 숨막히는 무더움이 시작되었다. 불과 며칠 사이에 우리 나라 초봄의 날씨에서 한여름의 복더위로 아니 그 이상으로 변한 셈이었다. 승객들은 남녀노소를 막론하고 옷을 하나씩 벗어버려 모두가 수영복 차림으로 변해 버렸다. 아침부터 수영복 차림으로 식탁에 가 앉는다. 나의 식탁에는 배의 전속의사를 비롯하여 예순이 넘은 노부부, 그리고 40대의 노처녀(과부인지는 몰라도 Miss Clarke라는) 이렇게 다섯 명이 함께 앉았다. 벌써 20여 일을 같은 식탁에서 식사하고 환담하고 오락을 즐긴 친숙한 사이였다. 점심때도 물론 수영복 차림이다. 이열치열이라고 갑판에서 데크코이트나 탁구 같은 운동을 하며 흠뻑 땀을 흘리고 나서 간이 풀장에서 수영을 하거나 샤워를 하고는 냉맥주로 목을 축인다.

이렇게 아침부터 저녁까지 모두가 수영복 차림으로 지내다가도 저녁 7시에 먹는 '디너' 때만은 도리 없이 정장을 해야 한다. 남자는 면도를 다시 하고 넥타이를 반드시 매고 윗저고리를 꼭 입어야 한다. 여자들은 화장을 하고 머리를 다듬고 새 옷으로 갈아입는다(세계 일주 관광을 할 정도로 여유 있는 여자들이니 수십 벌의 옷을 가지고 다니며 매일같이 새 옷으로 갈아입는 것이다. 여자란 옷을 갈아 입는 재미로 세상을 사는 것이 아닐까 생각될 정도였다). 사실 한낮보다는 덜하지만 저녁은 아침보다는 훨씬 덥다. 그런데도 저녁 식사 때만은 이렇게 'dress up' 해야 하는 것이다.

뿐더러 식사 후 갑판 위 데크췌어에 앉아서 환담하거나 오락

을 즐기려면 아무리 더워도 옷을 벗거나 간단한 옷차림으로 갈
아입으면 안된다. 이것이 바로 영국 신사 숙녀의 사회생활 습관
이다. 나는 이것만은 해낼 수 없어서 저녁 먹고는 좀 같이 있다
가 슬그머니 빠져 내 방으로 들어가 옷을 벗어 던지고는 선풍기
를 틀어놓고 팬티바람으로 침대 위에 뒹굴며 소설책이나 읽는
것이었다.

그러다가 배가 점점 적도 근방으로 가까워지자 선장(항해 중
에는 모든 권한을 가진 절대 군주와 같은 자)도 못 견딜 지경이
었던지 어떤 날 게시판에 다음과 같은 공고가 나붙었다.

NOTICE

For the time being, gentlemen are allowed to be at dinner
without their jackets, but they must wear their ties.

Captain

알 림

당분간 지시가 있을 때까지 남자 분들은 디너 때에
윗저고리를 벗어도 좋습니다. 그러나 넥타이는 반드시
매어 주십시오.

선 장 백

한껏 봐준 선심(?)의 이 공고를 보고서 나는 영국 사람들의
인습을 좇는 그 집요한 생활태도와 신사도(?)는 시체 말로 '정말
알아줘야겠다'고 생각했다.

열린 성(性)의 나라, 네델란드

우 윤 식

부산외대 언어학과 교수

네델란드 항공사 **KLM**의 초청으로 암스테르담 행 비행기를 타기 위해 김포공항으로 향하는 차중에서 춘향전의 한 대목이 생각났다. 춘향이가 변사또의 수청을 거부하고 투옥되어 있던 어느 날 밤 춘향이는 거울이 깨지고, 앵두꽃이 떨어지며, 문 위에 허수아비가 달리고, 태산이 무너지고, 바닷물이 말라버리는 꿈을 꾼다. 춘향이는 이 꿈이 그녀의 죽음을 예고하는 불길한 꿈으로 생각한다. 그러나 점쟁이 봉사의 해몽은 그 반대였다.

"그 꿈은 장히 좋다. 꽃이 떨어졌으니 열매를 맺을 것이요, 거울이 깨어지니 큰 소리가 날것이니 좋은 일이 있을 지어다.
  문 위에 허수아비가 달렸음은 만인이 다 우러러 봄이다. 바다가 말랐으니 용의 얼굴을 볼 것이며, 산이 무너졌으니 평지가 될 지어다."

맹인 점쟁이의 꿈의 해석 장면을 머리 속으로 그리면서 필자는 5박 6일 간 체류하는 동안 네델란드인들이 살아 숨쉬는 숨결 속에서 자문화 중심주의(自文化中心主義)가 아니라 문화상대주의(文化相對主義) 입장에서 그들이 살아가는 맛과 멋을 찾아내

글로벌(global)시대를 살아갈 후배들에게 전해줄 이야깃거리를 많이 가지고 되돌아오겠다고 다짐하면서 김포공항에 당도하였다.

먼 옛날부터 공유되고 전승되면서 축적된 기술과 지식에 현대에 들어와 가속도가 더해지니 마침내 인간은 우주를 누빌 수 있는 연장까지 만들어 1997년 2월초 필자를 풍차의 나라 네덜란드의 스키폴(Schipol)공항에 내려놓았다. 필자의 머리에 입력되어 있는 이 나라는 걸출한 화가 렘브란트와 반 고호를 배출한 나라이며 지면이 수면보다 낮은 나라라는 것이 필자가 이 나라에 갖고 있는 단편적인 지식의 전부였다.

우리 일행을 태운 승용차는 공항을 빠져나와 '…담'이라는 접미사가 붙은 이정표를 뒤로하고 수도 암스테르담의 호텔을 향하고 있었다. 많은 지명 뒤에 제방, 둑을 뜻하는 '…담'이라는 접미사가 붙어 있어 이 나라는 낮은 지면에 제방, 둑을 쌓아 건설된 것임을 쉽게 알 수 있었다. 수도 암스테르담도 바닷물을 제방으로 막아 건설된 도시라고 생각하니 자연의 악조건을 이긴 네덜란드인들의 강인한 체력과 정신력이 존경스러웠다. 백문이 불여일견(百聞不如一見)이라는 격언이 꼭 맞아떨어지는 현장을 필자는 달리고 있었다. 차속에서 우리를 안내하는 KLM직원은 덧취페이(Dutch pay)라는 표현이 어디에서 연유되었는지 아느냐고 물었다.

필자는 순간적으로 네덜란드인들은 인정이 없고 야박하나 뒤끝이 깨끗하고 합리적인 국민성에서 가장 합리적인 지불방법을 선택한 것이 아니냐고 자신 없이 대답하였다. 놀랍게도 그의 대답은 네덜란드인들의 결혼풍속에서 기인한다는 것이었다. 네덜란드의 젊은 남녀는 부부가 되기 전에 한 지붕밑에서 실험적으로 동거하면서 성격, 인생관 등 겉궁합은 물론 육체의 속궁합까지도 확인하여 순간적인 선택이 몰고 올 수 있는 유럽사람들에게 최악의 사태인 이혼을 막아 보자는 데서 실험결혼을 한다는 것이다. 이때의 집세, 생계비, 공과금을 비롯한 모든 비용은 둘이 공평하게 반분하는데서 덧취 페이라는 표현이 일반화되었다는 것이다. 혼전의 순결을 요구하는 유교문화에 길들여진 필자에게는 혼전의 성행위가 용인되는 이 나라의 성문화는 닫힌 문화가 아니라 열린 문화였다. 성은 더 이상 음습한 곳에 갇혀 있는 것이 아니라 밝은 곳으로 드러내지고 있었다.

서부 태평양지역의 트로브리안드(Trobriand) 섬사람들에게는 혼전의 성행위를 장차 결혼할 젊은이들의 한 중요한 준비과정의 하나로 간주해 권장하는 풍습이 있다. 따라서 사춘기에 이른 소년, 소녀들은 모든 성적인 표현들에 관한 지식을 얻게 되고 서로간에 친해질 수 있는 기회가 주어진다. 혼전의 성행위가 단지 허용되는 것에 그치지 않고 혼기에 달한 젊은이들의 실험적인 동거생활이 장려되기도 한다.

일라(Ila)어를 사용하는 아프리카의 여러 종족들도 이러한 관습을 갖고 있다. 그곳의 처녀들은 가을걷이가 시작되면 가족들과 떨어져 살면서 그들이 선택한 소년들과 각기 부부놀이를 하면서 한동안 지낸다고 한다. 이런 관습으로 그곳의 청소년들은 10세가 넘으면 성경험을 갖는다고 한다. 혼전의 순결보다 더 중요시하는 그 어떤 것이 있는 것으로 생각된다.

이렇게 네덜란드 여행은 시작되어 시차에 더하여 빡빡한 스케줄을 소화하던 어느 날 배로 운하를 한 바퀴 돌고 나서 시간의 여유가 있었다. 날씨는 몹시 추웠고 바람까지 세차게 불고 있었

다. 떠나기에 앞서 누군가가 이 곳의 날씨를 가리켜 덧취 웨더
(Dutch weather)라고 하던 까닭을 이제서야 알 것 같았다. 그 순
간 필자의 시야에 들어오는 그 어떤 것이 있어 호기심에 끌려
필자도 모르게 어디론가 끌려 들어가고 있었다. 빨려들어 갔다고
하는 것이 더 적절한 표현일 것이다. 성업중인 섹스 샵(sex
shop)이었다. 성생활의 보조기구라면 없는 것이 없었다. 피임기
구 콘돔, 섹스비디오, 책자, CD-ROM은 기본이고 고지식한 여성
들을 홀릴 수 있는 다양한 최음제와 남자 성기를 확장시킬 수
있는 기구 등은 물론, 여자 혼자서 성행위를 할 수 있는 남근의
모형과 남자 혼자서도 성행위를 즐길 수 있는 여성기가 장착된
여성모형 등이 필자의 고정관념을 흔들고 있었다. 필자의 눈길을
끈 최신 여성모형은 체온까지 가미되어 있어 섹스어필할 수 있
는 여인이기에 충분했다. 나중에 들으니 모형남근은 전후 과부들
을 위해서 만들어졌고 여성모형은 항구도시인 암스테르담에 모
여드는 선원들을 위해 고안된 것이라고 한다.

언젠가 초등학교 동창들과 관악산 산행을 하던 중 삼막사를
찾은 일이 있는데 이 절의 칠성각 앞에 남근과 여근을 꼭 빼 닮
은 남근석과 여근석이 마주 바라보고 있었다. 이 앞에서 자식을
점지해 주십사하고 삼신할머니께 여인들이 간절한 기원을 올리
고 있었다. 이 여인들의 간절한 소망과 섹스 샵을 찾는 이 곳 사
람들의 대조적인 모습 속에서 성이란 인간의 가장 원초적인 삶
의 방식이구나 생각하면서 상점을 나오니 이 상점과 엎어지면
코 닿을만한 곳에 왕궁이 있었다. 청와대 앞에 이런 상점이 등장
할 수 있을 까생각하니 네덜란드는 지리적으로나 문화적으로나
너무나 멀게 느껴졌다.

필자의 눈을 의심케 하는 것은 여기에 그치지 않았다. 왕궁 앞의 골목에 초점이 없는 이상한 시선을 보내고 자연스럽지 못한 자태와 표정을 지닌, 첫눈에 집시로 보이는 사람들이 서성거리고 있었다. 이곳이 다름 아닌 창녀촌이었다. 암스테르담은 장기간 승선하는 선원들이 입항하는 항구도시이다. 이스탄불에는 국제적인 간첩들이, 워싱턴에는 정치 브로커들이, 그리고 할리우드(Hollywood)에는 남자들은 섹스를 찾아 모여드는 것처럼 돈을 찾아 각 처에서 몸을 파는 여인들이 암스테르담에 모여드는 것은 어쩌면 자연스러운 흐름으로 보여졌다.

이 공창은 시설이 완벽함은 물론 메뉴 판과 가격표까지 갖추고 있다니 상술이 가히 혀를 찰 만 했다. 어느 사회에서나 창녀촌은 마약거래의 사각지대인 것이 사실이다. 그런데 네덜란드는 마약도 다른 사람을 해치지 않으면 허용된다니 성거래와 법적으로 허용되는 마약이 어떤 상승작용을 할지 궁금하다. 마약 중독자는 정상적인 경제활동을 통한 정상적인 경제생활이 불가능하여 자연히 범죄의 나락으로 빠져들어 범죄자로 전락하기 십상이다. 대학시절 J교수님의 범죄심리학 첫 시간 검은 선글라스를 쓰시고 학생들을 내려다보시며 "남녀간에 뺏다 꼈다 하는 것이 모든 범죄의 시작이니라"라는 첫 말씀이 나의 뇌리를 스치고 지나갔다.

네덜란드의 섹스와 관련된 이야깃거리는 여기서 끊이지 않았다. 이날 밤 스케줄이 끝난 후 호텔로 돌아와 TV를 틀었다. 공영방송을 보다가 채널을 돌리니 취침시간 전 이였음에도 낯뜨거운 성행위 장면들이 아무 여과 없이 흘러나오고 있었다. 어린이들도 무방비 상태로 노출되어 있을 것임은 물론이다. 다른 채널로 돌리면 유료로 포르노 필름을 자유로이 마음껏 볼 수 있는 사회가 이 나라라니 정말 우리 옛 조상이 이곳을 찾아 이 장면을 직접 목격한다면 뭐라고 하셨을까? 상놈들의 나라라고 혀를 차셨겠지. 그러나 그 순간에도 성은 팔고 팔리고 있을 것이다. 섹스 셀즈 (sex sells)의 적나라한 모습이다.

상층문화와 하층문화가 공존하는 자유분방한 네덜란드에서의 마지막 밤, 짐을 챙기면서 되돌아 갈 조국과 고향에 필자를 맞아 줄 가족이 있는 것이 무한히 행복했다. 되돌아 갈 집이 있어 여행은 즐거운 것이구나 생각하니 이번 여행을 주선해준 KLM항공사의 친절과 배려가 한없이 고마웠다. 다시 한번 '내 집만큼 좋은 곳은 그 어디에도 없다'(There is no place like home.)고 중얼거리면서 잠자리에 들었다.

중국인과 붉은 색

장 범 성

한림대 중국학과 교수

중국인들이 가장 좋아하는 색이 무엇이냐 라는 질문이 나온다면 주저 없이 붉은 색이라 대답할 수 있다. 그만큼 중국인들이 붉은 색에 대해 갖는 애정은 그 어느 색에 비교할 수 없을 정도이다. 그래서 중국이나 대만 등지를 여행하다 보면 도처에서 붉은 색이 사용되고 있음을 발견할 수 있다. 이러한 경향은 전통적으로나 역사적으로 그 뿌리가 매우 깊다.

중국에서는 일찍이 각 왕조 때마다 상징으로 삼는 색이 서로 달랐다. 『여씨춘추(呂氏春秋)』라는 책의 「응동편(應同篇)」에 보면, 황제(黃帝, 중국인의 시조라고 하는 전설적인 인물) 시절에는 황색을 자신의 상징 색깔로 삼았다고 하며, 우[禹, 중국 최초의 세습왕조인 하(夏)왕조의 시조] 임금 시절에는 푸른 색을 상징 색으로 삼았다고 한다. 그 다음 왕조인 상나라의 건국자인 탕(湯) 임금 시절에는 흰 색을 상징 색으로 삼았으며, 다음 왕조인 주(周)나라 문왕 시절에는 붉은 색을 상징 색으로 삼았다고 하는 기록이 있다. 이와 같이 각 왕조마다 서로 숭상하는 색이 달랐다.

특히 붉은 색이 중요시 된 것은 늦어도 주나라부터 임을 알 수 있다. 그래서 당시 유행하던 글자체인 금문(金文, 주나라 당시에 사용되던 한자를 말하며, 주로 청동기에 새겼다)에 보면 특히 붉은을 '적(赤)'자가 많이 출현하고 있다.

주나라 이후로 붉은 색에 대한 명백한 숭배는 한(漢, 기원전 3세기~기원후 3세기)나라 때에도 보인다. 한나라를 건국하였던 유방(劉邦)은 자신을 적제(赤帝)의 아들이라고 하였다. 적(赤)은 곧 붉은 색을 말한다. 이후 붉은 색은 권력과 부귀를 상징하는 색이 되었다. 큰 공로가 있는 제후나 장군들이 사는 집의 대문은 붉은 색으로 되어 있었고, 그들 집의 기둥이나 창문 등은 모두 붉은 색으로 도색 되어 있었다.

그래서 '주문(朱門, 즉 붉은 색의 대문)' 이나 '주호(朱戶)' 등의 단어는 부귀권세가의 상징이 되었다. 이후 붉은 색은 조정 대신들의 공식적인 관복 색이 되었는데, 통상 삼품(三品) 이상이 되어야 붉은 색의 관복을 입을 수 있었다. 반면 하급 관리나 신분이 그다지 높지 않은 사람들은 검은 색의 복장을 입었다. 그래서 여러 색 중 특히 붉은 색과 검은 색 두 색이 신분의 존비(尊卑)를 구별하는 기준이 되었다.

붉은 색이 중국인으로부터 지극한 사랑을 받게 된 이유로 또 다른 것이 있다. 붉은 색은 귀신을 몰아내는 색으로 인식되었기 때문이다. 왜 다른 색도 아닌 하필 붉은 색이 귀신을 몰아낸다고 여겼을까?

이에 대해서는 다음과 같은 추측이 가능하다.

우선 음양(陰陽)의 설로부터 해석을 해보자. 음양설에 의하면 여러 색 중에서 양(陽)의 기운이 왕성한 색은 푸른색과 붉은 색이다. 이 중에서 특히 붉은 색이 더욱 강한 양(陽)의 기운을 갖고 있다고 여겼다.

죽은 사람의 영혼이 활동하는 곳을 중국 사람들은 음간(陰間), 살아 있는 사람이 활동하는 공간을 양간(陽間)이라고 하였다. 원래 양간과 음간의 세계는 교류를 할 수 없으나, 특수한 상황하에서는 서로 교류할 수 있다고 믿었으며, 특히 밤이나 어두운 곳에서는 더욱 그러할 수 있다고 여겼다. 그래서 귀신에 관한 이야기는 대부분 밤을 배경으로 하고 있다.

귀신들의 속성인 음기(陰氣)를 물리치기 위해서는 강력한 양(陽)의 기운이 필요하다. 이 때 주로 사용되는 색이 바로 붉은색이다. 푸른 색과 붉은 색 중 특히 붉은 색이 양(陽)의 기운이 강하며, 또한 이 색이 태양을 상징하고 있기 때문이다. 음(陰)의 세계와 양(陽)의 세계 교류의 가장 큰 장애는 햇빛이며, 해가 동녘에 뜰 무렵 모든 귀신들은 도망간다고 생각하였다. 따라서 귀신들이 가장 싫어하는 것은 태양이며, 태양의 색인 붉은 색을 사용하면 귀신들이 접근하지 못하리라 생각하였던 것이다.

시대가 흐르면서 붉은 색에 대한 숭배는 귀족 사회에서 점차 민간에까지 퍼져서 이제는 중국인 모두가 좋아하는 색이 되었다. 그래서 오늘날에도 어떤 사람이 중요한 자리에 발탁되면 그 사람을 '홍인'(紅人)이라고 부르며, 영화계나 연극계에서 인기가 있는 배우들을 '홍성'(紅星, 붉은 별)이나 '홍각'(紅角, 붉은 배역) 등으로 부른다. 특히 중국 사람들의 경사스러운 활동, 예를 들면 결혼식을 참관하여 보면 온통 붉은 색 천지임을 느낄 수 있다.

결혼식장 바깥에서는 귀신을 쫓아낸다는 폭죽을 다발로 터뜨리는데, 이 폭죽 색깔은 붉은 색으로 되어 있다. 결혼식장 내부에서도 붉은 색이 많이 사용된다. 신부가 입는 결혼 예복도 붉은 색이다. 결혼 피로연에 사용되는 식사 테이블 위에도 붉은 색 탁자 보가 덮여져 있다. 결혼식에 참가해 달라고 요청하는 초청장도 붉은 색으로 되어 있으며, 결혼식에 참가하는 손님들이 내는 부조금 봉투도 필히 붉은 색이다. 우리 나라에서는 보통 흰색 봉투에다 점잖게 축 결혼(祝結婚), 혹은 축 화혼(祝華婚)이라고 쓴다. 그러나 중국인들의 결혼식 부조에는 절대로 흰 색을 사용해서는 안 된다. 흰 색은 죽음을 의미하기 때문이다. 중국인들의 장례식 때에 주로 쓰이는 색깔이 바로 흰 색이다.

한국에는 적지 않은 화교(華僑)들이 살고 있다. 이들 대부분은 중국 동쪽에 위치한 산동성(山東省)에서 건너온 중국인들의 후예들이다. 비록 몸은 한국에 살고 있지만 정신은 여전히 중국 사람들이다. 언어도 중국어를 쓰고 여간해서는 한국에 동화되지 않는다. 그래서 그들의 일상생활 중 많은 부분은 중국 전통의 모습을 그대로 간직하고 있다. 관념 또한 말할 것도 없다. 그런데 한국에서는 결혼식 초청장이나 부조에 사용할 붉은 색 봉투를 구하기가 여간 어렵지 않다. 그래서 어떤 화교들은 사전에 대만이나 중국에서 봉투를 사다가 사용하기도 한다. 갑작스럽게 붉은 색 봉투를 사용해야 할 경우에는 편법으로 붉은 색 포장지로 돈을 싸서 부조를 하기도 한다.

중국에서는 춘절(春節)이라고 부르는 음력 정월 초하루 날, 두 장의 종이에 서로 대칭되는 내용의 글을 써서 대문 양쪽에 붙인다. 이를 춘련(春聯)이라고 한다. 그 내용은 주로 집안의 평안을 빌거나 새해에는 돈을 많이 벌게 해 달라는 내용들이다. 이 춘련도 필히 붉은 색 종이 위에 붓으로 쓰는데, 이 색이 사악한 기운을 물리치는 색이기 때문이라는 것은 위에서 언급한 바 있다. 따라서 붉은 색 바탕의 춘련을 붙이는 것은 사악함이 집안을 침범하지 못하도록 한다는 의미가 담겨 있는 것이다. 춘련은 구정 연휴 기간에만 붙여 놓는 것이 아니라 종이가 헤어질 때까지 계속 붙여 놓는 것이 원칙이다.

옷 색에도 예외 없이 이러한 관념이 적용되고 있다. 붉은 색의 옷은 모두 사악함을 물리친다고 믿고 있으며, 특히 젊은 여성들이 붉은 색 옷을 입는 것은 귀신이 부인으로 삼기 위해 잡아가는 것을 막기 위한 것이라고 굳게 믿는다. 아이들이 붉은 색 옷이나 바지를 입거나 혹은 붉은 색의 주머니를 차고 다니는 것도 다 귀신이 와서 방해놓는 것을 막기 위함이다. 마찬가지 이유로 환자들이 붉은 두건을 두르는 것도 병마가 몸에서 떠나도록 하는 바램이 담겨져 있는 것이다. 또한 자신이 태어난 띠의 해(매 12년)에 만약 붉은 색 혁대나 붉은 색 양말을 신지 않으면 염라대왕이 찾아오거나 재난을 당한다고 믿기도 한다. 이러한 경향은 우리 나라에도 어느 정도 영향을 끼친 것 같다.

우리 나라에서도 붉은 색이 중국과 마찬가지로 귀신을 몰아내는 의미가 담겨 있는 경우가 있다. 예를 들면 악귀를 쫓는 부적에는 붉은 색으로 글씨나 그림을 그려 넣었으며, 도장을 찍을 때 사용하는 인주도 다른 색이 아닌 붉은 색이다. 사람이 죽으면 시체를 넣는 관에 옻칠을 하고 붉은 비단을 관 속의 사방에 붙여 사악한 기운이 침범하지 않도록 하는 것도 같은 의미로 볼 수 있으며, 동짓날 붉은 색의 팥죽을 먹음으로써 귀신을 몰아내는 행위 등 그 유사한 예를 생활주변에서 많이 찾아볼 수 있다.

'한국 남자는 어떻게 했을까요?'

송 경 숙

한국외대 아랍어과 교수

1996년 12월, 이라크 문화공보성이 주최하는 시인 대회에 참가하느라 한 열흘 남짓 이라크에 체류할 기회가 있었다.

이라크하면 대부분의 사람들은 걸프전과 호전적인 지도자 사담 후세인만을 떠올릴 것이다. 그러나 그 옛날 아랍·이슬람 문화의 황금기에 이라크가 인류 문명사에 끼친 공적을 기억하는 사람은 거의 없을 것이다. 또한 이라크가 아랍인들 사이에서 '대추야자와 시인들의 나라'라는 낭만적인 이름으로 불리울 만큼 문화와 시의 고향이라는 사실 또한 알아주는 이 없을 것이다.

이라크를 방문하는 것은 쉬운 일이 아니었다. 1990년 걸프전 이후 유엔의 경제 제재로 인해 모든 항로가 차단되어 있기 때문이다. 이라크에 입국하는 길은 요르단의 수도 암만에서 육로로 바그다드로 들어가는 길밖에는 없었다. 나 역시 일행인 요르단 문인협회 회원들과 이라크 문공성이 주선한 버스를 타고 열 네 시간이나 고생을 한 끝에 바그다드에 도착할 수가 있었다.

우리가 참가한 시인대회의 명칭은 '미르바드'(Mirbad)라고 하였다. 미르바드란 원래 낙타시장을 의미하던 말이라고 한다. '미르바드' 시인대회는, 낙타를 사고 팔기 위해 많은 사람들이 모여드는 낙타시장에서, 시인과 시 암송자들이 시를 암송해 주던 아랍의 옛 전통에서부터 비롯되었다. 현대 아랍시의 가장 중요한 흐름이라고 할 자유시 운동(Free Verse Movement)을 주도해 온 이라크는 '대추야자와 시인의 나라' 답게, 계속되는 전화(戰禍)에도 불구하고 전 아랍권을 망라하는 이 시인대회를 지속해 오고 있는 것이다.

이번 대회에도 「아프리카의 노래」(Aghani Afriqiyah)로 유명한 수단의 민족시인 무함마드 알-화이투리(Muhammad al-Faitu:ri:, 1930~)를 비롯해 아랍 전역에서 300여명의 시인, 문인, 학자, 기자들이 몰려들었다. 물론 걸프전의 여파로 쿠웨이트와 사우디아라비아에서는 한 명도 참가하지 못했다. 필자는 이들의 불참이 아랍의 통합이라는 이상을 추구하면서도 분열(分裂)과 상투(相鬪)를 면치 못하고 있는 아랍 세계의 현실을 그대로 보여주는 것 같아 가슴이 아팠다.

7년간이나 계속된 경제 제재로 인하여 몹시 어려운 상황임에도 불구하고, 이 대회를 주최한 이라크로서는 사담 후세인의 건재를 과시하고 국제 사회에서 고립된 그들의 입장을 변호해 보려는 저의가 있었을 것이다. 그러나 참가자들은 이에 전혀 아랑곳하지 않는 듯, "오늘날 역사적 질곡(桎梏)속에 허덕이는 아랍 사회에서 시와 시인이 어떤 기능을 할 수 있는가?!"라는 주제를 가지고서 10일간의 다양한 프로그램을 알차게 진행하였다. 필자로서는 시와 더불어 역사를 헤쳐온 아랍인들의 면모와 시에 대한 아랍인들의 열정을 눈으로 확인하는 기회이기도 하였다.

필자는 유일한 비 아랍권의 참가자로서, 아랍권은 물론 영국, 불란서, 모나코 등에서 온 취재진들의 집중적인 관심의 대상이 될 수밖에 없었다. 특히 필자가 아랍어로 번역한 이상화의 「빼앗

긴 들에도 봄은 오는가」는 아랍 시인들의 대단한 환호를 받았다. 아마도 이 시의 내용과 이라크 국민 그리고 아랍세계가 처한 현실이 묘한 대비를 이루기 때문에 그들이 그토록 열정적인 반응을 보였던 것 같다.

이 대회 기간 중에 필자는 쉽게 기회를 얻을 수 없는, 많은 보람있는 일들을 할 수가 있었다. 바그다드의 무스탄시리야 대학교를 방문하여 아랍어문학과 교수 및 학생들을 대상으로 "한국의 아랍학에 대한 회고와 성찰"이라는 제목으로 특강을 하였고 이 대학교에 한국어과를 설치하는 문제를 협의하였다.(이 계획은 IMF로 인하여 학술진흥재단에서 지원을 철회하는 바람에 아쉽게도 실행 단계에서 무산되고 말았다.)

또한 유서 깊은 바그다드 한림원에서 아랍 국가들의 국어 정책에 대한 제3세계 학자로서의 의견을 피력했을 때 참석자들이 보여준 격려와 박수갈채는 너무나 가슴 벅찬 것이었다. 그 동안 아랍어 문학이라는, 한국에서는 낯선 학문을 개척해오면서 받았던 고통과 눈물이 한꺼번에 보상되고 위로를 받는 순간이기도 하였다.

필자는 이 대회 기간동안 많은 이라크 사람들을 만나는 가운데 1990년 걸프전 이후 계속 되어온 유엔의 경제 제재가 초래한 물자의 부족, 대량 실업, 적게는 1,000%에서 많게는 10,000%에 이르는 살인적인 인플레이션이 이라크 국민들의 삶을 어떻게 파괴하고 있는 가를 목격해야만 하였다. 다행이 과일, 야채, 대추야자 등의 농산물과 풍부한 석유 자원 덕분에 먹고사는 일은 어렵사리 해결을 해 나가는 것 같았다. 그런데 가장 심각한 문제는 의약품과 의료용품의 절대적 부족이었다. 수술 한 번 못해 보고 죽어 가는 어린이들. 빨아도 빨아도 엄마 젖은 나오지 않는데 분유를 구할 수 없어 시들어 가는 아기들. 볼펜 한 자루가 없어서 더 이상 손에 잡히지도 않는 몽당연필로 무언가를 쓰려고 애쓰는 대(大) 바그다드 대학교의 교수들. 인터뷰 방송을 하기 위해 방문했던 유서 깊은 바그다드 방송국(이 방송국은 아랍 세계에서 제일 먼저 설립된 것이었다)의 복도에는 형광등이 거의 못쓰게 되어서 너무나 어두컴컴하고 음산하기 이를 데 없었다. 이런 환경에서 어떻게 방송을 계속하는지 의아할 뿐이었다.

마침 우리가 바그다드에 체류하는 동안에 유엔의 "Oil for Food" 프로그램이 발표되었다. 여기 저기에서 축포가 터지고 환호하는 시민들로 바그다드가 온통 활기를 띄는 것 같았다. 인도적 입장을 감안하여 유엔의 감시 하에 굶어죽지 않을 만큼의 숨통을 터 준 이 조치는 아직까지 이라크 국민의 기대감을 충족시키지 못하고 있다. 어찌 보면 오히려 "Oil for Food" 프로그램 때문에 경제 제재가 더 장기화되는 것은 아닌가 하는 우려를 낳고 있기도 하다.

인권을 부르짖으며 세계의 양심임을 자처하는 미국. 거듭되는 유엔의 결의에도 불구하고 1967년 6월 전쟁 때 점령한 땅에서 아직도 철수를 하지 않고 있는 이스라엘. 이스라엘과 이라크에 대한 유엔과 미국의 이중 잣대. 이들의 양심(良心)은 양심(兩心)일 뿐인가?

바그다드에서 겪었던 잊지 못할 에피소드 한 가지. 저녁 식사 후에 차를 마시는 시간이었다. 꽤 많은 시인·학자들이 둘러앉아 언어적 수사에 뛰어난 아랍인들답게 즐거운 환담을 나누던 중에 이라크 문공성 관리가 느닷없이 필자에게 수수께끼 하나를 던졌다. 내용인즉… 영국 남자, 러시아 남자, 한국 남자가 어느 날 각각 외출에서 돌아왔을 때 자기 아내가 웬 사내와 사랑을 나누고 있는 장면을 목격하게 되었다. 영국 남자는 신사답게(?) ˝실례했습니다. 많이 즐기십시오˝라며 문을 닫아주고 물러 나왔다고 한다. 러시아 남자는 쌍권총을 꺼내 요절을 냈고, 이때 한국 남자는 어떻게 했을까요? 이게 바로 수수께끼였다. 순간적으로 단순한 성적 농담이 아님을 느낄 수 있었다. ˝글쎄요.. 저는 남자가 아니라서… 잘은…˝ 무척 당혹스러웠다. 그런데 ˝한국 남자는 미국 대사관을 향해 뛰었다˝가 바로 정답이라고 하였다. 미국 대사관에 가서 '어찌 하오리까'를 묻기 위해서라고 한다. 미국의 영향력 때문에 바그다드 주재 한국대사관을 철수시킨 사실을 꼬집는 풍자였다. 마음이 씁쓸했다.

이라크는 작은 나라가 아니다. 거대한 잠재 시장이다. 면적은 한반도의 2배. 인구는 2천 200만. 확인된 원유 매장량은 1,120억 배럴로 사우디 아라비아에 이어 세계 제 2위를 차지하고 있다. 유엔의 경제제재 조치가 풀리는 날에는 각종 상품의 폭발적인 수요는 물론 인프라 등 개발 프로젝트도 엄청날 것이다.

어려울 때 도와준 친구는 평생의 벗이 된다고 한다. 아랍 세계에서 사람 좋기로 유명한 이라크 인들에게는 더더욱 그러할 것이다. 꼭 뒷날의 이익을 노려서가 아니더라도, 한국이 지금 큰 어려움을 겪고 있는 이라크의 좋은 친구가 될 수는 없을까?!

일본의 불가사의(不可思議), '레이킹'(礼金)

민 성 홍

한국외대 일본어과 교수

합리성을 그렇게나 부르짖고, 모순성을 배격하고 나서는 일본인이 어째서 이런 관습을 묵인하고 있는지, 왜 그런 비합리적이고도 억울한 일을 당하고도 울며 겨자먹기로 참고 있는지 모를 일이 일본인 사회에 엄존하고 있는 것이다.

그것은 '레이킹'(礼金)이라는 괴물이다. 일본, 특히 도쿄(東京)는 주거비가 눈알이 튀어나올 만큼 비싼 곳이다.

하나 예를 들면, 도쿄시내에서, 전철까지 약 10분에서 20분 정도 걸어서 갈만한 곳에 사글세 집을 하나 얻으려면, 약 천오백만원은 족히 든다. 물론 긴자(銀座)같은 곳은 꿈도 꾸지 못한다. 서울로 치면, 지하철 2호선 주변이라면 당산동, 합정동, 동쪽으로 친다면, 자양동, 구의동쯤 되는 곳이라고 생각하면 될 것이다.

집의 구조는, 약 17~8평 정도의 넓이의 방 두개(6畳: 도쿄식 넓이의 다타미 6장 짜리 하나와 4畳半; 이것 역시, 도쿄식 넓이의 다타미 4장 반짜리 하나, —간토(関東)식은 간사이(関西地方)식보다 다타미의 사이즈가 작다), 여기에 자그마한 부엌, 화장실, 그리고 한사람이 겨우 들어가서 샤워할만한 목욕탕이 있는 구조이다.

이런 정도의 방값이, 한 달에 약 20만엥 정도이다. 일본에는 일반적으로 전세라는 관행이 없다. 모두가 사글세이다. 처음 이런 정도의 집을 얻을 때, 천오백만원(20만엥 × 7 = 140만엥)을 마련해야 한다.

이쯤해서 이 「× 7」에 대한 궁금증을 풀어야 할 것 같다. 일본의 사글세 관행은 월세액의 2배 정도를 보증금으로 내고, 또 같은 액수를 복덕방 소개료로 내고, 그 다음 또 같은 액수를, 바로 문제의 '레이킹'이라는 명목의 몫으로, 내게 되어 있다. 여기에 한달치 방세, 이렇게 해서 「x 7」이라는 계산이 나온 것이다. 즉, 한 달 사글세를 기준으로 하여, 보증금으로 2개월분 + 소개료 2개월분 + '레이킹' 2개월분 + 한 달치 집세가 합해진 금액을 집을 얻어 들어갈 때 한꺼번에 내야한다는 말이다.

약간 건물이 새 것이거나, 시내 중심부에서 전철역 두 서너 개를 몇 분 걷지 않아도 이용할 수 있을 정도로 입지 조건이 좋은 곳이면, 어김없이 각각 3배식으로 뛰어 오르게 된다.

즉, 「한 달 집세 x 10」이 된다는 이야기다. 이렇게 되면, 200만엥을 쥐고 있어야만 앞에서 말한 정도의 작은 집을 하나 빌릴 수가 있는 것이다.

자, 문제의 '레이킹'인데, 이것은 「礼金」이라는 한자가 나타내고 있듯이, 집이나 방을 빌리는 사람이 집주인에게 받치는 「사례금(?)」이라는 것이다. 바로 이것이 우리 한국사람에게는 도저히 납득할 수 없는 아주 해괴한 일인 것이다. 아니, 세계 어느 나라 사람에게도 이해될 수 없는 일일 것이라고 생각한다.

그러니까, 세들 사람이 집주인에게 '저에게 방을 빌려주셔서 대단히 고맙습니다' 하고 받치는 눈물나도록(?) 감사한(?) 사례금이라는 것이다.

　물론, 방을 빌린 사람이, 어떤 연유이든 간에, 방을 빌려준 것을 마음속으로부터 감사하게 느껴 주는 것이라면 제 삼자가 이러쿵저러쿵 말할 주제가 못되는 것이나, 사정은 그렇지가 않다. '아흔 아홉섬 가진 놈이 한섬 가진 사람 것을 빼앗는다'는 식의 아주 욕심 사나운 횡포인 것이다. 집없는, 약한 입장에 놓여 있는 세 사는 사람들의 약점을 교묘히 휘어잡고 돈을 울겨먹는 가진 자의 천벌 받을 폭거인 것이다. 아니, 다달이 내는 집 사용료인 월세를 안 받고 '사례금'을 받는다면야, 이치가 통하지만 매달마다 꼬박 꼬박 사용료를 내는 것이 바로 '집을 빌려주어서 고맙다는 뜻의 대가' 즉 방세, 집세가 아닌가!!

　호텔에서 방을 빌리고 비싼 방값을 치르고도 소비자인 손님이 굽실거리고, 호텔주나 직원들이 으스대서 쓰겠는가. 호텔 측이 빈 공간을 돈으로 바꾸어 장사를 잘 했으니, 손님에게 무엇인가를 서비스하고 감사의 뜻을 표해야 하는 게 아닌가. 감사의 표시는 장사하는 쪽이지, 어찌 손님 쪽인가.

　그런데, 이런 세계적인 상식이 통하지 않는 나라가 바로 우리의 바로 이웃에 있다는 데에는 아연 실색할 수밖에 없다.

　이런 몰염치한 짓이 소위 선진국, 문명국을 자처하고 있는 정부기관의 '눈가림적인 협조'(?)하에 행해지고 있다는 데에 더욱 심각한 문제가 도사리고 있는 것이다. 이런 관행을 일본의 세무당국이 모를 리가 없다. 그런데, 이 레이킹에는 세금이 부과되지 않는다는 것이다. 즉, 당사자끼리의 인사치례의 금전수수이니 세금을 부과할 수가 없다는 논리라고 한다. 바꿔말하면, 약자를 울리는 썩은 비합리적인 횡포적인 관행에 해당 정부기관이 합세하여, 거들고 있는 거나 다름이 없다는 것이다.

이런 말도 안되는 주택 임대차 관행에 각국에서 온 유학생들 뿐만 아니라, 일본의 서민대중들도 이 가진 자들과 그 협조자(?)들의 횡포를 울며 겨자먹기로 당하고 있는 것이다. 그래서, 일본에서는 IMF의 폭풍이 불어 닥쳐오기 전부터도 눈알이 튀어나올 것 같은 비싼 집세와 그 놈의 '레이킹'이라는 괴물에 도저히 견딜 수가 없어서, 집 없는 사람들(Homeless-people)이 넘쳐 쏟아져 나왔던 것이다. 예를 들면 신주쿠(新宿)의 지하층 도로등에, 집 없는 천사아닌 방 없는 천사들이 잘 곳 없는 설움을 호소하면서, 즐비하게 가주택을 짓고 그 악덕한 「레이킹+비싼 사글세」를 원망하며, 당국의 단속반들과 숨박꼭질을 하면서까지 해서, 그날 그날의 밥벌이를 하지 않을 수 없었던 것이다.

만일, 이 '레이킹'의 논리가 정당화가 된다면, 모든 소비자는 백화점등에서 물건을 샀을 경우, 예를 들어, 넥타이나 블라우스를 하나 샀을 경우, 상점 측이 요구하는 물건값을 다 지불하고서도 "이것을 저에게 팔아주셔서 대단히 감사합니다. 팔아주신 데에 대한 감사의 표시인 '레이킹' 여기 있습니다. 받으시지요" 하고 넥타이 값의 2배나 3배되는 돈을 바쳐야 한다.

제 2차 대전 말기나 패전직후의 「闇取引(ヤミトリヒキ=암거래)」의 시대도 아닌, 풍요를 구가하고 잉여를 걱정하는 요즈음과 같은 시대에, 해적들이나 산적들이나 생각할 수 있는 이런 어처구니없는 논리가 「남에게 폐가 되는 일을 하는 것은 수치스러운 짓」이라고 부르짖는, 선진국입네하고 우쭐하고 있는 일본사람들의 세계에서 버젓이 행해지고 있고, 또 그것을 알고 있으면서 모르는 척 하고 있다는 사실에 놀라움을 금할 수가 없다. 우리 나라에서 이런 일을 꿈 속에서라도 생각할 수가 있겠는지?

앞에서 말한, 일본 신주쿠의 집 없는 사람들은 거의가 직장이 없는 실직자가 아니고, 어엿한 직장을 가지고 있는 것이다. 우리나라의 지하도, 역전 광장이나 공원등에서 실직의 분통을 참지 못하고, 설움을 달래고 있는 군상들과는 전혀 다르다. 버젓한 직장을 갖고 있으면서 노숙하지 않을 수밖에 없다는 데에 더욱 큰 문제가 있는 것이다.

그러니까, 직장에서 받는 월급 가지고는 그 비싼 집세를 내고서는 도저히 살아나갈 수가 없는 것이다. 이 사람들은 콘크리트 맨 바닥에 이부자리를 깔고 한데서 자는 것이 아니라, 대형냉장고나 대형냉방기등을 포장했던 두꺼운 상자 등에 여러 가지 그림을 애교스럽게 그리고 미화작업을 하여 마치 자그마한 개량주택(?)처럼 만들어 그 속에서 기거한다. 아침에 일어나면, 그 집(?)에서 면도를 하고, 넥타이도 반듯하게 메고 씩씩하게(?) 회사에 출근한다. 이 내용을 쓰기 위해서 알아본 최근 정보에 의하면, 매구로쿠 고마바(目黒区 駒場)에 있는 도쿄대학 근방의 학생상대의 아파트 방 시세를 알아보았다. 아주, 최저 가격이라고 할 수 있는 방값이 월 67,000엔, 즉, 방세 1개월분+보증금 1개월분+복덕방 소개료 1개월분+그 괴물 '레이킹' 1개월분, 합계 268,000엔, 그러니까, 우선 약 2,680.000원 있어야, 겨우 한 사람이 누워 잘 수 있는 정도의 방을 하나 얻을 수 있는 것이다. 그 셋방의 전체 넓이는 「6疊 + 화장실 겸 목욕탕」이 전부이다. 즉, 간토 사이즈의 다타미 6장 넓이의 방안 한쪽 구석에 그릇이나 씻을 수 있는 아주 자그만한 개수대가 마련되어 있다. 그러니까, 실제로 거동할 수 있는 방 넓이는 다타미 5장인 것이다.

바꾸어 말하면, 일본사람들의 언어생활 감각이나, 실제 일상생활 주거 환경의식으로 가난함의 비유표현을 만드는 다타미 4장 반보다 반장밖에 넓지 않는 공간인 것이다. 그러니까, 책상을 들여다놓을 생각은 애초에 말아야 한다.「화장실 겸 목욕탕」이라고 했지만, 물론, 우리나라 아파트의「목욕탕이 달린 화장실」로 생각해서는 안된다. 몸 하나를 겨우 돌릴 수 있는 넓이의 화장실이다.

그런데 여기서 한 마디 꼭 해두어야 할 말은 왜 이 방이「월세·보증금·'레이킹'의 x 2」이나「x 3」이 아니고「x 1」인가 하는 속사정이다. 이 방을 얻은 학생은 그야말로 싼 맛에 얼른 계약을 했는 데, 실제로 살고 보니, 1층이고, 햇빛이 전혀 들지 않는, 대낮에도 전깃불을 켜놓아야 할 방이었던 것이다. 2층 건물인데, 그 건물의 사방 주위를 다른 2층 이상의 건물들이 빙 둘러싸고 있는 것이다. 햇빛이 안들기 때문에, 끝내는 여러 가지 병에 걸린다. 겨울철에는 너무나 자주 감기에 걸리고 있는 것이다. 햇빛이 안들기 때문에 겨울동안은 하루 종일 추워서 난방을 꺼놓을 수가 없다. 난방비가 큰 문젯거리로 위협을 한다. 이런 하자가 있기 때문에 그 값에도 일본 학생들이 들지를 않고 외국인인 한국 학생에게 돌아갔던 것이다.

또, 1층은 온갖 잡상인들이 드나들고, 방문 판매인을 가장하는 나쁜 놈들이 자주 노크를 한다. 그런 놈들이, 특히, 여학생 방을 노리는 것은 한국이나 일본이나 같다. 그래서 이 학생도 그런 환경에서는 도저히 견딜 수가 없어, 햇빛이 드는 좀 낫다는 방을 찾아서 이사하기로 했다고 전해 주었다. 이번에 얻은 것도 거의 같은 넓이의 방이지만, 좀 달라진 점이 있다면, 개수대가 방안에 있지 않고 따로 분리되어 있다는 점이다. 그러니까, 개수대의 넓이만큼 넓어진 셈인 것이다. 그래서, 방값은 껑충 뛰어서, 월

80,000엥이라고 한다. 물론,「월세 x 2 + 보증금 x 2」에다가 그 놈의 불가사의의 「'레이킹'x 2」 + 「1개월치 방세(先金)」로부터는 절대로 벗어날 수는 없다. 그러니까, 또 급한 대로 560,000엥(=약 5,600,000원)을 마련해야 한다고 울상!

　참고로 한 마디. 이런 소형의 집들을 보통 아파트(アパート)라고 하는 데, 일본 사람들의 アパート와 우리 나라 사람들의 아파트와는 그 내용이 전혀 다르다는 것을 알아야 한다. 우리 나라에서의 약 20평정도 이상의 아파트면, 일본사람들의 맨션(マンション) 아니면 하이츠(ハイツ)라고 일컫고 있는 것에 해당된다. 그러니까 우리 나라에서의 40~50평 이상의 아파트면 그 나라에서는 그렌드 맨션(グランド・マンション)이라고 부르고 있는 수준의 주택이 된다.

어두움에 친숙한 미국인들

김 영 화

한림대 영어영문학과 교수

땅이 넓어서인지 미국의 단독주택들은 뜰이 널찍하고 그 뜰은 잘 가꾼 잔디밭으로 되어 있다. 서울처럼 이웃집이 서로 바짝 붙어있는 법이 없다. 인적도 드물어 대낮이라 해도 주택가를 혼자 걸어다니기가 겁난다. 집밖에서 뛰어 노는 아이들도 없다. 밤에 주택가를 걷는다는 것은 상상도 못할 일이다. 미국사람들은 대체로 집안을 환하게 밝히고 살지 않는 편이다. 필요한 부분에만 전등을 켠다. 우리처럼 방방이 환하게 전등을 켜 놓고 싶어도 아예 집 설계상 천장 등이 몇 개 없다. 서양 사람들 눈은 밝은 빛에 약해 간접조명을 선호한다는 말도 있고, 절약하느라 그런다는 얘기도 있다.

1974년 초여름 해질 무렵 한 미국인 교수 댁을 방문한 적이 있다. 영어로 작성한 석사학위논문의 마지막 손질을 하기 위해서였다. 처음으로 외국인 집을 찾아가면서 그 사는 모습이 어떨까 몹시 궁금했다. 한국에서 강의를 시작한 지 2년째 되는 미국인 교수 미시즈 위트니는 휘경동의 단독주택에 살고 있었다. 현관을 여는 순간, 첫 눈에 들어오는 것은 어두움이었다. 깨끗이 정돈된 마루 한 가운데 우리 나라 전통 교자상이 반듯이 놓여 있었고 마루벽 쪽에도 몇 가지 가구가 있었는데 어두운 가운데 보아서

인지 어떤 것들이었나 잘 기억이 안 난다. 내가 들어서자 미시즈 위트니는 교자상 한쪽 귀퉁이에 있던 전기스탠드를 켰고 그 밑에서 논문을 함께 들여다보느라 두 사람이 서로 머리를 비스듬히 맞대어야만 했다. 25년이나 지난 지금도 전기 스탠드 밑에서의 작업 상황이 어두움을 배경으로 또렷하게 그려진다.

1982년 여름 풀브라이트(Fulbright) 장학금을 받아 미국 인디애너 대학교에 갔을 때다. 학교 아파트에 들어가 습관대로 온 집 안을 밝힐 수 있는 천장 등 스위치를 한참 찾았지만 헛수고였다. 천장의 전등은 현관문 앞과 부엌 싱크대 위에만 있었다. 기숙사도 마찬가지다. 다만 같은 층 학생들이 공동으로 사용하는 샤워실은 하루 24시간 환하게 밝혀 놓는다.

그해 가을 10월 30일 학교측이 소개해 준 호스트패밀리 알렉산더씨네 헐로윈데이(Halloween day) 파티에 초대받았다. 피아노 옆 탁자 위의 갓전등 하나가 거실을 밝히고 있었고, 그 전등 주변에 응접세트가 있었다. 조금 어두운 듯한 가운데 함께 둘러 앉아 굵직굵직하게 썰어 놓은 파슬리, 당근, 방울토마토 등 몇 가지 야채를 마요네즈에 찍어 전식으로 먹었다. 메인 메뉴는 닭고기 요리였다. 식탁은 부엌 옆 공간에 있었고 식탁 위 천장에서 내려오는 전등이 있어서 밝았다. 미국 시트콤의 많은 장면이 부엌공간에서 구성되는 것도 부엌이 밝다는 데 그 한가지 이유가 있는지도 모른다. 저녁식사가 모두 끝난 뒤 우리는 헐로윈데이 기념행사에 들어갔다. 헐로윈데이는 기원전 영국 땅에 살았던 켈트족들의 민속행사에서 유래한다. 헐로윈이란 '헐로즈 이브 (Hallows Eve: 성자의 저녁)'가 축약된 것으로 켈트력으로 그믐날에 해당하는 10월 31일 밤을 말한다. 사람들은 매년 생사람 잡으러 오는 귀신한테 잡히지 않기 위해서 집안의 불기운을 모두 없애고 몸을 차고 볼품없게 가장했다고 한다. 미국에는 1840년대에 켈트계 아일랜드인들이 이민 오면서 들여왔다고 한다.

알렉산더 부부는 낮에 펌프킨(홈 파인 빨간 큰 호박) 밭에 가서 커다란 것으로 두 개를 사왔노라고 했다. 두 가족이 각각 하나씩 맡아서 펌프킨 조각을 시작했다. 위 꼭지에서부터 한 5~6센티미터 내려오는 부분을 동그랗게 따서 뚜껑을 만든다. 씨와 붉은 색의 속을 다 긁어내었다. 속은 두었다가 펌프킨 파이를 만든다고 한다. 속과 씨를 긁어내면 호박은 약 2센티미터 두께의 겉껍질만 남는다. 호박의 반듯한 쪽을 앞면으로 정해서 눈과 코는 삼각형으로, 크게 벌린 입과 아래 위 각각 두 세 개정도의 이빨을 될수록 무섭게 도안하여 칼로 오려내었다. 그리고는 호박 안에 작은 초를 켜 놓은 채 뚜껑을 닫고 방안의 불을 모두 껐다. 붉은 호박은 괴물스런 불빛을 품어대는 무서운 형상이 되어 버렸다. 헐로윈데이 밤에는 '재커랜턴(jack-o'-lantern)'이라는 이름의 이 괴물 호박등을 캄캄한 현관밖에 내어놓는 집이 많다. 귀신을 쫓기 위한 그날 행사 중의 하나다.

다음 날은 미국사람들이 하는대로 초등학교 1학년생이던 우리집 아이를 검은고양이로 변신시켜 '트릭 오아 트릿(trick or treat)'을 시켜 보았다. '트릭 오아 트릿'은 9세기경 유럽에서 동네 사람들이 기를 돋군다고 건포도 동냥을 다닌 풍속이라고 한다. 헐로윈데이가 가까워지면 미국의 슈퍼마켓에서는 사탕이 도매봉지로 팔린다. 미국 어린이들이 헐로윈데이를 좋아하는 이유 중의 하나가 바로 이 '트릭 오아 트릿'이 있기 때문이다. 무서운 도깨비나 마귀 형상을 하고 집집이 돌아다니면서 '트릭 오아 트릿'을 외치면, 집주인은 깜짝 놀라 '대접하고 말고!(I'll treat you!)'를 외치면서 단것을 한웅큼 집어준다. 동네를 한바퀴 돌면 아이들이 들고 간 바구니는 사탕이며 초콜릿으로 가득 차서 서너 달치 먹을거리는 마련하는 것 같다. 그런데 간혹 못된 사람들이 사탕이나 초콜릿 속에 좋지 않은 약을 넣어 그것을 먹은 아이들이 배탈이 나고 심하면 입원까지 하는 일이 일어났다. 방송과 학교당국에서는 '트릭 오아 트릿'은 잘 아는 사람 집에만 가라는 경고문을 보내곤 했다. 그래서 구경도 할 겸 아이도 보호할 겸 우리는 아이와 함께 학교 아파트를 한 바퀴 돌아보았다. 미국 사람들의 동심은 정말 감탄할 만했다. 아예 현관과 거실 사이에 칸막이를 하고 이것저것 귀신 나올 것 같은 장식을 더덕더덕 붙이거나 그려 놓고 으스스한 음악을 틀어 놓은 유령의 집도 있었다. 장난기 어린 주인은 캄캄한 한쪽 구석에서 맨발에 희고 긴 가운을 걸치고 머리는 길게 풀어 헤친 채 색색으로 얼굴 칠 분장을 하고 앉아 있었다. 한편 귀신 쫓는 놀이도 하면서 이웃과 서로 인사하는 행사였던 것 같았다.

1989년 하바드대학 언어학과에 연수차 갔을 때 세일럼에 가 보았다. 보스턴에서 95번 인터스테이트 도로를 타고 30여분 달리면 세일럼이라는 마을이 있고, 세일럼의 동쪽 끝 터너거리에는 지붕에 박공이 일곱 개 있는 집이 있다. 1668년에 지은 집으로 뉴잉글랜드에 현존하는 가장 오래된 목재가옥 중의 하나다. 이 집은 너다니얼 호손(Nathaniel Hawthorne)의 소설 『칠박공의 집(The House of the Seven Gables)』의 모델이 된 집으로 매사추츠주가 자랑하는 역사적인 관광 명소 중의 하나다. 집 앞에서 마치 개울 둑과 같은 모양새로 모래사장 없는 바다가 곧바로 시작된다. 당시 선장이었던 호손의 아버지는 호손이 네 살 때 남아메리카로 항해를 떠났다 돌아오지 못하였다고 한다. 칠박공의 집에서 멀지 않은 곳에 호손의 생가가 있는데 세일럼시에서는 그 주변에 마녀의 집을 만들어 놓고 당시 그 마을을 두려움에 몰아넣었던 마녀재판에 관해 소개하고 있다. 이 마녀들을 재판한 사람 중에는 호손의 할아버지도 들어있다고 한다.

호손이 사촌들과 함께 놀았다는 그 집은 소설의 토대가 될 만하다. 박공아래 다락방의 벽면을 두드리면 비밀층계가 드러난다. 한사람 겨우 다닐만한 층계가 굽이굽이 돌면서 바다 쪽으로 향한 아래 층의 현관 앞 홀까지 연결되어 있다. 다락문을 닫으면 그냥 캄캄하고 문이 열려 있어도 어느 정도 더듬어 내려가야 한다. 집 앞 바다에서 몰려오는 바람소리는 어두운 밤에 온 집안을 송두리째 삼켜버릴 것 같다고 한다. 굽이굽이 이어지는 층계의 좁은 통로를 타고 올라오는 바다바람 소리가 마치 그 집에서 살다 죽은 여러 귀신들의 쉰 소리처럼 들려온다고 한다. 거실 벽난로 옆에서부터 시작되는 또 다른 비밀 층계도 역시 같은 박공 밑의 다락방으로 연결되는데 밀실공포증이 있는 관광객들한테는 굳이 모험을 권하지 않는다. 미국인들은 생활 속에서 어두움과 친숙할 뿐만 아니라, 우리가 느끼기에는 음산하고 으스스한 기분까지도 즐기는 것이 아닌가 여겨졌다.

역시 보스턴에서 서북쪽으로 한 시간 정도 차로 달리면 월든 호수(Walden Pond)가 있다. 이곳은 헨리 데이빗 소로우(Henry David Thoreau)가 1845년부터 2년동안 호숫가에 두평짜리 오두막을 짓고 명상을 하며 작품을 쓰던 곳이다. 『자연(Nature)』, 『월든(Walden)』, 『내가 살던 곳 그리고 내 삶의 목적(Where I lived and what I lived for)』등은 소로우가 자연에 둘러싸여 외진 오두막에서 살면서 느낀 그대로를 쓴 작품들이다. 호수의 크기는 61에이커(acres)나 되어서 걸어서 한바퀴 도는데 두어 시간이 걸리고 물가에는 모래사장도 있다. 소로우가 살던 오두막은 원래 있던 곳에서 호수에 가까이 옮겨서 복원해 놓았는데 나무로 지은 단간 방집이다. 양쪽 벽면에 큰 유리창이 하나씩 있고 현관문 맞은 벽에 일인용 침대 하나가 놓여 있다. 그 벽면 바깥 쪽에는 그 집 3분의 1만한 크기의 헛간이 있다. 땔감을 쌓아 놓는 헛간이다. 집안에는 침대 이외에 조그마한 책상과 의자 하나, 난로 하나가 가구의 전부다. 전등은 물론 호롱불도 쓰지 않았다. 비가 새고 바람도 새어 들어온다. 무인지경의 칠흑같은 밤은 적막하기 그지없다. 새벽에 비치는 한줄기 햇살에 소로우는 새롭게 고마움을 깨우친다. 자연의 힘, 시의 의미, 지식의 소중함, 그리고 삶의 깊은 진리도 터득한다.

샌프란시스코 근처 실리콘 밸리의 최고 부자 동네는 우드사이드(Woodside)라는 마을이라고 한다. 1998년도에 집 한채 값이 평균 1,514,065달러였다니 소로우의 오두막하고는 비교가 되지 않지만, 보통 한 집이 차지하는 터가 3~5에이커(약4~6천평)나 된다고 하니 소로우의 월든 시절과 통하는 점도 있는 것 같다. 넓고 조용한 자연 속에 푹 감싸여 사는 것이 사람을 가장 편안하게 해주나 보다. 우드사이드 마을에서는 동네 싸움 끝에 자기 영토 바깥으로 불빛이 넘어가는 것을 금지하도록 하자는 법안을 낸 사람이 있다고 한다. 빛도 쓸데없이 환하게 밝힐 때에는 공해가 된다. 이 동네 사람들은 어두움의 확보를 권리로까지 생각하고 있다.

뉴질랜드 친구가 풀어준 수수께끼

윤 종 혁

홍익대 명예교수

국내를 여행하든 해외로 여행하든, 오다가다 만나게 되며 사귀게 되는 초면의 사람에게 때로는 많은 것을 배우게 된다. 또한 함께 여러 시간 같은 자동차나 기차 도는 여객기로 옆자리에 앉아서 가다보면 우물쭈물 하는 사이에 통성명하게 마련이고 각자의 경험담 내지는 의견, 상식, 경험 등을 대화로 통하여 나누게 된다.

특히 이민족, 타국인 사이라면 두 사람은 자기 나라의 명예, 자기 민족의 긍지와 위신 등을 감안하여 조심스레 정확하고 실수 없는 사실을 말하려고 노력하며 상대방의 의견도 불쾌감을 주지 않기 위하여 정중히 들어주는 것이 나의 경험으로 비추어 보건대 예의라고 생각한다. 아마도 외국 사람을 많이 대하는 외교관, 무역가, 경제인, 정치인, 사업가들은 특히 이점에 동의하려니 여겨진다.

여러해 전 뉴질랜드를 학회 일로 다녀올 때이다. 나는 뉴질랜드의 오크랜드[Auckland, 인구 약 80만 명의 뉴질랜드 최대도시, 수도는 웰링턴(Wellington, 인구 약 35만 명), 제3의 도시는 크라이스트처치(Christchurch, 인구 약 33만 명), 뉴질랜드의 면적은 우리 나라 한반도의 크기에 강원도를 하나 더 보탠 것만큼의 크기인데 인구는 이

나라 전체가 300만 정도]에서 싱가폴로 향하는 에어 뉴질랜드 여객기를 타게된 것이다. 아침 11시 45분 출발인 이 항공기는 11시간의 장거리 비행을 하게 되어 있어 매우 지루한 여행인 것도 피치 못할 일이었다. 대개 이런 경우 옆에 앉게 되는 친구와 의사 소통이 잘되면 지루할 게 없이 매우 유쾌한 추억에 남는 여행이 되는 법이었다. 이날 나를 태우게 된 항공기엔 만원이 아니라서 인지 자리가 여러 곳이 비어 있었다.

내 앞으로 서너 줄쯤에 앉아 있던 키가 훤칠하게 큰 백인이 뒤쪽을 두리번두리번 거리더니, 심심했던지 나를 보고 씽긋 웃는 것이었다. 그러고는 한참만에 화장실을 갔다 되돌아오는 길에 내 옆을 지나치다가 나를 내려다보고 '헬로우'하는 것이었다. 마침내 좌우엔 아무도 앉아 있지 않아 앉으라고 하니까 기다렸다는 듯이 큰 몸집으로 덥석 앉는 것이었다. 그리고는 어디까지 가느냐고 묻는 것이었다. 싱가포르라고 하니까 그 다음엔 어디로, 말하자면 이번 여행의 종착지가 어디냐고는 것이다. 그래서 나는 싱가폴에서 며칠 쉬었다가 대한민국 서울까지 간다고 하였더니, 아 그것 참 잘 되었다는 듯이 서울은 꼭 한번 가보고 싶은 곳이라고 하는 것이 아닌가? 왜냐하면 첫째, 지난 몇십 년 동안에 세계에서 제일 경제성장과 국민생활 수준이 발전한 나라의 수도가 바로 그곳이고, 둘째로는 관광비용이 매우 적게 드는 나라란 평판이 자자하기 때문이라고 하였다. 이처럼 말이 시작되어 장장 여러 시간 지칠 줄을 모르고 담배를 권커니 받거니 맥주나 음료수도 권커니 받거니 하며 거나해져서 서로 마음놓고 얘기하게 되었다.

잠시후 창밖 밑으로 붉은 사막 지대를 내려다보며 서너 시간은 족히 나는 동안에 그는 호주의 면적은 미국의 알래스카를 빼놓은 본토만 한데 레드샌드(red sand, 홍사) 지역이 전국토의 70%나 되고 실은 이 홍사는 철분이 많아 붉다는 것으로 인류가 쇠란 쇠덩어리를 전부 소비하게 될 때 마지막으로 이 호주의 사막 모래를 파다 쓰면 된다는 것도 잊지 않고 말해주고 있었다. 그의 이름은 데이비드라고 하며 나보다 십년이나 연상으로 대학은 크라이스트처치에서 농공학과(Agriculture Engineering)를 전공하여 박사 학위까지 가지고 있으며 현재는 동남아에서 기술자로 활약하며 여름 휴가에 겨울 철인 뉴질랜드의 본가에 다녀온다는 것이었다.

나는 지금까지 궁금하게 여기고 있는 수수께끼가 있었는데, 19세기말가지 구주의 여러 나라가 동양에서는 일본이 강대국에 끼여 식민지를 얻고자 마구 침략을 일삼았는데, 이제 거의 모든 나라마다 식민지를 벗어나 독립을 한판에 유독 영국의 식민지들이 독립 후에도 영국의 여왕의 얼굴을 화폐에 새겨 쓸 만큼 정신적 유대를 계속하고 있는데 그것이 참으로 나에게는 놀라운 수수께끼라 하지 않을 수 없다고 하였다. 그 친구는 대뜸 하는 말이 자기는 원래 영국 민족인 앵글로색슨의 후예가 아니라 조부때 핀란드에서 뉴질랜드로 이주하였으며 자기 자신은 뉴질랜드 제3의 도시인 크라이스트처치의 태생이라고 하며, 그러나 핀란드 말이라곤 단어 몇 마디 알 정도고 이처럼 영어를 유창하게 하니 모국어가 영어인 셈이라고 하였다.

아울러 영국인은 독일이나 프랑스, 일본인 등과는 달리 외교에 귀신이요 정치선수라, 어찌 보면 교활하기 짝이 없는 영리한 종족이라고 하면서, 영국인들이 외국에 침략을 시작할 때엔 상인이

먼저 따라들어 가서 교역을 시작하고 선교사, 군인, 학자, 농민이
서로 섞여 들어가선 함께 살러 왔다는 식으로 원주민을 달래며
그 고장의 고유 문화, 전통, 관습을 그대로 인정 내지는 더욱 육
성하는 방향으로 나가는 노력을 하며 말은 있으되 글이 없는 곳
에서는 오히려 글을 만들고 그 글을 배우는 교육기관을 세우고
영어는 필요할 터이니 겸사겸사 배우라는 태도로 글과 말을 가
르치면서 영국인들은 원주민들의 환심을 샀다는 것이다.

특히 독일이나 일본인들은 제것이 제일이라고 내세우고 식민
지의 피지배자의 언어와 문화를 말살하려고 하였으니 곱게 물러
가지도 못하고 철천지 원수 마냥 원한과 분노만 사고 말았다는
것이다. 어릴 때 먹던 음식은 늙어서도 찾는 법, 어릴 때 배운 말
을 버리고 하루아침에 자유롭지 못한 외국어를 모국어로 하도록
하는 식민지 정책은 모두 실패할 뿐이란 것이었다.

사실 일본인들은 우리 나라의 한글을 없애고 말마저 사용 못
하게 강요하며 내선일체니 무어니 하며 동화를 꾀하였는데 영국
인들처럼 공생, 공존, 협동으로 나갔더라면 그다지 반감은 사지
않고 현재의 사정보다는 훨씬 정다운 사이로 끝났을 지도 모를
일이라고 생각되었다.

호주의 경우는 호주 문화의 밤을 대극장에서 공연할 때 구라
파의 백인 문화를 소개하지 않고 오로지 애브오리지날
(Aboriginal, 호주 원주 흑인)의 보잘것없는 춤이나 연극을 그들
의 원어로 상연시키면서 아름답다느니 멋있다느니 하며 아낌없
는 갈채와 박수를 보내는 것을 볼 때도 그렇고 또한 뉴질랜드의
원주민 마우리(Maori)인들의 춤과 연극, 음악을 보여주며 이것
이 뉴질랜드의 참모습이라고 떠들어대는 것을 볼 때 영국인들의

단수 높은 통치능력을 인정하지 않을 수 없다. 오늘날 아직도 약 50여개 국의 나라들이 영연방에 속하여 굳게 뭉쳐 서로 도우며 국제 사회에서 일하고 있는 것도 사실이다.

그렇다고 해서 나는 여기서 영국긔 식민정책이 옳았다고 찬양할 생각은 없다. 일본, 독일, 화란, 영국의 식민 정책은 달랐지만 그 우열은 상대적인 문제일 뿐이다.

영국인(특히 잉글랜드사람)은 기질적으로 좀처럼 속내를 드러내지않고 겉으로는 자기를 낮추고 남을 치켜세워주어 흔히 신사라는 대명사가 붙지만, 원래 겸손과 위선은 동전의 앞뒤와 같아서 뉴잘랜드친구가 지적했듯이 친절과 겸손 뒤에는 가면과 교활이 숨어있을 수도 있는 것이다. 하여간 기내에서 사귄 뉴질랜드친구 데이비드를 통하여 내가 오랫동안 풀지 못했던 수수께끼 하나를 풀게된 것 같다.

'탐분'(공덕)과 태국인의 가치관

황 규 희

부산외대 태국어과 교수

태국에 관한 인상이 긍정적이든 부정적이든 태국은 한국인에게 잘 알려져 있다. 특히 태국의 수도 방콕은 에메랄드 불상의 도시, 아유타야시대(1350~1767년)에 인드라신(인도 베다신화에 나오는 최고의 신)이 확고하게 지켜준 도시, 그리고 인드라신이 선사하고 비슈누깜신(토목건설의 신)이 창건한 도시 등의 의미로 '천사의 도시'라고 하며, 많은 운하로 인하여 '동양의 베니스'라고도 한다. 수많은 사원과 왕궁, 황색가사의 승려, 풍부한 과일, 밀려드는 차량과 인파, 그리고 밤의 문화는 누구나 한 번쯤 태국 여행을 생각하게 한다.

태국인은 오래 전부터 자신들의 고유문화를 지니고 있으면서도 세계 문화에 대하여 늘 열린 마음을 갖고 자신들의 문화를 지켜나갔다. 남의 것에 대하여 배척과 거부가 아니라 수용과 포용의 열린 마음으로 인하여 태국이 오늘날까지 주권을 잃지 않고 국왕, 불교, 그리고 국가에 대한 사랑을 지키는 자부심 있는 나라로 발전해온 이유일 것이다.

문화에 대한 시각은 크게 자민족중심주의(Ethnocentrism)와 문화적 상대주의(Cultural Relativism)로 나뉜다. 어느 사회이든지 자신들의 고유한 문화를 지켜오면서 때로는 문화전파

(Cultural Diffusion)와 문화접변(Acculturation)을 통하여 그 사회 집단의 삶의 양식과 행동에 영향을 줄 수 있으나, 그 집단이 이를 선별하여 수용함으로써 새로운 문화를 형성해 나간다. 이런 의미에서 태국인의 가치관을 소개하여 태국사회에 대한 이해를 돕고자 한다.

생활철학으로서의 불교의식

태국의 국교는 불교이며, 불교의식이나 교리의 수행은 삶의 한 과정으로 간주되며, 불교는 태국의 전통적 가치체계 중의 하나이다. 태국불교는 버마(미얀마)를 거쳐 전파된 계율을 중시하는 스리랑카계통의 상좌부불교이다. 이 불교의 특징은 업보와 공덕을 주요 도덕의 원리로 하여 인과응보설에 의하여 내세가 정해지는 교리를 갖고 있다. 그리하여 태국인은 '선업(善業)은 선과(善果)를 낳고 악업(惡業)은 악과(惡果)를 낳는다'라는 의식을 믿어 공덕쌓는 일에 정성을 쏟는다.

지난 해 겨울이었다. 쫄라롱껀대학교 사회인류학과 모 교수를 번역서 관계로 만나게 되었다. 그 교수는 소위 말하자면 방송교수로서 매스컴에 의해 유명해진 인사였다. 그 교수와의 짧은 만남 속에서 늘 머리 속에 사로잡혀 깊이 새겨진 기억이 있다. 택시를 타고 시내에 들어오는 길이었다. 태국도 시간·거리 병산제를 채택하여 택시요금이 짧은 거리에도 50바트(Baht: 태국의 화폐단위:당시 1바트＝47원)가 나왔는데 그녀는 20바트를 택시기사에게 팁으로 주고 있지 않는가! 나는 의아해하면서 그 이유를 물었다. 왜 20바트나 되는 돈을 팁으로 주는가를. 그녀의 대답은 아주 간단하면서도 태국인의 가치관을 잘 나타내었다. "태국은

IMF시대를 맞이하여 경제적으로 어려운 사람이 더욱 많아졌다. 저 택시 기사도 경제적으로는 나 보다 궁핍하므로 나는 그에게 약간의 도움을 주고자 했을 뿐이다. 더욱이 나는 부처님의 가르침에 따라 그에게 '탐분'(공덕)의 기회를 있게 해주었으니 더욱 고맙지 않은가. 그에게 베푼 복은 다시 나의 가정과 자식에게 올 것이므로 나의 마음은 더욱 기쁘다.”

국왕에 대한 존경심

1932년 6월혁명에 의하여 태국의 정치체제가 절대군주제에서 입헌군주제로 바뀌어 국왕의 권력이 비록 축소되었다 하더라도, 국왕은 국가의 원수이며, 전통을 수호하며, 불교의 최고 수호자의 역할을 계속 유지하고 있다. 또한 정치적 갈등의 조정자 역할을 담당하여 국가통합의 구심점이기도 하다.

오늘날 태국사회에서 국왕의 역할은 이전처럼 모든 국민의 생명과 재산을 쥐고 있는 주인 또는 신이 아니라, 국민의 국왕으로 단지 손을 뻗치면 닿을 수 있는 만큼 국민과의 일상생활의 행·불행을 함께 한다. 즉, 사회적으로 소외되고 낙오된 자를 돌보는 자비로운 지도자이다. 예를 들면, 국왕은 매년 북부와 북동부의 미개발지역뿐만 아니라 여러 지역을 방문하여 경제발전을 지원하거나 민간인, 군인, 그리고 경찰관으로서 어려움을 겪고 있는 사람에게 하사품을 주기도 한다.

지금도 여전히 농촌지역을 가보면 집집마다 국왕과 왕비의 사진이나 초상화가 걸려 있다. 우리네의 할아버지 댁에 빛바랜 사진 액자가 안방 문의 중앙위치에 걸려 있는 것처럼 말이다. 태국의 화폐에는 현 푸미폰 국왕의 얼굴이 있다. 태국인들은 이 돈을 아주 신중히, 깨끗하게 간직한다. 지폐에 도안된 국왕의 얼굴이 손상되지 않도록 하기 위해서이다. 심지어 이 돈을 물에 빠뜨려 젖게 되면 돈을 다리미로 말리기까지 한다. 돈의 소중함보다는 국왕모습을 손상시키지 않기 위해서이다. 그리고 영화관에서는 우리네 과거 70~80년대 영화관에서 애국가가 울려 퍼졌을 때와 같이 영화가 상영되기 전에 왕가가 울려 퍼지면 모든 관람객은 일어나서 경청해야 된다. 태국인에게 이것은 그들이 존경하고 사랑하는 국왕에 대한 예의이다. 과거 생명의 주인이 아니라 현재 살아있는 국부(國父)로서 말이다.

자유의식

필립스(Phillips)에 의하면, 태국인은 자유를 사랑하고 독립적인 가치관을 가지고 있다고 한다. 태국의 국가명도 '쁘라텟타이'로 '자유의 나라'라는 의미이다. 즉 자유란 어느 국가의 속국이 되는 것을 허락하지 않는다. 역사적으로 유럽 열강국가들의 제국주의정책으로 인하여 동남아시아국가들이 주권을 잃었을 때에도 태국은 독립을 유지하였다. 그러므로 이 기반이 태국인에게 자유로운 생활방식을 갖도록 하였고, 자유는 태국사회의 삶에 대해 많은 영향을 주었다. 국가 안녕이 위협을 당하고 있다고 생각할 때 태국인은 모두 힘을 합해 외부로부터의 구속에서 자유를 지키려고 노력하였다. 예를 들면, 제2차 세계대전 당시 군과 민간인 모두는 마음을 합해 태국을 수호하기 위해 일본에 저항하였다.

또한 이것은 개인의 생활에서도 명확히 나타나고 있다. 태국인은 자신이 원하는 대로 행동할 수 있고, 획일적으로 행동하도록 강요하지 않는다. 타인의 간섭과 관여를 싫어하며 자신이 하고 싶은 대로 하기 때문에 그러한 태국인의 행동은 때로는 무관심으로도 표현된다. 그리하여 태국인에게는 공동체 생활의 성향이 약하고 이념이나 원칙보다는 개인적인 관계가 더 중요시된다. 따라서 태국인의 자유의식 또는 개인주의 성향에서 이해할 수 없는 한국 문화 중의 하나는 같은 공간에서 함께 목욕하는 한국인의 목욕탕 문화이다.

자비와 관용의식

태국인이 즐겨 사용하는 말 중에 '커톳'(미안합니다)과 '마이 빼라이'(괜찮습니다)는 태국인의 가치관을 잘 반영하고 있는 말이다. 분노가 오래가지 않고 쉽게 상대방을 용서해주며, 자신과의 의견이 다르더라도 상대방의 의견에 잘 동조하며, 부탁이나 요청을 받았을 때 자신의 체면때문에 쉽게 동의를 한다. 이것은 자비를 덕행으로 삼는 불교의 영향이다. 예를 들면 버스에 오르면 어린이, 노인, 그리고 임산부에게 자리를 양보하며 또는 형제, 친척이 근심 걱정이 있으면 도와주기도 한다. 특히 농민들은 고대부터 전해 내려오는 '물에는 고기가 있고 논에는 쌀이 있다'는 신념을 갖고 서로 도우며 농사를 짓는다. 태국의 전통의식에도 이들의 관대함이 보여진다. 꼰쭉(어린이 상투틀기), 부엇낙(비구식)의식을 행할 때 서로 도와주며, 이는 '따카오 따라오'(그의 조상이 우리의 조상이다)라는 믿음이 있기 때문이다.

관용의식은 태국의 정치인에게 더욱 명확하게 나타난다. 태국의 정치 변동은 주로 군부쿠데타로 이어져 왔으며, 성공한 쿠데타의 주모자는 정치권력의 핵심에 위치하고 있다. 대다수 국가의

경우 불발쿠데타의 주모자에게 군사재판에 의한 사형선고가 일
반적이나, 태국은 단지 그의 직책을 강등시키거나 해외망명을 시
킨다. 최근 1991년 쿠데타 주모자인 육군사령관 쑤찐다 크라쁘
라윤의 경우에 쿠데타 후 그는 수상에 취임하였으나, 군부세력과
민주세력간의 유혈충돌로 발생한 1992년 5월사태(1992. 5. 17~
20)에 의하여 수상직을 사임한 후에는 일반시민의 한 사람으로
살아가고 있다. 이는 불교의 5계중 '살생하지 마라'를 지키는 동
시에 불교의 자비심과 포용력을 잘 나타낸 것이다.

줄서기의 나라 미국

안 필 규

강릉대 영어영문학과 교수

필자는 1995년 8월부터 1997년 2월까지 일년 반 동안 미국 인디애나주의 웨스트 라피에트(West Lafayette)에 있는 퍼듀대학(Purdue University)에서 객원교수로 영문학을 연구하였다. 인문·사회 계열 교수들에게는 다소 생소한 퍼듀대학을 연구 대학으로 선정하게 된 이유는 아주 단순하다. 퍼듀대학의 영어영문학과에서 소설에 관한 세계적인 학술지 『현대 소설 연구집』(*Modern Fiction Studies*)이 발간되기 때문이었다.

퍼듀대학에서 자기네 대학의 영문과에 와서 연구해도 좋다는 허가를 받은 후 많은 갈등이 야기되었다. 우선 인문·사회 계열의 교수들의 경우 몇 명을 제외하고는 대다수의 교수들이 퍼듀대학은 처음 들어보는 대학이라며 그 대학이 미국 어디에 있느냐고 묻기 일쑤였다. 반면 자연계나 이공대학의 교수들은 그 대학은 명문대학이라고 하면서 좋은 대학에서 연구를 하게 된 것을 축하해 주었지만, 필자는 인문 계열의 교수이기 때문에 "내가 혹 대학을 잘못 선정한 것이 아닌가?"하는 의혹이 계속 일었다. 나중에 알고 보니 퍼듀대학은 미국의 중서부에 있는 '빅 텐'(Big Ten: 미국 중서부에 있는 열 개 정도의 명문 주립대학)에 속한 명문 대학이었다. 단지 학교명이 '유니버시티 오브 무슨 무슨 주'라든지 '무슨 무슨 스테이트 유니버시티'라고 불리는 다른 주립대학과는 달리 학교명이 단순히 퍼듀대학이어서 사립대학의 인상을 풍기는 까닭에 우리 나라 사람들이 잘 모를 뿐이었다. 설사 퍼듀대학의 존재를 안다 할지라도 그 대학을 사립대학인 양 오해하고 있는 사람이 많았다.

짧다면 짧고, 길다면 긴 미국 생활 중에 여러 가지 에피소드가 많았다. 여름 방학 동안의 여행 중에 인디애나 주에서 천 몇백 마일이나 떨어진 텍사스 주의 엘 파소라는 도시에서 차가 고장이 나서 꼼짝없이 며칠 동안을 묶여 있었다거나, 그 차를 고쳐서 인디애나로 돌아오려고 했지만 며칠을 기다려도 차를 고치지 못하여 결국 다른 차를 렌트하여 인디애나로 돌아왔던 일, 일주일 후에 렌트한 차를 반납하고 고친 차를 찾아오다가 텍사스 주에서도 벗어나지 못한 지점에서 다시 차가 고장이 나서 차를 아마릴로(Amarillo)라는 곳에 맡기고 비행기로 돌아 왔던 일, 기타 등등의 에피소드는 지금은 웃음을 머금고 회상할 수 있는 재미있는 추억이지만 그 당시에는 정말 견디기 어려운 고통이었다. 더욱 흥미로운 일은 엘 파소에서 고친 차로 집으로 돌아오는 도중에 여덟 시간 정도를 운전한 후 차가 다시 고장이 났는데, 아직도 텍사스 주를 벗어나지 못했다는 사실이었다. 고친 자동차가 다시 고장나서 황당한 와중에도 그때 느낀 것은 '미국은 정말 광활한 나라구나!'라는 사실이었다.

미국에 머무르는 동안 가장 인상적으로 느꼈으며, 동시에 우리가 배워야겠다고 생각한 점은 미국 사람들은 우리 나라 사람들과는 달리 줄서기를 잘하고, 또 우리보다 질서를 잘 지킨다는 것이었다. 물론 대도시에는 많은 사람이 살다 보니 난폭하게 차를 모는 사람도 있고 어떤 차는 빨간 신호등에도 직진을 하기도 하지만, 그래도 대다수의 사람들은 질서를 잘 지키고 있었다. 미국이 선진국이기 때문에 당연히 공중 도덕이나 타인에 대한 배려가 더 나을 것이라는 점을 인정한다 하더라도 필자를 놀라게 하는 일들이 매우 자주 있었다. 우선 우리의 '우선 멈춤'에 해당하는 '스톱'(stop) 표지판에서 차가 완전히 멈춰야 한다는 사실이 놀라웠다. 특히 신호등이 없는 4방향 교차로에서의 교통 문화는 미국 문화의 선진성을 나타내는 듯하였다. 우리 나라에서는 4방향 교차로의 경우 앞차의 꽁무니를 놓치지 않으려고 멀리에서부터 질주를 해야만 하지만, 미국에서는 앞차의 유무에 관계없이 먼저 스톱 표지판에 도착한 순서대로 차가 진행해야 한다는 규칙이 있었다. 미국에 간 지 얼마 되지 않아 그 규칙에 익숙지 않았던 필자로서는, 한국에서의 습관에 따라 멋모르고 앞차의 꽁무니를 좇다가 다른 차와 부딪칠 뻔할 일이 있었지만, 그것은 지금도 생각하면 생각할수록 합리적인 규칙이었다. 왜냐하면 앞차와 뒤차의 상관성과는 무관하게 스톱 표지판에 도착한 차례대로 진행해야 한다는 사실은 자기 차례의 요구와 남에 대한 양보를 잘 조화시킨 규칙이었기 때문이다.

미국에서는 교통 규칙을 포함한 대다수의 공중 도덕과 규칙이 합리성을 기초로 하여 이루어져 있다는 사실은 미국 사회가 우리 사회보다 합리적이고 상식적인 사회란 사실을 일깨워 주었다. 이 모든 합리성이 필자가 보기에는 줄서기 습관과 마음의 여유에서 나오는 것 같았다. 비가 오건 눈이 오건 거의 매주 금요일 저녁 12시경에 술집 앞에서 학생들이 이십여 미터의 줄을 서있는 모습은 아주 인상적이었다. 자세한 이야기를 들어보니 술집이

만원이어서 한 팀의 손님이 나와야 다음 팀이 들어가는데 먼저의 손님이 언제 나올지도 모르는 상황에서 무작정 기다리는 모습은 필자의 눈에는 답답하고 한심해 보여 그들이 마치 줄을 서지 못해 안달하는 듯 보였지만, 정작 그들은 웃고 떠들며 만사태평이었다. 성질 급한 우리네 같으면 다른 술집을 가든지, 아니면 아예 술 마시기를 포기할 것 같았다.

미국에서는 줄서기에서조차도 합리성이 반영되어 있는 것 같았다. 예를 들어 화장실의 경우에서도 미국에서는 화장실 밖에서 줄을 서서 기다려야 하기 때문에 줄만 서면 항상 자기 차례는 돌아온다는 상식적인 생각이 기다리는 사람의 마음속에 뿌리내릴 수 있다. 그러나 우리의 경우는 자기가 기다리고 있는 화장실 사용자의 용변의 차이에 따라 줄을 잘못 선택한 사실에 후회를 해야만 하는 일이 발생하기도 하고, 화장실 안에서는 바로 문밖에 서 있는 타인의 존재 때문에 가장 마음이 편안해야 할 장소가 좌불안석의 장소로 변모해 버린다. 뿐만아니라 은행에서도 은행원을 만나는 입구를 줄로 막아 놓고 온 순서대로 은행원과 업무를 보게 만들어진 곳이 많았다. 우리의 경우 요사이는 번호표를 줘서 혼란이 덜 하지만 예전에는 맞은 편에 은행원이 앉아 있는 창구 앞에는 통장을 쥔 손을 무질서하게 내밀어 긴 팔을 가진 사람이 유리한 경우가 많았다. 또한 우리의 경우는 줄을 서면 손해를 보는 경우가 많았다. 오랫동안 기다렸음에도 불구하고 자기 차례 앞에서 끝난다든지, 아니면 새치기를 한 사람 때문에 자기의 차례가 오지 않는 경우가 많아서 줄을 서는 것은 우리에게는 어리석은 행동의 하나로 생각되는 경우가 많았다. 반면 미국에서는 언제가 될지 몰라도 줄을 서 있으면 자기의 차례는 분명히 온다는 확신을 모든 사람들이 갖고 있는 것 같았다.

또 한 가지의 인상적인 사실은 미국 사람들은 마음의 여유가 있다는 것이다. 미국에 도착한 지 얼마 되지 않은 날 수업이 끝나서 건물 밖으로 나와보니 비가 오고 있었다. 우리가 늘상 그러하듯 가방으로 머리를 가려 비를 막으며 뛰어가다 보니 뛰고 있는 사람은 나 혼자 뿐이어서 너무 멋적었다. 모든 미국인은 말할 것도 없고, 유색인종들도 여유롭게 걷고 있었다. 할 수 없이 나도 천천히 걸었지만 마음속에서는 도무지 의심을 풀 길이 없었다. "어째서 이들은 이 빗속을 뛰질 않는 것일까?"하는 의심은 집에 도착할 때까지 계속 되었다. 나중에 안 사실은 미국인들은 준비성이 대단하여 비가 올 경우 미리 우산을 준비하거나, 그렇지 못했으면 비를 맞는 것을 감수해야 한다는 것이었다. 거기다가 한국과 달리 우산 값이 싸지 않다는 사실도 한 몫을 하는 것 같았다. 그리고 우산 대신 우비를 즐겨 사용한다는 사실도 역시 성급하게 뛰는 한국인들을 좀 멋쩍게 만드는 것이었다.

미국인들의 마음의 여유는 아마도 드넓은 땅덩어리에서 사는 사람의 대국적 기질에서 나온 것처럼 보인다. 우리 나라처럼 좁은 공간에 많은 사람이 옹기종기 모여서 긴장하며 사는 것이 아니라, 널찍한 공간에서 자신의 공간을 풍요롭고 여유롭게 확보하면서 살기 때문에 마음의 여유가 있는 것 같다. 그래서 마음의 여유가 없는 우리는 미국의 삶에 익숙하지 않을지도 모른다. 여유를 갖고 내일을 기다리기보다는 오늘 안으로 무언가를 끝내야 한다는 심리적 조바심을 가진 사람들은 어쩌면 삶을 제대로 영위하지 못한 채 삶의 노예가 되는 것인지도 모른다.

이제 우리도 서서히 마음의 여유를 찾아야 할 시점이 되지 않았나 생각한다. 비록 지금은 **IMF**상황이지만 이는 일시적 현상이고, 우리도 이제는 어느 정도 경제적으로 안정도 되었으니 정신적으로 성숙해야 할 때가 된 것 같다. 이런 정신적 성숙은 무엇보다도 자기 자신, 자기 가족보다도 남을 배려할 줄 아는 아량에서 나오는 것이 아닐까? 그런 아량이 있을 때 줄서기가 자연스럽게 이루어지고 질서가 형성되지 않을까 하는 생각이 든다. 줄서는 현상이 자연스러워져서 무의식적으로 차례에 따라 어떤 사람의 뒤에 서게 될 때 모든 교통 법규와 질서가 준수되고 정신적으로 풍요로운 사회가 될 수 있을 것이다.

아프리카 회상 Ⅰ,Ⅱ,Ⅲ

김 윤 진

한국외대 아프리카어과 교수

Ⅰ

최소한 50만 명이 살육되었고 매일 수 천명이 질병으로 죽어 갔던 아프리카 르완다의 참상은 전 유엔사무총장이었던 갈리의 표현대로 '인간성의 파멸'이 아닐 수 없다. 아프리카의 비참한 실상이 심심치 않게 매스컴에 소개될 때마다 20년 전 영국에서 만났던 어느 마음씨 고운 아프리카 여인을 회상하게 된다.

런던에서 유학생으로 자취방을 구하며 겪었던 일은 영원히 잊을 수가 없다. 왜냐하면 영국인의 위선과 아프리카인의 인간미를 확인할 수 있었기 때문이다. 약 일개월간의 호텔생활을 벗어나기 위해 런던대학교 학생회의 외국유학생 숙소담당 부서를 찾아가 실질적으로 소개비에 준하는 입회비를 내고 나에게만 처음으로 건네준다고 하는 어느 런던시민의 전화번호 다이얼을 돌리는 순간 나는 심한 굴욕감에 구토를 느꼈다. 간략한 소개로 동양 유학생임을 알게된 영국여인은 "대단히 미안합니다만 조금 전에 방이 결정되었습니다"라는 짧은 대꾸로 응수했다. 그들의 신사도라는 가면 뒤에 위선이 가려있음을 느낄 수 있었다. 상한 기분으로 수화기를 내려놓는 순간 공중전화 부스 유리창에 붙어있는 "방세놓음"이라는 스티커를 발견하였다. "켄티쉬타운 지하철역에서 내리시면 제가 출구에서 기다리고 있겠어요. 저는요 아프리카인이예요, 아셨죠?" 결국 나는 십 년 이상 철학을 공부하고 있다는 나이지리아 여인 아계예로부터 아프리카의 정신세계와 문화를 살필 수 있는 값진 기회를 얻게 되었다. 연장자 숭배, 나눔의 정신, 전통에 대한 존중, 공동체 의식, 따뜻한 혈연적 인간애, 자연의 섭리에 순응하는 생활관, 그리고 영원한 내세관… 등 모든 것이 고귀하고 값진 아프리카인들의 정신 문화였다.

르완다 투치족과 후투족의 반목도 따지고 보면 1919년 독일로부터 르완다 지역의 식민통치권을 넘겨받은 벨기에가 원활한 식민통치를 위해 소수의 투치족에게 대리통치 역할을 맡긴 데에서부터 야기되었다. 선량한 아프리카인들의 가해자였던 유럽국가들은 과거의 죄 값을 참회하는 뜻에서라도 진심으로 아프리카의 불행을 해결하는데 앞장서야 할 것이다.

II

"한국인의 따뜻한 심성 이면에는 조급함이 있음을 알게 되었습니다. 비행기가 착륙해 아직 멈추지 않았는데도 일어서서 허둥지둥 짐을 챙기고 택시를 먼저 타려는 조급한 성격을 보고서…"

어느 나이지리아 사업가가 쓴 한국인에 대한 인상기를 일간지에서 읽던 중 문득 아프리카인들이 즐겨 사용하는 속담이 떠올랐다. '폴레폴레 은디요음웬도, 하라카하라카 하이나바라카'(서두르면 복이 없고 서서히 해도 일은 된다).

소위 후기산업사회의 정보화시대에 살고 있는 현대인은 눈만 뜨면 쏟아지는 새로운 정보와 급속한 변화에 정신차릴 겨를이 없다. 직장의 격무와 스트레스, 수많은 약속과 모임들에 삶의 여유를 모두 빼앗기고 있다.

오래 전 아프리카 유학중의 일이다. 케냐 동부 인도양 연안의 몸바사와 라무는 스와힐리(동아프리카 언어) 문학의 중심지이기에 종종 여행을 가곤 했다. 어느 날 몸바사행 기내에서 아프리카인의 생활을 배울 목적으로 스튜어디스와의 약속을 성사시켰다. 토요일 오후 1시가 약속시간이었으나 3시가 되어서야 유유자적 모습을 보였다. 아프리카 비행기는 2시간씩 늦어도 기다려주느냐는 면박에 미소만 짓던 그녀는 나를 집으로 초대했다. 그리고는 온 가족이 아프리카 시금치나물인 스쿠마위키, 옥수수 가루로 만든 우리의 백설기와 같은 고소한 맛의 우갈리, 양념한 물고기 튀김 등 세 가지를 무려 세시간 동안이나 정성 들여 준비했다. 중진국 유학생으로서는 인내의 한계를 느꼈다. 그러나 나는 이들의 여유와 서두르지 않는 진지함을 두고두고 음미하였다.

그 동안 우리는 성취욕에만 집착하여 앞만 보고 달려왔다. 결과와 업적만을 위한 졸속의 서두름은 이제 포기하여야 할 때이다. 알찬 결과를 위해서라면 발전속도가 더디더라도 내용이 충실하고 과정이 합당하여야 한다. '폴레폴레 은디요음웬도, 하라카 하라카 하이나바라카'.

Ⅲ

수시로 접하는 신문 사회면의 끔찍한 사건들은 선량한 소시민의 마음을 한없이 절망시키고 있다. 외제 차를 타고 가는 부녀자를 납치·살해·암매장하고 금품을 탈취한다. 여러 해 전, 있어 보이는 자들만을 골라 살해·화장했던 사건은 천인공노(天人共怒)할 일이요, 스스로 인간이기를 포기한 자들이었다. 그런데 이같은 끔찍한 사건들의 저간에는 가진 자에 대한 보복심리와 황금에 대한 집착이 깔려있음을 알 수 있으니 가진 자의 베품과 나눔의 정신이 아쉬울 뿐이다.

"미스터 김, 긴히 필요해서 말인데요. 오백 실링만 좀 빌려주시겠습니까?" 오래 전 아프리카 유학 중 가까이 지내던 젊은 B교수가 어느 날 나에게 긴박한 요구를 주저함 없이 자연스럽게 제시하였다. 당시 케냐 정부의 재정이 말이 아니어서 모든 국가공무원들의 봉급지급이 지연되고 있었음을 알고 있었던 나로서는 선뜻 그의 요구를 들어주지 않을 수 없었다. 당시 말단 경찰관의 월급이 오백 실링 정도였으니 케냐인들에게는 결코 적은 액수의 돈이 아니었지만 외국인인 나로서는 그들보다는 많이 가진 자로서 큰 부담이 되지 않는 액수로 보였을지도 모른다. 그런데 중요한 사실은 내가 귀국할 때까지 B교수는 나에게 빌려간 돈을 되갚지 않았다는 점이다. 처음 얼마동안은 언짢은 기분을 지울 수 없었으나 점차 아프리카인들의 의식세계를 이해하게 되자 B교수의 행동은 그들 나름의 나눔과 베품의 정신을 기대하며 능동적으로 유도한 것이었음을 깨닫게 되었다. 넉넉히 가진 자에게 부끄러움 없이 도움을 청하는 아프리카인들을 자존심도 노력도 없는 의타심으로 비판할 수도 있을 것이다.

그러나 그 사회의 구조가 이상적이든 불균형의 사회 구조이든, 국가가 소득재분배의 구조를 합리적으로 시행하든, 못하든 사회복지제도가 정착되었든 못되었든, 가진 자가 아무 것도 가지지 못한 자에게 베푼다는 것은 지존의 고귀함이다.

넉넉한 자들의 자발적인 베품과 나눔의 정신이 온 세상에 넘쳐흐를 때 우리들의 세상은 인정과 감사의 향기로 가득찰 것이다.

자동차 문화

박 병 희

울산대 영어영문학과 교수

해외에 나갔다 온 사람들이 흔히 하는 말은 한국에서 운전하기가 겁난다는 것이다. 나 역시 그랬다. 조금의 틈만 주면 끼어들기를 하는 차들, 연중행사처럼 파 뒤집히는 도로 상황, 접촉사고라도 나면 스스럼없이 멱살 잡기와 고함 지르기를 일삼는 운전자들… 왜 우리는 핸들을 잡고 도로에만 나서면 모두들 이 모양이 되는지 도무지 알 수가 없다. 특히 로터리에서는 서로 먼저 가려고 앞다투다가 뒤엉키기가 일쑤고, 한번 뒤엉키면 장시간 꼼짝달싹 못하고 서있어야만 하는 것이 우리네 자동차 문화의 현주소이다. 양보하기를 죽기보다 싫어하는 것이 우리 나라 운전자들의 일반적인 정서이다.

한 나라의 자동차 문화를 구성하는 요소는 자동차와 도로망과 교통정책 그리고 운전자의 의식수준이다. 이 가운데서 가장 중요한 것은 말할 필요도 없이 운전자의 의식수준일 것이다. 해외 여행을 하는 사람들이 면세점에 들락거릴 것이 아니라 선진국의 장점을 배워 실천한다면 우리도 질 높은 삶을 영위할 수 있을 것이다. 그러면 필자가 영국 옥스퍼드에서 일년간 체류하면서 겪은 몇 가지 경험담을 이야기 해 볼까 한다.

나는 영국에 도착하자마자 차부터 중형차로 구입했다. 십 년이 넘은 중고차였다. 그리고 나를 초청해준 링컨 칼리지(Lincoln College)의 길 박사(Dr. Stephen Gill)를 만나러 갔다.

먼저 초청해 준데 대한 감사의 인사와 아울러 일 년간의 연구 계획을 설명했다. 그런 다음 주차권을 얻으려고 자동차 이야기를 꺼냈더니 그는 좀 의아하고 놀랍다는 표정을 지었다. 길 박사 자신은 학생들처럼 책가방을 울러 메고 자전거를 타고 다닌다고 말했다. 한국의 대학교수가 책가방을 울러 메고 자전거로 통학한다면 시세말로 '쪽 팔린다'고 부끄러워하며 말도 꺼내려 하지 않았을 것이다.

한국에서 자동차는 한 사람의 부와 신분을 상징한다. 소형차를 몰고 일류 호텔이나 골프장에 드나들면 그 흔한 '사장님' 대우를 받지 못한다. 웬 만큼 먹고살 형편이 되면 중형차를 끌어야 격에 맞는다고 생각한다. 상급자의 것보다 더 고급의 승용차를 타려면 왠지 쑥스럽고 눈치가 보인다. 더구나 요즘 젊은 층에서는 셋방살이를 하면서도 차부터 장만하는 것이 일반적인 풍조다. 내가 영국에서 도로에 나가 보고 놀란 것은 미니 급 소형차가 많다는 점이었다. 물론 이것은 일정한 수입원이 있는 경우 가족구성원이면 누구나 차를 가지게 되므로 큰 차가 필요 없기 때문일 것이다. 한 마디로 영국에서 승용차는 생활 필수품이지만 한국에서는 아직도 아침마다 반질반질하게 윤을 내어 신주 모시듯 하는 사치품이다.

영국 사정에 어느 정도 익숙해질 무렵 나는 가족을 태우고 도심지에 좀 더 가까운 모 교수 댁으로 나들이를 갔다. 그분은 강원대학교에서 임학(林學)을 강의하고 있었는데 나처럼 일 년간 옥스퍼드에 교환교수로 와 있었다. 집 앞에 주차표시가 되어 있

는 곳에 정확하게 주차를 하고 막 집안으로 들어가려는데 저만
치 여자 경찰이 주차된 차들을 점검하고 있었으나 나는 정확하
게 주차했으니 안심하고 들어갔다. 가족들과 어울려 놀다가 시내
에 나가 쇼핑을 하고 돌아와 보니 앞 유리에 15파운드의 벌금을
내라는 스티커가 부착되어 있었다. 그 순간 내가 주차할 때 본
여순경의 모습이 눈앞을 스쳐갔고 뒤이어 저만치 세워진 경고판
이 시야에 들어왔다. 헐레벌떡 뛰어가 읽어보니 그곳에는 삼십
분 이상을 주차할 수 없다는 내용의 경고문이 적혀있었다. 집 앞
에 주차하는 데도 벌금을 부과하는 인정머리 없는 처사에 내심
화를 내다가 한편 생각해보니 나 자신이 남의 나라 관습에 익숙
지 못한 탓이라 체념하게 되었다.

그런데 우리 나라 사정은 어떠한가? 소방도로로 사용되어야
할 뒷골목은 승용차 한 대가 겨우 다닐 수 있을 정도의 공간만
남기고 빽빽하게 주차가 되어 있어 주택에 불이 나면 고스란히
태울 수밖에 없게된지 오래다. 심지어 남의 집 앞에 주차했다고
칼부림이 난 적도 여러 번 있었다. 자동차 산업을 육성한답시고
주차공간 계획은 전무한 채 자가용을 사도록 만든 역대 정부의
교통정책은 가히 후진국답다는 자조를 금할 길 없다. 이웃 나라
일본에 갈 때마다 뒷골목에 무단 주차한 차량이 단 한 대도 없
는 것을 보고 무척 부러워하곤 했었다.

아마도 소방차 접근이 불가능하여 자신의 집을 모두 태워버리
거나 걷는 것이 차로 가는 것보다 빠르다는 자각이 일어날 무렵
이라야 올바른 교통정책이 수립될 수 있을까?

영국의 도시에는 흔히 시 외곽을 감싸고 도는 순환도로(ring
road)가 있고, 동서남북으로부터 도시 중심부(city centre)를 관통

하는 도로가 나 있다. 교통유발 시설은 거의 순환도로 외곽에 위치해 있으며, 도심으로 가는 도로변에 대형 주차장(park and ride)을 설치하여 이곳에 자가용을 '주차하고' 대중교통수단을 이용하여 시내로 들어가도록 되어 있다. 이곳에 주차하면 주차요금뿐만 아니라 버스요금도 훨씬 싸기 때문에 시 외곽에서 들어오는 사람들은 굳이 복잡한 시내로 차를 끌고 들어갈 필요가 없어진다. 도심지에만 상권이 형성되고 단 한 발짝도 걷기를 싫어하여 너도나도 자가용을 끌고 시내로 모여들어 교통지옥을 만드는 우리네 도시의 교통문화와는 너무나 대조적이지 않은가?

한 사회의 자동차 문화를 결정하는 가장 중요한 요소는 운전자들의 의식수준이다. 이에 관한 두 가지 에피소드를 소개할까 한다. 어느 날 퇴근길에 내가 살던 마을(Northway) 입구에서 있었던 일이다. 반대편 차선에서 노부부가 횡단보도에 들어서는 것을 보고 무심히 차를 몰고 통과하고 있는데 느닷없이 그 노부부가 지팡이를 치켜들고 나를 향해 고함을 지르면서 내 차가 그들의 시야를 벗어날 때까지 삿대질을 하고 있었다. 나는 안전하게 횡단보도를 통과했는데 왜 그들이 화를 내는지 도무지 이해가 가지 않았다. 그후에 이웃 사람에게 문의하여 그 이유를 알게 되었을 때, 나는 낯이 뜨거워 얼굴을 들 수가 없었다.

영국에서는 횡단보도에 사람이 발을 들여놓으면 자동차가 일단 정지하는 것이 규칙이라고 했다. 아마도 그 노부부는 '저 황색인종 하나가 영국 사회를 어지럽힌다'고 노발대발했을 것이다. 그 무렵 또 한번 나를 당황하게 하는 사건이 발생했다. 동네 주유소에서 자가 주유를 하고 나서 내 차 뒤에 여러 대의 차들이 기다리고 있는 것을 보고 자리를 내 주기 위해 저만치 차를 이

동시킨 다음 사무실에 기름 값을 지불하러 들어서는데 주인이 얼굴에 잔뜩 노기를 띄고 나를 노려보고 있었다. 나는 어이가 없어서 왜 화를 내느냐고 항의했다. 그는 왜 돈을 지불하지 않고 차를 움직였느냐 면서 얼굴에 핏대를 세우고 나를 칠 듯이 덤벼들었다. 나는 '차가 밀려서 당신을 도와주려고 그랬소'라고 말했더니 그는 경찰에 고발하려 했다면서 변명하려 한다고 더 화를 냈다. 영국에서 주유를 하고 돈을 지불하기 전에 차를 움직인다는 것은 뺑소니를 의미하기 때문에 그 주유소 주인의 입장에서 보면 나는 틀림없이 파렴치범 쯤으로 보였을 것이다.

이 두 가지 사례에서 알 수 있는 바와 같이 영국은 정해진 규칙이나 관행을 지키지 않고서는 살아남을 수 없는 나라이다. 우리 나라는 어떠한가? 법을 만드는 사람들부터 법을 지켜야 한다는 의식이 결여되어 있고, 법의 허점을 찾아내어 이용할 줄 아는 사람이 소위 '법 없이도 살 수 있는 사람'보다 더 잘 사는 사회가 우리네 사회가 아닌가! 심야에 보는 사람이 없으면 적색 신호 앞에서 정지하는 운전자가 과연 몇이나 되겠는가?

한 나라의 문화는 대중들의 의식수준에 의해 결정된다. 한 사회를 지탱케 하는 토대는 규칙을 지키지 않으면 살아남을 수 없다는 대중들의 의식이다. 이것이 없으면 그 사회의 기초질서는 송두리째 무너지고 만다. 이 바탕 위에서만 경제 정의와 정치의 선진화가 가능하리라 확신한다. 근래 우리 나라의 해외 여행자 수는 해마다 증가하는데 왜 우리들의 의식수준은 조금도 나아지지 않는 것일까?

이집트에 대한 몇가지 상식

이 규 철

부산외대 아랍어과 교수

우리는 아랍 또는 중동에 대해서 매일 신문·텔레비전이나 시사잡지에서 보고 들으면서도 정확히 알고 있지 못한 경우가 많다. 글쓴이가 신입생 면접에서 물어보는 말 중에 가장 흔한 질문은 "아랍국가에 대해서 아는 대로 말하시오.", 또는 "이집트(또는 다른 아랍국명)는 아랍 국입니까 아닙니까?"이다. 그러면 대부분은 20개가 넘는 아랍국 중 '아라비아'라는 낱말이 들어가는 '사우디아라비아', '아랍에미리트'를 말하고 그 이상은 말문이 막히거나, 가끔 이집트를 바로 맞추기도 한다.

이집트는 서기 7세기 중엽 아랍인에게 점령되고 나서 지금까지 1400년 가까이 아랍국으로 남아 있고 또 중동-이슬람권의 맹주 노릇을 하고 있지만, 그보다 더 오래인 기원 전 3000여 년 전부터 고대문명을 꽃피웠던 역사의 고향이기도 하다. 또한 이집트는 5000년의 역사 중 전반부 약 2500년은 주로 자국인(기원 전 16~17세기는 힉소스인이 지배)이, 기원 전 525년 페르시아의 침입 때부터 1952년 가말 압둘 나세르가 혁명으로 왕정을 무너뜨리기까지 후반부 약 2500년은 페르시아인·그리스인(프톨레미조, 기원전 332-30)·로마인(로마제국과 비잔틴제국, 기원전 30-기원후 642)·아랍인 또는 이슬람화한 동화된 아랍인[7세기 이후 우마

이야조, 661-750·압바스조, 750-969(이 시기에는 다시 압바스조의 반 독립왕조인 툴룬조, 868-905·이흐시드조, 935-969 등이 통치)·파티마 조, 969-1171·아이읍조, 1171-1250]·투르크인(맘룩조, 1250-1517· 오스만조, 1517-1798)·프랑스인(나폴레옹 침입, 1798-1802)·알바 니아인(무함맛 알리조, 1805-1952)·영국인(무함맛 알리조 말기) 등 외래인이 지배한 경험이 있다. 이러한 긴 역사와 다양한 인종의 유입으로 이집트는 다른 아랍국과는 또 색다른 특징이 있다. 이 러한 특징은 이집트를 크게 '파라오 문화'와 '이슬람 문화'로 대별 되게 하고, 이 두 가지 다 또는 그 중 한 가지를 찾아 즐기러 오 는 관광객들로 이집트의 거리는 항상 만원을 이루고 있다.

이 글에서는 이러한 이집트에 대해서 우리가 일반적으로 알고 있는 상식 몇 가지에 대해서 그 허실을 짚어보고자 한다.

첫째는 이집트인의 정체성이다. 이 말은 현재의 이집트인이 고 대이집트인의 직계 후손인가 아닌가 하는 점이다. 위에서도 언급 했듯이 이집트는 그 긴 역사 동안 수많은 외래인이 다녀갔고 또 그 땅에 눌러 앉아 살고 있다. 그래서 일부 서양학자를 중심으로 고대 이집트의 피라미드와 스핑크스는 이집트인이 아닌 별천지 의 사람들이 들어와서 이집트인의 노동력을 이용해서 만들어 놓 은 문화라는 논리를 펴고 있다. 그래서 이 말은 한 편으로는 설 득력을 보이는 듯 하지만, 세계의 어느 땅을 5000년 이상 오직 한 민족만이 지키고 있느냐고 물을 때는 답이 궁색해 질 수밖에 없다.

사실 우리 한반도도 크게 보면 긴 세월 동안 남과 북의 어느 정도 이질적인 민족이 합쳐져서 '한국민족'이라는 단일민족이 탄 생했고, 정도의 차이는 있어도 다른 민족이 여기에 들어와 동화된 것이 사실이다. 중국도 '한족'을 중심으로 해서 수많은 민족이 들어와서 섞이면서 동화되어 오늘의 한족이 된 것이다. 사실상 중요한 것은 어느 민족이 섞여서 현재의 그 땅의 주인이 되었느냐 보다는 현재 살고 있는 사람들이 그 땅의 주인으로서, 또 그 땅의 옛 문화를 이어받은 후손으로서 자각하고 있느냐가 중요하다고 하겠다. 오늘날 미국 땅에서 나서 교육받고 활약하면서 성공한 많은 사람들이 미국인으로서 행세하면서 미국식 사고방식으로 살아가는 것이지, 그 자신이나 조상의 나라 사람이라고 생각하지 않는 것과 마찬가지이다.

이집트인은 그 조상이 누구든 이집트를 조상의 나라 또는 조국이라고 느끼고 현재 그 땅에 애착을 가지는 사람이라고 할 수 있겠다. 다만, 고대 이집트인과 7세기이래 아랍화한 이집트인은 고대 이집트어(또는 그 후대어인 콥트어)와 아랍어를 각각 모국어로 한다는 점에서 다르다고 할 수 있겠다. 또 전자는 고대 이집트 토속신앙과 기독교를, 후자는 이슬람교를 신앙하면서 거기에 정신적 바탕에 두고 있다는 차이를 들 수 있을 것이다. 이집트에는 현재도 초기 기독교에 기원을 둔 콥트교를 믿는 이들이 소수를 차지하고 있다. 이집트인들은 이 콥트교도를 포함해서 모두가 이집트인임과 동시에 아랍인이라고 자처하고 있다. 현재 이집트인들은 어느 종교를 믿건 아랍어를 모국어로 하는 아랍인이다. 따라서 아랍어를 국어로 채택하고 있으며, 이의 표준말 보급에 어느 아랍국 못지 않게 열과 성을 다하고 있다.

둘째는 이집트가 이슬람교와 중동의 중심지인가 하는 점이다. 이슬람교는 물론 서기 7세기 현재 사우디아라비아 중서부의 멕카를 중심으로 활동한 꾸라이시부족 출신의 무함맛(이 고유명사는 구미 식의 어형변화를 거쳐 우리에게는 '마호멧'이라는 잘못된 발음으로 알려져 있다.)이 유일신 '알라'(사실 이 단어는 '바로 그 신'의 뜻으로서 기독교의 '하나님'과 같은 분을 지칭하며, 신의 고유명칭이 아니다.)의 계시를 천사 가브리엘을 통해 받고 선포한 종교이다. 그러나 무함맛 사후(632년) 아부 바크르·우마르·우스만·알리 등 후계자 '할리파'와 그 뒤를 이은 우마이야조(661-750)는 한 세기가 지나기 전에 대정복사업을 펼친 결과, 당시 주변의 대제국이었던 동쪽 이란의 사산왕조와 서쪽 비잔틴제국의 영토였던 현 아랍국의 영역을 순식간에 무너뜨리고, 지금의 아프가니스탄에서 북아프리카의 모로코를 지나 이베리아 반도(이 곳을 무슬림들은 711년에서 1492년 에스빠냐 남부 그라나다에서 '알함브라 궁전의 추억'을 남기며 완전히 쫓겨나기까지 무려 800년 가까이 되는 기나긴 세월을 통치했다.)까지를 아랍-이슬람권으로 만들어 버렸다.

이 와중에 언어적으로 같은 아시아-아프리카어족(아랍어를 포함하는 셈어족은 그 일부이다.)에 속하는 지역은 현 이스라엘공화국을 제외하고 전부 아랍인으로 동화되어 현재에 이르고 있다. 그런데 이집트는 지정학적으로 전체 아랍국 영역의 중간에 위치하며, 역사적으로나 정치적으로 그 중심 역할을 수행하고 있다. 역사적으로 고찰하면 예로부터 이집트를 지배한 세력은 그 주변인 시리아-팔레스틴 지방이나 서부 아라비아를 같이 다스리곤 했다.

또 거꾸로 중동에서 세력을 떨치려는 자는 반드시 이집트를 손에 넣으려고 했다. 이러한 사실은 과거 고대이집트의 람세스 2세(기원전 13세기)가 시리아를 사이에 두고 힛타이트와 자웅을 겨뤘던 일, 알렉산더제국의 후신인 프톨레미조(기원전 332-30, 이 왕조의 마지막 왕이 그 유명한 클레오파트라 7세이다.)가 시리아 지방을 지배했던 일, 후대에 북아프리카 튀니지에서 출발하여 이집트에 카이로를 새로 건설하고 그곳으로 중심부를 옮긴 파티마조(969-1171)와 그 뒤의 아이웁조(1171-1250)·투르크계의 맘룩조(1250-1517) 이집트가 시리아와 경우에 따라서는 서부 아라비아를 차지했던 일에서도 알 수 있다. 이집트 카이로에는 또한 10세기에 세워진 알-아즈하르 모스크와 거기에서 경영하는 대학이 있어서 이슬람교의 거점 역할을 하고 있다. 즉, 이집트는 아라비아에서 나왔지만 전 아랍지역으로 확산되고 동화된 아랍권과 이슬람교의 중심 역할을 톡톡히 하고 있는 것이다.

또 이집트의 전 대통령 나세르가 1955년 인도의 J. 네루·유고슬라비아의 J. B. 티토·인도네시아의 수카르노와 함께 주창한 비동맹중립외교의 맹주로 활약한 덕분에 최근의 중동 정치권에서도 주도적 역할을 하고 있다. 그 뒤를 이은 후임자 안와르 사다트(1970-81)와 후스니 무바락(1981-현)도 역시 부지런히 방문외교를 펼치면서 나세르의 뒤를 따르고 있다. 무바락 대통령은 얼마 전에 우리 나라를 국빈방문하기도 했다.

셋째는 이집트가 우리의 관심을 끌만큼 선진 문화권인가 하는 점이다. 현재의 이집트는 국부면에서 보면 물론 우리보다 후진국이다. 그러나 대다수의 국민이 잘 살지 못하는 것이 사실이지만 역사·문화면에서 보면 외국인의 매력을 끌만한 자원이 대단히 풍부한 나라이다. 먼저 이집트는 고대문명의 발상지로서 그 자체만으로도 풍부한 문화 유산이 있으며, 이를 바탕으로 한 이집트학은 프랑스의 나폴레옹이 이집트를 침략할 때(1798) 따라왔던

젊은 학자 J. F. 상뽈리옹이 터를 잡아서 지금은 이집트인보다는
오히려 외국학자와 외국 학술기관이 주체가 되어 벌이는 학문
적 업적이 많을 정도이다. 2-3년 전 국내에서도 이집트에 관한
여러 도서(『신의 지문』, 소설 『람세스』 등)가 번역되어 나오고
그에 맞추어 열린 고대 이집트문명전은 이집트학 열기의 실례이
다. 또한 종교적으로도 유대교와 초기 기독교는 이집트와 많은
관련을 맺고 있었다. 구약시대 아브라함 때부터 팔레스틴 지방에
살고 있던 이스라엘인들은 이집트에 수시로 드나들었으며, 그 일
부는 요셉의 인도로 이집트에서 400여 년 지내면서 종국에는 종
살이를 하다가 유대교의 창시자라는 모세의 인도로 탈 이집트
(출애굽, 기원전 13세기)하여, 재차 현재의 이스라엘-팔레스틴
땅에 들어갔다.

신약시대의 초기에도 아기 예수는 헤롯의 학살을 피하기 위해
이집트로 잠시 옮겼으며, 기원 초기에는 이집트 전역이 기독교화
하여 이집트인들은 아랍인이 7세기에 침입해 올 때까지 기독교
인으로 있었다.

그 이후에 여러 차례 아랍-이슬람화 과정을 거쳐서 대부분이
무슬림으로 되었으나, 현재 이집트 전체 인구의 1할이 콥트교도
로 불리는 기독교인들이다. 콥트교는 초기 기독교와 맥을 같이
하다가 284년(콥트력의 기원) 로마제국의 압박을 정점으로 하여
시달렸으며, 5세기에는 그리스도의 단성론을 주장하여 알렉산드
리아에 교회를 세우고 로마교회와 결별하여 오늘날 에티오피아
와 함께 독립된 콥트정교회를 이루고 있으며 그 현재의 수장이
교황 세누다 3세이다. 이집트에는 이외에도 서양의 여러 기독교
파도 들어와 있다. 이러한 점에서 국내 기독교 성지순례 여행에

서는 이집트가 필수 순방지가 되고 있다.

이집트는 우리에게는 먼 이국 땅이지만 이모저모로 살펴보면, 학문적으로나 종교적으로 또는 국제정치와 경제에서 결코 간과할 수 없는 땅임에는 틀림없다. 그곳은 어느 책의 제목처럼 카이로의 거리에서 벤츠와 당나귀가 나란히 지나가는 모습을 날마다 지켜볼 수 있고, 수천 년 전 과거의 거대 피라미드와 최첨단 현대문명의 컴퓨터가 만나는 곳이기도 하다. 또 인구 1500만을 헤아린다는 거대도시 카이로의 한 모퉁이에서는 수백만 명의 산 자가 죽은 자의 무덤집(이집트의 무덤은 집의 구조 안에 시신을 묻는 형태이다.)에서 일평생을 지내는가 하면, 돈 있는 사람들은 이들이 평생을 벌어도 못 만질 거금을 들여 초호화판 결혼식을 치르는 곳이 이집트이기도 하다. 이들은 '인샤알라'("하나님이 원하시면") 자신에게 주어진 숙명적인 과제를 하다가 오늘 일을 다 끝내지 못하면 '부크라'("내일") 또 하고 그래도 못 끝낼 일이 있으면 '마알리시'("걱정 마시오")로 미소 짓는다. 이들 단어의 첫머리를 따다가 아랍의 IBM이라고 한 것이 어느 나라 사람인지? 분명히 '대륙간탄도미사일'이나 미국의 유명한 컴퓨터 회사 이름은 아닐텐데… .

라이드(Ride) 유감(有感)

윤 효 녕

단국대 영어영문학과 교수

　지금부터 꼭 10년전인 1989년 8월, 나는 1년간 미국의 한 대학교에서 연구할 기회를 얻었다. 난생 처음 하는 해외 여행의 기회였다. 끈적거리는 여름의 무더위까지 시원하게 떨어버리고 싶었다. 그 곳이 어느 곳이라도 크게 상관 없었다. 매일매일 나의 몸과 마음을 옭아매고 놓아주지 않았던 그 동안의 생활로부터 떠나고 싶었다. 미지의 세계에서 낯선 사람들 틈바구니에 끼여 나의 새로운 모습을 발견하고 싶었다.

　이미 내가 알고 있고 또 나를 알고 있는 사람들 사이에서 생활한다는 것은 한편으로 편한 일이다. 하지만 다른 한편으로 나는 그들이 나에 대해 이미 갖고 있는 기대치에 어느 정도는 맞춰서 행동해야 하기 때문에 그것은 상당한 구속의 원인이 되기도 한다. 나를 전혀 모르는 사람들 사이에서 새롭게 나의 모습을 구축해 가는 일은 얼마나 자유로울 것인가! 또, 일상에 얽매여 지지부진하던 일들에 전념한다는 것은 생각만 해도 얼마나 가슴 벅찬 자유일 것인가! 한정된 시간 동안일 망정 새로워지고 싶었다.

　떠나기 전에 주변 사람들은 나보다도 더 걱정을 많이 해주었다. 생활 용품은 무엇무엇이 얼마만큼 필요하다는 둥, 속옷은 몇 벌 정도를 준비하라는 둥, 아는 사람은 있느냐는 둥, 보던 책 몇

권은 가지고 가는 것이 좋다는 둥, 숙소는 마련해놓았느냐는 둥, 심심하지는 않겠느냐는 둥… 나는 이미 해당 학교로부터 그 곳의 기후라든가 생활 여건 같은 것에 대한 안내문을 받아 읽은 터였기 때문에 당장 필요할 것 같은 것들은 대충 준비를 해두었고, 우선은 그 정도로 충분할 것이라고 생각했다. 나머지는 당분간 살아가면서 닥치는 대로 해결해 가면 되겠지 하는 것이 나의 편한 생각이었다. 필요한 경비는 풀브라이트(Fulbright) 장학재단에서 대주겠다, 영어 할 줄 알겠다, 사지 움직이는 데 지장 없는 어른이 낯선 곳이라고 하더라도 사람 사는 곳일 텐데 해나가지 못할 일이 뭐 있어서 미리부터 걱정해야 하는가 하는 것이 내 생각이었다.

　한편으로 나를 위해 걱정해주는 그들이 물론 고마웠지만, 그들의 걱정에 값하지 못하게 나는 사실 내심으로 너무나 태평스러웠다. 유비무환이라고 하지만, 모든 준비를 해 가지고 가면 새로운 생활에서 얻을 것이 무엇일까? 오히려 나는 비행기를 타는 순간부터 철저하게 혼자임을 느끼고 싶었다. 그 때까지 살았던 인생에서 처음으로 철저하게 외로워지고 싶었다. 나를 비운 공간이 클수록 새로운 경험으로 나를 채울 수 있는 공간도 그 만큼 커질 것이기 때문이었다.

　그러나 나의 이러한 기대는 김포공항 국제선 청사에서부터 흔들리기 시작했다. 가족들과 아쉬움과 미소가 교차하는 이별을 나눈 후 검색대 앞에 선 나는 아는 사람을 만났기 때문이다. 예정된 학교에 가기 전에 미국의 풀브라이트 재단에서 마련해준 3주간의 미국 학사에 관한 오리엔테이션 일정에 참가하러 가야 했기 때문에 나의 일차 행선지는 오스틴(Austin)의 텍사스주립대학교였다. 그런데 그해 풀브라이트 장학금을 받은 사람 가운데 같은 곳에서 오리엔테이션 일정에 참석하기로 되어 있는 사람이 한 분 더 있었다. 당연히 같은 비행기로 가도록 되어 있었던 것이다. 먼 길에 심심하지 않게 되었노라고 우리는 반갑게 인사를 했다.

우리의 미국내 입국항은 시애틀(Seattle)의 타코마(Tacoma)공항이었다. 오스틴행 비행기로 갈아타는 데 두 시간 정도의 여유가 있었다. 처음 밟아보는 이국의 땅에 대한 인상은 신선했다. 공항의 군청색 유리창을 통해 보이던 맑은 여름 아침의 낯선 하늘은 나의 가슴을 설레게 하려고 하였다. 주어진 두 시간에서 한 시간 정도는 그 곳과 마음으로 사귀는 데 보내고 싶었다. 그냥 창 곁의 의자에 앉아서 바깥의 짙푸른 나무들과 지나가는 사람들과 자동차들과 간간이 뜨고 내리는 비행기들과 그 곁의 푸른 하늘과 흰 구름들을 쳐다보면서 그 장면을 그대로 마음속에 길이 간직할 시간으로 보내고 싶었다. 하지만 아는 사람끼리의 인간적인 예의는 내게 그러한 소중한 기회를 허락하지 않았다.

오스틴에서 3주간 오리엔테이션이 끝나갈 무렵, 나는 예정된 학교의 임시 숙소에 대한 열흘간의 예약을 우편으로 신청했다. 미국 대학들에서는 여름 방학 동안에 기숙사를 비우기 때문에 이를 주로 외지에서 오는 학교 관련자들에게 일정한 기간동안 임시 숙소로 제공한다. 임시 머물면서 장기 숙소를 구할 기회를 제공해주는 것이다. 그런데 문제는 오스틴을 떠나기 이틀 전까지 예약 확인이 안되었던 것이다. 그래서 하는 수 없이 나는 가기로 되어 있는 대학에서 전부터 공부하고 있던 아는 사람 한 분에게 나의 예약 상태를 좀 직접 확인해달라고 부탁드렸다. 내 전화를 받고 나서 그 분은 오히려 나를 막 나무라는 투였다. 왜 미리 연락을 하지 않았느냐는 둥, 자기가 숙소를 알아봐주겠다는 둥, 공항에 도착하는 시각은 정확히 언제냐는 둥, 그 분은 내가 예약 확인을 부탁하면서 마음속으로 폐를 끼치는 것에 대해 갖고 있었던 미안한 생각을 몇 갑절로 무색하게 만드는 친절한 호의를 마구 퍼붓는 것이었다.

　내가 필요로 하는 것은 그저 도착해서 며칠 묵을 숙소에 대한 것뿐이므로 예약 상태에 대한 확인만 좀 부탁한다고 다시 말씀드렸다. 그 분은 박사과정을 이수하던 유학생이었으므로 한 순간이라도 금쪽 같은 시간일 것이기 때문이었다. 그러나 그 분의 친절은 막무가내였다. 예약 상태의 확인은 물론이고, 그 곳 공항에 도착하는 대로 라이드(ride)를 해주겠다는 것이었다. 라이드란 현지에 차를 갖고 있는 사람이 그 곳에 처음 도착하는 사람을 위해서 공항에서 숙소까지 자기 차로 태워다주는 것을 말한다. 지리도 모르고 여행에 지쳐 있을 사람의 처지를 헤아려 베풀어주는 친절한 행위인 것이다. 나는 짐도 별로 없고 공항에서 임시 숙소까지 가는 방법을 안내문을 통해서 이미 알고 있기 때문에 그럴 필요까지는 전혀 없다고 사양을 했어도 그 분의 고집스런 호의를 끝내 거절할 수는 없었다.

　보스턴(Boston)은 내가 몸담고 살 공간이었다. 어둑어둑해질 무렵 처음 공항에 내려 막막한 심정을 느껴보고 싶었다. 짐을 끌고 우선 무슨 교통 편을 어떻게 이용하여 임시 숙소까지 가서 하루 밤이라도 안심할 수 있게 짐을 풀고 저녁 식사를 해결할 것인가 하는 문제부터 직면하고 싶었다. 처음 맞부닥치는 일부터 철저하게 나만의 계산과 결정과 행동으로 해결해나가고 싶었다.

그리고 나서 불을 끄고 누워 나를 받아주는 첫밤의 낯선 공간에서 불안과 안심이 교차하는 심정을 느껴보고 싶었다. 내가 보스턴 로간(Logan)공항의 출구를 나오는 순간, 그 분이 먼저 나를 알아보고 반갑게 맞이해 주었다. 낯선 곳에서 반가운 얼굴을 본다는 것은 얼마나 기쁜 일인가! 나도 그 분을 환한 미소로 반갑게 맞았다. 곧 그 분이 나를 차에 태워 데리고 간 곳은 그 분의 아담한 아파트였다. 부인과 어린 딸과 함께 그 분은 나를 진수성찬의 한국식 식탁에 초대했던 것이다.

나는 전혀 예상하지 못한 호의에 정말 몸둘 바를 몰랐다. 3주 동안 한국 음식을 먹어보지 못했는데 정다운 김치와 불고기와 나물과 전을 맛보니 이제 소화기관이 정상을 되찾는 것 같다는 말이 내가 고작 표현할 수 있는 최대의 감사였다. 그런데 바쁘고 가난한 유학 생활에 이렇게 해줘도 되는 거냐고 내가 묻자 그 분의 말인즉 "여기서는 다들 그렇게 해요"였다. 나는 그 말을 듣고서야 비로소 라이드와 첫날 저녁 식사 초대 같은 것이 현지에서 이미 관행화되어 있음을 깨달았다. 특히 한국인들 사이에서….

내가 그 곳에서의 1년 생활을 마치고 귀국한 지 3년 후, 어떤 교수 한 분이 1년간 연구차 인디애나폴리스(Indianapolis)로 갈 계획이 생겼다고 좋아하면서 혹시 그 곳에 아는 사람이 없느냐고 내게 물어왔다. 나는 그 분의 질문에 만족할 만한 대답을 해주지 못했다. 하지만 그 분은 나름대로 여기저기를 간접적으로 수소문해서 전혀 알지도 못하는 사람을 결국 라이드꾼으로 마련해 놓았다면서 떠나기 몇일 전에 자랑하고 다녔다. 나는 내가 생면부지의 땅에 도착했을 때 베풀어주신 그 분의 호의에 대하여 지금까지 무척 고맙게 생각하고 있다.

　하지만, 사람에겐 거주하고 생활하는 동안보다도 도착하고 떠날 때의 마음이 더 열려 있고 그 때의 경험이 더욱 소중한가보다. 처음 만날 때는 앞날에 대한 기대와 계획으로 마음 설레고, 떠날 때는 지난날에 대한 보람과 회한의 기억으로 가슴 저며오기 때문이 아닐까? 나는 비록 낯선 땅에 도착할 때는 설렘과 막막한 심정을 절실하게 느낄 기회를 갖지 못했지만, 1년 후 그 곳을 떠나올 때는 다행스럽게도 혼자일 수 있었다. 그래서 비행기가 땅에서 떨어지는 순간부터 옆 사람을 의식하지 않고 혼자서만 마음속에 퇴적해 넣은 그 때의 그 자유와 느낌은 아직까지 기억 속에 고이 간직되고 있다.

　잃어버린 또 다른 반쪽의 경험을 되찾기 위해서 나는 다시 해외 여행의 기회를 갖는다면 아무도 아는 사람 없는 곳으로 아무에게도 연락하지 않고 철저하게 혼자 떠나 도착하려고 한다. 그래서 그 때 맛보지 못한 기분을 느껴보려고 한다. 호주머니에 돈이 좀 있고 해당국의 언어를 어느 정도라도 할 줄 안다면, 한 밤중에 공항에 내려 택시로 인근 모텔에 가서 하루 저녁을 보낼지언정 라이드는 결코 사양하겠다. 라이드는 편하기는 하지만, 새로운 만남을 마음속에 깊이 새겨 넣을 기회를 앗아가기 때문이다.

작은 문화론(文化論) 연습

김 상 돈

부산외대 국어국문학과 교수

요즘 한국은 영어를 배우려는 열기로 가득 차 있다. 세계가 하나의 사회처럼 교류가 빈번하고, 다른 나라 사람들과 같이 일하고 함께 사는 일이 예삿일이 되었기 때문이다. 이렇게 외국인과 같이 일하고 살기 위해서는 무엇보다 말이 통해야 하는데, 이것을 위하여 어른은 물론, 유치원에 다니는 어린아이들까지도 영어를 배우려고 안간힘을 쓴다. 여기에다 우리 나라 특유의 교육열까지 가세하고 있으니 안 그렇겠는가?

앞으로 펼쳐질 21세기는 국제적으로 널리 통용되는 한·두 개의 외국어를 구사할 수 있고, 현대의 문자로 일컬어지는 컴퓨터를 쓸 줄 알아야 생존할 수 있는 세상이 도래하고 있다. 이러한 사회현상은 일면 긍정적인 효과도 있지만 부정적인 영향도 만만치 않다.

나도 부산 외국어대학에 몸담고 있으면서 영어를 원어민에 가깝게 하는 동료교수와 친하게 지내는 관계로 '93년 여름에 오하이오대학에서 열리는 LSA(미국언어학회)에 참석하게 되었다. 지금 생각해 보면 만용에 가까운 여행이었지만 두 달 동안의 미국 방문은 나에게 크나 큰 충격으로 다가왔다. 우선 비행기 안에서 내려다 본 미국의 모습은 너무도 방대한 땅이었고, 그 넓은 땅이 모두 비옥한 녹지라는 것이었다. 높은 하늘에서 내려다 볼 때는 집이 한 채도 보이지 않더니 가까이 내려가면서 숲 속에 숨어 있던 집들이 나타나기 시작했다. 내 입에서 나온 첫 마디는 '참, 하느님은 불공평하시다. 우리에게는 허리 잘린 한반도를 주시고, 미국에는 이토록 너른 땅을 주시다니…'하는 볼멘 소리였다.

두 달 동안의 여행은 내게 많은 것을 생각하게 했다. 우선 말이 통하지 않는 상황이 인간을 얼마나 외롭고 고독한 신세로 만드는가와 그 동안 젊은 시절에 영어공부를 열심히 하지 않고 허송한데 대한 후회였다. 말이 문화 속에서 차지하는 비중은 익히 아는 바이지만 실제로 부닥친 현실은 생각보다 더욱 크게 다가왔다. 일행과 떨어지면 안 된다는 강박관념은 여행을 피곤하게 만들었고, 끼니때가 되면 불안한 마음이 앞서 음식의 맛을 음미하기보다는 무엇을 먹을까가 걱정이었다. 강의와 논문발표에 들어가지만 들리는 말은 단어뿐이고, 다른 사람들이 웃을 때에도 웃을 수 없는 내 자신이 얼마나 어색하고 쑥스러운지 몰랐다. 단지 나누어 준 요약지를 읽어서 대충의 내용은 알게 되었지만 강의가 진행되는 시간은 얼마나 지루하던지… 결국은 더 이상 견디지 못하고 차라리 도서관으로 올라가서 책을 빌려서 읽는 길을 택했다.

그리고 미국언어학회기간에 같이 열리는 '일본어-한국어학회'에서는 전공인 한국어의 여러 언어현상을 다루는 논문이 발표되는데도 영어를 할 수 없기 때문에 질문이나 토론에 참여할 수 없는 안타까움을 느꼈다. 한편으론 나도 이런 자리에서 한국어에 관한 논문을 발표할 수 있다면 얼마나 좋을까하는 부러운 생각도 들었다.

이후에 97년 여름, 코넬 대학에서 열리는 LSA에 또 참석해 보았지만 나의 영어실력은 하나도 나아진 것이 없었다. 결국 영어는 스스로 애써 노력하지 않으면 익힐 수 없는 '고난도의 기능'이라는 것을 깨닫게 되었다. 마침 보직에서 풀려나고, 두 번의 LSA에 참가했을 때의 쓰라린 기억이 자극이 되어, 50을 바라보는 나이지만 용기를 내어 영어공부를 시작하게 되었다. 우선 시중에 나와 있는 회화교재를 구입해서 일주일에 한 장씩 테이프를 반복해서 듣고, 따라서 읽으면서 외워 보았다. 열심히 외워도 돌아서면 이내 잊어버리는 일을 반복했다. 하지만 발음은 좀 더 나아지는 느낌이 들었고, 그래도 남은 문장은 입에서 맴돌고 있었다. 끝까지 공부하는데 무려 1년 반이 걸렸다. 점심식사 후에는 곧바로 '국제언어교육원'에 올라가서 CNN을 시청했다. 그리고 학기 중에는 월, 수, 금요일에 강의하는, 직장인을 위한 영어회화반에서 원어민으로부터 회화공부를 시작했다.

처음에는 지시하는 내용도 알아듣지 못해 옆사람에게 물어 가면서 공부를 했다. 이렇게 4학기를 공부했어도 표현이 막혀 전전긍긍할 때가 한두 번이 아니다. 내 전공이 한국어학이지만 영어는 영원히 외국어일 수밖에 없다는 생각을 지울 수가 없다. 특히 우리 대학에 와 있는 원어민 영어선생님과 친해져서 어쩌다 술이라도 한 잔 같이 하게 될 때, 한국학에 대해서조차 내 자신이 너무도 모르는 것이 많다는 느낌이 든다.

이제 어느 정도의 의사소통이 가능해지니 당장 아쉬운 것이 '우리 것'에 대한 폭넓은 이해와 사랑이다. 외국인과 이야기할 때 우리의 삶과 문화, 예술, 신앙, 역사, 사고방식 등 '한국학' 전반에 걸친 해박한 지식이 얼마나 중요한지를 새삼 절감하고 있다. 아마도 외국어에 능통한 분들 모두가 공통적으로 느끼는 심정이리라.

　돌이켜 보면 개화기 이후 오늘날까지 우리는 자기 부정의 시대를 살았다 해도 과언이 아니다. 금세기 초에는 서구화의 열기 속에서, 해방 후에는 좌·우익의 사상적 갈등의 와중에서, 60년대 이후에는 과학기술을 앞세운 서구문명과 금전만능을 부추기는 자본주의적 물질문화의 흐름 속에서 우리의 것은 철저하게 파괴되고 무시되어 왔다. 사실 새로운 시대가 도래하면 새로운 이데올로기에 비추어 전통적인 가치체계를 철저하게 분석하고 검증하는 절차를 통해 자기 부정의 시대를 거쳐 자기 긍정의 시대가 도래하게 마련이다. 하지만 우리에겐 이러한 자기 긍정의 시대가 오지 않았다. 88서울올림픽을 치르고 잠깐 그런 시대가 도래하는가 싶었으나, 이내 세계화, 국제화의 물결 속에 묻혀 버렸다.

　전통이란 문화적, 역사적, 집단적 개념을 지니기에 어느 때 누구에 의하여 갑자기 생겨나거나, 어느 날 돌연히 사라질 수 없는 것이다. 그렇지만 우리의 자기 부정의 시대는 너무 오랫동안 지속되었고, 전통문화와 인습을 혼동한 무자비한 말살이 자행되어 온 것이 사실이다. 전통문화는 주체성과 아울러 보편성, 개체성과 더불어 세계성의 긴밀한 상호관계를 띤다. 세계가 주목하는 올림픽이나 월드컵이 열릴 때에 우선적으로 선보이는 것이 고유의 전통문화이지만 결코 세계인들에게 낯설거나 어설프게 보이지 않는 이유가 여기에 있다. 그리고 우리 나라에 널리 퍼져 있는 기성종교가 고유한 우리의 것이 아님에도 불구하고 우리 문화 속에 굳건히 뿌리내려 지켜지는 것을 보아도 알 수 있다.

　요즘 회자되고 있는 세계화, 국제화는 결코 우리의 것을 고치고 바꾸어 서구화하자는 것이 아님을 자각해야겠다. 비록 세계적으로 널리 쓰이는 언어가 영어이기 때문에 어쩔 수 없이 영어공부를 열심히 해야겠지만, 그것은 어디까지나 의사소통의 도구로서 영어가 필요하기 때문에 하는 것이지, 영어를 상용하는 사람들의 사고방식, 법률, 제도, 문화 등도 받아들여야 한다는 것을 의미하지는 않는다. 오히려 우리가 그들과 같은 언어를 사용할 수는 있지만 그들과 다른 차별성, 변별성, 다양성을 지닐 때 비로소 그들로부터 존경과 사랑을 받을 수 있으며, 나아가서는 국제화, 세계화에 이바지할 수 있는 길이다. 비록 우리가 지금 IMF로 경제적인 고통을 받고 있지만, 우리는 경제력과 인구만으로도 세계 20위권 안에 있으며, 역사적으로는 찬란하고 빛나는 문화유산을 지니고 있다.

그 동안 우리가 경제적으로 가난할 때는 서구의 앞선 학문과 물질문화를 받아들이기 위하여 애쓰던 외국학도들도 이제는 우리의 고유한 문화와 전통을 선양하는 일에 앞장서야겠다. 외국인들의 편견과 오해를 불식시키는 일에 국학도와 외국학도의 구별이 있을 수 있겠는가? 작게는 외국대학에 설치된 한국학과의 연구원이나 교수로 파견될 때를 대비하여, 크게는 자신의 전공인 외국학과의 조화로운 균형을 위해서도 한국학에 대한 남다른 공부가 필요한 시대라고 생각한다. 이런 노력은 그 동안 게을리한 우리 자신에 대한 정체성의 확인이고, 떳떳하게 세계인, 국제인이 되기 위한 길이기도 하다. 우리 것에 대한 사랑과 애정으로 하는 한국학 공부가 50이 다 된 나이에 새롭게 영어를 배우겠다고 발버둥치는 노력보다야 더 힘들겠는가?

외국어만 할 줄 아는 절름발이 지성인이 되지 말자!

3.

외국 역사와 함께 느끼며 배우며

영국의 도서관과 기록문화

정 진 석

한국외대 신문방송학과 교수

대제국의 영광은 사라졌는가!

런던을 방문하는 관광객이면 반드시 들르는 가장 중요한 관광 코스가 대영박물관이다. 대영 제국의 영광은 쇠락했지만 대제국 시대의 흔적을 엿볼 수 있는 상징적인 장소가 바로 그곳이다.

서양문명의 시원(始原)이었던 이집트, 그리스, 로마의 문화재들을 관람하다가 보면 런던이 고대로부터 세계문명의 중심지였던 것 같은 착각에 빠지게 된다. 이곳에는 우리 나라의 문화재도 진열되어 있는데 빈약한 전시 공간을 확장해 달라고 우리 나라 국제교류재단에서 자금을 지원하였을 정도이다. 세계의 관광객들이 몰려오는 곳인데 이웃 일본과 중국의 문화재에 비해서 전시물이 상대적으로 너무 빈약하여 나라의 홍보가 부족하기 때문이었다. 런던의 또다른 박물관인 빅토리아 알버트 박물관에는 삼성그룹에서 자금을 제공하여 전시실을 확보하였다. 우리의 돈을 주면서까지 전시공간을 넓히도록 요청할 정도로 대영박물관과 영국의 문화적인 위상은 막강하다.

기원 전 50년경 로마 군대에 정복당하기 전까지 영국은 대륙의 문명이 미치지 못했던 미개한 섬나라였다. 박물관 어디엔가는 그 같은 설명이 적혀 있는 것을 보았던 기억도 있다. 그랬던 영국이

한때는 세계 곳곳에 식민지를 두고 5대양 6대주에 유니언 잭을
휘날릴 정도로 대제국을 건설하였으나, 역사의 순환법칙에 따라
그 막강하던 국력도 예전과 비교한다면 크게 기울었다.

그러나 놀라운 일은 그들의 문화와 역사를 보존하려는 노력이
다. 영국은 역사의 발달과정을 담은 자료를 소중하게 간직하면서
이를 학문적인 연구의 대상으로 체계화하고 분류하는 노력을 기
울이고 있다. 대영도서관(British Library)과 공공기록보관소
(Public Record Office)는 바로 그 중심기관이다. 대제국 시대에
세계 각국에서 수집한 유물들을 학문과 문화의 발전에 기여하도
록 보존하여 오늘날에도 세계에 자랑할 금자탑으로 남겨놓았을
뿐 아니라 이를 더욱 발전시킬 토대를 마련해 두었던 것이다. 나
는 유학하는 동안 학교의 강의실보다는 주로 도서관과 공공기록
보관소의 옛날 자료와 씨름하면서 시간을 보냈기에 그 두 곳에
관해 많은 추억을 간직하고 있다.

새로 지은 대영도서관

대영도서관은 1753년에 제정된 영국 박물관 법을 근거로 하여
개관한 대영박물관의 일부였다. 그러나 100여 년 뒤인 1857년
직제상 도서관과 박물관이 분리되어 독립된 2개의 기구로 되었
는데, 두 기구는 1997년 11월 24일까지는 같은 건물을 쓰고 있
었다. 대영박물관을 관람하는 사람들 가운데도 같은 건물에 대영
도서관이 들어있다는 사실은 모르고 지나쳤을 것이다. 대영도서
관에는 귀중한 장서가 많다는 점도 자랑이지만 역사를 움직인
인물들이 자신의 이론과 사상을 정립하고 예술적 영감을 작품화
하는 산실로 활용하였다는 사실 때문에 더욱 유서 깊은 장소가

되었다. 원형 돔으로 설계된 열람실(Reading Room)은 칼 마르크스, 마하트마 간디, 조지 버너드 쇼, 레닌, 찰스 디킨스 등 세계적인 문인, 명사, 석학, 사상가들이 자료를 들여다보며 사색하고 연구했던 지식의 보고(寶庫)였다.

그러나 대영박물관과 한 지붕 아래 있던 대영도서관은 역사적인 장소를 떠나 원래의 도서관에서 지하철 한 정거장 떨어진 거리인 세인트 팬크라스(St. Pancras)역 근처로 이전하였다. 새로 지은 도서관은 20세기에 건축된 영국의 공공 건물 가운데는 규모가 가장 크다. 1962년부터 건립이 추진되어 1976년에 건물의 부지를 매입하였으며 2년 뒤에는 세부 계획이 확정되었다. 건축가는 캠브리지 대학의 건축학과 과장이었던 존 윌슨 교수이다. 1984년에 착공하여 일반에게 완전 개방된 것은 1998년이었으니 공사 기간만도 15년 가까이 걸렸지만 계획으로부터 완공까지는 약 30년이 소요되었다하여 '30년 전쟁'으로 부르기도 한다. 건축기간과 규모에 있어서 런던의 명소인 세인트 폴 성당(건축에 36년이 소요되었다)과 비교되는 기념비적인 건물인 것이다. 그러나 겉모습은 결코 웅장하거나 위용이 대단한 큰 건물로 여겨지지 않는다. 오히려 건물 안에 들어가서 전시되어 있는 건물의 모형도를 보고 전시실을 둘러보아야 이 건물의 규모에 놀라게 된다.

나는 1998년과 금년 여름 런던에 갔던 길에 런던대학 유학 시절 구 도서관을 이용하던 추억을 되새기면서 새 도서관에 들러보았다. 그리고 쾌적한 실내 분위기에 현대와 과거의 문화유산을 조화롭게 꾸민 전시장을 보고 부러움을 느끼지 않을 수 없었다. 도서관은 넓은 마당 한 쪽에 12피트(3.65m) 높이의 우람한 뉴턴(Isaac Newton) 동상이 눈길을 끈다. 삼각 콤파스를 가지고 구부린 자세로 지구의 넓이를 재는 뉴턴의 모습은 이 도서관이 그저 많은 책을 보관한 장소라는 의미를 넘어서 인류가 지식을 탐구하고 이를 후세에 전수하는 지식의 보고이며 문화의 전당이라는 자부심을 나타낸 것이다. 7층 건물 가운데 4층은 지하에 있는 서고인데 340킬로미터에 달하는 서가 가운데 240킬로미터가 이동식으로 되어 있어서 공간의 활용이 그만큼 효율적이다.

가장 인상적인 것은 도서관 건물 안에 있는 전시실이다. 대영박물관과 한 건물을 쓰던 때에도 전시공간은 있었지만 박물관의 방대하고 진귀한 유물에 가리워서 빛을 발하지 못한 감이 있었다. 그러나 새 건물에서는 소장 자료들이 재배치되고 전시물의 종류도 대폭 늘려서 도서관을 하나의 특수 박물관처럼 꾸며놓았다. 3층으로 된 전시 공간에 세계적인 희귀 도서를 비롯하여 지도, 음반 등에 이르는 역사적 유품들이 체계적이고 여유 있는 모습으로 잘 전시되어 있다. 그 가운데 관심을 끄는 것은 세종대왕 때에 갑인자(甲寅字)로 인쇄한 『춘추경전집해(春秋經傳集解)』(1434년, 세종 16년 인쇄)라는 한국의 책 한 권이다. 서양 인쇄술의 원조로 독일 마인츠에서 인쇄술을 발명한 구텐베르그가 42행으로 조판된 성경을 인쇄한 것이 1450년이었다.

대영도서관은 인쇄문화의 새 시대를 연 구텐베르그의 성경 옆에 우리의 자랑스러운 『춘추경전』을 전시하고 있다. 설명문은 한국이 세계 최초로 금속활자로 책을 발행한 인쇄문화의 선진국이었음을 알리고 있다. 『춘추경전』은 대영도서관의 전시물을 소개한 책자(Souvenir Guide, 1998, 30쪽)에도 사진과 함께 실려 있다. 『대영도서관의 보물들(Treasures of the British Library)』(1996, 163쪽)을 보면 이 도서관은 19세기말과 20세기초부터 한국의 그림과 서적들을 많이 수집한 것으로 되어 있다. 『춘추경전』은 대영박물관에도 한 권이 전시되어 있다. 대영박물관은 현재 증축 개수 공사가 진행 중이므로 한국 전시실은 4층에 임시로 마련된 공간에 전시되어 있는데 공사가 끝나면 제자리를 찾게 될 것이다. 한국은 인쇄술에 있어서는 독일의 구텐베르크 보다 앞서 금속활자를 처음으로 개발하고 완성시킨 나라다. 구한말 외교관으로 잠시 한국에 왔던 프랑스의 외교관이자 서지(書誌)학자인 모리스 꾸랑(Maurice Courant)은 1894년에 『한국서지』를 발행할 때에 이미 대영도서관이 소장한 한국의 책들을 조사했다는 것인데 이를 보면 19세기부터 대영도서관에는 적지 않은 한국의 책들이 소장되어 있었음을 알 수 있다.

대영도서관이 새 건물로 이전하기 전까지는 적어도 5개의 다른 건물에 분산되어 독특한 기능을 수행하였는데 내가 가장 큰 도움을 받은 곳이 신문도서관이다. 신문도서관은 런던의 중심가에서는 벗어난 북쪽에 위치한 콜린데일(Colindale)에 있다. 대영도서관의 장서가 늘어나면서 부피가 큰 신문을 보관할 공간이 부족해지자 1902년부터 따로 신문도서관을 만들고 신문, 잡지 등의 정기간행물을 보관하게 되었다.

신문도서관에는 런던과 영국의 지방에서 발간된 신문은 물론이고 세계 각국의 주요 신문이 보관되어 있다. 제본한 신문이 50만 권이 넘고 일간지와 주간지 또는 잡지를 마이크로 필름으로 촬영한 분량이 16만 릴(reel)에 달한다. 이는 15년 전의 통계이므로 그 동안에 분량이 훨씬 많이 늘어났을 것이다.

수장품 가운데는 19세기 후반에 일본에서 발행된 영어 신문도 있다. 대표적인 영어 일간지 『고베 크로니클』(1900년부터는 『재팬

크로니클』로 개제)은 1900년 3월부터 1938년까지의 지면이 무려 60개의 릴로 필름화 되어 있다. 우리의 『코리안 리퍼블릭』(지금의 『코리아 헤럴드』)과 북한의 『평양 타임스』의 마이크로 필름도 일부 보관되어 있으며, 일본의 『재팬 매일』,『아사히 이브닝 뉴스』,『오사카 마이니치』도 마이크로 필름으로 볼 수 있다.

공공기록보관소 (Public Record Office)

런던을 역사연구의 요람으로 만든 기관은 공공기록보관소다. 테임스 강변 '큐(Kew) 가든' 근처에 있는 공공기록보관소는 너무나도 분위기가 좋고 인상적인데다가 내가 유학 중에 가장 많은 시간을 보낸 곳이어서 잊을 수 없는 곳이다. 80년대까지의 공공기록보관소는 규모는 크지만 건축미는 별로 없었던 한 채의 시멘트 건물이었다. 고풍스러운 석조건물인 원래의 공공기록보관소는 런던 시내에 있다. 큐 가든 근처에 새로 지은 공공기록보관소는 견고해 보이기는 하지만 혹 전쟁이 일어나면 폭격이라도 맞을까봐 그랬는지, 자료에 햇빛이 직접 쏘이지 못하도록 한 것인지 시멘트 추녀가 각층마다 창문 앞에까지 아래로 드리워져 있어서 5층 건물이 외관상으로는 마치 군대의 벙커나 외부인의 접근을 막는 특수기관의 건물 같은 인상이었다.

서기 900년경에 영국을 정복한 윌리암 정복왕 시대부터 오늘에 이르기까지 국가의 모든 중요 기록을 비롯하여 법원, 군대 또는 개인의 출생, 결혼, 사망신고 등 온갖 기록이 보존된 기구를 공공기록보관소라고 부르는데 영국의 역사만이 아니라 세계사의 중심이었던 시대의 기록을 보관한 거대한 역사의 유적인 셈이다. 로마의 바티칸 성당에 있는 문서보관소를 제외하고는 세계에서 가장 오랜 문서들이 보관된 곳이라는 설명이다. 소장 자료가 83 마일에 달하는 데 132km가 넘는 분량이다. 그 귀중하고도 방대한 자료들을 컴퓨터 단말기로 신청하면 무선호출기(삐삐, Pager)로 기록보관소 안에 있는 열람자에게 서비스하는 시스템을 가동하고 있다. 80년대 우리 나라에서는 아직 무선호출기가 보급되기 이전의 일이었다. 나는 유학시절에 그곳에서 19세기 후반에서 20세기 초반에 걸치는 시기, 우리 나라 개화기와 대한 제국 말의 외교문서들을 찾아보는 데 많은 시간을 보내면서 연구자를 위해 이와 같이 편리한 시설과 쾌적한 환경을 마련하여 세계 어느 나라 사람에게든지 학문발전을 위해 개방해둔 영국의 저력과 높은 문화적인 수준에 감탄하였다.

그런데 금년 5월 오래간만에 그곳을 찾아갔다가 공공기록보관소의 규모가 크게 확장되고 주변환경이 몰라보게 아름답게 가꾸어진 모습을 보고 또 한번 놀랐다. 깨끗하고 밝은 모습의 유리건물이 기역자형으로 새로 들어서고 주차장과 잔디밭이었던 마당에는 인공호수를 만들어 백조가 노닐고 있었던 것이다. 수장고(收藏庫) 겸 열람실이었던 시멘트 건물은 열람실과 도서실, 마이크로 필름 열람실 등으로 사용하고 벽면 대부분을 유리창으로 지은 새 건물들은 행정실 또는 자료의 분류와 보존 등의 용도로 활용하고 있었다.

공공기록보관소나 대영도서관의 이용에는 내·외국인을 막론하고 입장료가 없다. 수입이 없는 학문과 문화의 시설에 영국이 이같은 투자를 한것은 예사로운 일이 아니다. 우리나라에서는 최근에야 국가기록의 관리를 위한 통합적인 기구가 설립된다는 소식이고 보면 우리의 낙후성이 어느 정도인지를 가늠할 수 있다.

영국을 왕년의 영광이 사라진 노쇠한 제국으로 생각하면서 우리의 대기업들이 영국에 투자를 하고 있음을 은근히 자랑스럽게 여기기까지 하는 경향이 있다. 그러나 근년에 대영도서관 건물을 새로 개관하고 공공기록보관소는 기존 건물의 규모와 주변환경을 몰라볼 정도로 개선, 확장한 것을 보면 그들의 저력은 아직도 만만치 않음을 알 수 있다. 박물관의 증축공사도 한창이다. 도서관이 새 건물로 이전하여 그 공간을 박물관으로 쓸 수 있게 되었을 뿐 아니라 기존의 건물에 유리로 돔을 만들어 지붕을 덮는 공사를 진행 중이므로 공사가 끝나는 내년이면 대영 박물관은 또 다른 모습으로 세계의 관광객을 맞을 것이다.

공공기록보관소와 지척에 있는 '큐 가든'도 10여년 동안에 적지 않게 달라져 있었다. 미국식 상업주의에 물들고 있는 것이다. 영국은 변화에 대비하고 이를 적극적으로 수용하고 활용할 줄 아는 지혜를 지닌 나라다. 오래 전에 큐 가든에서 보았던 에피소드가 생각난다. 고무나무는 원래 남미 아마존 강 지역에서만 자라던 야생식물이었다. 그런데 1876년 한 영국인이 고무나무 씨를 영국으로 가져와서 기후조건이 전혀 맞지 않는 큐 가든의 온실에서 시험재배 한 끝에 아마존 지역과 기후조건이 비슷한 말레이지아 지방에 이식하여 지금은 그곳이 세계적인 고무 생산지역이 되었다는 설명이었다. 남미산 고무나무를 말레이에 이식하는 데 큐 가든이 연결고리 역할을 했다는 것은 재미있는 일화이다. 영국은 아직도 자신의 문화를 보존하고 다른 문화의 중개자역할도 수행하는 문화의 대국임은 의심할 여지가 없을 것 같다.

문명의 자취

이 태 동
서강대 영어영문학과 교수

　여행을 하는 사람은 자유롭다. 칡넝쿨처럼 얽힌 갈등 속에서 살아가는 사람들도 도망자가 아니라면 여행길에서는 자유롭다. 나 역시 다른 사람들과 마찬가지로 여행길에 오르면 모든 것을 잊고 순간적으로나마 자유로워져서 산책하는 사람처럼 새로운 것을 찾아 배회한다.

　그래서 해외여행 길에 오르면 내가 즐겨 찾는 곳은 조용한 미술관이나 박물관, 그리고 유명한 대학 도서관이다. 먼 나라 여행을 할 때마다 어김없이 문화의 광장을 찾는 것은 특별히 시간적 여유가 있어서라기 보다는 자유로운 마음의 상태에서 인간이 상상력을 통해 이룩해 놓은 위대한 예술품을 보고 잠자는 나의 의식을 깨우칠 새로운 충격을 얻기 위한 무의식적인 갈망 때문이다.

　나는 지난 여름방학 미국을 방문했을 때도 워싱턴 국립미술관을 찾는 것을 잊지 않았다. 나의 감수성은 흐르는 세월과 함께 무디어졌지만, 그래도 내가 웅장한 화랑을 배회하며 여기저기 넓은 공간에 서 있거나 걸려 있는 위대한 예술품을 보았을 때 오는 충격은 더할 나위 없이 새로운 것이었다.

　그림 속에 담겨 있는 무수한 인간적인 표정은 실제 그것보다

한결 더 깊고 심오해서, 나는 그 그림들 앞에 섰을 때 다시금 인간이 무엇인가에 대해 깊이 생각하고 또 생각했다. 크고 작은 수많은 화폭에 그려진 인간의 표정이 우울하면 우울해서 좋고, 화사하면 화사해서 좋았다. 또 자연의 풍경을 담은 화폭은 자연 그 자체가 전해 주는 것보다 다른 차원에서의 아름다움과 신비를 나타내주었다. 모네의 수채화는 수초의 아름다움에 대한 새로운 인상을 나에게 심어주었다.

사색하는 인간의 모습과 세월과 싸우는 인간의 의연한 모습을 대리석이나 청동에다 조각한 미술품은 탁월하고 독특한 조형미를 통해서 인간의 특성과 개성을 우리 눈에 새롭게 조명하고 있었다.

특히 나는 청동으로 빚은 조각품을 통해 인간의 얼굴에서는 쉽게 읽을 수 없었던 위대한 인간 정신과 그 깊은 의미를 찾아볼 수 있었다. 위대한 조각가들이 인간의 표정이나 모습 가운데서 순간적으로 나타나는 진귀한 일순을 포착해서 청동으로 영원히 고정시켜 놓았기 때문일 것이라고 나는 혼자서 생각했다.

그런데 내가 이번에 워싱턴 국립미술관에서 발견한 새로운 충격은 그 아름다운 그림들과 정교하게 끌질을 한 생명력 넘쳐흐르는 조각품에서만 오는 것이 아니었다. 그것은 미술관에 소장되어 있는 예술품에 얽힌 사연과 역사에서 오고 있었다.

물론 나는 넓은 화랑에 걸려 있는 훌륭한 그림들을 보고 그것들을 그린 화가가 누구인가를 발견하고 놀라움을 금치 못했다. 그들은 드가와 세잔느, 고호와 고갱, 그리고 피카소와 샤갈 같은 화가들과 내가 익히 알고 있는 로댕과 같은 조각가이다. 나는 그들의 이름 아래 또 다른 하나의 이름이 새겨져 있는 것을 발견하고 그것들을 유심히 바라보고 읽었다. 그 이름들은 그 값진 그림들을 소유했다가 미술관에 기증을 한 사람들의 이름이었다. 그 값비싼 그림과 조각품을 국립미술관에 기증한 사람들의 수가 적었더라면 나는 그들의 이름을 무심히 보고 지나쳤을 것이다. 그러나 그렇게도 진귀한 미술품을 기증한 사람들의 수가 헤아릴 수 없을 만큼 많은 것을 보았을 때 나는 인간에 대한 고마움으로 새로운 충격을 받아야만 했다. 정말 나는 워싱턴 국립미술관에 소장되어 있는 대부분의 미술품들이 시민들의 기증품이란 사실을 알고 놀랐다.

그래서 나는 미술관을 나와 폭염 속에서 거리를 걸으면서도 천문학적인 화폐가치를 지닌 미술품을 서슴없이 국립미술관으로 보낸 사람들을 생각하고 나 자신이 부끄러웠다. 나는 그날 밤 호텔로 돌아와서 자리에 누웠으나 낮에 미술관에 전시된 그 값진 명화와 조각품들을 기증한 사람들의 이름이 자꾸만 떠올라 잠을 이룰 수가 없었다. 그렇게 값진 세계적인 미술품을 국립미술관에 보낸 사람들은 남보다 특별히 부유하다거나 미술품의 가치를 이해하는 능력이 부족했기 때문만은 결코 아니었을 것이다. 아마 그것과는 반대의 경우였을 것이다. 그들은 한때 가졌던 그림과 조각품들을 너무나 아끼고 사랑했기 때문에 그것들을 영구히 보존하기 위해서 나라에 기증했을 것이다. 그러나 그것만이 이유는 아니었으리라.

그들은 그들이 소장하고 있었던 미술품을 통해 예술을 창조하는 인간이 얼마나 위대한가를 많은 사람들에게 알리고 싶었을 것이다. 아마 그들은 나와 같은 이방인도 그곳 미술관에 들러 위대한 예술가들이 이룩한 창조적인 업적을 통해 새로운 충격을 받고 인간가치가 무엇인가를 새로이 확인하고 돌아가기를 바라서였을지도 모른다.

나는 십여 년 전에 프랑스 퐁피두 현대 미술관을 두 차례 방문할 기회를 가졌다. 거리의 악사들이 잿빛 구름이 드리워진 파리의 하늘을 등지고 미술관 앞에서 슬픈 음악을 바이올린으로 연주하는 것을 보고 생의 애환 속에 어린 삶의 아픔과 아름다움을 느낀 적이 있었다. 미술관으로 들어가 벽에 걸려 있는 그림과 공간 속에 세워져 있는 수많은 조각품들을 보고 나는 감동적인 슬픔에 심한 충격을 받았다. 그때에도 나는 파카소와 샤갈의 그림 앞에서 인간이 무엇이며, 삶이 무엇인가에 대해 수없이 혼자 물었고, 천재들 앞에서 내가 너무나 왜소한데 대해 부끄러움을 느끼고 통곡을 하고 싶었다.

나는 워싱턴과 뉴욕을 거쳐 20여 년 전 내가 공부했던 미국 남부의 유서 깊은 대학촌으로 내려갔다. 미국에 가면 이 대학촌을 찾게 되는 것은 내가 교직에 있기 때문이기도 하겠지만, 나의 젊은 시절을 학문에 대한 열망으로 불태웠던 현장을 찾아보기 위함이다.

나는 울창한 원시림과도 같은 우람한 느티나무가 여기저기 서 있는 교정의 잔디밭을 지나 '지식의 샘'을 상징하는 '올드 웰(Old Well)' 샘터를 찾아 목을 축인 후, 조국에 대한 의무를 다하기 위해 맨발로 남북전쟁에 참가했던 젊은 대학생들의 동상 앞을 지나 육중한 돌기둥으로 세워져 희랍의 건축양식 모양을 한 '루이스 윌슨' 중앙 도서관 문을 열고 들어섰다. 이곳은 내가 젊은 날, 밤낮없이 일하면서도 하루도 빠짐없이 찾던 곳이었다. 이 커다란 도서관 건물 안으로 들어갔을 때 주변의 모든 것은 옛날과 다름없이 익숙했고, 내부의 공기는 뜨거운 태양 아래 후덥지근한 바깥의 대기와는 달리 그렇게 시원하고 깨끗할 수가 없었다. 대리석 기둥 위 높은 천장에서부터 드리워진 커대한 촛불 모양의 샹들리에, 육중한 마호가니 책상들, 검붉은 가죽의자들 그리고 철창 속에 질서정연하게 꽂혀 있는 수많은 고서들이 남다르게 뜻 있은 삶을 살다가 간 학자들의 초상들과 함께 나의 시야에 들어왔다.

그러나 내 시선을 강렬하게 끄는 것은 일층 입구 계단 및 움푹 패인 벽면 속에 세워놓은 '인간정신'을 표상하는 여인상과 정숙한 대리석 복도 양 끝에 세워놓은 한 쌍의 아름다운 소년과 소녀상이었다. 날개가 달린 그 아름다운 맨발의 여신상은 횃불을 들고 바윗돌 위에서 앞으로 나아가려는 자세를 취하고 있었다.

그래서 나는 그 앞에서 그 모습을 자세히 보며 인간과 인간 정신의 의미를 다시금 되새겨보았고 깊은 감회에 젖었다. 그리고 복도 한쪽 끝에 있는 조각은 르네상스 시대의 어느 이태리 조각가의 작품으로 맨발의 아름다운 소년이 바윗돌에 앉아 발바닥에 꽂힌 가시를 손으로 뽑고 있는 모습을 하고 있었다.

그 소년은 생을 상징하는 험난한 길을 걷다가 가시에 발이 찔렸지만 조금도 고통스러운 표정을 짓지 않고 미소를 머금고 있었다. 이 소년상(像)과 숭고한 인간 정신을 표상하고 있는 아름다운 여신상은 내가 20년 전에 그곳에서 공부하고 있었을 때도 보았지만, 그때는 그것이 지닌 의미가 지금처럼 내 마음에 와 닿지 않았다.

그런데 놀라운 것은 그 우아하고 아름다운 여신상과 소년 소녀상 역시 대학에서 구입한 것이 아니라 기증을 받았다는 사실이었다. 그 조각품들 앞에 바윗돌처럼 서 있을 때, 그것을 기증한 사람의 이름이 녹슬지 않고 빛나는 황금빛 금속판에 깊이 새겨져 있는 것을 보았다. 그래서 나는 그곳에서 워싱턴 국립미술관에서 받았던 것과 똑같은 충격을 또 한번 받았다.

주(州) 정부에서 2년 동안 개축을 해서 새로이 문을 연 참고열람실에 들어갔더니 대학에서 속세의 온갖 유혹을 물리치고 인간이 원시시대부터 오늘날까지 어떻게 문명을 발전시켜 왔는가를 젊은 학생들에게 가르치고 연구하며 외길 인생을 살다가 간 위대한 역사학자 한 분의 동상이 창 곁에 놓여 있었다.

검은 빛 청동으로 조각되어 영원히 굳어진 그 노교수의 얼굴에는 여기저기 수많은 주름살이 가 있었지만, 그 주름살은 시간의 힘을 이겨내고 있었고 그 얼굴은 조각한 쇠붙이로 굳어져 있었지만, 그의 표정은 조금도 흐트러짐이 없이 한없이 평화롭고 인자스러웠다. 나는 검은빛 구리로 굳어진 그 역사학 교수의 얼굴에서 다시금 인간정신이 무엇인가를 읽고서 나 자신을 무한히 부끄러워했다.

도서관 벽면에 사방으로 둘러 쌓아놓은 수많은 책들과 그 큰 석조건물 도서관 안에 소장되어 있는 수십만 권의 책들은 사람의 얼굴을 가지고 있지 않았지만, 그것은 ‘인간 정신’을 표상하고 있는 도서관 입구의 그 아름다운 여신상 앞에 걸려 있는 초대 도서관장 루이스 윌슨의 초상화의 표정에서도 같은 뜻을 읽을 수가 있었다.

우리가 살아보면, 인생은 짧고 학문과 예술을 이룩하기란 얼마나 어려운가를 절감하게 된다. 그러나 우리는 태어나면서부터 우리들의 조상이 이룩한 문명과 문화 속에 묻혀 살기 때문에 공기와 물처럼 그 가치를 인식하지 못한다.

원시시대부터 자연과 싸우면서 황무지를 개척하고 오늘의 도시를 건설하며 문명을 발전시켜 온 사람들의 노력과 힘은 얼마나 위대한 것인가. 인간이 죽음과 싸우면서도 오늘날과 같은 역사와 문화를 창조한 것은 굴할 줄 모르는 인간정신의 힘 때문이다. 그러나 인류의 문명과 문화는 그것을 창조한 사람들에 의해서만 이루어진 것이 아니다. 그것은 그것을 아끼고 보존하는 데 일생을 바친 사람들에 의해서만 현실로 살아남게 되는 것이다.

나는 긴 여행을 마치고 돌아오면서 그 미술관이나 대학 도서관에 소장된 수많은 예술품과 귀중한 저서들을 남긴 사람들 못지 않게 그것들을 아끼고 사랑하며 소중하게 간직해서 우리들에게 인간과 인간 정신이 무엇이며 또 인간이 무엇을 해야만 하는가를 말없이 가르쳐주는 숨은 사람들의 노력과 정성에 대해 머리 숙여 경의를 표했다.

아름다운 프라하

김 종 균

한국외대 한국어교육과 교수

나는 체코의 프라하에서 2년여를 보내는 동안 많은 것을 보고 배웠다. 내가 체코에 간 것은 그들이 자유화된 지 3년째 되는 해였다. 프라하는 13세기 로마황제 까렐 Ⅳ세에 의해 창건된 이래 한번도 훼손된 일이 없는 완벽한 중세도시다. 그들은 이 문화 유산을 지키기 위해 전쟁 때에도 시가전을 하지 않았다. 유네스코 지정 황금도시인 프라하는 오늘날 관광도시로 각광을 받고 있다.

로댕이 북쪽의 로마라고 일컬은 이래 프라하는 100개의 첨탑도시, 작은 로마, 도시의 어머니로 불리고 있으며, 오늘날은 유럽에서 가장 아름다운 중세도시로 손꼽히고 있다.

나는 아침밥만 먹으면 할 일 없는 늙은이처럼 프라하 거리를 헤매었다. 보면 볼수록 더 보고 싶은 그림이나, 들으면 들을수록 더 듣고 싶은 음악처럼 프라하는 보면 볼수록 더 보고 싶은 도시다. 프라하 사람들의 생활은 예술 그 자체다. 프라하는 완전한 하나의 조각예술도시다. 따라서 그 속에서 사는 사람들 자체가 예술품의 일부처럼 느껴진다. 밤이면 매일 오페라가 공연되고, 고색 창연한 옛 교회에서는 콘서트가 열렸다. 낮에는 곳곳의 화랑에서 작품전이 열리고, 봄부터 가을까지 국립 박물관과 미술관에서는 특별행사가 치러졌다. 하지만 프라하는 늘 조용하고 평화로웠다.

  프라하 사람들은 겨울에 더 아름다워 보인다. 따듯한 봄보다 이들은 추운 겨울을 더 좋아하는 것 같다. 긴 오버코트자락을 끌며 깊숙이 모자를 눌러 쓴 채 이들은 좁고 긴 중세의 돌 포장길을 재빠르게 걸어서는 어디론가 사라진다. 이들은 걸음이 매우 빠르다. 프라하 사람들은 육중한 문을 늘 닫고 지낸다. 이 육중한 나무문을 열고 들어가 보면 언제나 따듯하고 아늑한 공간이 있다.

  내가 살고 있던 대학 기숙사 앞에는 아름다운 옛 마을과 숲이 있었다. 아침이면 수많은 비둘기 떼가 창공을 날았고, 까치가 창가에 날아와 울었다. 때로는 토끼와 꿩도 보였고, 비둘기들은 구구구 구슬프게 소릴 냈다. 그런 가운데 봄이면 우리가 흔히 볼 수 있는 민들레, 개나리, 아카시아 꽃도 함빡 피었다. 새벽이면 밝은 수탉 울음도 들려왔고, 이따금씩 컹컹 개 짖는 소리도 들렸다. 한마디로 평화로운 마을이요 숲이었다.

  내가 만난 프라하 사람들은 낮은 목소리로 말했다. 이들은 지나가다가도 길을 물으면 친절히 자세하게 가르쳐주었고, 자기가 잘 모르면 옆에 사람에게 묻거나 자기 가방에서 지도를 꺼내 보고는 손수 데려다 주기도 했다. 프라하의 유럽 관광객들은 이곳에 와서 1주일씩 묵으며 곳곳을 지도 1장 펴들고 찾아다니었다. 이들은 짧은 기간에 여러 도시를 재빨리 돌아다니지 않았다. 저들은 여유 있게 즐기며 관광을 했다. 프라하에는 아름다운 공원이 많다. 어떤 공원에는 분수가 음악에 따라 솟고 흩어지고 했다. 늘 깨끗하게 닦이어 있는 벤치에는 노인들이 앉아 햇볕을 쬐며 책을 읽었다. 이들의 독서는 장소와 때를 가리지 않았다. 지하철,

전차, 버스, 기차, 병원 복도, 은행 창구 등 어디에서나 저들의 독서 광경을 볼 수 있다.

프라하 사람들은 매우 검소하고 부지런하다. 이들은 아침 6시면 출근을 한다. 음식은 남기는 법이 없었고, 한꺼번에 식품을 많이 사는 사람도 없었다. 오이 2개, 토마토 1개, 빵 3개 식으로 이들은 식품을 샀다. 모든 물건은 정찰제로 에누리나 덤이 없으며, 물건값은 4,990원 식으로 되어 있다. 식당의 모든 음식은 무게가 표시되어 있었고, 식품은 정확히 달아 팔았다.

프라하의 여자들은 매우 콧대가 세다. 그들의 속담에 '남자는 머리요, 여자는 목이다.' 라는 말이 있듯이 이곳 여인들은 남자를 움직였다. 여인들은 그만큼 생활력이 있고, 유능하며, 예쁘다. 병원, 학교는 물론 경찰서, 보험사, 무역회사 등에도 사무원들은 모두 여자들이 많았다. 어느 직업에 종사하느냐는 문제가 되지 않았다. 그만큼 이들 사회에는 교양의 평준화, 가치의 분배화가 이루어져 있었다.

프라하 사람들은 권력과 돈과 명예를 혼자 다 갖는 이른바 가치의 독점화를 죄악시했다. 교수면 명예로 만족했고, 정치가면 권력으로 만족했으며, 부자면 돈으로 만족했다. 하기 때문에 모든 사람들이 각자 자기 만족 속에서 살아가고 있었다. 의사나 교수의 월급이 300달러를 넘지 않았지만 불평하는 사람을 본 일이 없다. 그걸 가지고 어떻게 사느냐고 물으면 그들은 살 수 있다고 대답할 뿐이다. 이들은 돈이 많고 적음이나 지위의 고하로 사람을 평가하지 않았다. 그보다는 그 사람의 교양 즉 인간 됨됨이를 더 중요시했다. 이들은 무엇을 하는 사람이냐 보다는 어떤 사람이냐에 더 비중을 두었다. 이들은 돈이나 권력보다 더 귀한 것이 있다는 것을 알고 있었다. 그것은 교양과 문화였다. 이들은 애인을 만나러가거나 남의 집을 방문할 때 꽃 한 송이면 되었고, 초대받아 갈 때는 포도주 1병이면 족하다.

체코인 들에게 제일 발달되어 있는 것은 혀와 손이다. 이들은 어느 나랏말이라도 쉽게 배우고, 무엇이나 만들고 고칠 줄 안다. 대학 교수는 보통 3~5개 국어를 능통하게 구사했으며, 대학생들 또한 보통 3개 국어를 능히 했다. 특히 일반인들도 거의 2개 국어를 할 줄 알았다. 이들이 이렇게 외국어를 하는 것은 그들의 생존과 직결되어 있었다.

히틀러 통치하에서나 스탈린 공산사회 시대에 독어나 노어를 못하면 죽은 목숨과 같았다. 이때 살아남을 수 있는 사람은 기술자와 독어나 노어를 할 줄 아는 사람들이었다. 따라서 저들에게는 기술과 외국어 학습은 필수적이다. 자기가 좋은 기술을 가지고 있거나 외국어 특히 독어나 노어를 능숙하게 구사한다는 것은 곧 자신의 생명을 부지하는 일일뿐만 아니라 생활을 영위할 수 있는 최대의 방법이었다. 노년층은 남녀를 불문하고 독어를 다 잘 하며, 중년층이 모두 노어를 할 줄 알듯이 청년들은 영어를 열심히 배우고 있었다. 이들은 초등학교에서부터 이제는 노어 대신 영어를 가르침은 물론 이밖에 5개 외국어를 선택과목으로 학습시키고 있다.

내가 아는 92세의 할머니는 밤색 오버코트에 하얀 실 모자를 쓰고 엷은 미소를 늘 지었다. 그 할머니는 혼자 노인 아파트에 살고 있었다. 한번 나는 우정 그 할머니의 아파트를 찾아가 보았다. 가는 귀가 약간 먹은 그 할머니는 자기 말만 영어로 계속했다. 그 할머니는 독어와 불어도 할 줄 알았다. 이들의 외국어 구사능력은 이들의 문화 수준을 그만큼 높여주었을 뿐만 아니라 그들을 교양인으로 만들었다. 이들은 매우 현실적이어서 어느 한 이데올로기에 얽매이지 않았다. 나는 이와 같은 체코인의 일면을 이 할머니에게서도 발견할 수 있었다.

대부분의 체코인들의 집이 그렇듯이 이 할머니의 방도 빈틈없이 무엇으로인가 꽉 채워져 있는 느낌이 들었다. 매우 검소한 가운데 복장과 장식품이 조화로웠다. 이들은 작고 보잘 것 없는 것들도 장식품으로 잘 이용했다. 체코인들은 생활공간을 최대한으로 활용했기 때문에 허술한 구석은 좀처럼 보이지 않았다. 할머니는 방에서도 하얀 실 모자와 긴 커피 색 오버코트를 입고 있었다.

체코인들은 외국어 못지 않게 기술을 소중히 여겼다. 특히 히틀러 통치하에서의 총기류 제작기술이나 공산주의시대에 전차기술을 보유한 기술노동자들은 특등 대우를 받았다고 한다. 그뿐만 아니라 공산사회 때 기술노동자들은 사회의 주역으로서 국가발전에 크게 이바지하기도 했다. 당시 공산국가 중 체코가 가장 잘 사는 나라가 되었던 것도 이들의 기계기술 때문이었다. 체코는 특히 기계기술 숙련공이 많았다. 이들 고급 기술노동력은 국가경제발전의 원동력이었다. 이들의 경제체제는 노동협동조합체제이었지만 자유화 사회체제로 전환되면서 자유사회 경영체제와 사회주의 경영체제를 아울러 수용했다. 이들은 외국자본의 유치와 아울러 합작 경영체제 즉 주식회사 경영형태로의 전환을 서두르고 있었다. 따라서 이들도 상품의 경쟁력을 제고하는 한편 서비스산업의 중요성을 점점 알게 되었다. 당시 내 보기에는 공산사회 때 양산된 단순노동자들의 문제가 매우 심각해 보였다.

왜냐하면 산업자본주의 시대에서의 노동개념과 공산사회에서의 노동개념은 전혀 달랐다. 인간의 노동가치가 감소된 반면 인간의 기술가치는 상대적으로 증대되었기 때문이다.

체코를 여행하다보면 끝없이 넓은 공동농장에서 기계로 씨 뿌리고 거둬드리는 장면을 자주 보게 된다. 밭에서 일하는 사람은 전혀 볼 수 없었다. 이들은 이만큼 농업의 기계화가 이루어졌다. 농업인구의 극소화로 농업의 기계화가 극대화 된 것이다. 공산사회 때 만들어진 유실수농장은 그대로 방치되어 있었다. 내가 있던 기숙사 근처에도 5만여평의 체리 밭과 2만평이 넘어 보이는 밀밭이 있었지만 아무도 가꾸는 사람이 없었다. 밀밭은 기계로 씨 뿌린 후 한번도 가꾼 일없이 내버려두었다가 가을에 기계로 거둬들였지만 체리는 딸 사람이 없어 그대로 방치되어 있었다.

체코는 도시와 지방의 생활 격차가 거의 없었다. 그만큼 이들은 정치, 경제, 문화면에서 평등화되어 있었다. 이들의 주거 환경은 고급스러웠다. 빈민들이라 해도 모두 아파트 생활을 했다. 다만 좁고 밀집된 생활공간이었을 뿐이다. 당시 이들의 의식주정책은 공산주의 시대 그대로여서 모든 아파트는 임대료가 저렴하고 주식대 역시 아주 쌌다. 26평 아파트 임대료는 한 달에 50,000원 정도이고, 보통 우리 나라 돈으로 1,000원이면 배불리 먹을 수 있었으며, 생맥주 500cc 한 잔에 250원 정도였다. 도시인들이 지방 어디에고 작은 별장과 농장을 가지고 있었듯이 시골 사람들은 모두 차를 한 두 대씩 가지고 있었다. 이들 집에는 완벽한 도구실이 갖추어져 있어 10여 년이 넘은 승용차나 트랙터도 자기들이 스스로 수리하여 운행했다.

체코인들의 혀는 그들의 교양과 문화를 이루었고, 그들의 손은 그들의 삶을 풍요롭게 해주었다. 체크인들의 혀와 손은 체코인들의 시대 적응력의 대명사였다. 이들의 현실적인 시대 적응력은 그만큼 뛰어났다.

이들은 생명과 문화의 보존을 무엇보다도 중요하게 생각했다. 저들은 살아 있으면 언제고 독립할 수 있으며, 문화를 보존하면 언제고 살아남을 수 있다고 믿었는지도 모른다. 오늘날 프라하가 관광도시로 각광을 받아 관광 수입원이 된 것도 중세도시의 원형을 그대로 보존하고 있기 때문이다.

내가 만났던 빠뜨론이라는 체코인은 중장비 운전기사였지만 이제는 정년퇴직을 하고 노인 아파트에 살고 있었다. 내가 그에게 차가 있느냐고 물으니 그는 엄지와 둘째손가락을 비비며 돈이 없어 못 샀다는 표정을 지었다. 이들은 돈을 말할 때 우리처럼 동그라미를 지어 보이지 않고 두 손가락을 비비었다. 그러면 집에 무엇이 있느냐고 내가 재차 묻자 그는 클라리넷이 있다고 했다. 나는 농담 삼아 미국 대통령 클린턴도 클라리넷을 불더니 대통령이 되었는데 당신도 한번 대통령에 출마해 보는 것이 어떻겠느냐고 했더니 그는 빙그레 웃었다.

한 독일계 체코인은 60이 넘은 노인이었는데 자기는 집에 검은 피아노 한대밖에 없다며 자랑스럽게 내게 말했다. 함께 있던 여교수 로엔스테인은 내가 귀국한다니까 바이올린을 선물로 주었다. 이들은 이렇게 문화와 예술을 생활화했다.

피라미드의 유산

신 재 실

인하대 영어영문학과 교수

1995년 8월 11일 카이로 서남쪽, 자동차로 약 30분 거리의 기제에 위치한 대 피라미드 앞에 서 있었다. 고대 문명의 발상지 이집트의 어제와 오늘을 말없이 증거하고 있었다. 대략 2.5톤 무게의 석회암 250만개로 축조된 이 피라미드는 높이 146.6미터, 가로 세로 230미터의 세모뿔 건축물이다. 고대 문명이 이룩한 세계 7대 불가사의 구조물(The Seven Wonders of the World) 가운데 으뜸으로 꼽히었으며, 이중 유일하게 남아있는 이 피라미드는 유구한 역사를 견디어 오늘을 살고 있으면서도 결코 오만하지 않다.

자신의 수호신 석상 스핑크스의 코가 반쯤은 떨어져 나가고, 온몸이 여기저기 상처투성이 이기 때문에 스스로 근신하고 있는 것인가? 아니면 오욕의 역사를 수없이 겪으면서 인고한 자의 지혜에서 우러나오는 겸손함인가? 그 크기에 어울리지 않게 고즈넉하게 무심한 표정으로 오가는 사람들의 발걸음을 맞이하고 서 있다.

이 피라미드의 축조 연대와 용도에 대해서는 여러 가지 주장이 있는 듯하다. 고 왕국 시대(기원전 2780~2270) 제4왕조 케옵소(2589~2566) 왕이 자신의 무덤으로 축조한 것이라는 게 정설로 되어 있지만 한 개인의 무덤이라기에는 그 규모나 구조가 어울리지 않는 듯하다. 아무리 막강한 권력을 가진 왕이라 하더라도 그렇게 엄청난 건축 공사를, 삭막한 사막 가운데서, 20여 년의 길지 않은 재위 기간에 완성할 수 있을 것 같지 않고, 강압적인 방법으로 인력을 동원했다고 하더라도, 지금의 건축 기술로도 불가사의라 할 수 있는 그런 공사가 가능했을 것 같지 않다. 왜냐하면 일을 시키는 쪽과 하는 쪽 모두의 혼을 사로잡을 수 있는 자발적이고도 신비한 어떤 힘과 열정이 아니었더라면 그렇게 정교한 인공 산을 쌓아 올릴 수 없을 것이기 때문이다.

영국의 어떤 명상가가 주장하는 것처럼 일만 년도 훨씬 넘는 아득히 먼 과거에 지금의 대서양 어느 지점에 고도의 문명을 이룩했었다는 섬나라 아틀란티스가 지진으로 가라 앉으면서 일부 주민과 함께 태양 신전인 대 피라미드가 오늘의 이집트에 솟아 올라 왔고, 그 후손들이 오늘의 이집트인이며, 여타 피라미드들은 바로 이 신비의 대 피라미드를 모방한 것에 불과하다고 믿는 것이 한층 설득력 있어 보인다. 왜냐하면 이집트 여기저기에 발견되는 군소 피라미드들은 축조 연대가 훨씬 뒤의 것들이라도 규모도 작고 이제는 허물어진 초라한 모습이기 때문이다.

오늘의 대 피라미드는 본래의 용도가 무엇이었던 간에 이집트의 관광 자원으로 한 몫을 하고 있다. 입장료 수입도 상당하겠지만 주변에서 관광객들에게 낙타를 태워준다든지 파피루스에 그린 그림, 또는 아랍의 전통 의상이나 두건 따위를 사달라고 졸라대는 영세민들의 생계에 보탬이 되는 것도 의심할 여지가 없는 듯하다. 그러나 오늘 우리의 눈에 들어오는 대 피라미드의 주변과 사람들의 모습은 그 옛날의 찬연했던 이집트 문명과 극명한 대조를 보이고 있음을 그 누가 부정하겠는가?

여기서 잠시 신 왕국 시대(기원전 1570~1069)의 수도 멤피스에 있는 프타 신전이 있던 곳에 자리잡고 있는 전시관으로 눈을 돌려보자. 전시관을 압도하듯 누워 있는 것은 신 왕국 시대 최고의 통치자이었으며 세계의 군주로 군림했던 람세스 2세의 거대한 대리석 석상이다. 무릎 이하와 한쪽 팔꿈치가 떨어져 나간 채 몸의 왼쪽 부분은 심히 부식되어 있다. 늪 속에 처박혀 나뒹굴던 것을 이리로 옮겨 놓은 것이라 한다.

"두 개의 거대하고 몸통 없는 돌 다리가 사막에 서있다…
그들 가까이, 모래 위에는, 반쯤 파묻혀, 깨진 얼굴상이
누워있다… 그리고 받침대 위에는 이런 글자들이 보인다.
'나의 이름은 오지맨디어스, 왕 중 왕이다.
너희들 강한 자들아, 나의 업적을 보고, 절망하라!'
옆에는 아무 것도 남아 있지 않다.
조락한 거대한 잔해의 주변에는 끝없이 그리고
헐벗은 몰골로 외롭고 평평한 모래들이 멀리 뻗어 있다."

19세기 영국 시인 셸리는 이렇게 고대 이집트의 독재자 오지맨디아스의 오늘을 읊고 있다. 바로 람세스 2세의 오늘의 모습과 다름이 아니다.

8월 13일 아내와 나는 일행과 함께 고대 이집트 신왕국 시대의 영광이 숨쉬고 있다는 룩소르로 이동하였다. 1922년 발굴되어 세상을 깜짝 놀라게 했다는 왕가의 계곡이 기다리고 있다는 가이드의 말은 잔뜩 기대를 갖게 하기에 충분했다. 그도 그럴 것이 이집트에 도착해서 3일째이지만 벌써 싱싱한 녹음과 시원한

계곡의 물이 그리웠기 때문이다. 그러나 막상 도착한 왕가의 계곡은 전혀 그런 곳이 아니었다. 그야말로 모래 산에 계속 이어지는 무덤의 계곡이었다. 델타 주변 하(下)이집트의 무덤들이 땅 위로 솟아오른 피라미드라면 룩소르 주변 상(上)이집트의 무덤들은 땅 아래로 거꾸로 세운 피라미드라 할 수 있었다.

신 왕국 18왕조 투탕카멘(기원전 1334~1325)의 무덤을 비롯해서 수많은 왕들의 무덤들이라고 한다. 어떤 것들은 지하 수십 미터 아래까지 파들어 간 것도 있었다. 피라미드의 건축 기술이 불가사의라 하지만 지하 무덤의 건축 기술 또한 놀랍기 그지없었다. 또 한 가지 놀라운 것은 지하 석실 벽에 그려진 각종 벽화와 상형 문자들이었다. 수 천년이 지난 지금까지 색채가 선명하게 남아 있으니 그림 솜씨 뿐만아니라 채색문화 또한 놀라운 것이었음을 알 수 있었다. 오늘의 룩소르는 초라하지만 그 옛날 이집트의 영광을 가늠하기에 충분한 문화 유산이었다.

그러나 오늘의 룩소르와 관광객 주변에 모여드는 그곳의 어린 이들은 과거의 영광과는 거리가 멀었다. 초라해 보이는 집들, 메마른 모래뿐인 주변의 풍경은 이곳이 고도의 문명이 꽃피웠던 곳이었음을 의심케 하였고, 이제는 텅 빈 무덤들은 권력과 영광의 무상함을 증거하고 있었다. 영양실조에 걸린 듯 보이는 염소의 양 옆구리에 식수 통을 멀리서 운반해오는 어린 소녀의 모습도 애처롭게만 보였다. 특히 관광 버스가 서면 넝마 따위를 엮어 만든 인형등을 들고 "원 달러"를 외쳐대며 몰려드는 어린 아이들의 모습 또한 우리를 슬프게 하였다. 구걸과 다를 바 없지만, 거저 받기 싫어서 작은 물건이라도 준비한 것은 영광스런 선조들의 후예로서 지켜야할 최소한의 자존심의 표현일까?

무덤들 가운데는 규모도 크고 벽화도 완벽한 것들도 있었지만, 어떤 것들은 규모도 작고 벽화도 미완성이었다. 가이드의 설명에 의하면 왕들은 즉위하자마자 자신의 무덤 축조 공사를 시작하였다고 한다. 다행이 재위 기간이 길면 죽기 전에 무덤을 완성할 수 있었고, 그렇지 못하면 미완성인 채 묻혔다고 한다. 왜 왕들은 자신의 무덤 축조를 필생의 사업으로 생각했을까? 풀리지 않는 수수께끼로 남아 있었다. 이 의문은 카이로의 고고학 박물관에서 보았던 미라에서 그 답을 찾을 수 있었다. 사람이 죽으면 시신이 썩지 않도록 정교한 방부처리를 한 이유는 무엇일까?

우리 나라에서는 시신이 곱게 그리고 빨리 썩는 곳을 명당으로 생각지 않는가? 이집트인들은 삶과 죽음의 경계를 확연히 구분하지 않는다. 죽음이란 영과 육이 일시적으로 분리되는 것이고, 따라서 육체가 온전히 보존되면 언젠가 영이 다시 합류하여 부활한다고 믿고 있음이 분명하다. 실제로 마법의 심령술을 터득한 사람은 자신의 역량에 따라 단기간 또는 장기간 초월의 상태, 즉 실제로 죽어 미라 상태가 되었다가 일정 기간 후에 마력의 비법을 공유하고 있는 다른 이의 도움을 받아 다시 살아나는 기적을 행했다고 하지 않는가? 그리고 왕들은 이런 신통력을 가진 사람이어야 되었다고 하니 일시 기거할 무덤 축조를 필생의 사업으로 삼았다는 사실을 이해할 수 있었다.

학부 재학시 디 에치 로렌스의 중편 「죽었던 사람」을 배웠던 기억이 되살아났다. 예수님을 지칭하는 것이 분명한 주인공이 죽임을 당하고 수의에 싸여 묶인 채로 로마 병사들의 감시를 받고 있었다. 때마침 병사들이 졸고있는 사이에 어떤 보이지 않는 신비한 힘이 솟아나서 주인공은 묶인 동아줄을 풀어헤치고 탈출에 성공한다. 이 주인공이 바로 이집트의 비교에서 전수 받은 신통력의 소유자는 아니었는지? 그렇다고 한다면 신성 모독이 아닐까? 어쨌든 고대 이집트인들은 삶이 죽음이고, 죽음이 곧 삶이라고 믿고 있었음이 분명하고, 그것이 곧 미라 문화로 이어졌으며, 자신의 무덤 축조를 필생의 사업으로 여기는 왕들의 관행으로 나타난 것이 틀림없어 보인다.

죽음과 삶은 같은 존재이고 일시적으로 존재의 형태가 달라진 것뿐이라는 이집트인들의 의식은 현재의 납골당에서도 발견할 수 있었다. 버스를 타고 카이로의 어느 지점을 통과하고 있을 때 차창을 통해 서울 달동네의 집들과 유사한 작은 집들이 눈에 들어왔다. 가이드는 그것들이 서민층의 가족 납골당이라고 안내하면서, 집 없는 사람들이 망자들의 유골과 함께 그곳에서 살기도 한다고 소개했다. 한국에서라면 상상할 수 없는 일이었다. 물론 갈 곳이 없기 때문이겠지만, 죽음과 삶의 경계를 허물어버린 초월적 의식을 반증하는 증거가 아닐까 생각되었다.

카이로의 고고학 박물관에는 인간의 미라와 함께 개와 고양이의 미라도 눈에 띄었다. 인간의 영 못지 않게 동물의 영 또한 영생하는 것이고, 어쩌면 영은 인간과 동물 어느 쪽의 육에도 들어갈 수 있다고 이집트인들은 믿고 있는 것이 아닌가 생각한다면 지나친 비약일까? 그들의 생명 존중 사상은 동물에게까지 연장되고 있는 게 분명하다는 생각이 들었다.

이런 생각은 카이로 베이 근처의 어느 공원에서 확인되었다. 한국의 황색 토종개 비슷한 개들이 한가롭게 거닐고 있었다. 주인 없는 개들이라고 한다. 그러나 누구도 개에게 막대기를 집어들거나 경계의 태도를 보이지 않았으며, 개 또한 사람들을 두려워하거나 피하려 하지도 않고 더구나 공격할 의사는 전혀 없어 보였다. 저 개들을 한국으로 수출하면 돈벌이가 되겠구나 생각한 것은 우리 일행 중 나뿐이었을까? 물론 한국에서도 개는 사랑을 받고 있다. 어떤 개들은 국민 건강을 위해서 보호받고 있으며, 어떤 개들은 애완견으로 극진한 사랑을 받고 있기도 한다. 그러나 개는 개답게 살게 할 수 없을까? 그들도 우리와 똑같은 영의 소유자라면 필요 이상의 보호나 사랑을 그리 달가워하지 않을 것 같다는 엉뚱한 생각을 해보기도 했다.

그러나 알렉산드리아로 가는 도중에 내 눈에 띈 비둘기 아파트는 이와 같은 내 생각에 혼란을 가져왔다. 비옥한 델타 지역답게 반듯반듯하고 푸른 평원이 이어지고 있었다. 푸른 들 한복판에 원룸 아파트처럼 작은 방들이 빼곡한 백색 건물이 버스 차창 밖으로 멀리 보였다. 가이드의 말로는 그것은 사람들이 사는 집이 아니고 비둘기 집이라고 했다. 순간 나는 역시 이집트인들의 동물 애호는 남다르구나 생각되었다. 그러나 그 비둘기들은 식용으로 양육되는 것이라는 설명은 나의 이런 생각을 혼란시키고 있었다.

당대의 영국 소설가 줄리언 반즈는 그의 걸작 『10과 1/2장으로 쓴 세계역사』에서 노아의 가족들이 노아의 방주에 동물들을 한 쌍씩 실으면서 깨끗한 자와 더러운 자로 구분하고, 깨끗한 자들은 규정을 어기고 추가로 더 싣고, 항해 중 특별 대접을 했다고 쓰고 있다. 특혜를 받은 동물들은 은총에 감사했지만 그것이 항해 중 가족들의 포식을 위한 것임이 밝혀지면서 감사는 공포로 바뀌어간다. 항해를 살아남은 동물들은 모두다 산으로 가고싶어 했지만, 이번에는 깨끗하고 따뜻한 집과 배부른 음식을 약속하며 우둔한 동물들을 유혹해서 남아있게 한 것이 오늘날의 가축이 되었다고 한다.

저 비둘기들도 그때 꼬임에 넘어간 조상들 때문에 지금 후대를 받고 있지만 타고난 수명대로 살 수는 없을 것이 아닌가? 이집트인들 역시 노아의 후손임이 틀림없다면, 그들의 동물 사랑에도 한계가 있을 수밖에 다른 도리가 있겠는가? 공원을 배회하는 개와 후대를 받은 뒤 잡혀 먹힐 비둘기간에 묘한 아이러니를 느끼었지만, 여전히 박물관의 동물의 미라는 옛 이집트인들의 생명 존중을 나의 머리에서 지워지지 않도록 강한 인상으로 남아 있었다. 인간은 하늘을 날아다니는 것들과 땅 위를 기어다니는 동물들을 먹거리로 할 수 있는 하나님의 은총을 받고 있다고 하지 않는가?

고대 이집트인들이 이룩했던 찬란한 문명과 문화의 꽃은 역사의 흐름과 함께 오늘날은 박물관의 전시품으로, 또는 깨진 석상의 모습으로 관광객들의 호기심을 자극하는 것으로 그 몫을 다하고 있을 뿐이다. 권력과 영광을 한 몸에 움켜쥐고 그것을 사후의 부활로까지 연장시키려 즉위하자마자 거대한 무덤을 축조했던 왕들은 지금 텅 빈 석실만을 관광객들에게 보여주고 있어서 권력과 인생이 무상한 것임을 되새기게 할뿐이다. 어쩌면 대 피라미드의 모습도 예외가 아닐지 모른다.

그러나 오늘날까지도 원형을 잃지 않고 조용히 누워있는 미라, 오늘도 여전히 하늘을 향해 묵묵히 서있는 대 피라미드의 모습, 신전 앞의 오벨리스크가 예외 없이 피라미드 모양의 세모뿔 첨탑을 하늘로 향하고 우뚝 서있다는 사실들은 태양신 라(Ra)와 함께 명부의 신 오시리스(Osiris)를 소중하게 섬겼던 옛 이집트인들의 의식, 즉 죽음과 삶을 밤과 낮의 뒤바뀜, 빛과 어둠의 교대, 썩어야 비로소 새싹으로 부활하는 죽음과 삶의 원리에 대한 그들의 깨달음을 증거하고 있는 것이다.

오늘의 이집트인들이 희거나 검은 긴 옷자락으로 땅바닥을 쓸면서 한가로이 카이로의 거리를 걷고 있는 것은 반드시 메마른 기후 탓만은 아닌 것이 분명하다. 지상의 삶을 영원한 생명의 일시적 형태로 믿고 있는 조상 전래의 여유 같은 것은 아닐는지?

태국의 버쌍(Bosang) 마을과 전통 우산

김 영 애

한국외대 태국어과 교수

태국은 보통 사람의 안목으로만 보아도 썩 괜찮은 나라이다. 평생 의식주에 대한 걱정을 하지 않아도 살 만한 나라이다. 서양의 고도로 발달된 문명의 이기를 흔하게 접할 수 있는 곳이며, 또한 태국 고유의 원시적인 듯하면서도 섬세한, 그러면서도 편안해서 누구나 쉽게 접할 수 있는 나라다. 그래서 태국의 방방곡곡은 세계 각지에서 온 관광객으로 일년 내내 붐빈다. 태국에서 관광지 하면 맨 먼저 떠오르는 도시가 치앙마이이다.

치앙마이는 태국 제2의 도시로, 태국 북부 지역의 문화와 예술, 교육의 중심지이다. 우리 나라의 국화인 무궁화를 발견할 수 있는 푸미폰아둔야뎃 국왕의 겨울별장인 푸핑궁전을 비롯하여 절에 이르는 긴 층계의 양쪽 난간을 용 두 마리로 장식한 프라탓 더이쑤텝 사원, 꽃 축제, 일년 중 제일 더운 4월 중순경에 물을 뿌리며 덕담을 나누는 태국 새해인 쏭끄란 축제, 티크를 사용한 목공예품, 우아하고 화려한 자태를 뽐내는 양난(洋蘭), 코끼리, 트렉킹, 고산족, 실크, 그리고 크고 작은 색색의 우산과 미인 등등으로 유명하다.

필자는 이 글에서 치앙마이를 여행한 사람이면 누구나 하나씩 들고 비행기나 버스에 오르는 크고 작은 색색의 우산에 대해 소개해 보고자 한다.

치앙마이 근교의 버쌍이라는 마을에서는 1월 하순이면 꽃이나 새, 나비, 또는 태국의 목가적인 전원풍경을 경쾌하고 화려한 색상과 감각으로 그려 넣은 전통 우산 축제(Bosang Umbrella Fair)가 열린다. 치앙마이의 시내에서 동쪽으로 약 9km가량 떨어져 있는 이 작은 버쌍 마을의 주민 모두는 우산 만드는 수공업에 종사하고 있다고 해도 과언이 아닐 정도로 직접 간접으로 우산 만드는 일에 참여하고 있다. 한마디로 전통 우산 마을이라고 할 수 있다.

우산 축제가 열릴 때면 온 거리는 화려하고 가벼운 술이나 장식이 달린 갖가지 우산으로 가득하다. 각종 토산품과 각양각색의 우산 전시회가 열리고, 한 쪽에서는 전통적 기법에 따른 우산 제작 과정을 관광객들에게 보여주느라 온 주민이 바쁘다. 미스 버쌍 미인대회가 열리기도 한다. 예쁘고 단정하게 전통의상을 차려 입은 긴 머리의 처녀들이 다소곳이 고개를 숙이고 앉아 정성 들여 완성된 색색의 우산 위에 각종 무늬를 아기자기하게 그려 넣고 있는 모습은 이곳을 방문한 관광객의 마음을 사로잡기에 충분하다.

버쌍 마을이 우산 생산지로 이름이 나고, 주민들이 우산 만드는 가내 수공업에 종사하게된 일화를 잠깐 소개해 보자. 약 200여 년 전의 이야기라고 한다. 태국 전역을 여기저기 여행하며 수행을 하던 스님이 한 분 계셨는데, 하루는 버쌍 마을 근처의 숲속에서 밤을 지새게 되셨다. 그 스님은 하루 밤을 지낼 적당한 자리를 나무 밑에 마련하고 나무가지에 모기장을 걸어 놓고 참선을 하려고 준비하다가 늘 들고 다니시는 우산이 낡아 제 구실을 못하게 된 것을 발견하셨다. 태국의 승려에게 우산은 필수품이다. 전국을 걸어서 여행하며 수행하는데. 이과정에서 뜨거운 햇빛과 찬 이슬, 그리고 비를 가려주는 유일한 도구가 우산인 것이다. 수년동안 혼자서 여행하면서 오랫동안 사용하였기 때문에 햇빛과 비를 가려줄 종이는 여기저기 구멍이 나 있고, 우산살도 부러져 있었던 것이었다. 마침 그곳을 지나던 가난하나 불심이 깊은 할아버지 한 분이 스님을 발견하고 다가와 예를 갖추어 절을 하고 나서, 왜 우산을 만지고만 계시냐고 여쭈었다. 스님이 우산을 내보이시자 그 할아버지는 우산을 고쳐다 드리겠다고 약속하고 우산을 집으로 가지고 갔다. 동리에서 솜씨 좋기로 소문난 할아버지였지만 그 우산을 고칠 수가 없었다. 우산이 너무나 낡았으므로 한곳에 손을 대어 고쳤는가 하면 또 다른 곳이 망가졌기 때문이었다.

아무리 궁리를 해도 고칠 방도를 찾을 수가 없었다. 옆에서 이러한 할아버지 모습을 지켜보던 할머니가 차라리 새로 만드는 것이 더 나을 것이라고 말해주었다. 결국 할아버지는 적당한 대나무를 구한 후 낡은 우산을 본 따 한 가지씩 한 가지씩 만들어 마침내 며칠 후에는 새 우산을 완성할 수 있었다. 새 우산을 받으신 스님은 매우 기뻐하셨고, 그 모습을 지켜본 할아버지도 덩달아 흡족해 했다. 수행하시는 스님에게 햇볕과 비바람을 막아줄 수 있는 우산을 만들어 드릴 수 있게 된 사실에 내심 만족했기 때문이었다. 이 소문은 곧 온 동리에 퍼지게 되었다.

얼마 후, 이웃에 사는 친구 한 사람이 할아버지에게 와서 우산을 만들어 달라고 했다. 그는 스님의 우산과는 다르게, 더 화려하고 아름답게 만들어 달라고 부탁했다. 그래서, 그 할아버지는 스님께 드렸던 것과 똑같은 방법으로 우산을 만들었고, 할아버지의 딸이 그 우산에 예쁜 그림을 그려 넣어 주었다. 그 이후로 우산 주문이 계속 들어와 할아버지와 딸은 가난에서 벗어나 생계를 유지할 수 있게 되었다고 한다. 스님을 위해 좋은 일(탐분)을 했으므로 복을 받은 것이었다.

이러한 유래를 가진 버쌍 마을의 우산은 대나무 살 위에 '싸'라는 종이를 발라 만든 지우산(紙雨傘)으로, 본래 의식이 있을 때마다 스님에게 바치기 위하여 손으로 만들어졌다고 한다. 그후 가내수공업에서 발전한 이 종이 우산은 점점 여러 사람에 의해 만들어져 상품화되었고, 종이 외에 면이나 실크 등을 발라 실크 우산 등을 만들고 있다. 따라서 근래에는 그 모양이나 색상에서 많이 변했고 세련되었다. 예전의 수수하고 소박한 면이 남아 있지만 자연의 모습을 세련되고 화려하게 그려 넣어 태국 북부의 고유상품으로 정착하였다.

현재는 색상도 화려해졌고, 그 위에 그리는 그림도 다양해져 태국을 상징하는 상품으로 자리잡았다. 그 화려하고 밝은 색깔의 우산은 다소 원시적이고 본능적인 냄새를 풍겨 이제는 치앙마이의 유명한 토산품이 되었다. 치앙마이를 여행하는 사람들은 크고 작은 색색의 예쁜 우산을 기념품으로 사는 것을 잊지 않는다. 오스트렐리아에 갔을 때 우연한 기회에 친구의 집을 방문할 경우가 있었는데, 그 친구는 버쌍의 우산을 전등갓으로 이용하고 있었다. 오렌지 빛의 실크가 거실의 분위기를 그윽하게 잡아주고 있었다.

1976년에 태국정부는 이 마을에 치앙마이 문화 센터를 설립하고, 가족 중심으로 이루어졌던 우산 제작을 이 센터를 중심으로 한 곳에서 우산을 제작하도록 하였으며, 해외시장을 비롯하여 국내시장에 대한 판로를 개척하도록 지원하였다. 또한, 전통적인 기법을 보존하면서 새로운 기술을 개발하게 하였고, 아울러 디자인이나 무늬도 개발하도록 지원함으로서 지방 산업으로 발전시켰다. 이러한 작업과 지원은 지역 주민의 생활 수준을 향상시키는데도 큰 몫을 하고 있다.

우산 제작 과정을 간략하게 살펴보면 다음과 같다. 우선 우산살을 덮어씌우는 종이를 비롯하여 면이나 실크는 태국 시장에서 구입한다. 주로 이웃 마을에서 생산되는 실크와 면을 사용한다(치앙마이는 실크 산지로도 유명하다). 그러나 지우산의 경우는 좀 다르다. 지우산에 사용하는 종이는 '싸'라는 이름으로 불리는 종이이며, 이 종이는 학명이 'broussonetia papyrifera' 라는 나무로 만드나, 현재는 북부 태국에서 쉽게 구할 수 있는 뽕나무 껍질로 만든다.

뽕나무 껍질을 약 24시간 동안 물에 담가 푹 불린 후, 여러 종류의 재를 넣은 물에서 약 3~4시간 동안 끓인다. 이 삶은 뽕나무 껍질을 깨끗한 물에서 여러 번 행군 후, 껍질이 죽처럼 부드러워 질 때까지 무두질하듯 두들긴다. 이 과정에서 잘게 부수어진 고운 섬유질을 깨끗한 물과 섞어 주걱으로 치대고 저어 섬유질이 물에 잘 녹게 한다. 그리고 나서 그 섬유질이 녹은 물을 원하는 크기의 고운 채와 같은 망 위에 부어 물기를 빼고 햇볕에서 약 20분간 말리는데, 이 얇은 섬유질 종이는 손으로도 쉽게 채에서 뗄 수 있다. 이 종이는 우산살 위에 바르는 종이로 사용되는데, 보통 2겹을 바른다고 한다.

대나무로 우산대와 우산살, 우산꼭지 등 필요한 부분을 만들어 우산으로 조립한 후, 이 우산을 일정 기간동안 살충액 속에 담가두어 대나무 속에 들어 있을 지도 모를 벌레를 없앤다. 살충액에서 꺼낸 대나무살을 다시 유해물질과 미생물을 없애기 위해 불에 그을리거나 훈증을 한다. 그리고 나서 완전히 말린 후 우산살 위에 종이나 천을 씌우는데, 이 때 사용하는 접착제는 비법의 접착제에 으깬 감을 1~2개월간 발효시켜 얻은 추출물울 섞어 만든다. 이것을 우산 위에 바르면 우산이 젖었을 때 우산살이 쉽게 망가지지 않을 뿐더러, 우산을 접었다 펼 때 탄력을 주어 느낌을 좋게 하고 방수가 되게 함으로서 우산의 수명을 길게 해주기 때문이라고 한다.

우산이 완성되면 잘 말린 후 종이나 천 위에 그림을 그리는 공정으로 들어간다. 예전에는 그림을 그려 넣거나 색칠을 하지 않았으며, 오늘날과 같은 화려한 우산은 약 20년 전부터 생산되었다고 한다. 솜씨가 뛰어난 주민들은 주문 받은 대로 자신의 상상력을 동원하여 새나 동물, 전원 풍경을 우산 위에 그려 넣는다. 요즈음 여러분들이 이 지역을 관광할 때 만나는 그림 그리는 처녀들은 정규적인 교과과정을 가진 학교에서 미술이나 그림을 전공한 사람들이 아니라, 이 센터에서 일하면서 틈틈이 그림 그리는 직업 훈련을 받은 사람들이라고 한다.

태국은 타이족이 중심이 된 나라로 전 인구의 약 75% 가량이 타이족이고, 전 인구의 약 95% 정도가 상좌부 불교를 믿는 사람들이다. 일상생활 속에서 자연스럽게 행해지는 스님에 대한 '탐분(make-merit)' 행위는 태국인에게는 제일의 기본적인 시주행위이다. 새벽 탁발을 나오신 스님에게 정성껏 마련한 음식을 바치는 습관은 이러한 맥락에서 이해된다. 치앙마이 부근의 버쌍 마을에서 생산된 우산을 볼 때마다 우산을 고치려고 깊은 궁리에 빠져 고뇌하는 불심 깊은 할아버지의 인자한 모습이 떠오르고, 종교나 불교의식이라기 보다는 일상사로 변해버린, 일상생활 속에서 불교의 5계나 8계를 묵묵히 실천하는 태국인의 미소 띤 소박하고 넉넉한 모습이 그 위로 겹쳐 떠오른다.

베트남 수도 하노이(河內) 기행

김 기 태
한국외대 베트남어과 교수

나는 1997년 9월부터 약 1년간 베트남의 수도, 하노이에 소재한 국립 하노이 대학교 사회인문과학대학 동방학부 한국학과에서 한국학 강의를 하면서, 베트남 문화를 깊숙이 접할 수 있는 귀중한 기회를 갖게 되었다.

이보다 약 30년 전 나는 남 베트남(1955~1975)의 수도 사이공(지금의 호치민시)에 있는 사이공 대학에서 수학(修學)하면서, 베트남 문화의 한 단면을 살펴볼 수 있는 기회를 가졌다. 당시는 남북이 분단상태로 전쟁을 하는 기간이어서, 나는 남부 베트남과 중부 베트남의 일부를 보는데 그쳤다. 그러나 이번에는 베트남 전체 뿐 만 아니라, 이웃 나라인 라오스와 캄보디아까지 여행할 수 있는 귀중한 경험을 갖게 되어 무척 흐뭇하였다.

베트남은 남지나 해안을 따라 약 1,600km 가량 남북으로 국토가 길게 뻗어 있기 때문에, 남과 북은 기후와 문화적으로 매우 상이하다. 특히 1975년 이전까지 남부 베트남은 자유주의 체제 하에 놓여 있었기 때문에 오랫동안 문화의 중심지였던 북부와 여러 면에서 상당한 차이를 느낄 수 있다. 특히 7,500만에 달하는 베트남 인구 중, 비엣족 이외에 약 200만 명의 소수민족이 있다.

베트남은 역사시대가 시작하면서 약 1000년간 중국의 지배를 받았기 때문에 중국문화가 건축, 조각, 종교, 미술, 음악, 언어, 문자 등에 깊이 영향을 주었다. 따라서 베트남을 연구하는 외국학자들 가운데는 중국연구가들이 많다. 그러나 12세기부터 남부로 영토를 확장하여 15세기에는 베트남 중부의 남방 인도문화인 참파왕국을 점령하여 베트남에 흡수하였고 남부의 캄보디아 역시 프랑스가 베트남을 점령하여 통치하기 시작한 19세기 중반까지 대부분 베트남의 관할하에 놓이게 되었다. 그런 까닭에 오랜기간 동안 중국문화를 근간으로 하고 있는 베트남 문화는 인도 문화의 흔적을 여기저기 발견할 수 있다.

베트남은 오랜 역사의 변천과정에서 지역마다 다양하고 독특한 문화를 갖고 있다. 이를 지역별로 구분하여 보면, 위도 상으로 남, 북, 중부 지방으로 나누어지고, 북쪽의 중심도시인 수도 하노이, 중부의 중심지인 왕도(王都) 후에(Hue), 그리고 1975년 이전 우리 나라와 밀접한 관계를 갖고 있던 남부의 중심지 호찌민시(사이공)으로 구분되며, 이를 중심으로 명승지를 고찰할 수 있다. 또한 지형별로는 주로 소수 민족이 거주하는 해발 1,000m 이상이 되는 서늘한 고원지대와 비엣족이 거주하는 홍하(紅河) 델타와 메콩 델타로 나누어 볼 수 있다.

그러나 베트남 문화는 홍하 델타를 중심으로 한 북부지역이므로, 이 글에서는 수도 하노이를 중심으로, 베트남의 자연과 고대 유적들을 살펴보기로 한다.

베트남의 수도 하노이(河內)는 매우 오래된 도시이다. AD 1010년 이(Ly) 왕조를 세운 이태조는 천하를 통일하고 왕도를 물색하던 중, 어느 날 밤 용이 하늘로 올라가는 꿈을 꾸었다고 한다. 왕은 기억을 더듬어 용이 하늘로 올라가는 꿈을 꾼 곳을 찾아가 이곳을 탕롱(昇龍)이라 하고 도읍을 정하였다. 따라서 하노이의 옛날 이름은 탕롱으로 불리었다.

수도 하노이는 홍하(紅河) 유역에 위치하여 도시 여기저기에 천연 호수가 많다. 둘레가 13km에 이르는 호떠이(西湖) 주변은 화려한 주택이 즐비하고, 호수면 위에는 쿠바에서 지어준 탕러이 호텔이 그 아름다움을 뽐내고 있다.

호떠이에 얽힌 여러 가지 전설이 있는데, 11세기 베트남 승려 콩로(khong Lo)가 중국 황제를 위해 많은 일을 하였는데 중국황제는 그 대가로 다량의 청동을 하사하였다. 그는 이 청동으로 종(鐘)을 만들었다고 한다. 이 종소리가 너무나 크고 아름다워 중국에까지 울려 퍼져 중국에 있던 황금 물소새끼가 어미가 부르는 소리인 줄 알고 이곳으로 어미를 찾아와 헤매다가 산이 패여 호수로 변했다고 한다.

호떠이 둘레에는 수많은 절이 있다. 특히 15세기에 건축된 쭈어 쩐 꾸억(Chua Tran Quoc)은 베트남에서 가장 오래된 절 중의 하나이다. 오늘날에도 설날이나 국경일에 베트남 정부 고위 관료들이 이곳에 와서 예불을 드리고 나라의 발전과 국민의 안녕을 기원하고 있다.

하노이 시내 한가운데의 바딘(Ba Dinh) 광장을 중심으로 과거 프랑스 식민 당국에서 지은 정부기관 건물들이 자리잡고 있다. 특히, 1969년에 사망한 호치민 주석의 시신이 생전의 모습 그대로 보존되어 일반 참배객들에게 공개되는 랑 박 호(Lang Bac Ho) 역시 바딘 광장의 서쪽에 자리잡고 있다. 그 주위로 호치민 주석 박물관, 호주석 생시 기거하던 장소 등이 있고, 11세기에 건축된 쭈어 못 곳(Chua Mot Cot)과 쭈어 지엔 흐우(Chua Dien

Huu)가 있다. 전설에 의하면 이(Ly) 태조가 아들이 없어 근심하던 중, 어느 날 밤 연꽃 위에 앉은 관세음보살이 그에게 아들을 안겨주는 꿈을 꾸었다고 한다. 왕은 즉시 어느 시골 젊은 여인을 택하여 그녀와의 사이에 아들을 낳아 후사를 이었다고 한다. 신하들은 이를 기념하여 이 절을 지었다고 한다.

하노이 중심부에서 얼마 떨어져 있지 않는 곳에 공자를 모신 반미우(Van Mieu, 文廟)가 있다. 1070년에 지어진 이곳은 전통적인 베트남 건축물의 대표 작품이다. 또한 1076년 왕실의 자녀들을 교육시키기 위한 학교로 쓰여졌다. 1484년부터 문묘경내 과거시험에 합격한 인물 82명의 이름과 출생지, 그리고 이들의 공적을 새겨 놓은 비석이 한문으로 새겨져 있다.

하노이 구(舊)시가에 접해있는 호안 끼엠(Hoan Kiem) 호수가 있다. 이 호수의 이름은 '칼을 돌려준다'는 환검(還劍)을 의미한다. 전설에 의하면 15세기 레(Le) 왕조를 건설한 레 러이(Le Loi)는 하늘이 준 대검으로 중국의 명나라 군대를 물리쳤다고 한다. 천하를 평정한 레러이 왕은 이 호수에서 뱃노래를 하고 있었는데, 갑자기 큰 금거북(金龜)이 나타나 왕의 칼을 빼앗아 입에 물고 물 속으로 사라졌다고 한다. 이때부터 이 호수의 이름을 호안 끼엠이라고 불렀다. 호안 끼엠 호수는 하노이에서 가장 아름다운 곳이다. 호수 주위는 수많은 외국 관광객의 발길이 끊이지 않고 있으며, 또한 이곳에서 많은 암달러상에 의해 달러 암거래가 행해지고 있다. 국제전화를 걸거나 팩스를 보내는 중앙 우체국(Buu Dien Bo Ho)도 주변에 있다. 이곳 동쪽에 위치한 오페라하우스는 프랑스 식민시대에 지어진 것으로, 현대와 전통 베트남극이 공연된다. 호수둘레는 울창한 나무로 뒤덮여 있고, 아침

산책객들을 위한 각종 편의 시설이 모여있다. 또 이 호수 속에 살고 있다는 수령을 알 수 없는 거북이 이따금씩 나타난다고 한다. 이 호수 북쪽에 위치한 응옥 선(Den Ngoc Son) 사당은 문학의 신(神) 반쓰엉(Van Xuong), 원나라 군대를 물리친 베트남 영웅 쩐 흥 다오(Tran Hung Dao), 그리고 병을 고쳐주는 신(神) 라 또(La To)와 도교에서 숭배하는 신(神) 콴 꽁(Quan Cong)을 모시고 있다. 이 사당의 기둥에 걸어둔 한시(漢詩) 족자는 문학적인 가치가 매우 높다.

호떠이(西湖)와 길 하나를 두고 동쪽으로 여러 역사적인 사건들이 얽힌 쭉 박(Truc Bach)호수가 있다. 이 호숫가에는 도교(道敎)사당인 콴 타인(Quan Thanh)사당이 있다. 11세기 이(Ly)왕조 때 건설된 이 사당은 쩐 부(Tran Vu)성인을 모시고 있다. 쩐 부는 베트남 신화에 나오는 인물과 중국 신화의 인물의 결합으로, 1677년에 검은 구리로 주조된 쩐 부 동상은 높이 3.96m, 무게 4톤으로 북쪽 중국을 향하고 있다. 이 외에도 수많은 사찰과 사당이 있다. 기원 후 1세기 한(漢)나라 군대를 물리치고 독립국가를 세운 하이 바 쯩(Hai Ba Trung)사당, 그리고 17세기에 지어진 불교국(佛敎國) 사신의 숙소로 쓰였으며, 베트남 불교 총본부인 쭈어 콴 스(Chua Quan Su) 등이 있다.

사회주의국가 어디서나 볼 수 있듯이 베트남 각 도시에는 수많은 종류의 박물관이 있다. 호찌민 박물관, 군사 박물관, 역사 박물관을 비롯하여, 미술 박물관 등이 있다. 특히 1998년 문을 연 민족박물관(Vien bao tang Dan toc)에는, 베트남 전국에서 수집한 15.000여점의 각 민족 문화유물을 전시해 놓고 있다.

하노이 고대 서민들의 주택구조를 한눈에 볼 수 있고, 베트남

인들의 수공예품을 팔고 있는 하노이 구 시가지로는 36포 프엉
(pho phuong)을 들 수 있다. 파는 물건들의 이름에 따라 붙여진
이 거리에는 주로 2층으로 지어진 집들이 빽빽이 들어차 있다. 1
층은 상점이나 가내공장으로 쓰이며 전면이 좁고 깊숙이 들어가
있다. 2층은 이들 상인들의 침실로 사용된다.

베트남을 방문하는 사람들이 거의 빠짐없이 관람하는 것이 써
커스와 수중 인형극인 무어 조이 느억(Mua Roi Nuoc)이다. 써커
스 극장을 잡씨 엑(Rap Xiec)이라 하고 레닌 공원에 위치하고
있다. 수중 인형극은 북 베트남 농부들의 독특한 극으로, 홍하강
이 범람하여 논에 물이 흘러 들어온 것을 고안하여 만든, 약
1000년의 역사를 가진 인형극이다. 이는 사람이 물 속에 들어가
인형을 실로 연결하여 무대 뒤에서 갖가지 동작을 연출한다. 이
수중 인형 극장 역시 호안 끼엠 호수 변에 있다.

이 외에도 하노이 근교에는 명승고적과 관광지가 수 없이 많
다. 하노이에서 남서쪽 60km 떨어진 흐엉 틱(Huong Tich)산의
자연 동굴에 있는 쭈어 흐엉(Chua Huong)을 비롯한 수많은 절
들이 산 여기저기에 흩어져 있다. 특히 수심이 낮은 개울물을 따
라서 1시간 반 가량 조그만 배의 노를 저어 가며 주변의 아름다
운 경관을 감상하는 것은 매우 흥미롭다. 또한 베트남을 방문하
는 사람은 어느 누구나 한번쯤 들르는 곳이 통킹만에 위치한 하
롱(Ha Long) 베이이다. 하롱베이는 1,500㎢의 면적에 3,000여 개
의 섬과 수많은 바위동굴들로 장관을 이루어 너무나 아름답다.
또한 하롱베이에서 가까운 곳에 위치한 통킹만에서 가장 큰 섬
인 깟 바(Cat Ba)섬은 그 면적이 354㎢에 이르고, 부근 90㎢의
해역은 1986년 국립공원으로 정해졌다. 이곳에는 20여 종류의

포유동물이 서식하고 있으며 해양 휴양지로 매우 적합하다.

하노이로부터 16km 떨어진 꼬 로아(Co Loa)성은 베트남 역사에 기록된 최초의 성곽으로 기원전 3C까지 거슬러 올라간다. 베트남이 중국의 지배를 받기 이전 툭(Thuc)왕조의 첫 왕인 안 즈엉 브엉(An Duong Vuong)의 딸 미쩌우(My Chau)공주의 애환이 깃든 곳이다. 한편으로 하노이에서 서북쪽으로 약 60km 떨어진 비엣 찌(Viet Tri)는 베트남 고대 유적 발굴지로 유명하다.

이상에서 베트남의 수도 하노이를 중심으로 이들의 문화와 아름다운 자연 경관들을 대충 살펴보았다. 베트남은 오랜 전쟁으로 국토가 황폐화되었고, 아직까지 사회간접자본에 대한 투자가 부족하기 때문에 이곳저곳을 다니며 살펴보는데 여간 불편하지 않다. 또 주위의 가난한 베트남인들이 외국인의 감정을 상하게 하는 경우가 많다. 그러나 아직까지 때묻지 않은 불모의 관광자원이 많다. 베트남의 문화를 이해하기 위해서는 많은 장애요인들이 있겠지만, 세심한 관찰과 연구하는 태도가 필요할 것이다.

진시황의 토용총을 보고

고 경 순

부산외대 경영학부 교수

아폴로 11호를 타고 1969년 7월 20일 인류 역사상 달에 첫 발을 디딘 암스트롱(Neil A. Amstrong)은, "지금 지구 위에 어떤 건축물이 보이느냐"는 미 항공우주국(NASA) 관계자의 질문을 받았다. "중국의 만리장성과 이집트의 피라미드가 보인다"고 그는 응답하였다. 암스트롱의 말은 황하와 나일강 유역의 고대 문명 발상지에 세계인의 눈을 쏠리게 하였고, 만리장성도 세계 7대 불가사의(不可思議)에 필적할 만한 유적이 아니냐는 논쟁이 벌어졌다. 그 무렵 '세계 8대 불가사의'로 불리울 수 있는 진시황릉의 병마용(兵馬俑; 병마와 말 모양의 도기 인형)이 1974년 중국의 시안(西安)에서 물길을 찾던 한 농부의 곡괭이에 찍힌 도기 파편에 의해서 발견되었다. 제1호 용갱에 이어 제2, 제3호 용갱이 계속해서 확인되었는데 아직도 발굴과 복원 작업이 끝나지 않았다고 한다.

필자가 진시황의 제왕지하궁전(帝王地下宮殿)을 둘러본 때는 1991년 1월 하순경으로 또 하나의 고대문명의 발상지인 티그리스강가에선 걸프(Gulf) 전쟁이 벌어졌다는 뉴스를 베이징에서 들었다. 중국과 우리 나라 사이에 국교가 재개된 지 얼마 안된 때라서 홍콩을 거쳐 베이징에서 쌍발 비행기로 시안까지 갔다.

베이징에서 만리장성과 자금성의 웅장함에 이미 놀랜 나의 눈은 진시황의 병마용 1호갱에 들어선 순간부터 입이 벌어진 채 다물 줄 몰랐다.

2000여 년 전에 만들어진 진시황의 수천 장병과 군마의 토용이 마치 당장이라도 공격명령을 받으면 살아서 움직일 듯한 표정으로 질서정연하게 공격적 포진을 하고 있지 않은가? 수천의 병사와 군마의 크기가 각각 다르고 각인된 모습이 똑같은 것을 찾아볼 수 없을 만큼 정교한 기술에 그저 혀를 내두를 뿐이었다.

그러나 한편으로 시황제, 그는 누구인가를 생각해 보면, 두 마음으로 헷갈린다. 그는 살아서는 중국의 천하를 통일한 시황제로서 만리장성을 쌓아 국방을 튼튼히 하고 법제를 정비하여 중앙집권적 국기를 바로 잡은 위업을 이룬 것으로 평가된다.

진시황은 죽어서도 '불멸'을 소망했지만, 죽는 것 자체를 마다하였다. 그래서 도가의 음양오행설에 심취하여 발해에 선인이 사는 세 신산(神山)이 있다는 말을 믿고, 제(齊)나라 사람인 서복(徐福)에게 수천명의 동남동녀(童男童女)를 붙여 해상으로 보낸 적이 있다. 그러나 그의 죽음에 대한 도전은 겨우 50세로 세상을 뜨니 허망하게 끝나고 말았다. 그가 시황제로 불린 지 12년만의 일이다. 사실 고대의 중국인은, 사람은 육체와 두 영기(靈氣)로 되어 있다는 것으로 생각하고 있었다. 그 하나는 혼(魂), 다른 하나는 백(魄)인데, '혼'은 하늘에서 와서 하늘로 올라가고, '백'은 땅에서 비롯하여 땅으로 돌아가는 것이다. 육체에서 혼과 백의 균형은 음양설에 대응하는 것이었다. 불사의 약(단약;丹藥)에는 두 가지가 있는데, 하나는 백이 육체에서 떠나는 것을 막고, 다른 하나는 혼을 다시 불러들여 되돌리는 것이라고 한다.

오늘의 우리도 '한 오백년 살자는데 웬 성화요…' 라는 노래를 부르며 건강장수를 바라는 마음과 형태를 보이고 있는 것을 보면 불노, 불사에 대한 욕망과 기원은 고금동서를 가리지 않는 인류의 보편성의 하나라고 하겠다. 하지만 진시황은 백성의 피땀어린 대가로 지은 아방궁(阿房宮 혹은 阿城))에서 살았으며, 죽어서 영생을 누리고자 제왕지하궁전(여산릉)을 만드느라고 70만 명(연인원 1,000만 명 추산, 단 만리장성 축조인원은 별도)이나 동원하였다고 한다.

그리고 그는 지하궁전의 비밀을 지키기 위하여 작업을 마친 기술자와 인부들이 갱문을 나올 무렵 그 문을 닫아버렸다고 하니 그 원혼의 메아리가 갱 속에 메아리치는 듯 하다. 분서갱유(焚書坑儒) 등 폭정에 항거한 농민들의 난과 시황제가 죽은 뒤 황실의 후계자를 둘러싼 다툼으로 4년 동안 혼란에 빠졌던 진나라는 결국 멸망하고 말았다.

이 글을 쓰는 내 서가의 한 쪽에는 조그만 토용상들이 제멋대로 포즈를 취하고 있다. 서있거나 누워 있는 것, 목과 꼬리가 부러진 병마상들도 보인다. 마치 토용상이 처음 발굴되었을 때의 모습과 거의 비슷한 것 같다. 이사 다니면서 골절상을 입었고 내가 관리를 게을리 한 탓이다. 모두 7~8개 가량의 표본으로 만든 토용상들은 토용총 앞 뜨락에서 한 소녀로부터 단돈 1원(元; 당시 한화로 100원 정도)에 산 것이다. 열 살 쯤 되어 보이는 어린 소녀에게, "한 망태기에 얼마냐?"고 내가 손짓으로 물었을 때, 그 소녀는 두 손을 들어 열 손가락을 펼쳐 보였다. 일행중에는 벌써 5원에 샀노라는 말을 들은지라 나는 거의 무심결에 한 손가락만 펼쳐 보였더니, 뜻밖에도 나의 제안에 "두 손을 들고 마는 것이 아닌가?"

　나는 지금도 진시황의 토용총도 불가사의하지만, 10원 짜리를 1원에 사고 판 두 사람의 마음도 그러하지 않은가 하는 생각을 되뇌이곤 한다. 그 소녀를 위한 기도를 하면서.

일본 규슈(九州)의 한국악(韓國岳), 가라꾸니다께

최 종 수

한국외대 영어과 교수

일본지도를 보면 규슈(九州) 남부 기리시마산군(霧島山群) 중에서 제일 높은 봉우리는 가라꾸니다께(韓國岳, 해발 1,700미터)로 표기되어 있다. 동해의 우리 국토인 독도를 다께시마(竹島)라고 표기하여 자기네 땅이라고 주장하는 일본인들이 어찌하여 자기네 본토의 일부인 규슈 남부지역에, '한국악' 이라는 이름을 거의 대부분의 일본지도책에 뚜렷하게 표기해 놓고 있을까?

등산을 취미로 삼고있는 필자는 1991년 7월 19일 금요일, 단독으로 이 한국악을 등반하였다. 도쿄에서 용무를 마친 후, 7월 18일 오전 7시 4분 도쿄 역에서 떠나는 신깐센 열차를 타고 일단 후쿠오까(福岡)로 왔다. 거기서 다시 열차를 바꾸어 타고 깃도센(吉都線) 고바야시(小林) 역에서 하차, 여기서 택시를 불러 에비노고원(高原)의 산길을 달려, 결국 그날 하오 7시 50분에 한국악의 산록에 있는 에비노고원호텔에 도착했다.

내일 아침이면 한국악에 오른다고 생각하니 그 동안 지불한 적지 않은 교통비와 1인 1박 15,000엔의 숙박비가 그다지 아깝지 않았다. 비성수기라 그런지 호텔의 객실은 대부분 비어있었고 고원의 밤은 적막했다. 노송의 가지 사이로 부는 시원한 바람과 넓은 목욕실의 철철 넘치는 맑은 온천수는 모두 필자의 독점물인 것처럼 느껴졌다.

드디어 1991년 7월 19일. 오전 5시 30분에 기상하였다. 전문 등산가가 아닌 사람이 낯선 산을 오를 때는 새벽시간을 택하는 것이 바람직하다. 어제 밤 호텔 지배인으로부터 얻어놓은 비상식량 한 봉지와 식수를 담은 비닐 물주머니와 두터운 털샤츠 한 벌만을 배낭에 넣고 6시 40분에 호텔 정문을 나왔다.

호텔의 젊은 직원은 아침식사를 차려놓을 터이니 등산을 마치고 돌아와서 먹으라고 일러준다. 그러나 해발 1,200미터 높이의 현지점에서 500미터의 험한 산길을 더 올라갔다가 다시 내려오는 일이 오전 9시 이전에 이루어지리라고는, 당시 64세였던 필자로서는 도저히 생각할 수 없었다. 따라서 호텔에 돌아와서 조반을 먹는다는 생각은 처음부터 단념하였다. 차라리 도시락을 만들어 달라고 요청하고 싶었으나, 산행 출발이 너무 일렀기 때문에 그것은 무리한 요구가 아닐 수 없다고 생각하였다.

처음에는 경사가 완만하고 푯말이 뚜렷하기 때문에 느린 걸음이나마 상쾌한 기분으로 올라갔다. 주변에는 짙은 안개가 끼여있어 이 지역 전체의 윤곽을 파악하기가 어려웠다. 에비노고원이란 말은 한국악 산록에 널리 펼쳐있는 분지형의 고원으로, 가을에는 넓은 고원 전체가 삶은 새우 즉 일본말로 '에비'(えび, 海老)처럼 초홍엽(草紅葉)으로 변하기 때문에 붙여진 이름이다. 조금 더 올라가면 대지옥(大地獄)이란 푯말이 붙어있는 곳이 나오는데, 여기에는 분기공(噴氣孔)이 산재해 있고, 그 구멍으로부터 수증기와 가스가 펑펑 솟아오르고 있다. 가까이 가면 열기가 확하고 숨통을 막을 정도이다.

그 일대에는 누른빛의 크고 작은 유황의 결정체가 무수히 어지럽게 널려있다. 일견 무서운 감을 준다. 물론 그 사이로 통로가 나 있어 그 유황의 결정체 밭을 더 멀리까지 가 볼 수도 있으나, 일정이 급한 필자에게는 그를 시간이 없었다. 같은 규슈에 위치한 시마바라(島原)의 후겐다께(普賢岳)가 얼마 전에 폭발하여 많은 사상자를 내었던 일을 상기하였을 때, 이 수 많은 분기구들이 언제 터질지 모르는 화약고처럼 느껴지기도 하였다.

산길 옆에 세워둔 입산자 신고함앞에 도착한 것이 오전 7시. 안을 열어보니 노트 한 권에 그 해 초부터 이곳을 지나간 사람들의 성명과 주소가 적혀있었다. 필자도 성명과 학교 이름과 집의 전화번호까지 적었다. 아무도 지나는 사람이 없는 새벽 산길, 그것도 수증기와 가스가 펑펑 터져나오는 잠자는 화산 옆을 지나면서 입산신고록에 기명하는 것은 결코 유쾌한 일은 아니었다.

그러나 돌이켜 생각해보면 산다는 것은 5분 앞의 일도 예측 못하는 모험이 아니겠는가? 어디서 무슨 일을 당할지 아무도 모른다. 문득 머리를 스치는 것은 일본의 하이세이(俳聖: 일본 특유의 짧은 시의 명인)라는 마쯔오 바쇼(松尾芭焦)가 남긴 말이었다. 그는 "옛 사람도 나그네길에서 죽은 자가 적지 않다. 나도 언제부터인가 조각 구름을 날리는 바람에 이끌리어 방랑자 신세를 그리워하게 되었다."고 말했었다.

비록 입산자 신고함에 남겨진 필자의 글씨가 필자의 지상 최후의 필적이 된다 하더라도, 일본의 그 많은 산봉우리 중에서 무슨 이유 때문인지 유독 이곳에만 한국악이란 이름이 있고, 이 산을 오르다가 화산이 폭발하여 필자가 불귀의 객이 되고, 그것이 세상에 알려진다 하더라도 그다지 불명예스러운 일은 아닐 것이라고 생각하였다. 이런 생각이 머리에 떠오를 정도로 주변은 고요하고 인적이 없고 유황 냄새가 진동을 하였다.

산허리에 밀생한 숲 사이로 울퉁불퉁한 돌이 깔려 있는 너덜길을 정신없이 올라갔다. 등산화가 아닌 랜드로바 구두를 신었으니 돌부리에 부딪칠 때마다 아랫도리가 휘청거렸다. 드디어 한국악 가는 길의 고고메(5合目)라는 푯말이 나온다. 일본인들은 산의 정상을 10合目으로 설정하고, 그 절반을 올라온 곳에다 5合目, 80%를 올라왔으면 8合目이란 푯말을 세워놓는다. 필자는 이 5合目에서 그 동안 흘렸던 땀을 훔치고 호흡을 조절했다.

아직 배가 고프지 않으니 견딜 수 있을 때까지는 비상식량과 가져온 물을 아껴야 했다. 발아래 저쪽에 내려다보이는 둥근 모양의 파란 못은 후도이께(不動池)이겠지. 그밖에 로꾸간논고이께(六觀音御池)가 보여야 하겠지만 지금은 짙은 안개로 인하여 전혀 보이지 않는다.

20분쯤 쉬었을까? 다시 일어나 숲 속의 너덜길을 또 올라가야만 하였다. 때로 진흙이 있기는 하지만, 지면은 거의 전부가 화산석의 깨여진 돌멩이들로 깔려져 있다. 한참동안 땀을 흘리고 숨을 헐떡인 끝에 마침내 정상에 도착했다. 최고지점으로 짐작되는 낮은 바위 옆에는 너무나 초라한 나무 푯말에 희미한 먹글씨로 '한국악 1,700m.' 라고 적혀 있다. 그러나 조금 떨어진 곳에는 또렷한 글씨의 좀 더 나은 나무 푯말, '한국악 정상(에비노고원)' 이란 것이 서 있다. 10분쯤 지나자 더 짙은 안개가 서서히 사방에서 몰려왔다. 산 속이나 산 꼭대기의 날씨는 시시각각으로 변한다는 것은 상식에 속하는 일이지만, 지금 이 순간 이렇게 많은 시간과 비용과 정성을 드려서 찾아온 한국악의 정상에서 볼 수 있는 경치가 안개와 구름 때문에 막혀버렸으니 얼마나 억울한

가! 옆에 있는 돌멩이 더미 위에 앉아서 얼마 동안 기다렸다.

특히 이곳에서는 안개가 짙을 때 행동을 조심해야 한다는 말을 들었었다. 왜냐하면 이 정상에는 직경 900미터, 깊이 300미터의 거대한 물 없는 화구호(火口湖)가 입을 벌리고 있기 때문인 것이다. 안개 속에서 만약 발을 잘못 옮겼다가 절벽으로부터 이 화구로 떨어지면 이 세상을 하직해야 한다.

필자는 우선 가져온 비상식량을 씹고 꿀맛 같은 물을 마셨다. 이 안개와 구름만 없다면 여기서 북동쪽으로 뻗어있는 봉우리들, 시시꼬다께(獅子戶岳), 신모에다께(新燃岳), 나까다께(中岳), 그리고 1945년 이전의 일본 국수주의 역사가들이 일본 임금의 선조가 하늘에서 내려왔다고 주장하면서 내세웠던 천손강림(天孫降臨) 신화의 현장인 다까지호노미네(高千穗峰: 1,574m.)를 조망할 수가 있으며, 또 거기까지 왕복종주도 할 수 있는 것이다. 약 30분을 더 기다렸으나 안개가 걷히고 구름이 사라질 기미는 없었다. 하는 수 없이 발길을 돌려 하산키로 하였다. 그때였다. 저쪽 안개 속에서 70대로 보이는 노인 한 사람이 나타났다. 그는 새벽 4시경에 기상하여 한국악을 거쳐 다까지호노미네 쪽으로 갔으나, 너무나 안개와 구름이 심하여 더는 갈 수가 없어서 되돌아오는 길이라고 말하였다.

필자는 그 노인에게 아침 인사를 하고 국적을 알린 후, 왜 이 봉우리를 한국악이라고 부르게 되었는가를 물어보았다. 그는 간단히 여기에 올라오면 한국이 보인다고 하여 그렇게 명명된 것이 아니겠는가고 말할 뿐이었다. 물론 이 말은 설득력이 없다. 그것은 마치 도봉산 자운봉에 올라서면 백두산이 보인다는 주장만큼이나 이치에 맞지 않는 말이다. 이 노인이 하산한 후 필자는 또 얼마를 기다렸지만 결국 허사였다.

지면 제한 때문에 이 산행의 나머지 이야기는 생략하기로 하고, 다만 왜 한국악이란 표기가 생겼을까에 대한 필자 나름의 추론을 피력하고 이 글을 끝맺고자 한다.

필자는 한국악을 다녀온 후, 아마추어의 부질없는 도로인줄 알면서도, 일부 일본인 및 한국인 사학자들의 일본고대사에 대한 책을 간간이 뒤적거리게 되었다. 그러나 섭렵의 범위가 좁은 탓인지, 한국악이란 명칭이 생긴 유래를 밝혀놓은 책을 접하지는 못하였다. 다만 요시다 도고(吉田東伍) 저술의 『일본지명사전』(日本地名辭典)을 위시하여, 에가미 나미오(江上波夫), 미즈노 히로시(水野祐), 이노우에 미쯔사다(井上光貞), 박시인(朴時仁), 김성호(金聖昊), 고준환(高濬煥), 김달수(金達壽)제씨의 글을 읽어본 결과, 한국악 주변의 규슈 남부에는 일본의 고대역사나 건국신화와 관계가 깊은 지역이 적지 않게 있으며, 그곳들이 한국과 깊은 관계가 있다는 사실쯤을 깨닫게 되었다. 필자가 읽은 것을 여기서 상설할 필요는 없겠으나, 필자가 얻은 몇 가지 토막 지식을 예시하면 다음과 같다.

첫째, 동북아시아계의 기마민족이 신예의 무기와 병마를 가지고 한반도를 거쳐 일본 규슈나 혹은 혼슈(本州) 서단부에 침입하여, 기원 4세기경에 긴끼지역(近畿地域)으로 진출하여 강대한 세력을 가진 야마또조정(大和朝廷)을 세웠다는 주장, 둘째, 한국악에서 멀지 않은 규슈 구마가와(球磨川)의 하구에 있는 야쯔시로(八代)라는 곳에는 묘겐구우(妙見宮)라는 별칭을 가진 야쯔시로신사(八代神社)가 있으며, 묘겐(妙見)을 신으로 모시고 있는데, 묘겐은 바로 가야국(伽倻國)의 김수로왕(金首露王)의 제1왕녀였으며, 그녀를 일본 학자들은 히미꼬(卑彌呼)라는 여왕 또는 진구고고(神功皇后)로 추정하고 있다는 사실, 셋째, 앞에서도 조금 언급했지만, 한국악에서 얼마 떨어지지 않은 곳에 있는 다까지호노미네는 일본 건국신화의 핵심인 천손강림(天孫降臨)의 성지로 믿어지고 있다는 사실, 넷째, 한국악에서 멀지 않은 미야자끼껜(宮崎縣)의 미쯔쯔(美津津) 해안에는 한국에서 건너간 도래인(渡來人)의 후손으로 추정되는 일본의 제1대 국왕이 거기서 일본 본토를 정복하기 위하여 배를 타고 떠나갔다는 푯말이 세워져 있다는 사실, 다섯째로, 한국악에서 얼마 떨어져 있지 않는 곳에 현재 백제인의 후손으로 자처하는 일본인들이 「백제촌(百濟村)」이란 푯말을 세워놓고 살고 있다는 사실 등을 들 수 있다. 결국 이런 사실들을 통하여 우리는 일본 학자들이 규슈 남부가 고대 한국과 깊은 관계를 갖고 있다고 주장하는 것을 인정하지 않을 수 없는 것이다.

어디까지나 일개 아마추어에 불과한 필자이지만, 이런 주장들을 종합해 볼 때, 한국악이란 명칭은 어쩌면 가야(伽倻), 백제, 또는 신라의 옛 사람들이 이 규슈 남부로 도래(渡來)하여, 한국악 주변에 군거하면서, 때때로 한국악과 다까지호노미네 등에 올라가 천신께 제사를 지내며 정사를 의논했을 지도 모른다는 추측과 유관하지 않을까고 생각하는 바이다. 그리고 지난날의 일본 학자들이 일본국의 초대국왕은 하늘에서 내려온 천신의 후예라고 강조하던 천손강림의 신화는, 결국 이들 산에서 제사를 지내고 정사를 의논하던 한국 도래인들의 모습을 미화시킨 것이 아닐까고도 추리해보는 것이다.

이렇게 볼 때 이 산이 어느 때부터인지는 모르나, 고대 한국

도래인들에 의하여 한국악이라고 불리게 되었을 것은 상상하기 어렵지 않다. 모르기는 하지만 이 산명을 못마땅하게 생각하여 다른 이름으로 바꾸려고 시도했던 국수주의자도 있었겠지만, 한국악 근처에 살고 있던 한국 도래인들의 후손들이 은연중에 이를 반대했기 때문에 지금까지도 그 산 이름이 변치 않고 그대로 있는 것이 아닌가고 상상해 보는 것이다. 앞으로 우리 나라가 세계 일등국이 되면, 일본측 학자들 중에서 이 산명의 유래를 신빙성 있는 재료를 가지고 적극적으로 밝히려는 사람이 나오게 될 것으로 믿는다.

1991년 7월 19일, 오전 10시경, 필자는 한국악에서 하산하는 도중, 숲속 산길에서 밝은 햇살을 받으며, 아래로부터 위로 올라오는 많은 일본 고등학생들을 만났다. 땀을 흘리며 올라오는 그들의 대부분은 위에서 내려오는 나를 보고 미소를 지으며 예의 바르게 인사를 하였다. 나도 그들에게 같은 호응을 보내며, 마음 속으로 "여러분들은 절대로 임진왜란(壬辰倭亂)의 주범인 풍신수길(豊臣秀吉)의 발상 같은 것은 절대로 가지지 말아달라." 고 말하고 있었다.

안다만 니코바르 열도의 원시감옥과 정신대(挺身隊)

고 홍 근

부산외대 인도어과 교수

세계지도를 펼치면 인도와 미얀마(Miyanmar)사이에 작은 섬들이 길게 늘어 서 있는 것을 발견할 수 있다. 지정학적으로 볼 때 이 열도는 당연히 미얀마나 인도네시아(Indonesia)에 속해야 하겠지만 영국제국주의의 유산으로 1947년 인도 영토가 되었다. 인도 본토에서 8천톤 급의 여객선으로도 3일 내지 4일이 걸리는 이곳은 남 안다만(South Andaman)섬의 블레이어항(Port Blair)을 중심으로 극히 일부 섬들만이 일반인들에게 개방되고 있을 뿐이며 나머지 지역은 군사적 또는 문화인류학적 이유로 출입이 철저히 통제되고 있다.

따라서 이곳은 인도 내에서도 기계문명의 바퀴가 비껴 지나간 낙후지역이 되었지만 절해의 고도만이 갖는 자연의 신비를 그대로 간직할 수 있는 행운을 누리고 있기도 하다.

안다만 니코바르(Andaman Nicobar)열도라는 이름이 우리 나라에서 거론된 것은 김현희를 유명하게 만들었던 대한항공 여객기 폭파사건의 잔해수거 당시였을 뿐이며 이와 같은 열도가 있는지 조차 모르는 사람도 많을 것이다. 필자 자신도 이곳을 처음 찾을 때는 특별한 목적이 있어서라기 보다는 인도 본토의 끔찍한 더위를 피하고 소위 절해고도에 가보는 것도 재미있으리라는 치기 어린 생각에서였다. 이곳에는 야자수가 우거진 흰 모래의 해변, 따뜻하고 깨끗한 바닷물 그리고 공해라고는 전혀 없는 맑은 공기 등 도시생활에 찌든 사람들이 일반적으로 꿈꾸는 원시적인 아름다움이 그대로 남아있다. 그러나 바닷바람이 싣고 오는 염분과 매일 거의 한 차례씩 내리는 비 그리고 1주일만 폭풍이 불면 가장 기본적인 생필품, 예를 들어 소금조차도 구하기 어려워지는 악조건도 있는 곳이다. 따라서 이곳은 4~5일정도의 휴양지로 적합한 곳이지 장기적인 생활터전으로 삼기에는 어려움이 많은 곳이다.

열대림이 우거진 3백여 개의 섬들로 이루어진 이 열도는 해상 실크 로드(Silk Road)가 개척된 이래 원양선박의 식수공급지로 이용되어 왔었으나 섬에 상륙했다가 원주민들에게 습격 당했던 선원들의 과장된 이야기에 의해 마르코 폴로(Marco Polo)의 동방견문록에도 '식인도(食人島)'로 기록되어 있는 등 근세에 이르기까지 식인종이 사는 무서운 섬으로 알려져 왔었다. 선원들을 공포에 떨게 했었던 원주민들 중 일부 부족들 즉, 자라와(Jarawa)족과 쎈티넬(Sentinel)족은 아직까지도 외부와의 접촉을 거부한 채 원시생활을 계속하고 있다. 특히 100명 정도의 인구를 가진 것으로 추정되는 쎈티넬족은 1978년 인도 고고학회의 탐사선이 접근하려 하자 화살과 창으로 격렬히 대항하여 현대식 장비를 갖춘 탐사대가 상륙도 하지 못하게 한 것으로 유명하다.

이 이후 인도정부는 성급한 접근보다는 장기적이고 유화적인 접근이 종족보호에 도움이 된다고 판단하여 지난 20여년 간 해변에 플라스틱 제품, 코코넛 등을 갖다 두고 재빨리 배로 돌아오는 등의 우호적 신호를 보내 왔지만 아직까지는 뚜렷한 성과를 거두지 못하고 있다.

17세기초 동남아의 향료 무역로를 장악하려는 서구열강들의 시도가 치열해지면서 이 열도에도 서구인들의 진출이 시작되었다. 영국, 포르투갈, 스페인 등의 열강들은 경쟁적으로 선교사를 파견하여 정치적 발판을 구축하려고 하였으나 이곳에서 1년을 버티는 선교사나 수도승은 없었고 그들의 대부분이 습기찬 기후 그리고 열악한 환경 때문에 생명을 잃어야 했었다. 18세기에 약 50년간 서구 열강들은 이 열도를 포기한 듯이 보였지만 1789년 인도아대륙에서 정치적 안정을 획득한 영국은 세척의 배로 이루어진 탐험대를 조직하여 본격적인 탐사를 시작하였고 그 결과 천혜의 항구인 블레이어항을 비롯한 전 열도를 지배할 수 있었던 것이다.

그러나 본토에 사는 인도인들은 전통적으로 안다만에 이르는 바다를 깔라 빠니(Kala Pani;검은 물)이라고 부르며 그 바다를 건너가면 저주를 받는다고 믿고 있었으므로 영국은 개발에 필요한 노동력을 조달할 수가 없었고 그에 따라 개발은 지연될 수밖에 없었다. 그러나 1858년 인도 최초의 독립전쟁이라고 일컬어지는 세포이(Sepoy)반란이 진압되고 막대한 수의 죄수가 생기자 영국은 이 열도를 유형도로 선포하여 죄수들을 이곳으로 이송하였다. 현재의 안다만은 죄수들의 피와 땀 그리고 눈물로 이루어진 것이라고 해도 과언이 아닐 것이다. 20세기에 들어서자 영국은 악명 높은 '쎌루라(Cellular)'감옥을 지어 인도의 독립운동가들을 구금 처형하는 장소로 사용하였다. 원형의 중앙건물에 6개의 팔이 뻗쳐져 있는 형태로 만들어진 이 감옥의 웅장한 모습을 보면 인도본토와 1천km이상 떨어져 있고 가장 가깝다는 미얀마의 해안선과도 5백km이상 떨어져 있는 이곳에 이렇게 철통같은 감옥을 지을 필요가 있었겠는가 하는 의문을 가지게 된다. 탈출을 해도 갈 곳이라고는 뱀이 우글거리는 밀림과 끝없는 바다밖에 없기 때문이다. 현재 이 감옥의 2/3는 관광시설로 개방되어 있지만 그 나머지에는 아직 죄수들이 복역하고 있다. 담배 한 가치에 입이 가벼워진 경비병의 이야기로는 400명 정도의 죄수가 있으며 흉악범들이 대부분이지만 정치범들도 20여명이 있다고 한다. 감옥을 격리라는 개념으로만 생각한다면 쎌루라 감옥처럼 이상적인 곳은 드물기 때문에 현 인도정부도 영국제국주의의 탄압의 상징이었던 이곳을 포기하지 못하는 것이 아닐까?

쎌루라감옥의 정문에서 바다쪽을 바라보면 로스(Ross)라고 이름 붙여진 작은 섬이 있다. 영국통치시절, 영국인들은 이 섬에 총독관사와 행정본부 그리고 영국인전용의 위락시설을 지어 죄수들의 반란으로부터 안전을 도모했었고 다른 한편으로는 인도인들과의 필요이상의 접촉을 제한했었다. 즉, 섬 속에 또 하나의 섬을 만들었던 것이다. 그러나 인도 독립이후 이곳은 폐쇄된 채로 남겨져 오다가 지난 1988년부터 일반인에게 개방되기 시작했다.

열대에서의 40년이라는 세월의 흔적은 인간의 영고성쇠가 얼마나 허망한 것인가를 깨우쳐 주기에 충분한 것이었다. '해가 지지 않는 제국'의 총독관사는 열대식물의 끈질긴 도전에 무너져 가고 있었고 흙탕물이 바닥에 고여있는 수영장에는 거북이 떼가 열기를 식히고 있을 뿐이었다. 더욱 사람을 감상적으로 만드는 것은 겨우 형태만을 유지하고 있는 교회의 뒤뜰에 있는 작은 묘지이다. 넘어지고 깨어져 흩어져 있는 묘비들의 글귀에는 고향에서 아득히 먼 곳에서 죽어간 영국인들의 슬픔이 아련히 남아 있다. 1862년 4월 6일 사랑하는 아내와 생후 3개월 17일된 딸을 한꺼번에 잃은 영국인 약제사가 세운 묘비, 1890년 안다만 해역에서 조난 당하여 사망한 19세 선원의 초라한 묘비 그리고 1921년 6월 11일 콜레라로 죽은 포병장교의 묘비에서 대영 제국의 위대함이나 개척자의 용기를 연상하기는 어려웠고 단지 역사의 흐름과 정치의 바람에 휘말린 무력한 인간들의 모습을 느낄 수 있었을 뿐이었다.

유형지로서의 악명만을 떨쳐 왔었던 이 열도가 세상의 주목을 다시 받게 된 것은 1942년 일본군이 진주하면서부터 였었다. 동남아전선이 괴멸되자 영국인들은 재빨리 후퇴하였고 일본군들은 소위 '해방자'로서 이곳을 점령하여 인도 진공의 전초 기지로 삼았다. 이곳 주민들은 일본군을 적극적으로 환영하였던 것은 아니었지만 비교적 우호적 감정을 가지고 있었으므로 시민 자치위원회를 결성하여 일본의 통치에 협조했었다. 그러나 이와 같은 협조분위기가 냉각된 것은 '조선인 위안부' 때문이었다. 필자가 블레이어항의 시립 도서관에서 찾은 자료를 발췌하여 옮기면 다음과 같다.

"1943년 5월경부터 비교적 단정하게 행동해 왔었던 일본군들의 태도가 문란해지기 시작했다. 몇 명의 일본군들이 아베르딘 바자르(Aberdeen Bazar)부근의 시크(Sikh)교 사원에 침입해 부녀자를 희롱하려 했던 사건이 발생했다… (중략) 이에 대해 일본군 당국은 10명의 조선인 위안부들이 도착할 예정이라고 말하며 사건을 무마하려했다. 그러나 시민자치위원회는 조선인 위안부들의 유입은 섬 전체의 도덕적 순수성을 손상시킨다는 이유로 반대했고 일본군 당국은 위안부들을 철저히 통제하겠다고 주장했다… (중략). 양측이 팽팽히 대립하고 있던 중 7월 일본군은 자치위원회 위원장인 씽(Singh)박사를 체포 구금하고 위원회를 해산시켰다…(중략). 결국 8월 12일 조선인 위안부 10명이 블레이어항에 도착했다."〔바바니 굽따(Babhani Gupta)의 『검은 물』(Black Water), 137쪽에서 140쪽까지의 내용이다〕

일본군과 주민들 사이에 벌어진 대립은 우리의 관심의 대상이 될 필요가 없는 것이지만 '조선인 위안부'가 바로 강제 종군 위안부인 '정신대'를 의미한다는 것은 누구나 쉽게 연상할 수 있을 것이다. 물론 정신대의 존재는 널리 알려져 있고 그 비인간성에 대해서도 많은 사람들이 증언한 바가 있다. 그러나 세상의 끝이라고 할 수 있는 이 안다만에 까지 그들이 끌려 왔다는 사실에는 새삼 충격을 받지 않을 수 없었다.

더구나 일본인들이 그들을 한국에서 이곳으로 직접 데리고 왔을 리는 없고 중국, 동남아 등에서 짓밟힐 대로 짓밟힌 상황이었을 것이다. 만신창이 된 몸과 마음을 이끌고 이곳에 도착하여 열악한 기후와 환경 속에서 다시 일본군들의 동물적 노리개 노릇을 해야만 했을 그들을 생각하면 슬픔을 지나 어떤 분노마저 느끼지 않을 수 없다. 이 불행한 여인들의 안다만에서의 생활의 흔적을 찾아보려고 하였지만 그에 대한 기록은 없었고 그 당시 국민학교 학생이었다는 한 주민에게서 "그 여자들은 장교만을 상대했다."는 신빙성이 약한 말을 들었을 뿐이다. 그 여인들의 이름도, 고향도 그리고 일본군이 패퇴할 때 어떤 운명에 처했는가를 알 길이 전혀 없었다.

일본군이 이곳을 점령했던 것은 불과 3년여에 불과했지만 그들이 남긴 흔적은 쉽게 찾아 볼 수 있다. 해안선 도처에 남아있는 콘크리트 참호들과 절벽을 파고들어 간 굴들 그리고 일본통치하에서 학교를 다녀 아직까지도 몇 마디의 일본말을 용케 기억하고있는 50~60대의 사람들도 만날 수 있다. 또 블레이어항 한가운데에는 지난 70년대 일본인들이 이곳에서 죽은 동족들을 위해 만든 위령공원도 있다. 그러나 이곳에 왔었던 우리의 여인들 그리고 일본군복을 입고 이곳에서 생을 마쳤을지도 모르는 우리 청년들을 기억하게 만드는 것은 도서관 한구석에 놓여진 책 속의 몇 줄의 글뿐이었다.

로마유학 시절 회상

한 형 곤
한국외대 이태리어과 교수

로마는 영원의 도시다. 역사의 시간이 여기에 와서 활짝 꽃피운 뒤 그냥 그대로 남아있는 듯한 기분을 준다. 그러기에 지구촌 방방곡곡에서 모여드는 나그네들이 훈훈한 정감을 나누며 순례하고 있나보다. 또 역사적인 보물들을 보노라면 어제의 거울 속에 오늘을 비쳐 볼 수 있는 곳인 로마. 다른 도시들도 그런 면을 지니고 있으련만 로마는 특히 그렇다는 의미다.

괴테는 그의 『이태리 기행』에서 로마는 공부하는 곳이라 했던가? 그곳엔 유물들이 무척 많다. 또 그 유물들이 말없이 풍겨 주는 역사성이 대단하다. 그러기에 공부하는 곳이라 했을까? 아니면 공부해 볼만한 것들이 많다는 뜻일까? 아무래도 좋다. 로마는 로마, 영원한 도시니까.

로마대학교 역시 역사성을 띤 것 중의 하나다. 비록 오늘날의 건물로 이사해 간 것은 60년쯤 되는 일이지만, 그것이 창설된 것은 700년 전이니까… 이쯤 되면 역사와 전통을 가슴팍에 걸고 으스댈 만 할지도 모른다.

지금쯤 종려나무와 플라타너스 우거진 숲이 드리우는 그늘 아래서 대학인들이 연구에 지친 몸을 쉬며 잠시나마 정다운 이야기의 꽃을 피울 것이다. 육중한 건물들이 여기저기 늘어서서 대학다운 위엄을 가득 뿜내는 로마대학교는 영원한 도시 로마의 상징 중의 하나이다. 각 단과대학과 연구소 등등이 일정한 지역에 옹기종기 모여 대학 도시를 이룬다.

나는 본부 건물이 길다랗게 늘어선 중앙부 오른쪽에 위치한 문과대학에 다녔다. 말이 단과대학이지 학생 수는 우리의 어지간한 종합대학 수준이다. 현재 로마대학교 전체에 등록해 있는 학생 수는 10만 명이 넘는다고 한다. 더러는 왜 그토록 학생들이 많을까 하고 의아스럽게 생각할 것이다. 그도 그럴 것이 로마엔 몇 개의 작은 카톨릭 계통을 제외하곤 오직 국립 로마대학교만 있기에 그러기도 하려니와 이탈리아에서는 유럽의 다른 나라들에서와 마찬가지로 학비가 싸기에 대학에 적을 두고 있는 사람이 많기 때문이다. 등록금이 지금은 제법 인상되어 있지만 60~70년대엔 거의 무료나 마찬가지였다.

등록금 말이 나오니 생각나는 일이 있다. 두 번째 등록금을 낼 때다. 하루는 신학년도의 등록을 하려고 사무국을 찾아갔다. 사무원이 여러 가지 절차를 설명하며 등록 고지서도 건네주었다. 그토록 쌀 수가 있을까? 더구나 정부 장학생에게는 할인이 있어 지갑에 갖고 있던 돈만으로 등록을 마칠 수 있었다. 파란 잔디밭에 나와 벌렁 누웠다. 어이없는 웃음이 내 입가에 배시시 피어났다. 등록을 하려면 온 집안이 난리를 쳐야 되는 우리네의 실정에 비교하면 너무나 어처구니없는 일이 아니었던가! 주머니 돈만으로 등록을 하다니!

입학시험이란 것도 없다. 고등학교를 졸업할 때 학생들은 일종의 자격시험을 치르게 되는데 여기에 합격만 하면 무슨 대학이든지 또 어느 학과든지 들어갈 수가 있다. 원서만 내면 된다. 서류 상의 결격 사항만 없으면 반드시 받아 주도록 되어 있다. 그러니까 이탈리아의 대학들은 정원이란 게 없고 들어오겠다는 학생은 무조건 받는다. 그러나 진급이나 졸업에 있어선 놀라운 단호성을 과시한다. 따라서 7~8년이 지나도록 졸업을 못하고 학생 신분으로 지내는 사람들이 많다. 물론 포기해야 하는 친구들도 많아서 적만 걸어 두고 안 나오기도 하는 경우도 헤아릴 수 없지만 아무튼 학교는 복잡할 정도로 붐빈다. 장학 증서를 받아 들고 그곳에 가던 날 나는 끝없는 행복감에 젖어 있었으나 입학 수속을 마무리짓기 위하여 사무국에 맨 처음 갔을 때 여러가지 복잡한 것을 보고 내 비록 문학을 공부하며 그곳 사정을 미리서 많이 익혔다손 치더라도 도저히 견디어 낼 수 없을 것만 같았다.

모든 것이 나를 억압하는 것만 같았고 나의 행동은 어느 때나 어색하기 그지없었다. 내 앞에 놓인 현실과 나라는 개인 사이엔 도무지 해소될 수 없는 불목이 있는 성 싶었다. 나는 그런 생각에 사로잡힐 때마다 플라타너스 숲이나 종려나무 밑을 찾아갔다. 때로는 도서관의 구석 자리에 앉아 고민을 하기도 했다.

그래도 학교엔 열심히 다녔다. 모든 것이 낯설고 나와는 상관없게만 보였는데 차츰 친숙해지기 시작했다. 친구들도 많아지고 학내 사정에도 밝아지자 이내 갓 시집간 새댁 같던 내 자신이 아이를 하나 낳고 난 부인처럼 의젓해지지 않았던가. 비로소 나의 참다운 대학 생활이 시작되는 셈이었다.

그러나 외국 문학을 공부하는 나에겐 누구에게보다도 더 큰 어려움이 따라다녔다. 사실 외국 문학엔 공부의 끝이 없다. 학문이면 모두 마찬가지지만 특히 외국 문학은 더 그렇다는 의미다. 본격적인 연구는 고사하고 우선 해야 하는 학교 공부에 매달리기도 힘겨웠다.

교과서 중심으로 어설프게 공부하던 버릇에 찌들은 나였기에 그랬을까? 처음에 교수들이 소개하는 참고 도서 목록을 보고 놀라지 않을 수 없었다. 그러나 잠을 포기하고라도 읽어야 했다. 그뿐이 아니다. 교수님들이나 친구들을 찾아가 그 외의 서적들에 대해 소개도 받고 또 공부에 지침이 될 만한 여러 가지 이야기를 귀담아 들어야 했다. 더러는 책도 빌려야 했다. 유학생의 입장이라 책을 충분히 살수가 없어서 서러운 마음을 억지로 달랠 때가 많았다.

도서관 참고 열람실의 고정 멤버가 되어 거기서 공부도 하고 친구들을 사귀었다. 참고 열람실은 졸업논문을 쓰는 학생들과 조교 및 교수들만 주로 이용하기 때문에 쾌적한 분위기였다. 주일 내내 그곳을 중심으로 지내고 주말이 되면 드디어 빠져나갔다. 마음에 맞는 친구들끼리 어울려 즐거운 시간을 가졌다. 소형 피아트 자동차가 터져나갈 정도로 좁혀 앉아서 시외로 나갈 때의 쾌감은 말할 수 없을 정도이다. 지중 해변의 멋진 길을 신나게 달리다가 아무 곳에서나 수영하는 낭만을 만끽하기도 하였다.

그러나 지금 생각해 보니 공부하다 지칠 때마다 역사적 유물을 찾아 돌아다니던 일이 무엇보다도 아름다웠던 것 같다. 날마다 보아도 지겹지 않고 날마다 찾아 나서도 다 못 찾는 고적들! "유럽을 가거든 로마는 맨 마지막 목표지로 하라"는 말이 있다. 로마를 보고 나서 다른 도시를 보면 실망이 너무나 커진다는 의미로 하는 말일 것이다. 맞는 말이다.

나의 거처는 학교와 시내 중간 지점에 있었다. 걸어서 15분 정도의 거리였다. 저녁을 먹은 다음엔 학교에 나가든지 친구들과 시내를 산보하곤 했다. 어쩌다 산보가 길어져 콜로세움이나 바티 칸까지 갈 때도 있었다.

로마에 가면 두 번 놀란다. 장엄한 자태로 역사가 무엇인가를 웅변해 주는 고적들을 보고 놀라고 또 그 많은 고적들을 그토록 알뜰하게 전승해 온 이탈리아인들을 생각하며 놀란다. 문화적 측면에서는 전 세계에 아직도 **PAX ROMANA**의 위력이 제 기능을 다하고 있나 보다. 나는 고적들을 순례할 때마다 기도하는 마음과 자세를 취하는데, 로마에 가면 더더욱 그러하다. 나의 전공이 문학이 아니라 역사학이나 고고학, 혹은 예술학인 것 같기도 하고, 또 때로는 내 자신이 수도원의 신학생인 것 같기도 하다. 이 탈리아에서는 문학을 공부할 때 이 모든 인접 학문들과의 학제적 연구가 다른 어떤 곳에서보다 절실히 요구된다.

방학을 맞으면 대학 도시가 쓸쓸해졌다. 대개의 학생이 멀리 떠나고 논문에 시달리는 사람들과 외국인들만이 대학을 지켰다. 학생들은 구룹여행을 하면서 유럽의 다른 나라들을 돌아다니거나 지중해의 맑은 물 속에 첨벙이기도 했을 것이다. 나는 자료들을 챙겨 들고 역사적인 곳들을 순례하였다. 이탈리아에 대한 포괄적 이해도를 심화시킨 최상의 기회였다. 여름방학이면 중심 거처를 시에나, 나폴리, 안씨오에 정해 두고 곳곳을 여행했다. 로마에는 간혹 가다 들리는 정도였다. 특히 안씨오에서는 친구의 별장에서 지냈다. 지금은 로마대학교의 교수가 된 그의 가족과 더불어 지냈는데, 그 때의 일이 오래오래 기억에 남는다. 자그마한 휴양지로서 로마로부터 80km 정도 떨어진 해안에 있는 아담한 집이 그들이 여름과 주말을 보내는 별장이다. 내 친구의 부모님은 두분다 교수이고 특히 어머님께선 문학을 전공하셔서 우리들의 이야기를 언제나 귀담아 들으며 좋은 말씀을 해 주셨다. 때로는 밤을 꼬박 세워 가며 토론을 하기도 하였다. 문학과 역사에 대한 이야기가 주종을 이루었지만 이탈리아인의 가정과 삶을 이해하는 데 좋은 기회이기도 하였다.

  나는 지금도 그 때의 문화 지향적 분위기를 잊을 수가 없다. 휴양도 하고 공부도 하는. 대학촌의 주말보다 훨씬 더 소란한 휴양지의 밤. 뭐가 그리도 즐거운지? 남녀노소 모두가 술, 춤, 노래로 꺼지지 않는 낭만의 모닥불을 피우고 있는 사이 우리들은 지적 향연을 즐기지 않았던가!

말레이시아의 이슬람 명절 '하리 라야'

정 순 희

부산외대 말·인니어과 교수

　말레이시아는 복합 민족 국가로 인구 구성비의 크기로 볼 때 말레이계, 중국계, 인도계 말레이시아인 순으로 구성되어 있고 믿는 종교도 각각 이슬람교, 불교와 힌두교를 믿으며 그 외에 소수의 시크교와 기독교 신자가 있다. 이러한 종교를 바탕으로 이들의 명절은 각 종교와 관련된다. 특히, 이슬람교를 믿고 있는 말레이계 말레이시아인들의 최대의 명절은 '하리 라야' 또는 '하리 라야 뿌아사'(Hari Raya Puasa; 단식절)이다.

　이슬람력(曆)에 따라 9번째 달인 라마단(Ramadan; 단식월)의 29일 또는 30일 저녁때 샤왈(Syawal; 이슬람력의 10번째 달)의 초생달이 보이기 시작하면 이슬람교의 단식은 끝나고 하리 라야 명절맞이를 시작한다. 샤왈은 이슬람교도들에게 행복과 기쁨을 가져다주기 때문에 매우 의미 있는 달로 여기며 하리 라야는 이틀간 공휴일로 정한다. 그러나 한 달간 단식을 했기 때문에 단식 후 한달 동안을 하리 라야로 여기기도 한다.

　말레이시아의 이슬람교도들은 특별한 의미를 지닌 이 명절을 맞이하기 위해 여러 가지 준비를 한다. 집을 새로 페인트칠 하여 단장을 하고 집 주변은 깨끗이 청소한다. 가구 및 커튼, 큐션 등 집안 장식소품들을 집안 형편에 따라 새것으로 바꾼다. 아이들

에게는 새옷과 신발을 사주기 때문에 이 날을 더욱 고대하며 손
꼽아 기다린다. 특히 주부들은 일년에 한번 뿐인 즐거움과 기쁨
을 가져다주는 이 성스런 명절을 맞이하기 위한 준비로 분주하
다. 이슬람교에선 그들의 형편을 벗어난 과대한 비용을 쓰지 못
하게 하지만 대다수의 사람들은 이 날을 맞기 위한 준비로 많은
비용을 들이기도 한다.

이 명절이 다가오게 되면 대도시의 백화점, 쇼핑센터, 상점 그
리고 재래시장에선 특별 할인 판매가 실시되며, 그곳엔 필요한
물건들과 축하인사를 전할 카드 등을 사려고 온 사람들로 인산
인해를 이루고 텔레비전과 라디오에선 연일 축하음악이 흘러나
와 명절 분위기가 고조된다. 또한 공항, 기차역, 시외버스와 택시
정류장엔 대중 교통 수단을 이용하여 고향에 가려는 시민들로
붐비고 한달 전부터 비행기, 기차 ,버스표 등의 예매는 매진되고
고속도로는 자동차 물결로 장사진을 이루게 된다. 이 때는 말레
이계 말레이시아인들 뿐 아니라 중국계, 인도계 말레이시아인들
도 고향이나 휴양지에서 휴가를 보내게 되므로 대도시는 대부분
의 시민들의 귀향으로 텅비게 된다.

한편 시골에선 학업과 일자리를 찾아 고향을 떠났던 사람들의
귀향으로 활기를 띤다. 오랫동안 만나지 못했던 친구, 가족 그리
고 친지들과 즐거운 시간을 가지며 바쁜 대도시 생활에서 느끼
지 못했던 혈육의 정과 따뜻함으로 도시에 비해 더 명절다운 분
위기를 느낄 수 있다. 그래서 사람들은 도시보다는 시골(고향)에
서 명절을 맞고 싶어한다. 군복무, 직장, 학업등으로 인한 사정으
로 고향에 가지 못한 사람들은 함께 모여 향수를 달래며 명절의
즐거움을 이웃과 함께 나눈다. 또 한 해외에서 군복무중인 군인

들과 유학생들은 신문지상을 통해 사진과 축하인사로 고국에서
보내지 못하는 명절의 아쉬움을 전하기도 한다.

하리 라야 전날 밤 어린이들은 신이 나서 또래의 친구들이나
형들과 함께 폭죽을 터뜨리며 불꽃놀이를 한다. 폭죽이 여기저기
터지고 아이들의 웃음소리가 뒤따르는데 이것은 하리 라야를 맞
이하는 즐거운 정경을 나타낸다. 이날 밤엔 보통 가족들이 부모
님 집에 도착하여 헤어졌던 형제, 친척들을 만나 함께 명절을 맞
기 위한 준비로 분주하다.

하리 라야의 딱비르(Takbir; 神에 대한 찬미)가 울려 퍼지면
이슬람교도들에겐 더욱 기쁨이 충만해진다. 하리 라야 맞이는 회
교 사원이나 수라우(기도드리는 곳)에서 기도와 예배를 드리면
서 시작되는데 일반적으로 남자들만 사원에서 예배드리며 여자
들은 주로 집에서 기도들 드린다. 예배 드리기 전에 각자 집에서
목욕을 하고 새옷이나 깨끗한 말레이 전통 복장을 하고 그들의
집과 가까운 수라우나 회교 사원으로 간다. 집을 떠나기 전 먼저
부모님께 지난 일년간의 죄와 잘못에 대해 용서를 구하고, 부부
간에도 서로 용서를 빌며 인사를 나눈다. 그리고 나서야 다른 친
척, 형제들, 할아버지, 할머니 등의 가족과 서로 사랑하는 마음으
로 건네는 수인사(우리 나라의 악수하는 것과는 조금 다르며 손
을 잡고 손등에 가볍게 입을 맞춘다. 웃 어른에게는 무릎을 꿇
거나 선채 약간 무릎을 낮추어 하는 인사)를 나눈다.

사원에 들어갈 때는 오른발이 먼저 들어가고 앉기 전에 기도
를 드린다. 이때 피부색이나 생활 수준에 관계없이 아이, 어른,
젊은이, 노인 모두 일렬로 서서 기도를 드린다. 기도가 끝나면 설
교가 시작되는데, 설교내용은 한달 간의 단식(음식뿐 아니라 흡

연, 섹스 등)을 끝내고 굳은 믿음을 갖게 해준 알라 신의 은총에 대한 감사와 늘 지켜야 할 이슬람의 교리에 대한 것이다. 설교가 끝난 후에는 신자들 간에 서로 축하 인사를 나누며 인종을 초월한 이슬람교도들 간의 형제애를 확인한다. 예배가 끝난 후엔 각자 일정에 따라 시간을 보낸다. 먼저 세상을 떠난 부모님 등의 묘를 찾아 성묘하고 죽은 사람의 영혼을 위해 기도하고 돌아와 그동안 헤어져 못 만났던 친구, 친척, 형제들과 만나 즐거운 시간을 보낸다.

이 날은 이슬람 명절이지만 복합 민족국가인 말레이시아에서 서로의 화합을 이루는 시간이기도 하다. 특히 대도시의 술딴 (Sultan: 회교군주), 수상 및 정부고위관료를 포함한 지도자들은 그들의 집을 개방하여 일반인들(인도계나 중국계등 비말레이계 말레이시아인을 포함)의 방문을 허용한다. 방문 시에는 너무 오랫동안 머물지 않고 간단한 인사와 담소를 하고 대체로 1시간 정도 머무는 것이 예의에 어긋나지 않는다. 가끔 집이 아닌 호텔에서 행사를 하기도 하며 이때 초대장을 받았을 경우에는 참석 여부를 미리 알려 주어야 한다. 특히, 왕궁에서의 행사는 미리 일간지, 텔레비전과 라디오 등에서 행사 이틀 전에 공고된다.

이곳은 말레이시아인들 뿐 아니라 말레이시아에 거주하는 외국인 및 관광객들도 이슬람명절의 관습을 함께 나눌 수 있는 특별한 기회가 될 수 있다. 또한 일반인들도 집을 개방하며 특히 어린이들이 왔을 때엔 빈손으로 돌려보내서는 안되며 조그만 선물(주로 과자류)과 두잇 라야(Duit Raya: 우리 나라 세뱃돈과 비슷한 의미)를 준비해 두었다 주기 때문에 아이들은 더욱 명절의 즐거움을 느끼게 된다. 이때 사용하는 두잇 라야 봉투는 은행이나 백화점, 쇼핑센터 등에서 이 명절에 즈음한 판촉행사로 준비해 고객들에게 제공된다. 이 관습은 중국계 말레이시아인들이 중국 설날(Chinese New Year)에 세뱃돈을 주는 것에서 시작되어 복합 민족으로 구성된 말레이시아 이슬람 사회의 새로운 문화로 정착되었다.

젊은이들은 예배 후에 영화관을 순례하며 영화를 보러 다니며 저녁에는 특별히 열리는 각종 모임에 참여한다. 그러나 연극이나 극장 등의 다양한 프로그램은 별로 없으며 요즘 젊은이들은 이 날을 종교적 의미보다는 즐기는 명절로서 여기는 경향이 많다.

한편 시골에서는 도시보다 이 명절의 종교적 의미를 되새기며 이슬람 경전인 꾸란(Quran)을 읽으며 그 해 하리 라야를 맞이할 수 있게 해준 신에게 감사기도를 드리며 경건한 마음을 갖는다.

그 외에도 이 명절은 요즘 점차 개인적인 성향과 이기적인 태도를 지닌 현대인들에게 그들이 속한 사회 현실을 돌아보게 하고 그들이 사회 공동체, 특히 무슬림 공동체 일원이라는 것을 인식시켜준다. 인간이 살면서 개인, 가정, 직장 등 일상의 문제에서 벗어날 수는 없지만 명절의 기쁨은 사회생활에서 겪는 스트레스와 많은 문제들을 경감시켜 준다. 그렇기 때문에 일년에 한 번 맞이하는 이 명절을 지내는 사람들에게 깊은 의미와 서로간의 이해를 가져다준다.

하리 라야는 이슬람 최대의 명절이지만 다른 종교와 관습을 지닌 중국계, 인도계 말레이시아인들도 이 명절의 의미와 즐거움을 함께 나누며 복합 민족 국가인 말레이시아에서 서로의 화합을 이루어가고 있다.

보스턴 생활 이제(二題)

김 일 곤

한양대 영어영문학과 교수

보스턴(Boston)의 4계절은 로스앤젤레스(Los Angeles)나 샌디에고(San Diego)의 4계절과 달리 그 구분이 뚜렷하다. 겨울이 있기는 하지만 맹렬한 추위도 없고, 1년 내내 눈도 오지 않는 남캘리포니아와는 달리, 보스턴의 겨울, 아니 더 넓게는 뉴잉글랜드의 겨울은 상당히 춥고 눈이 많다. 겨울도 길어서 11월초부터 눈이 시작되기도 하고, 심지어 4월 중순에도 눈이 내려 교통, 특히 항공운항에, 많은 지장을 주기도 한다.

그러나 4계절이 뚜렷이 구분되는 나라에서 살아온 한국인들은 보스턴에 있으면 캘리포니아에 있을 때보다 더 푸근함을 느끼고 더 사는 느낌을 갖는지도 모른다.

나는 안식년을 맞이하여 뉴잉글랜드의 행정과 역사의 근원지이며 중심지인 보스턴에서 1995년 가을부터 1996년 여름까지 1년 동안 가족과 함께 지낼 기회를 가졌었다. 보스턴으로 떠나기 전에는 그 지역이 몹시 춥고 물가가 비싼 지역이어서 별로 추천할 만한 곳이 아니라는 이야기를 여러 사람에게서 들어서 별로 내키지는 아니 하였으나, 그래도 미국에서 가장 오래된 도시 중의 하나이고 미국이 간직하고 싶어하는 구세계의 전통이 살아있으며, 미국 독립운동의 발상지가 된 그 곳을 가보기로 하였다. 또 다른 하나의 이유는 학문의 중심인 보스턴에서 미국 학문의 경향과 흐름을 한번 살펴 볼 마음도 있었다.

우리 가족은 여름이 아직도 한창인 8월말에 보스턴에 도착하여 어렵사리 살집을 구하고 보스턴 생활을 시작하였다. 보스턴이라고 말하지만 엄격하게 이야기하면 보스턴의 외곽 도시 중의 하나인 조용한 타운 벨몬트(Belmont)에 자리를 잡게 되었다. 하바드 대학에 방문교수(Visiting Scholar) 등록을 하고 두 아이들도 학교에 등록시키고 10여년 만의 미국생활을 새로운 기분으로 시작한 것이다. 모든 것이 예전의 캘리포니아와는 다르고, 듣던 대로 집세, 물가 등이 예상을 훨씬 초과하는 것이었다. 그러나 우연히도 옆집에 이탈리아인 2세인 노부부가 살고 계셔서 부모처럼 가까워져 새로운 생활이 별로 낯설게 느껴지지 않게 되었다.

또 하나 다행스러운 점은 보스턴에 이민와서 살고 있는 한국인 가족들을 만나게 되어 그들로부터 많은 도움을 받게 된 것이었다. 그들은 우리의 어려움을 자신의 일처럼 해결하려고 앞장섰으며, 보스턴 지역의 역사적 장소를 많이 소개해 주었다. 그들과 함께 보낸 일 중 지금도 기억에 남는 일 몇 가지가 있는데, 그 중 두 가지만 소개하고자 한다.

가장 기억에 남는 일은 가을이 무르익어 가는 9월말쯤에 말로만 듣던 사과따기(Apple Picking)를 하러 간 것이었다. 하늘이 높고 말이 살찐다는 한국의 가을만큼 보스턴의 가을은 청명하고 상쾌하다. 습기가 없어서 무더위를 느끼지 못하는 여름을 지나 가을에 접어들면 이제 보스턴은 가을의 옷들로 갈아입고 마을 전체가 가을 단풍이 무르익어 간다. 한국의 단풍은 단풍나무와 은행나무 등이 울긋불긋하게 익어가면서 진홍의 빛을 발하지만,

보스턴(뉴잉글랜드)의 가을은 마네의 그림에서 보듯 하얀 버치나무의 단풍을 배경으로 온 산이 연붉은 색으로 물이 든다. 이 연붉은 가을 속에서 사과따기를 한다는 설레임이 보스턴에 오기를 잘 했다는 느낌을 더욱 강하게 해 주었다. 우리가 살았던 벨몬트에서 북쪽으로 약 40분 정도 드라이브해 가면 에이어(Eyre)라는 조그만한 산간 마을이 있는데 이곳이 바로 사과따기(Apple Picking)의 본거지이다. 대학시절에 『딸기 철』(Strawberry Season)이라는 단편소설을 통해 봄철에 딸기를 따면서 소년, 소녀들이 겪는 여러 가지 에피소드를 읽었지만, 사과따기는 새로운 무엇인가를 예고하고 있었다.

우리는 차를 타고 에이어에 도착하여 1인당 5달러씩 내고 종이 가방 하나씩을 받아들고 사과밭에 들어갔다. 지금까지 미국의 워싱턴주에서 생산되는 워싱턴이라는 맛없는 사과만을 알고 있었던 나는 사과밭에 널려 있는 엄청난 수의 사과나무와 그 나무에 주렁주렁 열린 사과를 보고 기가 질렸다. 한국에서도 딱히 사과나무 밭에 가 본 경험이 없던 우리에게는 청명한 가을 하늘 아래에서 맑은 공기를 맛보며 사과를 딴다는 것은 또 다른 색다른 즐거움이었다. 사과따기의 규율(?)은 먹을 수 있는 만큼의 사과를 따먹고, 그곳을 떠날 때 입장할 때 받은 가방에 채울 수 있을 만큼의 사과를 따서 담아 오는 것이었다. 그것이 50개이든 100개이든 불문이었다. 우리는 어린애가 되어 사과따기에 들어갔다. 사과를 따는 데에는 V자형의 긴 장대를 이용하였다. V자형의 장대를 높이 올려 잘 익은 사과를 따서 먹는 맛은 정말로 일품이었다. 점심시간이 되어 우리는 사과따기를 잠시 중단하고 준비해온 김밥과 불고기로 또 다른 즐거움을 배에 채웠다. 하늘은 더욱 높았고 맑기만 하였다. 9월의 상쾌함을 한국이 아닌 곳에서 맛 볼 수 있음은 하나님이 주신 또 다른 은혜였다. 아이들은 사과밭에서 장난감을 던지고, 뒹굴며 놀았고, 어른들도 긴 시간을 사과를 먹으며 한껏 즐거움에 빠져들었다. 물 한모금 마시고 무릉도원에 누워있으니 그보다 더한 기쁨이 어디 있느냐는 옛 시인의 싯귀절이 절로 떠오를 때 이제 9월의 태양은 우리에게 작별의 미소를 보내고 있었다. 맑고 청초한 자연에서 어린이처럼 동심으로 돌아갈 수 있음에 감사하며 우리는 종이가방에 사과를 듬뿍 담아서 집으로 발길을 재촉하였다.

또 하나 보스턴 생활에서 기억에 남는 일은 크리스마스 시즌에 온 마을이 크리스마스 트리를 아름답게 장식한 곳을 방문할 수 있었다는 것이다. 요사이 우리 나라에서도 강남의 패션 거리나 유수한 호텔 주변의 나무들이 성탄절에 즈음하여 예쁜 장식으로 치장되는 것을 가끔 보기도 하지만, 기독교의 역사가 긴 미국 특히, 보스턴 지역에서는 아름답게 장식된 크리스마스 트리를 보기 위해 여러 지역에서 많은 사람들이 모여든다. 보스턴 다운타운에서 40~50분간 자동차를 타고 북쪽으로 올라가면 소거스(Saugus)라는 마을이 나타나는데, 이 곳이 유명한 크리스마스 트리 장식 지역이다. 마을 전체가 빨갛고 노란 등으로 가득 채워져서 지나가는 이의 발걸음을 멈추게 한다. 집주인들은 여러 가지 모양의 장식을 만들어 나무 위에 걸기도 하고, 또는 이 시즌을 위해 집 전체를 가지각색의 예쁜 등으로 치장하기도 한다. 어두움이 깔리기 시작하는 12월의 오후 4시 이후에 이 곳에 가 본 사람이면 마치 어린이들이 가고 싶어하는 환상의 세계(fantasy land)에 온 느낌을 갖는다. 여기에 하얀 소복눈이라도 내리면 정말 동화 속에서 읽고 보던 '하얀 세계(White World)'가 우리 앞에 와 있음을 느낀다. 어느 누구의 발자국도 나 있지 않고, 세상의 모든 까망이 지워지고, 오직 하얀 천사들만이 조용조용히 날갯짓을 하는 은백의 세계, 이것은 세상 사람 누구나가 동경하는 것이 아닐까? 인생은 흔히 영광으로의 탈출이라고들 말하지만, 그러나 세상일이 좋은 것만 있는 것이 아니어서 어서 벗어나고 떨쳐버리고 싶은 일들이 있을 때, 은백의 세계는 우리를 어린 시절로 돌아가게 한다. 철없이 뛰놀던, 세상의 아픔을 아직은 모르고 지냈던, 누구나가 친구였던 그 시절이 은백의 세계에 겹쳐지면, 가을에 맛보았던 사과따기와는 다른 느낌이 가슴에 찾아온다. 무엇인가 기쁘고, 그러면서도 무엇인가 서글픈 느낌이랄까? 저 눈이 녹고 치장된 장식이 치워지면 우리의 아픈 마음이 다시 드러날 것 같은 기분…이것은 그 현장에 가 보지 않으면 느끼지 못하는 감정일 것 같다.

지금도 9월이면 에이어에서 사과 따던 때가 자꾸 머리 속에 떠올라 다시 한번 그 곳에 가보고 싶기도 하고 10월이면 절정에 이르는 아름다운 뉴잉글랜드의 단풍을 다시 만끽하고 싶기도 하다. 또한, 반짝 반짝 빛나는 크리스마스 트리 마을에 다시 한 번 서보고 싶기도 하다. 이 모든 것이 내가 한국외국어대학교에서 어학을 전공했기 때문에 있을 수 있었던 일이 아닌가 하고 새삼 느껴본다. 인생은 물처럼 여전히 흘러가지만 삶은 그것을 대하는 우리의 사고와 방식에 따라 달라질 수 있음은 벌써 50이 되어버린 나이에 느끼는 새로운 자각인가?

파리에서의 이틀

최 기 철

부산외대 통계학과 교수

'프랑스에 가고 싶은 마음 간절하지만 프랑스는 너무도 멀어…' 이 글은 프랑스 가이드북에 자주 인용되는 어느 시인의 시구이다.

지금으로부터 36~7년 전쯤 내가 대학생 시절이었을 때 캠퍼스 입구에 조그만 냇가가 있었는데 우리는 세느 강이라고 부르곤 했다. 캠퍼스엔 마로니에라는 풍성한 나무가 있었는데 그 아래서 우리는 곧잘 몽마르트르라는 말을 막연히 사용하곤 하였다.

1998년 여름방학(7월 18일~7월 26일)에 **IFCS**(국제분류학회) 가 주최하는 학술 발표대회가 이태리 로마에서 열렸다. 논문 발표차 처음으로 유럽에 가게 되었는데 에어프랑스 항공은 서울~ 파리간 비행기표를 사면 파리~로마 왕복 비행기표를 무료로 제 공하므로 7월 18일에 김포공항에서 에어프랑스 항공기에 탑승 하였다. 낮 12시 40분경으로 기억되는데 비행기는 중국 북경상공 을 지나 계속 서쪽으로 중앙아시아를 거쳐 우랄산맥을 넘고 러 시아의 페테스부르그시 상공을 지나 독일을 거쳐 프랑스의 드골 공항에 도착한 것은 같은 날 파리시간 오후 5시경이 되었는데 약 12시간 10분정도를 태양만을 따라 비행한 것이다.

나는 이틀 밤을 파리에서 보내면서, 베르사유 궁전, 루브르 박물관, 몽마르트르, 소르본대학, 개선문, 노틀담의 사원, 세느강유람선 등으로 계획을 세우고 베르사유궁전과 루브르 박물관은 지하철로, 그 이외에는 새벽 두시까지 걸어서 다녔다. 걸어서 다닌 이유는 불어를 모르고 거의 모든 표식이 불어만으로 되어 있어서 영어가 별로 사용되지 못한데 있었다. 생각보다 야간에 보안 상태가 좋아 보였다. 관광도시이기도 하고 자존심이 있는 도시이기 때문이었을까. 세느 강은 생각보다 조그마하였다. 서울을 관통하는 한강에 비하면 냇가 정도는 될까말까 하였는데 수로의 관리가 잘되어 유람선이 활개를 펴고 다녔다. 야간에 조명이 화려하게 비춰진 에펠탑을 선상에서 보는 것은 매우 멋져 보였다.

후일에 아내를 반드시 데리고 와서 같이 보기로 마음먹었다.

세느 강변에 영화 『노틀담의 꼽추』에서 본 사원이 있었다. 노틀담 대 성당은 옛날 고대 로마인들이 신들에게 제사를 지내는 제단이 있는 곳에 4세기경에 생데티엔 성당이 세워졌는데 루이 7세 때인 1163년 노틀담 대 성당으로 개축공사를 하여 1330년경 200년이나 걸려 완성되었다 한다.

소르본대학 근처의 조그만 호텔 방에 돌아온 것은 새벽 2시경이었다. 아침 일찍 일어나 지하철 RER의 ⓒ선을 타고 베르사유궁전으로 갔다. 오전 10시경인데도 관광객들의 줄이 길게 서 있었다.

"유사이래 가장 크고, 가장 화려한 궁전을!"이라고 한 루이 14세의 한 마디에 따라 근 50년(1662~1710)이라는 세월 동안 원래 늪 지대였던 이 곳에 전국으로부터 막대한 양의 흙을 운반해 와서 토대를 다지고, 삼림을 옮겨 놓고, 분수를 만들기 위하여 강의 흐름을 바꾸고, 거대한 펌프를 사용해 세느 강의 물을 150m

나 끌어올리는 등 대대적인 공사를 하였다 한다.

이 동안 궁전에서는 연일 밤낮을 가지리 않고 수백 명의 귀족들이 모여서 마시고 노래했다. 그것은 언제 부르봉 왕가에 반기를 들지도 모르는 봉건귀족들을 정치적, 경제적으로 진을 빼 놓으려 한 루이 14세의 전략이었는데, 이것이 오히려 프랑스 혁명이라는 왕가의 파멸을 가져오는 결과를 낳았다. 베르사유 궁전의 호화스러움과 규모의 웅대함에 눌린 채 멍하니 베르사유 궁전의 거대한 정원을 내려다 보던 기억이 지금 잠시 나의 머리를 스쳐지나간다. 돌아오는 길에 몽마르트르에 갔다. 몽마르트르 하면 화가들이 연상되는 곳이다. 그 이름의 유래는 초기 파리의 주교 성 드니가 순교한 땅이라는 뜻으로 순교자의 언덕이라는 설과 또 하나는 로마신화에 나오는 전쟁의 신 마르스의 영혼을 모신 산 몽스·마르스에서 온 말이라는 설이 있다.

19세기초까지는 풍차가 돌아가는 시골이었던 곳이지만 19세기 말에 이르러서는 주거비와 생활비가 싸서 가난한 화가와 시인들이 살게 되었다. 피카소와 위트릴로가 이름도 없는 가난한 화가였던 시절에 밤마다 드나들었다는 상송이 있는 주점 라펭아질이 아직도 저렴한 주점으로 남아 있다. 또한 위트릴로가 태어나 어린 시절을 보내고 공상의 꿈을 키웠던 돌계단이나 빈터가 있는 언덕이 지금까지 옛모습 그대로 남아 있다.

위트릴로의 어머니 쉬잔 발라동은 원래 서커스단의 곡예사로서 자유분방한 여자였으나 사고로 서커스를 그만두고 세탁소 배달원이 되어 몽마르트르에 있는 화가들의 집을 자주 다니게 되었다 한다.

여기서 르느아르 등 여러 화가들의 모델로 일하다가 여류화가

까지 된 여자인데 위트릴로를 사생아로 낳았다 한다. 언덕 거의
정상부근에는 테르트르 광장이 있다. 광장이라야 나의 눈에는 이
삼백평 정도의 크기로 보였다. 여기에는 즉석 초상화를 그려주는
화가들이 많이 있어, 관광객들은 기념으로 자신의 모습을 그려
받고 있었다.

언덕을 내려오기 시작하면서 사크레 쾨르 성당을 만났다. 몽마
르트르 언덕에 우뚝 솟은 이 성당은 하옇게 치솟은 세 개의 비
잔틴 양식 돔이 특이하게 보였다. 보불전쟁 후 시민들의 사기 진
작을 위하여 지었다 한다. 바로 앞에 있는 케이블카를 타고 내려
와서 개선문으로 향하였다. 개선문은 이름 그대로 싸움에서 승리
한 장군이나 군대가 개선하던 문이다. 나폴레옹의 명령으로 세워
지기 시작했지만 결국 그의 생전에는 완성을 보지 못하고 유배
지 세인트 헬레나 섬에서 죽자 그의 유해를 이곳을 지나 앵발리
드 묘지에 묻었다 한다. 문에는 나폴레옹 군대가 개선하는 모습
이 있다. 문 안쪽 벽에는 전쟁에 참가했던 600여명의 장군이름이
기록되어 있다. 개선문에서부터 거의 동쪽으로 세계의 산책로라
는 샹젤리제 대로를 만나게 된다.

여름이 들어서서인지 마로니에와 플라타너스 가로수가 무성한
거리에는 수많은 차량들이 줄을 지었다. 샹젤리제 대로는 1992
년부터 3년에 걸친 거리 정비에 들어가서 지금은 매우 넓은 보
도 블록을 갖고 있다. 그래서인지 보도에는 카페의 테라스가 즐
비하다. 이 거리에는 라스베거스쇼와 유사한 스테이지 쇼가 오픈
되는 리도(LIDO)가 있다. 리도 쑈는 첨단의 유행 감각을 가지고
시사적인 내용도 포함한 세계 제일의 쇼로 유명하다.

쇼를 보고 밤 12시경부터 뤽상브르 정원 부근에 자리잡은 호

텔까지 걸어서 갔다. 호텔 방을 이곳에 잡은 것은 바로 옆에 소르본 대학이 있기 때문이었다. 호텔에 도착한 것은 거의 새벽 2시경이 되었다. 왜냐면 리도에서부터 길을 물어 물어서 갔기 때문이었다.

다음날 아침 일찍 일어나서 호텔 방을 체크아웃하고 루브르 박물관으로 향하였다. 루브르의 역사는 12세기에 세워졌던 세느강 주변의 성채인 루브르 궁전이다. 그후 루이 14세 때에는 궁전으로는 외면을 당하고 예술가들이 정착해 살고 있었다 한다.

지금의 모습을 갖게 된 것은 프랑스 혁명 이후로 특히 나폴레옹이 점령했던 이탈리아, 이집트 등에서 가져온 전리품으로 채워져 있다. 가져올 수 있는 것은 모조리 가져온 느낌이 들었다. 현지에는 거의 아무것도 남아 있지 않겠구나 싶었다. 커다란 돌 벽에 그린 조각품, 함무라비 법전, 미이라 등등 많이도 가져다 진열하였다. 잠깐 약소국의 슬픔을 느끼기도 하였다.

영국에서는 대영 박물관에 있는 세계 여러 나라의 유적과 문화재 등을 반환하라는 각국의 요구 대신 박물관 입장료를 무료로 하고 있지만 루브르 박물관은 입장료를 받고 있었다. 오후 4시 드골공항발 로마행 에어프랑스를 타기 위해 루브르를 떠난 것은 오후 2시경이었다.

소아시아 초대 교회 순례기

정 용 상

부산외대 법학부 교수

1995년 2월 1일부터 3주간에 걸쳐 구약의 출애굽, 신약의 예수탄생과 공생애, 사도 바울의 전도여행 현장을 중심으로 성지순례를 하였다. 이집트, 이스라엘, 터어키, 그리스, 이태리, 바티칸, 프랑스로 이어진 여행에서, 특히 터어키 지방의 초대 교회 모습을 퍽 깊은 관심을 가지고 둘러보았다.

2월 9일 오후에는 이스라엘에서의 마지막 순례지인 가이사랴에서 본디오 빌라도 총독관저가 있었음을 알리는 비석의 희미한 글귀를 보았다. 백부장 코넬료가 욥바에 있는 베드로를 불러 그의 설교를 듣고 세례를 받은 유서 깊은 곳이다. 유대인이 아닌 이방인이 세례를 받음으로서 기독교가 범세계적인 종교로 전환하게 된 계기를 제공한 곳이 바로 이곳이며, 또한 바울이 이곳에서 잡혀 로마로 압송되어 참수형을 당하게 하는 비극의 제공지이기도 하며, 네로황제시대에 초기 기독교인이 무수히 순교를 당한 순교지이기도 한 의미 깊은 곳이다.

갈멜산에서 가이사랴까지 12km나 되는 로마식 수로가 아직도 그 위용을 자랑하며 남아 있다. 가이사랴에서 남진하여 욥바로 갔다. 이곳은 솔로몬이 제2성전을 건축하면서 레바논의 백향목을 싣고 들어온 곳이며, 요나가 배를 출발시킨 항구로서, 피장 시

몬의 집을 베드로가 방문한 곳이기도 한 역사적으로 유명한 지역이다. 텔아비브 해변의 낙조를 바라보며 이스라엘에서의 일정을 모두 마치고, 2월 10일 02시 40분 텔아비브공항을 이륙하여 이스탄불로 향하였다.

2월 10일 터어키에서의 첫 걸음은 「코라 교회」로 향했다. 모자이크 벽화가 가히 환상적이다. 마리아와 예수의 생애에 관한 내용을 벽화로 장식하였는데, 성경적 이야기를 모자이크화하여 이해가 쉽도록 순서대로 장식하였다. 중식 후 말마라 바다를 건너 「성 소피아 교회」로 갔다. 이 교회는 최초에 콘스탄티누스 아들이 건축하였는데, 직언파인 크로스톨 주교가 추방되자 그 추종자들이 실화하여 소실된 것을 415년 데오도시우스 황제가 재건하였으나 다시 실화하였고, 유스티니아누스 황제시 니케아의 반란으로 청색당·녹색당의 분쟁 속에서 또 불이 나는 비운을 겪었다. 이에 유스티니아누스 황제는 전대미문의 대형 석조 건물로 건축하라고 지시하여 아담 이전 이후를 통틀어 세계최대의 교회를 AD 537년에 완성하였다. 그 크기는 32평형 아파트 70채 면적에, 18층 건물 높이인 58m나 되는 거대한 성전이다.

이는 지진대에 위치한 이 지역의 모든 건물들이 그 후 지진으로 파괴되었음에도 불구하고 이후 1,500여 년간 원형 그대로 지탱해 오고 있음은 불가사의가 아닐 수 없다. 12월 26일 헌당 예배에서 황제는 "솔로몬이여 내가 당신을 이겼노라!"고 외쳤단다. 이 교회는 이후 916년간은 교회로, 482년간은 회교사원으로 사용되었다. 내부의 모든 벽면을 장식하고 있는 모자이크 성화는 세계 최고의 걸작품으로 평가되고 있다. 모스크로 바뀐 후 회칠을 해서 지워버린 모자이크식 기독교 성화를 복원하기 위해

1931년이래 지금까지 작업이 진행되고 있다.

성 소피아 교회 .바로 맞은 편에는 그 규모가 소피아 교회를 능가할 듯한 대형 이슬람 사원이 있다. 이「블루 모스크」는 23세에 즉위한 아흐멧왕이 소피아보다 더 큰 건물을 지으라고 명하여, 이를 소피아 교회의 코앞에 건축하였는데, 그 기둥이 6개로 메카 사원의 기둥숫자와 같게 되자, 후에 메카 사원에 기둥 하나를 헌사하여 7개로 만들어 주었단다. 블루 모스코의 높이는 43m이다. 소피아 교회 뒷편에 오스만 터키 황제들이 살았던 「토카프 궁전」이 있는데, 1923년 터키 공화국 수립 이후 박물관으로 사용되고 있으며, 세계에서 가장 많은 보물과 보석이 소장되어 있어 그 당시의 영화와 사치를 짐작할 수 있다. 전시장 한 켠에 요한의 두개골과 팔이 진열되어 있다.

이스탄불은 생각했던 것보다 훨씬 번창하고 깨끗한 도시다. 시내의 이곳저곳에 하늘을 찌를 듯이 모스코 사원의 기둥이 솟아 있다. 오후에는 5,000여개의 상점이 바둑판처럼 짜여진 시장을 형성하고 있는 이스탄불 최대의 상가 밀집 지역을 둘러보았다. 2월 11일 항공편으로 이스탄불을 떠나 이른 아침 이즈미르 (서머나)에 도착하였다. 터키 제3의 도시이자 유대인이 많이 사는 곳으로 항구의 풍경이 참 아름답다. 사도 요한의 제자로 "죽어도 다시 산다"면서 아고라의 시장 터에서 화형 당한 순교자 폴리갑을 기념하는 「폴리갑 기념교회」에 가서 속사도들의 순교 정신을 되새겼다.

시내를 벗어나 송림이 울창한 시외 도로를 따라 한참을 달려 소도시 아키사르의 한 복판에 폐허가 된 「띠아뜨라(두와디라)교회」로 갔다. 석조물이 땅에 뒹굴어 다니고 교회의 벽면만 그 흔적이 앙상하게 남아 있는 폐허의 모습이다. 심지어 2층 가옥이 교회 터에 지어져서 살림을 하고 있었고, 잡초만 무성한 체 아이들의 숨바꼭질 놀이터로 전락한 초대 교회의 모습이 못내 아쉽다. 대평원을 가로질러 살트(BC 700, 루디아 왕국의 수도)에 있는 사대교회로 향하였다. 도로 우측에는 유대회당, 체육관, 수영장, 아고라 등의 흔적이 비교적 원형대로 남아 있다.

화장실이 매우 흥미롭게 설치되어 있다. 이 곳 사대(sardis)에서 페르시아의 수사까지 3,000km를 대리석 바닥의 도로를 건설하여, 불과 7일만에 우편물이 전달되었다니 놀라운 일이다. 그 도로 바닥이 원형 그대로 발굴·보존되어 있다. 도로 좌측에는 알렉산더 대왕이 건설하였다는 「알테미스 신전」이 있는데, 로마식의 통기둥이 120개나 되었으니 그 규모를 짐작할 만하다. 신전의 웅장함에 비해 교회는 우측에 자그맣게 붙어 있음이 특이하다. 현장 학습차 나온 아이들을 만났는데 아주 표정이 밝고 쾌활해서 이집트에서의 아이들과는 대조적인 느낌을 받았다. 도로변에는 끝없이 포도밭이 펼쳐지고, 양치기 목동들의 목가적 풍경이 아직도 이곳은 농경사회임을 알려준다.

알아시에르에 있는 「필라델피아 교회」도 뚜아디라처럼 시내 복판에 위치하였는데, 출입문이 잠겨서 민가의 부엌을 통하여 교회로 들어갔다. 역시 덩그러니 서있는 우람한 두 개의 기둥이 지난날의 거대했던 교회 모습을 웅변해 주었다. 형제사랑의 뜻을 가진 필라델피아 교회는 300여 개의 교회에 포도주를 공급하며 형제애를 실천한 교회이고, 오스만 터키의 지배를 받을 때에도 끝까지 교회를 지킴으로써 선교적 사명을 다한 교회이며, 또한 예수재림에 대한 확신을 가진 교회로써 유명하다. 이 교회는 세례 요한에게 헌당되었는데, 7대 교회 중 가장 젊은 교회이다.

다음으로 우리는 「라오디기아 교회」로 향하였다. 에바부라가 선교한 이 곳은 원래 그리스의 안티오커스 왕이 왕비의 이름을 따서 라오디기아라고 명명했다. 히에라볼리의 온천수를 끌어오기 위해 만든 석조수로가 남아 있으며, 안약, 귀약이 유명하고, 상업 도시로서 그 터가 매우 넓다. 교회 터로 보이는 넘어진 석조기둥 앞에서 차지도 덥지도 않은 미지근한 라오디기아 교인들의 의욕 없는 신앙의 열기를 아쉬워하며, 허허벌판에 밭으로 변해버린 황량함을 뒤로 한 채 「히에라볼리 교회」로 향하였다.

히에라볼리 교회에서는 위대한 신학자 파피아스를 배출하였다. 이 곳의 유적 중에 눈길을 끄는 것은 공동묘지다. 1,200개 이상의 석관이 발견된 묘지가 봉분 형태를 갖추고 있다. 로마 시대의 욕탕, 회당터 등이 있어 당시에 도시가 형성되었음을 말해 준다. 바로 그 근처에 온천수가 흘러내리는 파묵칼레로 갔다. 이곳의 온천수에는 많은 양의 석회질이 함유되어 있기 때문에 온천의 물이 흘러내리는 동안 석회질이 침전되어 다른 곳에서는 볼 수 없는 희귀한 비경을 이루고 있다. 마치 한겨울 폭포수가 얼어붙어서 빚은 하얀 빙벽과 흡사했다. 높이가 100m에 이르는 백색 석회화로 이루어진 이 자연의 장관은, 만발한 목화송이로 뒤덮인 농장이거나, 뭉게구름으로 꽉 찬 하늘의 모습 같았다. 우측의 산 정상에는 「사도 빌립 순교기념교회」가 아득히 보였다. 「파묵칼레」에서 온천수로 수영과 사우나를 즐기면서 여독을 풀었다.

2월 12일 06시에 에베소로 향하였다. 가는 도중에 터어키한인 회에서 관리하는 「누가의 무덤」을 보았다. 명성에 비해 무덤은 매우 초라하다. 한국어로 안내판이 세워져 있다.

에베소는 지금까지 본 초대 교회들과는 달리 상당히 원형이 복원되어 있다. 이 곳은 당시 「버가모」 다음가는 대도시로, 아시아 최고의 무역항으로서 알렉산더 대왕 사후에 건설하였다. 요한의 활동지이자, 바울이 이방인을 개종시킨 곳이며, 예수 사후 마리아가 살던 곳이기도 하다. 이 곳은 자치권을 행사하여 로마 정부의 통치권이 거의 미치지 않았다고 한다.

사자와 노예의 격투장인 소형 원형경기장, 알테미스신전, 도서관, 목욕탕, 아고라, 창녀촌, 야시장 등의 유적이 그대로 남아 있다. 황제나 총독의 재임기념 신전이 많고, 넓은 골목길은 양쪽에 대리석 기둥이 줄지어 있다. 호랑이를 잡은 장사 헤라클레스 상 등 각종 조각상이 즐비하였고, 요한을 박해한 트라얀 황제 신전과 하드리아 황제에게 바친 신전 등이 눈길을 끈다. 클레오파트라와 안토니오가 신혼여행을 이 곳으로 왔으며, 부자 촌의 골목에는 모자이크로 길바닥을 장식할 만큼 번영을 누린 도시이다.

세수스가 건축한 도서관은 알렉산드리아 도서관 다음가는 세계 제2의 도서관으로 서 장서보존이 잘 되도록 과학적으로 건물 설계가 되어 있다. 도서관 우측이 「두란노 사원」으로 추정된다. 도로바닥의 대리석 면에는 소위 세계 최초의 광고라는 창녀의 호객행위하는 희귀한 모습이 조각되어 있다. 에게해의 에베소 항구에서 신전까지 14km 거리를 대리석으로 포장한 폭이 21m나 되는 대로를 만들어 놓았는데, 양편에는 화려한 고린도양식의 돌기둥이 줄지어 서 있고, 밤에는 가로의 횃불이 휘황찬란하여 대낮 같았다고 한다. 좌우 대리석 기둥이 연결되어 있는데 그 중 4개의 큰 기둥은 마태, 마가, 누가, 요한을 상징한다. 이 길은 산허리에 위치한 24,000명 수용규모의 대형 야외 원형극장으로 연결

된다. 후에 강의 범람과 퇴적으로 인하여 항구가 점점 멀어지면서 에베소의 영화도 쇠잔해지기 시작하였다. 도로변「에베소 교회」에서 2.000년전의 상황을 그리며 감동적인 예배를 올렸다. 2세기에는 고등교육기관이었다가 4세기에 교회로 바뀌었는데, 현존하는 것은 6세기에 유스티니아누스 황제가 건축한 것으로서 기둥과 벽면의 상당부분이 남아 있었다. 후에 이 곳에서 예수는 신의 아들인가 사람의 아들인가를 결정지은 공의회가 열렸다. 에베소를 뒤로하고「7인의 무덤」을 찾았다.

「7인의 무덤」은 데오도시우스 황제시절에 부활을 믿는 자들의 무덤으로써, 그 이전 박해받던 시절에는 비밀교회로 이용하다가 이후 7인이 하룻밤을 잤다고 생각했는데, 사실은 200년 세월이 흐른 사건 이후(하룻밤을 잤다고 생각하고 그 다음날 시장에 나가서 동전으로 계산을 하려고 보니, 이미 200년 전(AD 275)에 사용하던 동전임이 확인됨으로 인하여 세월의 흐름을 알게 되었다고 함), 부활을 믿는 자들의 무덤이 되었다. 데오도시우스 황제도 이 사건 이후 부활을 인정하게 되었다.

다음은「박해의 문」으로 갔다. 기독교 공인 직후 기독교도들이 에베소서의 원형경기장에 있는 돌을 옮겨와서 사도 요한의 무덤 앞에 세운 것으로, 내부에는 사도 요한의 무덤, 세례 장소, 우물, 포도주 담그는 터 등이 있어 상당히 큰 규모의 건축이 이루어졌던 것으로 짐작된다. 박해의 문 진입로에 13세기에 건축한 터어키 전통 목욕탕이 있고,「박해의 문」좌측 담을 경계로 모스크 사원이 있는데, 그 이름이「예수 사원」이다.「박해의 문」타운이 상당히 높은 위치인지라 멀리 에베소가 내려다 보였고, 세계 7대 불가사의의 하나인「알테미스 신전」이 보인다. 127개의 기둥 중

현존하는 유일한 기둥 하나가 더욱 우람해 보인다.

그 당시의 기술로 저 높은 돌기둥 위에 23톤 무게의 돌덩어리를 어떻게 들어 얹었었는지 하는 점이 불가사의이다. 오스만 터키족은 이 곳에서 셀족과 최후로 싸워 평정한 후 오스만 터어키제국을 개국하였다고 한다.

다음은 버가모로 향하였다. 기원전에 이오니안인이 버가모산 정상에 제우스 신전을 건설하였다. 이 곳은 병원이 유명한데 히포크라테스, 갈렌 등이 활약한 곳으로서, 병원은 아크레피온(이집트 건강의 여신이 건강을 지켜 준다)이라 하였다. 우선 광천수에 몸을 씻고 지하통로를 걸어가면, 종교 지도자가 위에서 구멍을 통해 "너는 나을 것이다"라고 하면서 정신요법을 통해 환자를 고쳤다. 입원실 및 진료실의 규모가 우리의 종합병원을 방불케 했고, 극장, 경기장 등 환자의 병상생활에서의 여가활동을 위한 다양한 시설을 갖추어 놓았다. 고대 의료시설의 대단한 규모를 짐작할 수 있다. 「버가모 교회」 역시 시내에 위치하고 있다.

기독교 공인 이전에는 회당으로, 2세기에는 이집트 신전으로 사용되었다. 사도 요한의 수제자 압니바가, 토관 2개를 설치하여 지하수로를 복개한 후 적벽돌로 건축하였는데, 벽면이 두껍고 건물의 구조가 웅장하며, 2층으로 올라가는 계단이 높고 넓어서 그 당시 교회의 엄청난 규모를 추정할 수 있다. 교회 지하가 요새화되어 저 멀리 산중턱까지 비밀 통로가 설치되어 있다. 초대 7대 교회 중 최대규모인 버가모 교회 역시 방치되어 관리가 허술했고 아이들의 놀이터로 전락하여 아쉽기 그지 없었다.

2월 13일 아침에 시인 호머의 고향이며, 알렉산더 대왕이 활동하였던 이즈미르를 떠나 국내선 편으로 앙카라로 날아갔다. 갓바

도끼아로 가기 위해서이다. 이스탄불이나 이즈미르와는 달리 앙카라는 매우 지저분했고, 낡은 가옥들이 시내에 산재해 있었다. 앙카라 성(칼레)근처의 좁은 골목길로 들어가서 식사를 했는데, 길가 풍경이 너무 가난해 보였고, 구걸을 하는 어린아이들의 모습이 지금가지의 터어키에 대한 인상을 바꾸기에 충분했다. 시내와 마찬가지로 변두리는 빈민촌과 신축 아파트촌이 혼재하여 보기에도 산만했다. 남쪽으로 차를 달리면서 보이는 도로변 풍경도 이전 여행의 그것과는 차이가 있었다. 구릉성 산지에 나무가 전혀 보이지 않았고, 주요 국도인데도 도로사정은 매우 불량하여 중앙선 표시조차도 없었다. 가는 도중에 터키 제2의 호수인 투츠켈리 호수의 낙조는 텔아비브에서의 지중해 낙조만큼이나 아름다웠다. 네부쉐힐에 가까워지자 들판에 눈이 조금 쌓여 있었고, 옛 믿음의 선조들이 박해를 피하여 이 곳에서 은거하며 수도하던 동굴 촌이 여기 저기에서 보인다.

 2월 14일, 터어키에서의 마지막 날이다. 갓바도끼아는 그 유명한 힛다이트 문명의 발상지이며, 헷족의 터전이다. 세계 최고의 「찻타 동굴」을 이 곳에서 최초로 발견하였다. 이 곳은 로마 정부에서 무관심했던 땅으로서, AD 53-57년경부터 기독교 박해시 기독교도들이 은거하며 은둔의 삶을 영위하던 곳이다. 이곳의 동굴은 서로 연결되어 있고, 지하 10층까지 방을 만들어 생활하였다. 기독교가 공인된 후에는 각지에서 수도사들이 총집결하여 경건한 수도 생활을 하면서 은둔하였다. 내부에는 각종 성화들이 그려졌으나, 724-836년 사이의 우상숭배 파괴주의에 의해 벽화를 금하였다. 그 이후 상징적으로 포도(풍요), 비둘기(평화) 등을 그리는 식으로 면면을 이어 갔다.

믿음의 선조들이 부활을 기다리며 살았던 이 곳을 최초로 발견한 것은 1907년 프랑스의 테레에 의해서였다. 이 곳은 화산이 전에 사암에 용암이 덮여 동화작용과 침식작용에 의해 계속적으로 가라앉고 있어 먼 훗날 이 유적은 사라질 가능성이 크다. 대표적 지하도시로서 카이마클러와 데린쿠이 두 도시가 있는데, 양 지하도시의 거리는 10km로서 서로 연결되어 있다. 우리는 카이마클러 지하도시로 들어갔다. 입구는 마굿간이다. 미로처럼 연결되어 있는데, 등잔 놓는 곳, 곡식창고, 아이방, 예배당, 제단, 십자가, 포도주 담그는 멧돌 및 포도주 저장창고, 물 저장탱크 등이 있다. 1,000여 명이 생활하였으며, 전시에는 5,000명이 피난처로 이용할 수 있다. 적 침입 시에는 지렛대를 이용하여 대형 멧돌로 문을 폐쇄할 수 있도록 하였으며, 만약 적이 들어오더라도 출구를 찾지 못해 나갈 수 없도록 건설하였다. 그리고 공기순환구멍을 45m상하로 뚫어 환기통으로 활용하였다. 비잔틴 시대에는 은둔장소로 이용되었으나, 모슬람 이후에는 중과세로 기독교도들을 탄압하였다. 지금부터 100년 전까지 기독교도들이 이 곳에 살았다고 한다. 지하도시는 30여 개, 지하교회는 1,000여 개가 발견되었다.

지하도시를 본 후 이번에는 풍화작용에 의해 깎여진 바위산 지상도시 「게레메」를 찾았다. 10-11세기에 수도사들의 은둔처로써 「바바라 교회」, 「바실리 교회」, 「혁대고리 교회」, 「뱀 교회」 등이 바위산을 뚫고 들어가서 교회구조를 갖추고 있었는데, 내부 벽면에는 성화가 가득히 그려져 있다. 바위산에 건설된 교회는 365개인데, 전 교회를 돌면서 수도한 후 마지막으로 한데 모여서 예배하는 연합 교회로서의 위상을 갖는 교회가 「혁대고리 교회」

였는데, 그 규모는 우리 나라의 일반 교회 정도로 넓었다. 이 지역은 전체가 나무 한 그루 없이 기기묘묘한 형태의 회색 암석이 끊임없이 이어져 있고, 특히 높이 30m 정도의 수없이 많은 원추형 또는 각종 동물의 형태를 닮은 입석들이 온 천지를 이루고 있다. 앙카라로 돌아와서 이스탄불행 비행기에 몸을 실었다.

2월 15일 아침 잔잔한 에게해를 내려다보며 아테네로 날아가 「올림픽서부국제공항」에 내리자마자 사도 바울이 전도여행 중 18개월간 머문 고린도섬을 향하여 달려갔다.

4.

외국 문학의 현장을 찾아서

「주홍글자」 위에 날아든 철새

함 연 진

호서대 영어영문학과 교수

보스턴의 아침,

멀리 언덕 아래로 보이는 찰스 강은 아침햇살을 받아 잘게 부서지고 있었다. 그 위로는 이름 모를 철새들이 한가로이 노닐며 낯선 이들의 향수를 달래주었다. 이런 분위기에서라면, 누구라도 한 번쯤은 일상의 굴레를 벗어 던지고 어디론가 훨훨 날아가고 싶은 충동을 느꼈으리라.

호텔 창문에 기대어 선 나는 자신이 늘 꿈꾸어 오던 평화가 바로 이 곳에 펼쳐지고 있다는 생각에 젖어 모닝커피를 단숨에 들이마신 후 진한 연기를 뿜어내고 있었다. 강물 위로 피어오르는 물안개를 배경으로 나의 시선을 빼앗은 이 평화롭기 그지없는 풍경 앞에서 나는 오랫동안 느끼지 못했던 아스라한 감탄을 창문 밖으로 토해 내고 있었던 것이다. 나는 그 때 피웠던 담배의 맛을 아직도 잊지 못한다.

『찰스 강의 철새들』이란 어느 노교수의 글이 떠올랐다. 그는 세계 각국에서 연구차 하버드와 **MIT**가 있는 이 곳 보스턴에 머물다 가는 학자들을 가리켜 '찰스 강의 철새들'이라 이름했던 것이다. 그렇다면 학회 참석을 핑계로 하버드대학을 찾았던 나 역시도 이름 모를 한 마리의 철새에 지나지 않는 셈이었다.

찰스 강을 따라 나있는 강변로의 아침 드라이브는 싱그럽기 그지없었다. 나는 야니의 음악을 들으며 세일럼으로 향했다. 대학 3학년 시절 '19세기 미국소설'이란 강좌를 통해 『주홍글자』의 원서를 접했던 나는 훗날 미국에 유학을 가게 되면 반드시 호손의 문학 터전인 세일럼에 들러 직접 그 명민했던 작가의 속내를 꼭 들춰보리란 다짐을 한 바 있었다. 오늘은 오래 전에 가슴에 품었던 그 다짐이 현실로 다가오는 날이었다. 이른 아침부터 야릇한 감상을 강물 위로 흘렸던 것도 사실은 이런 이유 때문이었다.

차로 한 시간 쯤 달리고 나니, 드디어 세일럼이란 표지판이 시야에 들어왔다. 바닷바람이 먼 이국의 정서를 담아 얼굴을 스치고 지나갔다. 순간, 사백년 전 거친 황야의 신대륙 위에 새로운 천국을 건설해 보겠다는 초기 정착민들의 야심과 그리고 그 꿈을 실행에 옮기는 과정에서 그들이 감내해야 했던 애환들이 나의 머리 속을 맴돌기 시작했다.

이 곳은 영국에서 넘어 온 호손가(家)가 처음으로 발을 붙였던 자그마한 항구도시로 청교도들에 의한 이교도 박해가 극에 달하여 이른바 마녀사냥이라는 비인도적인 저주로 얼룩졌던 곳이다.

나다니엘 호손,

그는 자신의 첫 번째 조상이었던 윌리엄 호손이 당시의 마녀재판에 깊숙이 관여했었다는 사실에 경악하여 가슴 속에서 치미는 분노와 죄의식을 삭히어 불멸의 명작들을 빚어냈던 미국문학의 대들보였다. 영롱한 진주알처럼, 그의 고뇌가 정점에 이르렀을 무렵 잉태한 자식이 바로 그의 대표작인 『주홍글자』인 셈이다. 살을 에어내고 가슴을 삭히며 난산한 작품이었던 만큼 그 감동이 깊이 또한 비길 데 없다.

나는 남다른 호기심에 젖어 낯선 순례객들과 더불어 트롤리카(무궤도 시내전차)를 타고 안내지도를 연신 들여다보았다. 안타깝게도 호손이 기거했던 네 군데의 거처 가운데 현재 남아 있는 곳은 겨우 한 곳 밖에는 없었다. 그나마 유니언 가에 있었던 호손의 생가는 현재 주차장으로 쓰이고 있다는 안내원의 설명에 세월의 무상함을 절로 느끼지 않을 수 없었다.

그러나 다행히도 그의 생가는 일곱박공의 집(호손의 또 다른 역작『일곱 박공의 집』에 나오는 저택) 옆에 옮겨다 놓았다 한다. 그 곳에는 『주홍글자』의 초판본을 비롯하여 호손이 친필로 쓴 편지글들, 그리고 당대 그의 문우였던 에머슨과 롱펠로우가 호손에게 보냈다는 편지들이 세월의 간극을 넘어서 빛을 발하며 고스란히 보존되어 있었다. 순간 나는 아내 몰래 책갈피에 숨겨 놓았던 옛 애인의 연애편지들(언제 처분할까 고민했던)을 그냥 놔두기로 결심했다.

여러 군데의 호손기념관 중에서 나의 시선을 가장 많이 빼앗겼던 곳은 마녀사냥이 한창이던 당시, 마녀로 지목되어 재판을 받고 고문을 당하던 장면들을 생생하게 무대 위에 재현하는 한 편의 짤막한 연극이었다. 지금 저 무대 뒤쪽에서 호손이 숨어 앉아 이 연극을 연출하고 있는 것은 아닐까 하는 착각마저 들 정도로 리얼했다.

연극에 관해 남다른 관심을 가지고 있던 나는 무대 위에서 펼쳐지는 현장감을 놓치지 않으려고 맨 앞자리에 앉았다. 하지만 간간이 알아들을 수 없었던 대사들은 성스러울 정도의 나의 진지한 노력을 여지없이 무너뜨리고 말았다. 연극이 끝난 후, 한동

안 나는 옆에 앉았던 한 쌍의 노랑머리들이 좀 너무 시끄럽게
쏙닥거렸지 않았나 하는 자위적 환청에 시달려야 했다.

　"저 아이의 아버지 이름을 대시오!"
　곧 뒤따라 오겠다던 나이든 남편이 2년이 넘도록 소식이 없던
가운데 헤스터 프린은 교구목사인 딤즈데일과 사랑에 빠져 사생
아를 낳았다. 그러나 아무도 그 아이의 아버지를 알지 못했다. 오
랜 기간의 감옥생활 끝에도 입을 열지 않자, 급기야 그녀에게 던
져진 형벌은 평생 가슴에 간음한 여자의 상징인 'A'(Adultery)자
를 달고 다니도록 한 것이었다.
　'간음한 여자 헤스터 프린!'
　그녀가 한평생 겪어야 했던 수치와 모멸감. 그러나 오히려 그
녀는 자신에게 부여된 죄과에 대해서 누구보다도 당당하게 맞섰
던 것이다. 처음으로 가슴을 열어 받아들였던 참된 사랑, 그리고
그 열매인 자기 자식에 대한 본능적인 애착이 그녀를 향해 저주
를 퍼부었던 청교도 사회에 맞서 그녀가 올곧게 서 있을 수 있
게 해 주었던 원천이었다.
　실형을 받고 힘겹게 살아가는 헤스터 프린은 그렇다 치더라도,
온 교구민들의 존경과 흠모의 대상이었던 딤즈데일의 그 측량할
길 없는 죄책감과 가슴 졸임은 또 어떠했을까? 헤스터 프린의
고통을 바라보면서 하루에도 몇 번씩 그들을 향해 고백하고픈
충동과 싸워야 했던 숱한 나날들. 급기야 주지사 선거일, 수많은
관중 앞에서 가슴을 열어제치며 자신의 죄를 고백하고 난 후 허
물어지듯 숨을 거두는 그의 애끓는 심정을 어찌 헤아릴 수 있을
것인가?

  '선과 악, 빛과 어두움, 그리고 진실과 위선…' 처음으로 『주홍
글자』를 읽던 날 밤, 호손 특유의 로맨스문학을 축조하고 있는
이 수 많은 대립 항들이 나의 머리 속을 괴롭혔던 기억이 여전
히 생생하다. 밤새도록 그 복잡한 의미망과 씨름하면서, 마치 한
밤중 숲속을 빠져 나온 굿맨 브라운처럼 멍한 얼굴을 하고 비틀
거리며 방안을 이리저리 돌아 다녔던 그 때의 그 감동을 나는
아직도 잊을 수 없다.

  조상들의 편견과 죄악에 전율하면서 가슴속에 미쳐 날뛰는 격
정을 달래려 'A'라는 화두를 끌어안고 몸부림쳤을 작가의 고뇌
가 온 방안을 가득 메우고 있었던 것이다.

  호손 기념관 중에서 사람들의 발길이 가장 많이 닿는 곳은 일
곱박공의 집이었다. 미국 식민지 초기 당시에는 창문에 달린 처
마가 몇 개가 있느냐에 따라 부의 척도가 가늠되었었다. 따라서
일곱 개의 처마가 달린 이 집은 매우 부유한 사람이 살았던 집
이었음을 짐작할 수 있었다. 호손은 이 고장에 내려오던 오랜 전
설에 예민한 관심을 갖고 그 전설 위에다 이 집을 포개어 놓아
또 하나의 역작 『일곱 박공의 집』을 빚어내었던 것이다.

  집은 곧잘 인간영혼이 깃들여진 상징적 공간으로서 비유될 때
가 많다. 대를 이어 가며 이 집에 살았었을 사람들의 영혼이 여
기 저기에서 연기처럼 피어오르는 듯했다. 죄는 자손 대대로 유
전되어 저주받는다는 내용의 이 소설은 죄의식에 대한 호손 특
유의 통찰력이 돋보이는 작품이기도 하다.

  이 집 내부의 비좁은 통로와 후미진 다락방은 당시 밀수품을
숨기기 위해 만들어진 구조라고 한다. 그렇다면 밀수의 역사가
미국역사의 나이와 궤를 같이 한단 말인가? 하는 생각에 나는

그만 실소를 머금고 말았다. 이 집의 구석구석을 둘러보면서 나는 아마도 이 집의 특이한 구조가 남달리 감수성이 예민했던 호손의 상상력을 자극했을 것이라고 짐작하기에 그리 어렵지는 않았다. 『주홍글자』역시도 작가가 세관을 뒤적거리는 가운데 우연히 헝겊뭉치 속에서 주홍색으로 쓰여진 'A'라는 글자를 발견한 데서 비롯되었다고 호손이 밝히고 있지 않은가? 아닌게 아니라, 한 때 호손에 대해 심취했었던 나의 귓전에도 문틈에 내려앉은 먼지 속에서 해묵은 사연들이 부스럭거리는 소리가 생생하게 들리는 듯했다.

온종일 호손 문학의 배경이 되었던 세일럼 이곳 저곳을 돌아다니면서 나는 인간 내면의 깊숙한 우물을 들여다보며 예술적 영감을 얻어 내었던 푸른 눈빛의 젊은 작가를 주마등처럼 떠올리곤 했다.

땅거미가 진 후에야 나는 다시금 찰스 강을 볼 수 있었다. 오랜 동안 별러 왔던 호손 문학순례. 나의 시야를 채우는 이국 땅의 그 모든 낯설음은 어느 새 저 묵묵히 흐르는 강물처럼 어디론가 흘러가 버리고 있었다. 그리고 이름 모를 한 마리의 철새(?)는 잔잔한 감동을 가슴에 안은 채 언젠가 이 곳을 또 다시 찾겠다는 다짐을 차가운 저녁 바람에 흘리고 있었다.

윌리엄 포크너에 쏟은 나의 열정

김 욱 동

서강대 영어영문학과 교수

"잃어버린 재산은 근면과 절약으로 회복할 수 있고 잃어버린 건강은 약과 절제로써 회복할 수 있지만, 잃어버린 시간은 영원히 회복할 수 없다"…

몽테뉴의 『수상』이나 파스칼의 『팡세』, 아니면 벤저민 프랭클린의 『자서전』쯤에나 나올 만한 이 구절은 1960년대 고등학생 사이에서 크게 유행한 A. W. 메들리라는 사람이 지은 『삼위일체 영어 연구』라는 영어 참고서에 나오는 말이다. 푸른 하늘에 떠도는 뭉게구름만 보아도 가슴이 뭉클해지던 고등학교 시절, 나는 이 책을 항상 가지고 다니며 그 예문을 모두 열심히 외우던 기억이 난다. 내가 위의 문장을 외웠던 것은 그 문장이 담고 있는 의미 때문이 아니라 오직 영어로 된 문장 구조를 익히기 위해서였다.

그런데 고등학교를 졸업한 지 30여 년이 지난 지금도 나는 가끔 이 구절을 머리 속에 떠올리곤 한다. 저자가 왜 이 문장을 예문으로 들었는지 지금 까맣게 잊어버리고 말았지만 무심코 외웠던 이 구절의 깊은 의미가 해를 거듭할수록 새삼스럽게 가슴속에 파고든다. 그것은 마치 무심히 지나쳐 버린 집 앞의 은행나무 한 그루나 무심코 흘려버린 어느 옛 친구의 말이 새로운 의미를 담고 다가오는 것과도 같다.

영어 참고서 한 귀퉁이에서 읽은 이 구절을 내가 가끔 머리 속에 떠올리는 것은 잃어버린 시간의 의미를 되새겨 보기 때문이다. 이제는 강물처럼 흘러 가버린 그 많은 시간을 과연 나는 낭비 없이 경제적으로 보냈던가? 이런 질문을 나 자신에게 던져볼 때마다 한 가닥 회한 비슷한 감정을 느끼게 된다. 특히 나는 지나온 학창 시절을 뒤돌아보면서 못다 이룬 꿈, 유산되어 버린 그 많은 포부를 아쉬워한다. 다시 한번 학창 시절로 돌아간다면, 하고 엉뚱하게 생각해 보지만 이 일회적 인생을 어찌 다시 돌이킬 수 있으랴.

내가 영문학을 전공으로 택하게 되었던 것은 지극히 우연의 일이었다. 나는 처음부터 법과 대학에 진학하여 법관이 되겠다고 뜻을 두고 있었다. 물론 부모님들을 비롯한 주위의 권고도 있었지만, 무엇보다도 그 방면에 진로를 생각하고 있었던 계기는 당시 유명한 변호사였던 권순영(權純永) 선생님이 쓰신 『법창(法窓)의 봄』이라는 책을 읽고 큰 감명을 받았기 때문이었다. 법관이라는 직업이 주는 명예나 권력보다도 그런 직업에 종사함으로써 많은 일을 할 수 있으리라는 막연한 꿈을 나는 그 책에서 발견하였던 것이다. 그래서 나는 법과 대학을 지망하는데 있어 필수 과목인 독일어를 택하는 등 공부의 방향을 그쪽으로 두고 있었다.

그러나 법관에의 꿈은 대학 입학 시험에서 무참히 좌절되고 말았다. 법과대학 입학 시험에 실패한 나는 재수를 하는 대신에 2차 모집을 하던 대학의 영문과에 적을 둔 다음, 공부를 하여 다시 입학 시험을 치를 생각이었다. 그래서 처음 1학기 동안은 대학 강의를 수강하는 동시에 시간을 쪼개어 입시 준비를 하였다. 그런데 여름 방학이 지나고 2학기가 되면서부터 나는 이상하게 도 영문학 공부에 더 많은 관심을 갖기 시작하였다. 물론 평소에 도 영어나 문학을 무척 좋아하는 편이었지만, 영어나 영문학 연 구를 평생의 직업으로 택하고 싶은 생각은 별로 없었다. 특히 부 모님들은 인문과학에 대한 이상한 편견을 가지고 계셔서, 문학도 는 달을 쳐다보고 한숨이나 쉬는 사람 정도로 생각하고 계셨던 것이다. 어쨌든 나는 겨울 방학 이후 2학기가 끝나갈 무렵에는 법관에 대한 미련을 모두 포기한 채 영문학을 나의 전공으로 택 하기로 결정하게 되었다.

이렇게 나의 영문학 연구는 참으로 우연히 시작되었다. 그러나 우연히 시작되기는 하였지만, 나는 남다른 정열로써 그것을 공부 하였다. 특히 나는 영국이나 미국 작가가 쓴 작품, 특히 소설을 닥치는 대로 읽었다. 지금도 대학 학부 때 읽었던 작품들- 이를 테면 찰스 디킨스의 『두 도시 이야기』라든지 나다니얼 호손의 『주홍 글씨』 같은 작품에 큰 감명을 받았던 기억이 난다. 이런 문학 작품을 읽으면서 나는 인생에 대한 새로운 인식이나 통찰 력을 갖게 되었다. 고등학교를 갓 졸업한 젊은이라면 누구나 다 마찬가지겠지만, 그 당시 내가 가지고 있던 인생에 대한 지식은 정말로 제한되고 편협한 것이었다. 그런데 나는 이런 문학 작품 을 읽음으로써 삶을 바라보는 시선을 넓히는 동시에 간접적으로 나마 삶에 대한 여러 경험을 얻게 되었다. 그리하여 대학 4학년 때에 이르러서는 예술 작품이 주는 삶의 지식 또한 사회 과학이 나 자연 과학이 주는 그것 못지 않게, 아니 어쩌면 그것 보다 더 크다고 생각하게 되었다.

그런데 이렇게 영미 소설에 심취해 있던 나는 우연히 윌리엄 포크너의 작품 『고함과 분노』를 접하게 되었다. 포크너의 작품은 이제까지 내가 읽었던 작품과는 전혀 다른 종류의 것이었다. 도대체 작가는 이 소설에서 무엇을 이야기하려고 하는지 도무지 알 수 없었다. 그것은 전통적인 소설에서 발견할 수 있는 플롯이나 구성 등을 전혀 찾을 수 없었기 때문이었다.

나는 지금도 그 소설을 두번 계속하여 읽으면서 느낀 그 절망과 고뇌를 기억하고 있다. 미국 남부 특유의 방언과 의식의 흐름 수법 등 이 소설을 세번째 읽었을 때 비로소 그 의미를 짐작할 수 있을 것 같았다.

그의 두번째 작품 『팔월의 빛』은 앞의 작품보다는 한결 실험적인 요소가 적어 쉽게 이해할 수 있었지만, 역시 여전히 포크너의 특유의 난해성을 느낄 수 있었다. 그러나 나는 이 두 작품을 읽으면서 뭐라고 바로 형용하기 어려운 이상야릇한 매력을 느꼈다. 영문학 연구에 뜻을 두고 있는 학도로 포크너는 한번 도전해 볼 만한 가치가 있는 작가로 생각되었던 것이다.

대학원에 진학한 나는 좀더 체계적으로 영문학 공부를 할 수 있었다. 학부 때와 마찬가지로 필수 과목 비슷한 것은 몇몇 있었지만, 내 취향에 따라 어느 정도 과목을 선택하도록 허용되었던 것이다. 포크너를 비롯한 미국 남부 작가를 염두에 둔 채 주로 영미 소설을 집중적으로 공부하였다. 기본적으로 읽어야 할 작품을 영국과 미국 별로 30여 작품씩 정선하여 리스트를 만들었다. 그리고 한 작품 씩 읽을 때마다 리스트에서 지워 버리는 방법을 썼다. 리스트에서 한 작품 한 작품 지워 나가는 작업 또한 작품을 읽으며 느낀 기쁨 못지 않게 컸던 것으로 기억난다. 물론 대

학원 졸업하기 전까지 60여편에 달하는 작품을 모두 다 읽지는
못 하였다. 그 작업은 대학원을 졸업한 뒤 육군사관학교에서 교
관으로 재직하고 있던 때까지 계속하지 않으면 안 되었다.

　육군사관학교에서 3년간 근무한 뒤 곧바로 미국 유학을 계획
하고 있던 나는 다행스럽게도 뉴욕주립대학과 미시시피대학 두
곳으로부터 장학금을 받게 되었다. 주위의 친구들이나 선배들은
남부에 있는 시골 학교보다는 세계 최대의 도시 뉴욕시 근교에
있는 뉴욕주립대학 쪽을 선택할 것을 권고하였다. 물론 학교의
규모나 위치 등 여러 모로 뉴욕주립대학이 미시시피대학보다 좋
은 학교인 것은 사실이었다. 이 두 학교 가운데에서 어느 학교를
선택하느냐의 문제를 두고 무척 고민하였지만 마침내 나는 남부
의 시골 학교를 선택하기로 결정하였다.

　그 이유는 미시시피대학이 위치해 있는 곳이 미시시피주 북부
옥스퍼드라는 소도시이고 여기가 바로 윌리엄 포크너가 거의 평
생을 살면서 작품을 쓴 곳이기 때문이었다. 뿐만 아니라 포크너
도 잠시 이 대학에 다닌 적이 있었으며, 그가 작가가 되는 데 이
대학은 무척 큰 역할을 하였다. 더욱이 그의 작품에 등장하는 여
러 가지 지역적인 특성, 이를테면 흑인 문제나 남부지방 방언 같
은 것을 좀더 잘 이해하기 위해서는 미국의 어느 다른 지방보다
도 이곳이 가장 적합할 것 같다고 판단하였던 것이다.

　다행히 미시시피대학을 택한 내 판단이 잘 들어맞았다. 내가
처음부터 뉴욕주립대학을 택하지 않고 미시시피대학을 택했던
것을 천만다행이었다. 포크너는 『압살롬, 압살롬!』에서 "남부를
이해하기 위해서는 남부에서 살아보지 않으면 안 된다"고 말한
다. 이 말 그대로 남부에 살아보지 않고서는 포크너의 작품을 제

대로 이해할 수 없을 만큼 남부 생활은 나에게 포크너 문학을 이해하는 데 없어서는 안 될 귀중한 경험이었다. 그의 작품에 남부의 상징으로서 흔히 언급되고 있는 백목련과 앵무새와 개똥벌레는 그의 작품을 이해하는데 매우 중요하였다. 특히 오뉴월이 되면 대기 전체가 마치 향수를 뿌려 놓은 것같이 인동넝쿨 냄새가 진동하는데, 그 냄새를 맡지 않고서는 『고함과 분노』와 『압살롬, 압살롬!』의 주인공 쿠안틴 콤슨의 심정을 제대로 이해하기 힘들 것 같다.

무엇보다도 남부 대학에서 얻은 경험에서 포크너의 문학을 이해하는 데에 가장 큰 것이 있다면 그것은 남부 특유의 사회적 분위기를 접하게 된 것이었다. 예를 들어 흑백 문제만 하여도 남북전쟁이 끝나고 백인들로부터 흑인들이 해방된 지 100여 년이나 지났지만, 아직도 흑인에 대한 인종차별은 북부 어느 곳 보다 심각한 것 같았다. 해마다 대학 총장 관저에서 벌어지는 외국인 학생을 위한 파티에 가보면 옛날처럼 여전히 흑인들은 백인들의 노예와 비슷한 위치에 있었다. 즉 흑인 한 가족이 모두 백인 집에 함께 살면서 흑인 남자는 정원을 가꾼 다든지 주로 바깥일에 종사하는 한편, 흑인 여자는 부엌일과 집안 청소 등을 돌보고 있는 것이었다. 일반 백인들의 집에 가 보아도 사정은 크게 다르지 않았다.

북부 미시시피 지방의 지리적 환경이나 기후 따위에 익숙하게 된 것도 이곳에서 겪은 중요한 경험이라면 경험이었다. 포크너는 어느 다른 작가보다도 자신이 자라온 지방에 깊은 뿌리를 박고 작품을 쓰기 때문에 미시시피 지역을 알게 된 것은 그의 작품을 이해하는 데 큰 도움이 되었다. 지금도 그의 작품을 읽고 있노라

면 그의 작중 인물들이 움직이고 있는 미시시피 지방의 길거리
나 언덕이 눈앞에 선하게 떠오른다.

미시시피 대학에서의 유학 생활을 통하여 잊을 수 없는 것은
포크너 세미나였다. 미국의 어느 작가보다도 포크너 연구에 역점
을 두고 있는 이 대학의 영문학과에서는 매년마다 포크너의 권
위자를 객원 교수로 초빙하여 대학원 세미나를 갖는다. 내가 그
학교에 입학한 지 두 번째 학기 때에는 그 방대한 『포크너 전기』
를 집필하였을 뿐만 아니라 포크너가 살았을 때 그를 버지니어
대학에 초빙하여 일련의 세미나를 갖게 하는데 산파 역할을 맡
았던 조셉 블로트너 교수가 객원 교수로 오게 되었다.

이 무렵 버지니어대학을 그만두고 미시건대학 교수로 재직하
고 있던 그는 『포크너 서간집』을 편집하고 있었다. 일주일에 3시
간 3학점 짜리 세미나에서 그는 포크너의 장편소설 12권과 대
표적인 단편소설을 다루었다. 나는 이 세미나를 통하여 이제까지
다소 산만하게 읽었던 그의 작품을 처음으로 체계적으로 읽게
되었다. 이 세미나를 통하여 비로소 포크너 문학의 진수를 깨닫
게 되었다.

이 포크너 세미나에 제출할 논문으로 나는 30쪽 짜리 논문을
썼다. 다른 미국 친구들은 부활절 휴가로 모두 고향에 돌아가고
외국인 학생 몇 명만이 남은 텅 빈 기숙사에서 혼자 논문을 쓰
던 기억이 아직도 생생하다. 이즈음 실존주의에 대하여 관심 있
던 나는 『팔월의 빛』을 실존주의적 관점에서 읽어보려는 것이
내 논문의 요지였다. 포크너는 실존주의에 대하여 체계적으로 연
구를 하지는 않았지만 놀랍게도 그의 작품에는 실존주의자들이
생각하는 삶의 태도와 너무나 흡사한 점이 많았기 때문이었다.

내 논문을 읽은 블로트너 교수는 "어려운 주제를 설득력 있게 잘 다루었다"는 평과 함께 A학점을 주었다. 그때 그 세미나를 수강했던 학생은 15명 정도로 모두가 미국인 학생이었고 외국인 학생은 나 혼자밖에는 없었다. 그런데 A학점을 받은 사람은 나를 포함하여 모두 3명밖에는 되지 않았다.

그후 나는 이 30쪽 짜리 세미나 논문을 100쪽 정도의 석사학위 청구 논문으로 발전시켰다. 이 논문을 지도하신 에번스 해링턴 교수는 이제까지 있었던 사회학적, 심리학적, 형식주의적, 그리고 신화적 접근 방법에 못지 않게 내가 시도한 철학적 접근 방법에 타당성이 있다고 격려해 주었다. 그 뒤 미시시피대학을 떠나 뉴욕주립대학에서 박사학위 논문을 쓸 때에 나는 이 석사 논문을 다시 350쪽 이상의 분량으로 발전시켰다.

물론 박사학위 논문에서는 포크너의 한 작품이 아니라 그의 작품 거의 모두를 다루었다. 이렇게 작은 세미나 논문이 기초가 되어 최종 학위 논문으로 발전해 나갈지는 생각도 못하고 있었다. 그리고 십여 년 전에 이 논문을 좀더 고치고 다듬어 포크너에 쏟은 나의 열정들을 모아 단행본으로 출간한 바 있다.

헨리 소로우의 시(詩)

이 영 걸

한국외대 영어과 교수

헨리 데이빗 소로우(Henry David Thoreau, 1817-1862)의 문학은 그의 수상록 『월든: 숲 속의 생활』(Walden; or Life In The Woods)의 번역을 통해 한국에도 널리 알려져 있다. 『월든』은 작가가 미국 매사추세츠의 콩코드에 있는 월든 호수(湖水) 기슭의 숲에 들어 몸소 오두막을 짓고 이년간 노동과 명상의 생활을 한 체험의 기록으로 이제는 초창기 미국문학의 고전이 되어 있다.

이 수상록은 물질적 가치에 매달려 절박한 생활에 시달리는 많은 미국인과는 달리 한적한 숲에 들어 손수 농사를 지어 생계를 세우며 남은 시간은 자연 친화와 명상에 바칠 수 있었다는 점을 실험적으로 보여준 것이다.

주지하는 바와 같이 소로우는 당시 미국 문단의 사조(思潮)였던 초절주의(超絶主義, transcendentalism)를 실천한 사람이며, 자연과의 교섭을 통해 신성한 실재에 이를 수 있다는 근본 사상은 에머슨과 휘트먼의 문학에도 공통적으로 투영되어 있다. 이 사조의 영도자였던 에머슨의 자기의존(self-reliance) 사상과 민주주의 정신은 이들의 문학의 주요한 공통점이다.

에머슨과 소로우의 시는 비록 그들이 쓴 산문에 비해 근소한 양이지만 이후의 시인들에게 끼친 영향을 생각할 때 그들의 시도 적잖이 관심의 대상이 된다. 에머슨과 소로우의 시는 1970년대 필자의 역시선 『19세기 미시(美詩)』에 여러 편 소개하였다.

『월든』은 학창 시절에 통독한 뒤에도 몇 차례 탐독하였다. 이책에 담긴 당시 사회와 문명에 대한 비판은 작가의 강렬한 개성과 함께 깊은 인상을 주었다. 세인(世人)과 달리 독자적 삶을 실험한다는 것은 상당한 신념과 용기가 없이는 불가능하다. 그 책을 읽는 동안 몸은 세인트루이스와 서울에 있으면서도 마음은 내내 소로우와 함께 월든 기슭에 가 있었다.

소로우의 시를 몇 편 소개했으나 그의 시 전집은 훨씬 뒤에야 입수하였다. 그러나 이런저런 사정으로 아직까지 통독하지 못하였다. 1964년에 나온 『헨리 소로우 시전집』은 1987년 LA의 어느 고서점에서 구입한 것인데 장정에서 풍기던 향기가 지금 (1999년 2월 1일)까지 은은히 풍기고 있다.

근년에 신석정(辛夕汀) 시인의 시와 산문을 읽던 중 이 시인이 어느 글에서 중국의 도연명과 인도의 타골과 미국의 소로우에게서 문학적 영향을 두루 입었다는 점을 언급한 구절이 보였다. 타골과의 연관은 시풍과 어법 면에서 쉽게 감지할 수 있었지만, 소로우의 경우는 다소 어렵게 느껴졌다. 우선, 신 시인이 소로우의 걸작 『월든』을 읽고 크게 감명을 받았다는 뜻으로 한정해 생각할 수도 있었다. 그러나 신 시인이 시를 쓰기 시작한 1930년대에 『월든』과 함께 소로우의 시편도 더러 접할 수 있었다고 가정한다면 영향의 문제와 관련해 소로우의 시를 될 수 있는 대로 많이 정독할 필요가 있다. 동시에 『월든』도 다시 정독하며 소로우의 어떤 점에 신 시인이 가장 공명하였을까를 세심히 조사해야 할 것이다.

1994년 여름 방학에 콩코드의 월든 호수에 가서 그가 지은 오두막도 들여다보고 원래 오두막이 섰던 터에도 가서 조용히 엄숙한 시간을 보내고 왔다. 책으로 읽은 숲을 찾아가는 길에 일광욕을 하며 책을 읽는 수영복 차림의 여인이 있어 손에 든 책을 흘끗 보았으나 『월든』과는 거리가 먼 제목의 책이었으며, 돌아가는 동양인 부자(父子)를 향해 야유의 함성을 지른 헤엄치는 이들과 특히 물 속에서 서로 끌어안고 보라는 듯 입맞추는 젊은 남녀 때문에 크게 환멸을 느꼈다. 그들에게는 이 '월든' 호수가 전혀 경건한 역사적 장소가 아니었다.

다시 그의 고향 가까운 보스턴에 와서 소로우의 시를 읽으며 그의 개성이 뚜렷이 느껴지는 시 한 편을 국역(國譯)해 소개한다. '위대하신 하느님…'으로 시작되는 첫 줄을 제목으로 삼은 이 시의 영어 제목은 「Great God, I Ask Thee For No Meaner Pelf」이다.

위대하신 하느님 감히 청하오니
제가 저를 실망치 않게 하소서
지금 이 맑은 눈이 판별(判別)하듯이
행동에서도 드높이 날아오르게 하소서.

또한 바라옵나니 은혜로이 도우사
제가 저의 벗들을 크게 실망케 하소서
그런 일이 있으리라고는 그들이 예상도 못하겠지만
당신께서 저를 뛰어나게 하셨음을 꿈도 꾸지 않도록.

저의 약한 손이 저의 굳은 믿음을 온전히 따르고
저의 삶이 말보다 나은 행동이 되도록 하소서
저의 비열한 행위
저의 힘 빠진 글이
결코 당신의 뜻을 모르거나
당신의 계획을 과대히 본 것이 아니도록.

Great God I ask thee for no meaner pelf

That I may not disappoint myself,

That in my action I may soar as high,

As I can now discern with this clear eye.

And next in value, which thy kindness lends,

That I may greatly disappoint my friends,

Howe'er they think or hope that it may be,

They may not dream how thou'st distinguished me.

That my weak hand may equal my firm faith,

And my life practice more than my tongue saith;

That my low conduct may not show,

Nor my relenting lines,

That I thy purpose did not know,

Or overrated thy designs.

자신의 이상적인 삶을 실험키 위해 월든 기슭의 숲으로 가기 훨씬 이전에 쓴 시이지만 삶의 이상과 사회 정의를 위해 용기와 실천을 보인 이후의 삶을 볼 때 시인의 어조는 공연한 허세가 아닌 셈이다. 정부의 비정에 항의해 인두세 납부를 거부해 투옥된 후 쓴 글 「시민 불복종」의 정신도 주지하듯이 인도의 간디에게 귀감이 되었으며, 사회의 멸시와 박해를 받는 계층에 대한 동정과 노예 제도에 대한 뜨거운 비판과 행동은 이 시가 언급한 '비열한 행위', '힘 빠진 글'과는 달리 고귀한 업적이다.

첫째 연의

"지금 이 맑은 눈이 판별하듯이
　행동에서도 드높이 날아오르게 하소서"

는 실로 의연한 기상을 느끼게 하면서도 '이 맑은 눈'(this clear eye)은 자화자찬이 아닌가 하는 놀라움도 안겨 주지만 그의 길지 않았던 생애는 그가 다짐했듯이 과연 '말보다 나은 행동'으로 일관했던 셈이다.

일본인과 언어생활

한 미 경

한국외대 일본어과 교수

일본에서의 유학체험기 또는 일본사람들과 얽힌 이야기 중에서 무엇을 쓸까 궁리하다가 언어생활에 관한 일본인과 우리의 인식의 차이에 대해 내가 체험한 바를 이야기하고 싶은 생각이 들었다. 나는 전공이 일본어학인 관계로 일본사람들의 언어생활에 많은 관심을 갖게 되었다. 처음 유학을 간 お茶の水女子大學(오차노미즈여자대학교)은 일본에서 전통 있는 대학으로 우수하고 모범적인 여학생들이 많기로도 유명하였다. 그 대학의 대학원생들 또한 평소 언행에 품위가 있어서 본받을 점이 많다고 생각했다. 같은 과의 대학원생들은 친구끼리도 서로 정중한 말투로 대화를 나누었으므로 나도 이 친구들과 공부하면서 더불어 교양 있는 일본말을 잘 구사할 수 있게 될 것 같아 내심 기뻐하기도 하였다. 그러면서도 좀 이상하게 느껴지는 것은, 전철이나 TV에서 보고 듣던 젊은 여성들의 가볍고 일상적인 말투와는 상당히 다르다는 점이었다.

그러던 어느 날, 우연히 대학원 학생휴게실에 들른 나는 의외의 장면을 접하게 되었다. 그 날도 우리과 친구들은 모여 앉아 담소하고 있었다. 그런데 평소에 서로가 '…です, …ます(…입니다, …어요)'를 써가며 품위 있는 일본어로 정중하게 대화하던 그

친구들이 전철 안에서 듣던 것과 같은 너무나도 친숙한 반말로 주고받고 있는 것이 아닌가. 그처럼 교양 있는 경어법으로 대화를 나누던 사람들이 갑자기 평범한 아가씨들의 일상적인 말투를 쓰고 있다니, 그 때의 이해하기 힘들었던 그 기분과 당혹스러움은 지금도 일본문화에 대해 생각해 볼 기회가 있을 때마다 어김없이 떠오르는 장면의 하나가 되곤 한다. 나는 그 친구들에게 어떻게 그렇게 말투가 달라질 수 있는지에 대해 물어 보았다. 그 친구들 말에 의하면, 자기들은 대학교 1학년 때부터 친한 사이이기 때문에 평소에는 당연히 반말로 이야기하지만 외국인 유학생인 내 앞에서는 품위를 지키기 위해 일부러 존댓말을 사용한 것이라는 것이었다. 나는 무척 놀라웠다. 우리 나라 여성들이 평소에 "했니?" 하던 친구끼리 외국인이 있다고 하여 일부러 정중하게 "했어요?" 라고 자연스럽게 어법을 바꿀 수 있을까.

일본인의 언어사용은 그때 그때의 상황, 환경 등, 주변 여건에 많은 구애를 받는다. 우리가 고교 동창을 20~30년 후에 만났다고 하자. 한번 친구는 영원한 친구라고, "너 많이 변했구나. 요즘 뭐 하니?" 하고 옛날 기분으로 돌아가 예전과 똑같은 말투로 이야기를 시작한다.

하지만 일본인들은 오래간만에 만난 사이일지라도 대면하면서부터 반말 투로 시작하는 것이 아니라 정중하게 경어를 사용하다가 차츰 이야기가 무르익으면 슬그머니 반말 투로 바꾼다.

일본인이 주변 상황에 민감하고 상대방에게 신경을 쓰는 것은 놀라울 정도여서, 상대방과 이야기를 나눌 때는 무엇보다도 오로지 상대방에 대한 배려만을 최우선으로 여기는 경우가 많다. 뿐만 아니라 일본인은 다른 사람과 이야기하면서 자기쪽 사람을 화제로 삼을 때 높임말을 쓰는 경우가 없다. 자기 부모님이라 할지라도 존경어로 이야기하는 것은 듣고 있는 상대방에게 결례가 되는 것으로 여기기 때문이다. 반면 상대방에 대해서는 그 정반대여서 특이하다. 즉 상대쪽 사람이면 그 사람의 어린아이들을 언급할 때일지라도 높임말로 이야기해야 하는 것이다.

내가 아는 일본인 중에 가네코(金子)씨라는 분이 있다. 이 분은 한국어를 배우고 또 유학생들에게 많은 도움을 주고 있는 분이어서 유학생들을 집으로 초대하기도 하곤 하였다. 그런데 가장 곤혹스러운 것은, 초대받은 남자 유학생들이 딸아이의 이름을 "まゆみ(마유미)"라고 부르며 반말 투로 이야기하는 점이라는 것이었다. 우리의 언어 생활로 본다면 누구의 딸이건 초등학교 저학년 학생에게 존댓말을 쓰는 것도 우습거니와, 더욱이 친숙한 사이의 어린 자녀에게 반말 투로 대하는 것은 지극히 당연한 태도라 할 수 있으니 말이다. 가네코(金子)씨는 한국유학생들에게 딸아이를 まゆみちゃん(마유미쨩)이라고 부르며 예를 갖춰달라고 요구하기도 민망하여 다만 아내와 어린 딸에게 한국의 문화를 이해시켜야 하는 고충을 겪지 않을 수 없었다고 하였다.

아빠가 친분을 나누고 있는 한국 젊은이들이 무례한 사람들이 아닌가 하는 딸아이의 우려를 불식시켜 주기 위해서였다. 일본은 직장에서도 자기회사 사람에 대해 다른 사람에게 이야기할 때는 높여서 이야기하지 않는데, 이는 사장이건 부장이건 지위 고하에 관계없이 모두 마찬가지로 적용된다. 일본인의 자기 쪽에 대한 겸손과 상대방에 대한 높임의 언어예절 의식은 이처럼 철저하다.

일본인은 정해진 기준과 규범보다는 처해있는 상황에 우선적으로 충실해야 하고 자기 부모, 상관보다는 자기가 대면하고 있

는 상대방의 기분을 상하지 않게 배려하는 대인관계를 무척 중
요시한다. 이는 언어에서 뿐만아니라 다방면에 걸쳐서 나타나는
그들의 문화이다. 좋게 말하면 남에 대한 배려와 존중이라고 미
화할 수도 있으나, 나쁘게 말하면 남의 눈치를 보며 살아가야 한
다는 의미이므로 지속적으로 상당한 노력과 정신적인 긴장을 감
내하지 않으면 안되는 사회이다.

한편 일본인은 항상 격식을 갖춘 언어생활을 하는 것만은 아
니다. 직업, 위치 등에 따라 다른 어투의 언어를 사용하기도 한
다. 우리의 언어생활에서는 나이를 기준으로 한 연장자의식이 강
하여 존댓말 사용은 필수적이고, 만약 그걸 지키지 않으면 버릇
없고 배운 것 없는 사람으로 경멸시된다. 한 예를 들어, 물건을
사거나 택시를 탈 때 젊은 사람이 반말 투로 말하거나 함부로
말하면 아주 무례한으로 치부될 것이다. 그러나 일본에서는 이와
사정이 좀 다르다. 일본에서는 직업에 대한 귀천 의식이 별로 없
으며, 각자가 자기 직업을 천직으로 여기는 경우가 많은데 특히
상업을 하는 사람들의 경우 긍지가 강하다.

그들의 사회에서는 손님은 절대적으로 왕이라는 의식이 지배
적이다. 나는 자취를 하면서 가게나 시장에 가게 되면 나름대로
교양 있고 수준 있는 일본어를 사용하면서 가겟집 아저씨, 아주
머니들에게 우리 나라에서 손윗사람들에게 하듯이 깍듯하게 대
하곤 하였었다. 하지만 그 동네 아주머니들은 가게주인에게 아주
편한 말투로 대하였고 젊은이들도 별로 정중한 말투가 아니었다.

아는 분과 함께 택시를 탔을 때 그분은 거의 명령조로 들리는
말투를 쓰고 있어 거만하게 느껴지기조차 하였다. 그러던 중 어
느 날 함께 가게에 들렀던 일본 친구가 나에게 韓さん은 말투가

너무 정중하여 부자연스럽다고 말하는 것이었다. 그 후에 알게 된 사실이지만 내가 손윗사람으로 대하고 사용하던 경어체는 상점이나 택시 등 내가 손님의 입장으로 있을 경우에는 적합하지 않다는 것이었다.

우리말은 존댓말을 사용할 때 대부분 ○○○씨를 붙이면 되지만, 일본어는 다양하여 수준 높은 교양을 나타내는 경우와 보통으로 예우하는 경우가 각각 다르다. 일본은 직업 또는 장소에 따라 정중도도 달라서 시장이나 택시 또는 백화점 등 손님의 입장에 있을 때는 별로 정중한 말투를 쓰지 않고 편안하게 예를 갖추는 정도의 어법만을 사용하면 되는 것이었다. 나와 같이 때와 장소를 구별하지 않고 교양 있는(?) 어법만을 쓰는 사람은 오히려 자칫 가식적인 인상을 주기가 십상일 터이었다.

지금까지의 나의 짤막한 일본어 사용 경험담은 일본인의 언어 생활의 극히 일부분만을 예시한 것에 지나지 않는다. 외국어를 잘 구사하기 위해서는 문법에 맞고, 발음이 좋다는 등의 차원과는 또 다른 축(軸)에서 그 나라의 문화를 정확하게 깊이 이해하고 그 바탕 위에서 적합하고 조화롭게 대응하는 문화적 감각을 동시에 갖추었을 때 보다 완성도 높은 수준에 이를 수 있으리라 여긴다.

교과서에 없는 영어

이 용 성

부산외대 영어과 교수

미국에서 즐겨보던 가정드라마 가운데 'Full House' 라는 프로가 있다. 아내를 잃고 세 딸 (Michelle, Stephany, DJ)을 키우는 가장(Danny), 그와 같이 사는 Joey 그리고 Jessy가 어울려 사랑과 유머가 넘치는 미국인의 일상을 보여주는 재미있는 프로이다. 이 드라마에 등장하는 아이들을 통하여 가끔씩 재미있는, 그러나 생소한 영어 표현을 접하게 되는데 그 중에 전혀 교과서에서 배운 바가 없는 것들도 있다. 극중에서는 주로 십대 아이들에게 많이 나타나는 말이지만 실제로는 나이를 막론하고 가벼운 회화체에서 자주 발견되는 말들이 있다. 가벼운 마음으로 영어를 접하고 또 잘 듣지 못하는 표현이지만, 일상적인 표현에서 기억나는 몇 가지 표현을 같이 나누어 보기로 한다.

Friends don't make out in public.

이 말은 친구로 지내자는 남자친구의 제안에 대하여 DJ가 대답하는 말이다. 느닷없이 이 말만 들어서는 무슨 말인지 알기 어렵다. 단어 하나 하나는 모르는 것이 없는데 표현이 매우 생소하여 이해가 잘 안되는 표현이다. 여기에서 'make out'이란 애정 표시를 하는 것을 말한다. 따라서 친구라면 사람들 보는 앞에서 그렇게 키스를 할 수는 없다는 의미가 된다. 이번에는 친구들의 파티에서 돌아온 중학생 Stephany의 표현이 있다. 'It turned out to be a make-out party.' Stephany가 이와 같이 말하자 전 가족이 깜짝 놀라며 그 아이를 돌아본다. 여기에서의 'a make-out party' 란 역시 순수한 의미의 파티가 아니라 짝맞추기 파티라는 말로 이해하여야 한다. "Well, How are you making out with Lucy?"도 상황에 따라서는 잘 지내느냐는 가벼운 말로 들릴 수 있으나 대 개의 경우 이성관계가 잘 되는지를 묻는 물음이다. 이러한 일상 대화를 교과서에 배운 내용으로 "Make the check out to Mr. Kim" (수표 지급인을 김선생으로 해주세요.)하는 정도로 알고 있다면 도무지 이해할 수 없는 표현이 될 것이다.

Scoot over!

가족이 많이 차를 타게 되면 뒷자리에 촘촘히 앉아야 한다. 아마도 한국말로 하면 "안으로 좀 들어가라!"라는 말이 되리라. 귀에는 [sku:Dɔ́və](대문자 D는 water의 미국식 발음 /t /에서 실현되는 flap sound이다)로 들리는지라 도무지 철자까지 감을 잡을 수가 없다. 어린아이들의 일상에서는 늘 나타나는 말이기는 하지만 교과서에서 배운 영어와 관련이 있는 것이라곤 'scooter' 라는 소형 오토바이뿐이다. 그렇지만 이러한 말은 실제로 미국인 의 일상회화에서 적지 않게 들을 수 있는 말임을 알 수 있다. 좀 더 들어가라고 하면 안에 타고 있던 사람이 "Hey we are already schmooshed!"라고 항변을 한다. 너무 들어와서 이제 조려들 지 경이라는 말이다. 너무 많이 사람이 타면 "We're all schmooshed." (좁아서 혼났다)는 표현을 곧잘 하는 것을 들을 수도 있다. 직역을 하면 우리 모두가 찌그러졌다는 뜻이 될 것이고 "He is schmooshing me!" 하며 인상을 쓸 때는 자꾸만 나를 성가시게 한다고 선생님에게 호소를 하는 표현이 되기도 한다.

As you were!

잘하면 무슨 말인지 감을 잡을 수도 있으리라. "원래 하던 대로."의 의미인데 어원을 살펴보면 군대에서 쓰는 용어이다. 우리 나라 명령어 가운데 "쉬어!"에 해당하는 말이지만 중·고등학생들의 대화에서 장난삼아 잘 나오는 표현이다. 'Forrest Gump'라는 영화에서 여러 번 들은 기억이 있다. 이와 관련된 말로는 "Carry on (soldier)!"라는 표현을 쓰기도 하는데, 공부하는 언니에게 뭔가 물어 보고는 고맙다고 해야 할 시점에 가볍게 "As you were" 또는 "Carry on!"하며 지나가는 모습을 볼 수 있다. 하던 일을 계속하라는 말이 되겠는데 사실은 군대에서 상관이 하급 병사에게 사용하는 말이지만, 이렇게 가족끼리의 사용에 있어서는 가벼운 농담으로 사용되기도 한다.

I need (to) pee.

귀여운 말이다. "오줌마려워!"라는 뜻이다. 아마도 'piss'의 어린아이 말로 생각되지만 'piss'는 속된 의미를 가진다. 언젠가 독일의 수상 Helmut Schmidt를 비난하는 말로 "He is pissing this way and that way."라고 한 기사를 읽었다. 직역을 하면 "그가 이리 저리 방뇨를 하고 있다."는 의미이지만, 실제로는 "지조 없이 이리 저리 흔들린다."는 말이다. 오줌 세례를 받으면 얼마나 기분이 나쁠까? 따라서 "I was pissed off!"라는 표현이 "정말 화가 치밀었다."의 의미로 쓰여지는 것도 당연하리라. 이와 동일한 의미로 "I was peed off!"라는 표현을 쓰기도 한다.

따라서 위의 표현은 아마도 어린이말을 사용하여 'piss'라는 단어를 피하면서 화가 났다는 뜻을 담을 수 있는 표현인듯 하다. 어린이는 'pee pee'(소변) 그리고 'poo poo'(대변)를 구별하여 사용한다. 전자는 No.1 그리고 후자는 No.2라는 말로 대신 할 수도 있다. 한국말의 의미는 소변, 대변이 될 것이다. 환자가 몸도 가누지 못하는 상태에서 "I have to go to the bathroom…"이라고 말하자 간호원이 "No.1 or No.2?"하고 되묻는 장면이 있다. 설명하지 않아도 그 뜻을 짐작할 수 있으리라 본다. 어쩐 일인지 화장실에 "Little Johnny"라는 이름이 붙게 되었다. 'Johnny'란 'pee'와 'poo'를 동시에 해결하는 곳을 칭한다. 속된말로 변기통에 해당된다. 언젠가 한국 사람들과 바비큐를 나간 일이 있었는데 어느 집에서 고기를 재어 가지고 온 통에 'Johnny Cat'이라는 글자가 선명히 찍혀 있었다. 그 주인에게 뭐라고 말할 수는 없었지만 고기를 담아온 그 통은 고양이를 위한 Johnny 즉, 고양이 변기통이었던 것이다.

사실 만든 사람의 의도야 어떻든 알맞게 사용하면 그만 아니겠는가? 미국인들도 어디서 구했는지는 모르지만 한국사람들의 pee-pot(요강)을 스프 그릇으로 사용하는 것을 목격한 일이 있으니 피장파장이다.

Yummy in the tummy!

한마디로 맛있다는 표현이다. 'yummy' 또는 'yammy'라는 말은 어린아이의 말로 '맛이 있다.'라는 말인데 어린아이뿐만 아니라 어른들 사이에도 많이 쓰이는 말이다. 이에 반대가 되는 말은 'yacky'(또는 yucky)이다. 입에 맞지 않는 맛을 표현할 때 사용한다. 영어의 미각을 나타내는 말은 그리 많지 않다. 'tasty, palatable, delicious' 정도이지만 대개 이런 말보다는 통칭 "yammy 또는 yummy"를 더 많이 사용한다. 미국에 살 때 아이들의 생일에 미국아이들을 초청하여 파티를 한 일이 있는데 그때 군만두를 보고 뭐냐고 묻는 아이에게 무심결에 "야끼만두"(Yacky Mandu)라고 대답을 했더니 아이들이 손도 대지 않는 것을 보고 의아하게 생각하였던 적이 있다. 실상인즉 내가 "야끼만두"라고 한 말이 뒤는 잘 안 들리지만 여하튼 'yacky something'으로 들린 모양이었다. 이게 뭐냐고 하니 맛없는 거라고 대답을 했으니 아이들이 손을 대지 않은 것도 당연한 일이리라. 영어 선생인 내가 그때서야 처음으로 "yacky"라는 말을 접하게 되었던 것이다. 물론 맛이 없을 때 "yack!" 또는 "yuck!"하고 소리를 지를 때가 있는데 이 역시도 그 어원을 쉽게 짐작할 수 있다. 또한 맛이 없다는 말로 "gross!" 또는 "sick!"등의 말을 사용하는 것도 들을 수 있다.

It's cool, man.

미국의 중·고등학생들은 친구에게 인기가 있는 사람을 "cool guy"라 한다. 십대의 아이들은 자기 동료나 이성의 친구에게 "He is cool"하는 말을 듣는 것을 최대의 칭찬으로 생각한다.

말수가 적은 우리 집 둘째 아이를 이해 못해서 고민하던 고등학교 선생이 다른 아이들에게 그 아이에 관하여 묻자 "He is cool"하는 대답을 듣고 선생이 아이를 좋게 보기 시작한 일화도 있다. "멋있다, 좋다, 마음에 든다."하는 이 모든 표현이 "It's cool"이다. 멋진 차를 보아도, 맘에 드는 옷을 받아도, 잘 그린 그림을 보아도, 멋진 여(남)학생을 보아도, 기분이 좋은 성적을 받아도 늘 나오는 말이 "Oh! Cool!"하는 감탄사이다. "Cool guy"

가 아니면 도무지 이상한 행동으로 친구들을 불편하게 만드는 'geek' 나, 여학생을 성가시게하여 눈총을 받는 'dork', 아니면 도무지 상종하기 어려운 'jerk' 가 되어 버리고 만다. 마지막에 따라 붙는 'Man' 이라는 말은 특별한 의미가 있는 것은 아니다. 그저 듣는 이가 남자인 경우 습관적으로 따라 붙는 말이다.

한때는 'cool' 이라는 말보다 'hot' 이라는 말이 더 유행을 하기도 하였다. 그런데 80년대 후반부터 'hot' 은 점차 사라지고 'cool' 이 더욱 폭넓게 쓰이고 있다. 80년대 후반에 보았던 어떤 선전문구에 "It's so hot that it's cool"이라는 글을 본 일이 있는데 문자만 가지고는 도무지 무슨 뜻인지 알 수 없지만 젊은 층에게는 그냥 "좋다, 멋지다"의 의미로 받아들여지는 것이다.

요즈음은 그 용법이 넓어져서 상대방의 말에 동의를 할 때의 "yes"의 의미로 쓰여지기도 한다. "Will you come to the party tonight?"하는 여자의 제안에 "Cool!"하고 대답을 하여 승낙하기도 한다. 길에서 혼자 서 있는 여성에게 지분거리다가 그 여성의 남자 친구가 나타나자 치근거리던 그 남자 왈 "it's cool man... it's cool."하며 뒷걸음질치며 물러나는 모습도 종종 볼 수 있다. 한마디로 악의가 없음을 보이며 꼬리를 내리는 말투이니 'cool' 의 쓰임새가 꽤 넓은 것 같다.

I am grounded.

미국아이들은 잘못을 하면 그에 대한 체벌로 집밖에 또는 방밖으로 나가지 못하게 하는 경우가 많다. 어떤 경우는 주말 내내 외출 금지되는 경우(grounded over the weekend)도 있다. 상가에서 놀자(Let's hang around in the mall)는 친구의 전화를 받고 "No way man, I am grounded." (안돼! 나는 외출 금지야)하고 대답을 하는 소리를 들을 수 있다. 어쩌다가 잘못하여 의자가 넘어지며 유리창이 깨지자 아주 낙심한 꼬마아이가 "I am grounded for life!"(이젠 큰일났다)하며 근심을 한다. 이제 평생 집밖에 나가 놀기는 틀렸다는 절망의 소리이다. 아버지의 차에 흠집을 낸 십대 아이가 "Get a grip, DJ! You will be grounded for ever."하며 혼잣말을 중얼거린다. "Get a grip."하는 말은 "정신차려!"에 해당하는 말이다. 무슨 수를 내지 않으면 큰일난다고 혼잣말을 하고 있는 것이다. 참고로 친구가 너무 멍청한 말을 하거나 아니면 이상한 행동을 할 때에도 "Hey man, get a grip!"(Get hold of yourself!)하며 충고를 하기도 한다.

Ups and Downs

또 다른 특이하고 재미있는 것이 주로 아이들의 말에 'up'이 많이 쓰인다는 점이다. 어쩌면 성장기(growing up)의 상징인 듯도 하고, 일면으로는 늘 어른들에게 듣는 말에 'up'이 많이 쓰이기 때문이기도 할 것이다. 예를 들어 아이들이 자라면서 늘상 듣는 이야기 가운데 "eat up!"(다 먹어라), "drink up!"(다 마셔야지) ('eat up'과 'drink up'을 합하면 'finish up!'이 된다), "shut up!"(조용히 해라), "get up!"(일어나라), "stand up!"(일어서라), "hurry up!"(서둘러), "sit up!"(바로 앉아) 하는 말이 대종을 차지한다. 그래서인지 아이들 말에는 'up'이 들어간 말이 유달리 많다. "listen up!"(잘 들어), "wait up!" 또는 "hold up!"(기다려 같이 가자), "I messed it up!"(엉망이 되었네), "what's up?"(무슨 일이니? 잘 있니?), "I will make it up to you."(다 갚아 줄께), "Let's shake hands and make up!"(악수하고 화해하자), "what are you up to?"(뭐하고 있니?), "Loosen up, man!"(편하게 생각해!),

"Time's up!"(시간 다 됐다), "speed up!"(서둘러) 등. 그러다가 어른이 되면 이번에는 상당수의 표현에 'down'을 사용한다. 'settle down'(정착하다)하기 위하여 자동차와 집의 'down payment'(계약금)을 염려한다. 화나는 일이 있어도 'calm down'(침착하다)해야 하며, 심지어 사업이 'shut down'(문닫다) 되어서 장사는 'down to the drain'(망하다) 등. 그리고 사람은 'down to the ground'(실망하다)하게 되고 결국 'down and out' (지쳐 피곤해 지는 것)이 되면 술 한잔으로 'drink down the grief'(술 마셔 풀다) 해야 하는 것이 아마도 우리네 인생인 듯하다. 그래서 인생의 흥망을 'ups and downs in life'라고 표현하는 지도 모른다.

이상에서 나열한 말들은 우리가 생소하게 느끼는 표현들이지만 미국에서는 주로 중·고등학교 학생들이 회화체로 늘 쓰는 말이다. 우리는 교과서를 통하여 문법적이고 형식적인 말을 많이 접하기는 하지만, 실제로 회화체로 친숙하게 쓰이는 말을 몰라서 영어와 항상 거리감을 가지게 되고 딱딱하다고 생각하기도 한다. 필자는 지면 관계상 현재 사용하고 있는 영어회화의 단면만을 소개하는데 지나지 않았지만, 영어를 배우고자 하는 사람들은 기회가 닿는 대로 일상회화체에서 많이 쓰이는 표현을 접하여 살아있는 회화를 배울 수 있기를 바란다.

또한 이러한 지면이나 다른 여러 방법을 통하여 교과서에서 보지 못하는 영어표현을 보충하면서 흥미를 느끼면 영어회화 실력의 향상을 바랄 수 있다고도 말하고 싶다.

아랍어에서 건너간 영어

전 완 경
부산외대 아랍어과 교수

아랍 제국이 이룩한 문명의 황금기는 대략 8C～12C 까지이다. 당시 아랍 세계는 동으로는 인도, 서로는 스페인에서 거의 파리까지(아랍 군대가 732년에 패배하기 전, 프랑스의 Poitiers에 실제로 도착한 바 있음)지배하였다. 아랍 제국이 확장되면서 아랍 학자들은 다른 문화를 접촉할 수 있었다. 그들은 곧 그리스어와 페르시아어로 된 텍스트들을 번역하고 그들 나름대로의 학파 또는 학문체계를 발전시켰다.

예를 들면 삼각법(Trigonometry)은 아랍인이 창안해낸 것이며 algebra(대수학)는 순수 아랍어이다. 다수의 별이름들도 아랍어에 그 기원을 두고 있으며 중세때 유럽에서 가장 인기있었던 현악기인 류트(lute)는 아랍어 'al-oud'에서 그 이름을 취한 것이다. 여기서는 일상적으로 쓰이는 영어 단어 중에서 아랍어에 뿌리를 두거나 아랍어에서 모방한 것을 간추려 보았다.

대략 영어 단어 중에서 300여개가 아랍어에서 건너간 것으로 알려지고 있다. 이 가운데에서 순수 아랍어가 그대로 쓰이는 것들이 있고 아랍어가 경로 역할을 한 것들도 있다. 즉 라틴어, 중세 영어, 불어, 스페인어, 포르투갈어, 이태리어, 페르시아어, 콥트어, 헤브류어, 산스크리트어, 터키어, 그리스어, 노르만드어, 네덜란드어, 힌디어, 고대 셈어 등이 어원인 것을 아랍어가 받아들여 영어에 전한 것들도 있다.

아랍인들이 그들의 마지막 보루였던 스페인의 그라나다(Granada)로부터 최종적으로 축출된 때는 1492년이었으나 아랍인들은 그 지역에 예술과 건축 유산을 남겼을 뿐만 아니라 스페인어와 유럽 문화에 상당한 영향을 끼쳤다.

아랍인은 고대 셈 문화와 페르시아 문화의 직접적인 상속인임은 물론 그리스-로마 학문의 간접적인 후견인이기도 하다. 또한 아랍인은 그들 고유의 참신한 고전 전통을 창조해낸 사람들이다.

각 분야별로 구분하여 영어(아랍어)→우리말 해석 순으로 설명하고자 한다.

1. 의학

1) soda(suda:a) 소다, 탄산수(아랍인들이 소다가 함유된 식물로 두통을 치료했던 단어에서 유래)

2) syrub(syara:b) 시럽

3) kohl(kuhl) 코올 먹

4) myrrh(murr) 몰약

5) julep(julla:b) 물약

2. 항해

1) admiral(ami:ral 또는 ami:ral-bahr) 제독

2) algebra(al-jabr) 대수학

3) almanac(al-mana:kh) 역, 연감

4) arsenal(da:r as-sina:a) 병기고

5) azimuth(as-sumu:t) 방위각

6) cable(habl) 닻줄

7) carrack(qara:qi:r) 큰 범선

8) dhow(da:w) 범선

9) grab(gura:b) 쌍 돛대 배

10) mizzen 또는 mizen(majja:n) 뒷 돛대

11) nadir(nadhi:r) 천저   12) xebec(shabba:k) 소형 배

13) zenith(samt) 천정

3. 의상, 천, 모자 등

1) aba(aba:a) 소매 없는 긴 털옷

2) burnoose 또는 burnous(burnus) 두건 달린 외투

3) camise(qami:s) 샤쓰

4) camlet(khamla) 낙타(염소) 모직

5) cotton(qutn) 솜, 면화

6) damask(dimashq) 다마스커스 시에서 짰던 능직 천

7) gause(ghaza) 가자 도시가 원산지인 가제

8) haik(haik or ha:ik) 몸전체를 가리는 장방형의 천

9) jubba(jubba) 긴 겉옷

10) mohair(mukhayyar) 모헤어

11) mufti(mufti) 평상복

12) muslin(mausli:) 모술 도시에서 비롯된 모슬린

13) sash(sha:sh) 견대

14) tabby(ata:bi:) Attabi지역에서 유래된 줄무늬

15) tarboosh 또는 tarbush(tarbu:sh) 모자

4. 스포츠, 게임

1) 서양 장기와 관련된 용어중에서

　　check(sha:h), checkmate(as-sha:h ma:t), mate(ma:t), rook(rukhkh)

2) hazard(az-zahr→an-nard) 주사위 놀이

3) racket(ra:hat) 라켓

4) tennis (공을 씌우기 위해 사용된 cotton cloth를 짰던 Tinnis도시
이름에서 유래한 테니스)

5. 가구

1) divan(di:wa:n) 긴 의자   2) mattress(matrah) 메트리스

3) ottoman(uthma:ni:) 긴 의자   4) sofa(sufa) 소파

6. 음식, 과일, 기호식품

1) alcohol(alkuhu:l) 알콜, 술   2) arrack(araq) 아라크 술

3) coffee(qahwa) 커피   4) candy(qandy) 캔디, 사탕

5) hashish(hashi:sh) 대마초   6) halvah 또는 halva(halwa) 과자

7) hookah(huqa) 수연통

8) kabob 또는 kebab(kaba:b) 구운 고기

9) kef(keif) 도취

10) latakia(al-ladhaqiya) 최고급 담배

11) leben 또는 leban(laban) 우유   12) lime(laim) 쉰 레몬

13) marzipan(mauthaba:n) 과자의 일종

14) mocha(mukha) 예멘 커피, 최고급 커피

15) olibanum(al-luba:n) 유향

16) sherbet 또는 sherbert(sharba) 셔벳   17) sugar(sukkar) 설탕.

7. 악기

1) atabal, attabal(at-tabl) 북   2) darabukka(darabukka) 북의 일종

3) guitar(qi:tha:r) 기타   4) lute(al-u:d) 현악기

5) oud(u:d) 아랍의 현악기

6) rebee, rebeck(raba:b) 중세의 3줄 현악기

7) santir, santour(santu:r) 덜시머 비슷한 악기

8) tabla(tabla) 인도 음악기구　9) tabor, tabour(tanbu:r) 작은 북

10) tambourine(tanbu:r) 탬버린

11) timbal, tymbal(at-tabl) 케틀 드럼

8. 수학, 무게, 화폐단위

1) algorism(al-khuwa:rizmy) 연산, 아라비아 기수법

2) arroba(ar-ruba) 1/4　　　3) ardeb(irdab) 건량 단위

4) carat(qi:ra:t) 캐럿　　　5) cipher, zero(sifr) 영

6) dinar(di:na:r) 이라크, 요르단 등지의 화폐 단위

7) dirham(dirham) 모로코 등지의 화폐 단위

8) fils(fils) 요르단, 이라크, 쿠웨이트 등의 소화폐 단위

9) kantar, qantar(qinta:r) 중량 단위

10) oka, oke(u:qi:ya) 무게, 액량 단위

11) quintal(qinta:r) 무게 단위　　12) ream(rizma) 종이의 단위

13) rial, riyal(riya:l) 사우디 등지의 화폐

14) rotl(ritl) 무게 및 건량 단위

15) sequin(sikka) 고대 이태리, 터키 금화

16) tare(tarha) 포장 중량

9. 색깔

1) amber(anbar) 호박, 황갈색　　2) axure(lazaward) 하늘색

3) carmine(qarmi:z) 카민, 양홍색　4) crimson(qirmizi:) 심홍색

5) kermes(qirmiz) 양홍, 연지　　6) lapis lazuli(la:zaward) 하늘색

10. 화학

1) alchemy(al-ki:miya:) 연금술   2) alkali(al-qili) 알칼리

3) amalgam(al-jama:a) 혼합물, 합성물, 아말감

4) aniline(an-ni:l) 아닐린   5) borax(buraq) 붕사

6) cinnabar(zanjafr) 진사   7) colcothar(qulquta:r) 철단

8) salep, saloop(sahlab) 샐럽 또는 샐럽으로 만든 따뜻한 음료

9) zaffer, zaffre(zaufara:n) 남색안료

11. 광물

1) gypsum(jibs) 석고.   2) marcasite(marqashi:ta) 백철광

3) natron(natru:n) 천연탄산소오다 4) realgar(rahjulga:r) 계관석

5) talc(talq) 활석   6) tutty(tutiya:) 불순 산화아연

12. 식물, 나무

1) abelmosk(abirlmisk) 닥풀

2) abutilon(aburtilu:n) 무궁화과 식물

3) alfalfa(al-fisfisa) 자주개자리, 목초

4) alkanet(al-hina:) 알카나식물

5) apricot(burqu:q) 살구나무   6) argon(arja:n) 아르곤 기름

7) artichokes(al-khurshu:f) 아티초크

8) aubergine(al-ba:dhinja:n) 가지

9) barberry(barbari:s) 매자나무   10) berseem(barsi:m) 토끼풀

11) bonduc(bunduq) 분둑식물

12) caraway(karawaya:) 캐러웨이식물

13) carob(kharru:b) 교목   14) crocus(al-kurkum) 크로커스

15) cubeb(kaba:ba) 쿠베바   16) cumin(kammu:n) 커민

17) curcuma(kurkum) 심황   18) durra(dhurra) 팥수수

19) fustic(fustuq) 피스타치오

20) galingale(khalanja:n) 방동사니의 일종

21) henna(hinna:) 헤나

22) jasmine, jessamine(ya:smi:n) 재스민

23) kat(qa:t) 예멘의 환각성 식물   24) lemon(laimu:n) 레몬나무

25) lilac(lailak) 라일락   26) lime(laim, laimu:) 라임과

27) mezereon(ma:zaryu:n) 팥꽃나무

28) orange(qa:ranj) 오렌지나무

29) retem(ratam) 노가주나무   30) ribes(ri:ba:s) 까치밥나무

31) safflower(asfar) 잇꽃   32) saffron(zaufara:n) 사프란

33) scallion(asqala:n) 파   34) senna(sinna) 센나

35) sesame(simsim) 참깨   36) spinach(lsfa:na:kh) 시금치

37) sudd(sadd sudd) 부유초괴

38) sumac sumach(summa:q) 거망옻나무

39) tamarind(tamrhindi:) 타마린드

40) taraxacum(tarakhshaqu:n) 민들레

41) tarragon(tarkhu:n) 숙근초

13. 동물

1) ariel(aryal) 영양의 일종   2) bulbul(bulbul) 명금

3) camel(jamal) 낙타   4) civet(zaba:d) 사향 고양이

5) fennec(fanak) 이리   6) gazelle(ghaza:l) 가젤

7) genet(jarnait) 사향 고양이류   8) giraffe(zara:fa) 기린

9) gundi(qandi) 쥐　　　　　　　　10) hardim(hardhu:n) 도마뱀

11) jerboa(yarbu:a) 작은 쥐같은 동물

12) roc(rukhh) 전설적인 새　　　　　13) saluki(salu:qi:) 개

14) saker(saqr) 매

15) zibet zibeth(zaba:d) 사향 고양이의 일종

14. 날씨 바람

1) ghibli(qibli) 남풍

2) khamsin(khamsi:n) 3월 중순부터 50일간 부는 캠신 열풍

3) monsoon(mausim) 계절풍

4) simoom simoon(samu:m) 모래 폭풍

5) sirocco(sharaq) 북아에서 남유럽으로 부는 모래섞인 열풍

6) typhoon(tufa:n) 태풍

15. 건 축

1) adobe(at-tu:b) 벽돌, 찰흙　　　　2) alcazar(al-qasr) 궁전

3) alcove(al-qubba) 반구형 지역의 의미를 가진 al-qubba에서 골방

4) alidade(al-ida:da) 조준의　　　　5) casbah, kasbah(qasaba) 성채

6) imaret(ima:ra) 건물　　　　　　7) khan(kha:n) 호텔

16. 귀신 관련

1) afreet, afrit(ifri:t) 악마, 귀신　　2) ghoul(al-ghul) 송장먹는 귀신

3) jinn, djin(jinn) 신령　　　　　　4) shaitan(shaita:n) 악마

5) talisman(tillasm) 부적

17. 별이름

1) Achernar(Akhirnnahr) Eridanus 성좌의 일등성

2) Aldebaran(ad-dabara:n) 황소자리

3) algol(alghul) Perscus 자리의β성

4) altair(at-ta:ir, an-nasr) 견우성

5) Betelgeuse(baitulju:za:) 오리온 별자리

6) Deneb(danab) 데네브

7) Fomalhaut(famulhaut) 남어좌　　8) Mizar(miuzar) 미자르

9) Rigel(rijl) 리겔성　　　　　　10) Vega(an-nasr) 직녀성

18. 기타

아랍과 이슬람 관련 용어로는 50여개가 있다. 그 가운데 대표적인 단어로는 Allah(al-la:h), minaret(mana:rat), imam(ima:m), Jihad(jiha:d), bedouin(badwi), harem(hari:m, haram), Sultan(sulta:n), Vizier(wazi:r) 등이 널리 쓰인다.

또한 mask(masakha: 탈), tariff(tauri:f 관세표), megazine(창고라는 의미의 makha:zin: 잡지), jar(jara: 항아리, 단지), massage(massa: 안마하다), mummy(mumiya: 미이라), safari(safari: 여행), Swahilii(sawa:hili: 동부 아프리카 연안주민들이 쓰는 언어), wadi(wa:din, 계곡) 등도 아랍어에서 건너간 영어 단어들이다. 중국학 전문가를 sinologue라고 하는데 이 단어는 아랍어로 중국인 sin에 logue를 합성한 것이다. 그 밖에도 assassin(al-hasha:shi:n, 암살단), drub(daraba, 후려갈기다)등 40여개가 아랍어에서 빌려간 영어 어휘들이다.

'학구적(學究的)'은 되지 마라

송 재 록

인하대 명예교수

"한국인과 영어로 얘기하다 당황하는 외국인이 많아요. 정형화(定型化)된 말들은 아주 잘 하는데, 얘기가 더 진행되면 말문이 막히거든요. 그뿐인가요, 문법이나 독해 실력이 본토박이보다 더 뛰어난데도 막상 말을 하려면 입이 떨어지지 않는 반벙어리가 의외로 많거든요."

언젠가 모 일간신문에 실린, 6년 동안 KBS-TV 등에서 영어 강사 활동을 해온 스웨덴 부대사 부인의 말이다. 영어뿐만이 아니다.

우리 나라의 외국어 교습은 독해와 문법 위주의 교육이라서 '말 따로, 글 따로' 배우기 때문이다. 이러한 외국어 교육방법을 고치지 않는 한 어떤 외국어도 '반벙어리'가 될 수밖에 없다.

전국의 90개소 가까운 대학의 교과과정에서 중국어문학 관계 과목을 찾아보면 중국문학이 차지하는 비중이 어학보다 훨씬 많다. 그리고 고전문학에 관한 것이 '현대 중국어', 다시 말해서 '현대 한어(現代漢語)'보다 많은 것도 문제이다. 왜냐하면, 사회에서는 중국 대륙에 진출하기 위하여 현대 한어를 잘 구사하는 사람을 원하고 있는데, 학교에서는 천년, 2천년 전의 '옛날 이야기'만 가르치고 있으니 말이다.

"그까짓 중국어 회화…, 베이징(北京)에 가서 한 6개월 있으면 할 수 있어…, 중국문학을 제대로 연구하자면, 아카데믹한 것을 해야지, 학구적(學究的)이 되라는 말이야!" 교단에서 서슴없이 이런 말을 하는 선생이 있으니 한심하기 그지없다. 중국 것을 연구하면서, 특히 중국문학을 공부한다는 사람이 중국말을 못한다면 그야말로 넌센스가 아닌가. 노신(魯迅)이나 노사(老舍)의 중국어로 된 작품을 원문으로 한 편도 읽어보지도 않은 사람이 노신이나 노사의 작품에 관한 논문을 다수 발표했다면 뭇 사람을 놀라게 하는 '마술'이 아닐 수 없다.

"아카데믹해야 한다"고 학구적이기를 강조하는 사람이 좀더 깊이 좀더 폭 넓게 연구하기 위해 중국학자들과 중국어로 토론도 하고 의견 교환을 하기 위해 "6개월이면 되는 그 쉬운 회화"를 자신은 왜 안 배우는지 궁금하다. 배울 때 배워야 할 학생들을 이런 사람이 무책임하게 잘못된 길로 오도하고 있는 것이다.

『국어대사전』(이희승 편저, 민중서림)에서 학구(學究)라는 어휘를 찾아보면, "오로지 학문 연구에만 몰두하는 일"이라고 정의해 놨다. 오로지 학문 연구에만 몰두해야 한다면, 중국어를 유창하게 해서 중국 작품을 중국어로 읽고, 중국학자와 중국어로 토론해가며 연구해야 되지 않을까? 가르치는 입장에 선 사람은 자신이 한 말에 대하여 책임을 질 줄 알아야 한다.

우편으로 연구실에 배달된 논문집을 뒤적이다 보니 1930년대에 활약한 중국에서 가장 유명한 문인의 시를 분석한 글이 눈에 띠었다. 제목이 '好東西歌'인데, 우리말 번역은 '좋은 것들의 노래'라고 돼 있었다.

"어? 이건 아닌데…"

‘有沒有好吃的東西’라고 하면 ‘맛있는 것 있소 없소?’라는 뜻이니까, 아마도 이 논문 쓴 사람은 ‘東西’를 ‘것’으로 옮긴 모양이다. 이 시의 내용은 ’20년대, ’30년대에 중국 사회가 극도로 혼란할 때, 바꾸어 말하면 지방에서는 군벌들이 창궐하고, 우익이다 좌익이다 하는 각종 정치 집단들이 도처에서 집회하고, 시위하고, 서로 규탄하고 비방하고, 치고 받고 폭력이 난무할 때, 이러한 혼란상을 보고 못마땅하게 여긴 작가가 “잘들 놀고 있네…”하고 쓴 시인데, ‘좋은 것들의 노래’라니 내용과 제목이 모순되는데도 불구하고 어떻게 ‘좋은 것들…’이라고 번역했는지 도무지 이해가 되지 않는다.

뭔가 이상하다 싶으면 끝까지 정답을 찾는 자세라야 학구적이라고 할 수 있는 것이 아니겠는가? 딱하기만 하다. 여기서 말하는 ‘好東西’라는 것은 ‘돼 먹지 않은 것들’ 또는 ‘별 볼일 없는 그렇고 그런 놈들’이라는 뜻이다.

또 한 가지 예를 들어보자. 이것도 어떤 논문에서 발견한 것인데, ‘知了不要叫了’라는 구절을 ‘알았다고 외치지 마라’라고 번역한 것이다. 논문을 쓴 사람은 자기 딴에는 매우 고심해서 옮긴 명번역이라고 생각했을 것이다. 이거야말로 자다가도 포복절도(抱腹絕倒)할 일이다. ‘知了’를 계속 반복하여 큰 소리로 읽어보라. ‘매미소리’ 같지 않은가? ‘知了’는 매미라는 ‘입말’이다. 즉, ‘매미야 울지 마라’가 올바른 번역인 것이다.

도서관에서 문헌만 뒤지면서 공부한 사람은 ‘蟬’이라는 ‘書面語’만 보았지, ‘知了’라고 하는 ‘口語’는 들어본 적이 없으니까 이런 실수가 생기게 되는 것이다. 예를 들자면 끝도 한도 없지만, 하나만 더 보자. 어떤 박사학위 논문에 ‘把小船裝在發動機’라는 예문이 있었다. 잘못 인쇄되었겠지 하고 이 사람이 학회에서 발표한 소논문을 찾아보니 역시 같은 예문이 실려 있었다. 여러 가지로 좀 다듬어야 하지만 '작은 배를 발동기에 장착하다'니 말이 되는가? 박사라고 하지만, 본인이 말할 줄 모르니까, 어감을 느끼지 못하니까, 맞는지 틀렸는지도 구별을 못하는 것이다. 정말 딱하기 그지없다.

필자는 1959년부터 중국어를 가르치기 시작하여, 꼭 40년만에 금년 2월말에 은퇴하였다. 59년부터 학교 다니면서 대학생 신분으로 중국어 학원을 경영했고, '62년부터는 서울 중앙방송국 라디오의 중국어 강좌를 맡았으며, KBS로 바뀐 뒤는 KBS의 라디오와 TV가 시작되면서 KBS-TV의 중국어 강좌도 한 3년간 혼자서 양쪽 모두 담당해 왔다. 그 뒤에는 EBS-TV의 중국어 강좌도 담당하였으니 전후 모두 합치면 20년이 넘는다. 사회교육 20년, 대학교육 20년 동안 '말 말 말을 해야 한다'고 강조해 왔지만, '그까짓 회화'는 아카데믹하지 못하다고 모두들 외면해서 그런지, 지금도 대학에서 중국문학을 전공했다는 사람도, 중국어과를 졸업했다는 젊은이도 말 못하는 사람이 태반이니 안타까운 일이 아닐 수 없다. 다행히도 필자가 몸담고 있던 대학에서는 회화에 치중해 왔기에 전공을 살리는 졸업생의 비율이 어느 대학 출신보다도 월등히 높다. 말부터 배운 제자들이 지금은 중국 대륙은 물론이고, 대만, 홍콩, 싱가폴 등지에서 중국어를 수단으로 삼아 각 분야에서 활약하고 있다.

중국 말로 '공부만 알고 세상 일에는 어두운 사람'을 '서매자(書呆子)'라고 한다. 그리고 우리는 일반적으로 책 많이 보고 열심히 연구하면 '학구적'이라고 여기는 사람이 많은데, 중국 사람들은 '학구(學究)'라는 말을 우리처럼 그런 뜻으로 쓰지 않는다.

당(唐)나라 때의 과거제도에, 한 가지 경서만을 연구하는 '학구일경(學究一經)'이라는 과목이 있었는데, 이에 응시한 사람을 '학구'라고 불렀었다. 지금의 중국 사람들은 '학구(學究)' 앞에 '노(老)'자를 붙여 '노학구(老學究)'라는 말을 흔히 쓴다. 이 말은 "시대에 뒤떨어진 고리타분한 학자"라는 뜻이 된다.

이른바 어학 전공이라는 사람도 따지고 보면 천년 전, 2천년 전의 음운(音韻)을 다루는 성운학자 아니면, 문자(文字)학자가 대부분이다. 이러한 '어학 전공'을 한 사람이 '현대 한어'를 가르친다는 것은 문제가 있다. 그리고 고전문학을 전공하는 사람도 도서관에 들어앉아 옛 서적만을 참고로 다루다가 학위를 받았는데, 현대 중국어를 가르치니까 '노학구(老學究)' 소리를 듣게 되는지도 모르겠다.

외국어 공부는 눈으로 보고 문법을 따지고 하는 독해에만 매달리지 말고, 입과 귀로 말하고 듣도록 훈련해야 된다.

필자는 퇴직했지만, 지금도 매일 학교에 나가서 중국어 회화를 가르치고 있다. 젊은 후학들에게 그동안 축적된 중국어 회화 교수법의 노하우를 공개하고자 필자가 맡은 대학의 정규 수업을 공개 참관토록 해 왔다. 대학원의 석 박사반 학생들, 교환교수, 강사, 교사들이 많이 다녀갔지만, 중국문학 전공자는 거의 참석한 바 없다. 그 사람들은 너무 '학구적'이 돼서 그런가? 우리의 중국어 학계도 이제는 좀 달라져야 하지 않을까? 책벌레인 '서매자(書呆子)'는 그런 대로 괜찮지만, 제발 중국에서 말하는 '학구적'이 되지 마라! '노학구(老學究)' 소리 듣게 된다.

어느 선비의 금강산 유람 정신

유 성 준
한국외대 중국어과 교수

　요즘 금강산을 관광하는 호화여객선이 매일 동해항을 떠나고 배에는 또한 천 여 명이 아름다운 절경을 보려고 승선하고 있다. 이제는 젊은이들의 신혼여행까지 금강산 관광으로 치르는 정경을 볼 수 있게 되었다. 남북이 분단된 지 반세기가 넘었으니 어찌 아니 그럴 수 있겠는가마는 오늘의 현실을 냉철히 직시하는 진지하고도 신중한 투시력을 발휘해야 할 때이기도 하다. 그런 의미에서 반세기 이전에 한 선비가 금강산을 유람하던 의지와 그 작품의 풍격을 소개하면서 오늘의 민족정기를 새삼 다져야 할 것을 강조하고자 한다.

　여기서 소개하려는 선비란 옥산(玉山) 이광수(李光秀, 1873~1953)선생을 지칭하는 것이다. 옥산 선생은 『금강산대도회(金剛山大圖繪)』라는 시문(詩文)을 남겨놓았는데 그것은 「유금강기(遊金剛記)」의 산문(散文)과 22수의 시(詩)로 구성되어 있다.

　유구한 역사와 찬란한 문화를 지니고 있으며 아름다운 반도에 자리잡은 우리 민족이 21세기를 몇 달 앞둔 시점에서 아직도 한반도가 반쪽으로 분할되어 동일민족이 이념과 이해관계로 반세기 이상 모든 교류가 단절된 상태에 있다. 한반도에서 세계의 가장 빼어난 산천이 있으니 이른바 금강산인데, 분단된 반도에서 지금 유일하게 금강산 관광유람선이 동해 바다에서 왕래하고 있다. 이와 같이 금강산은 자연의 조화로서는 최고의 걸작품이기 때문에 예로부터 선조들의 유람기가 전해지고 있으며, 그 가치 또한 현재의 시점에서 재차 소중하게 다뤄져야 할 관심의 대상이 되고 있다. 그 중에서 이광수(李光秀) 선생의 『금강산대도회(金剛山大圖繪)』는 그 규모와 내용에 있어서 문학성 및 학술성을 높이 평가할 만 하다고 생각된다.

이광수 선생은 전라남도 담양군 창평면에서 유학자인 이승학(李承鶴)선생의 아드님으로 태어나서 전통적인 유학의 맥락을 이어받고 조선 말기에 성균관박사(成均館博士)를 지냈으며, 일본에 식민지화되는 국운의 쇠퇴를 통탄하며 매천(梅泉) 황현(黃玹)선생, 이건창(李建昌)선생 등과 교유하였고, 독립애국의 의지와 그 실현불가의 비애를 품고서 일찍이 귀향하여 지낸 강직한 선비이자 애국지사인 것이다.

그리고 그 후손들이 가풍을 이어받아 정직과 애국의 삶을 추구하여 가문을 빛낸 학자와 정치가가 다출하였으니 국무총리를 지낸 법학계의 태두인 이한기(李漢基)교수가 그 대표적인 분이며, 필자가 가까이에서 많은 가르침을 받는 한국외국어대학교의 이종걸(李鍾傑)교수는 바로 이한기교수의 아드님인 것이다. 필자가 감히 옥산(玉山) 선생의 작품을 받들게 된 동기도 이종걸 교수의 배려로 옥산 선생의 아드님인 이인(李麟)선생이 소장하고 있는 귀중한 친필원본을 직접 대할 수 있었던 때문이다.

옥산선생은 고매한 인품에 못지 않게 건강하게 장수를 누리어서 고희가 다 되어서 얻은 만득자(晩得子)인 이인선생은 지금 필자와 같은 연배로서 역시 선친의 훈향(薰香)을 입어 성실하게 사회활동을 해왔음은 결코 우연이 아닌 것이다. 옥산 선생은 그 곧은 정신과 함께 세인이 따를 수 없는 초인적인 인물이었음을 확인하게 된다. 이인 선생은 옥산 선생에 대한 효성이 각별하여 필자에게 작품을 역주해 주도록 부탁한 그 심성에 깊은 감동을 받았고 필자 또한 옥산 선생의 글을 통하여 그 애국심과 독립정신에 존경심을 금할 수 없으며 이 기회에 선생의 고매한 인품과 문학이 널리 발양되기를 바란다. 아울러 옥산 선생의 『옥산집(玉山集)』 이책(二册)이 기간되어 한국한문학에 중요한 학술자료로 활용될 수 있음도 밝혀둔다. 시대조류와 함께 옥산 선생의 『금강산 대도회』 원본이 옥산 선생이 서거한 후 60여년 만에 우리말로 번역되어서 알려지게 된 것은 가문을 위해서나 작품의 높은 격조로 보아서 매우 시의적절하다고 본다. 이제 그 내용을 다음 몇 가지로 특징지어서 그 문학적 가치를 찾아보고자 한다.

첫째, 『금강산 대도회』의 체재를 보면 서제(書題)에서부터 적합하고 강렬한 진취적인 기상이 넘친다는 것이다. 원본의 표지를 보게 되면,

玉山公金剛帖內有先君寫眞. 不肖 爀.
옥산공의 금강첩안에 선친의 사진이 들어있음. 불초 혁

이라는 글이 있는데 이 글은 옥산공의 장자이며 이한기 국무총리의 부친인 이혁(李爀)선생의 친필이며 제목과 옥산 명칭은 옥산 선생의 친필 제목인 것이다. 이 제목을 붙인 뜻이 범상하지 않으니, 『옥산집(玉山集)』 권지일(卷之一)에 수록된 「집을 떠나며(離家)」의 다른 시제(詩題)를 보면,

癸酉六月二十九 爲余初度弧辰 家人欲置酒爲歡
余固止之 欲遊金剛 痛哭萬山中 以洩我家國之悲
臨發有作.

계유년 6월 29일 나의 생일잔치를 위하여
집사람들이 술을 차려 기뻐해 주려 하거늘
나는 진실로 그 뜻을 만류시키고 금강산을
유람하며 많은 산 속에서 통곡하면서
내 나라의 비애를 토로하고자 하니
출발하면서 짓노라

라고 긴 제목에서 옥산 선생의 금강산 유람에 대한 깊은 뜻을
확인하게 된다. 그리고 이 유기문 말미에 이르기를,

 산을 가리켜 말하나니 산은 단지 그 충만함과 웅대하고
걸출함을 알고 있도다. 해와 달을 그리는 자는 그 밝음을
그려낼 수 없는데 금강산을 구경하는 자는 뭐 얻을 것이
있는 건가.
 내 나이 육십일 세인데 돌아가신 부모에 효도 못한
슬픔이 남아 있어서 집에 머물러 축하받고 싶지 않아서
이러한 유람을 한 것이다.
 어찌 감히 중국 정호 선생의 비통함이 더 한다는 말을
할 수 있으리오. 생일날에 만폭동에서 사진을 찍고
술잔 들어서 기록하고 시로써 잇는 바이다.

이처럼 단순한 유람이 아니라 민족의 정기가 서린 금강산을 통해서 구국의 애국의지를 굳게 다지려는 데에 진의가 담겨 있음을 알 수 있다. 회갑잔치를 마다하고 홀연히 눈물을 머금고 단신으로 금강산을 향했던 옥산 선생의 그 심경을 볼 때 이 책은 단순히 흥겨운 유람이 아닌 것을 강조하지 않을 수 없으며 그러기에 이 책의 가치를 한층 높게 보는 것이다. 그리고 원본에서 만폭동(萬瀑洞)에서 찍은 옥산 선생의 사진은 바로 이 책의 핵심부분이 되는데, 이에 대한 그의 시 「나의 사진첩(我寫眞帖)」의 말연(末聯)을 보면,

半生誤路無窮恨　哭送金剛萬瀑聲

반평생 길 잘못 든 것 한없이 원망하며
금강의 만폭동 소리를 울며 보내네

라고 표현한 데에서 「誤路」와 「哭送」은 작자의 솔직한 금강유람의 참뜻을 대변해주고 있다고 본다. 그 다음의 작품으로 「유금강기(遊金剛記)」를 수록하였는데, 그 분량은 71행 1,878자로 되어 있으며 그 말미에 또한 부모에 대한 효심과 송대(宋代) 초기의 유학자인 정이(程頤)의 애국의식을 사모하는 글을 담고 있어서 유람의 본의를 재삼 확인케 해준다. 책 말미의 민형식(閔衡植) 선생과 서상춘(徐相春) 선생의 증시(贈詩)에서도 옥산 선생의 불굴의 기상을 칭송하고 있음을 알 수 있다.

둘째, 풍격(風格)상으로 볼 때, 옥산 선생의 작품은 우국적인 호건(豪健)과 현실로부터의 초탈 의식이 엿보인다는 것이다.

중국 당대 말기에 시인 두목(杜牧, 803~854)은 멸망해가는 나라를 보고서 「아침 기러기(早雁)」(『번천문집(樊川文集)』卷 二)에서,

> 須知胡騎紛紛在　豈逐春風一一廻
> 莫厭瀟湘少人處　水多菰米岸莓苔

> 오랑캐 말 어지러이 날뛰는데
> 봄바람은 어찌도 돌고만 있는가
> 소상에 인적 드물다고 싫어 말지니
> 물에는 고비가 많고 언덕에는 이끼 끼었네

라고 하여 우국심을 토로하였듯이 옥산 선생도 그의 「만물상 삼 선암」에서

> 飛來龍造化　　削立鈒精神
> 聊知岩上樹　　太古托根身

> 날아온 용이 조화를 부려서
> 깎아질러 서서 혼령이 담긴 듯
> 이제 알겠나니 저 바위의 나무는
> 옛부터 그 뿌리를 굳게 붙이고 있는 것을

라고 하여 강인한 집착과 불굴의 기상을 표출시키려 하였으며, 금강산을 보며 그 오묘함에 감탄하는 데에서 머물지 않고, 그의

유기문(遊記文) 말미에서 산을 두고 표현하기를,

其高峻磅礴 雄偉傑特　山之一本也
萬殊歸一本　萬象歸無極　惟山獨立自若
其獨立精神　誰其知之

그 높고 우뚝함과 충만 가득함과 웅대하고 걸출함이
산의 근본이니 갖가지 다른 형상이 하나의 근본으로
귀결되고 만상은 무한한 변화무쌍으로 귀결되도다
오직 산 만이 홀로 서서 태연자약하도다
그 홀로 선 마음과 정신을 그 누가 알겠는가

라고 한 것은 애국애족의 구국독립 의식의 대변적 표현이라고 할 수 있지 않겠는가!

　한편 옥산 선생은 현실을 극복하고 이상을 실현하려는 애국지사의 뜻을 버리지 않았기 때문에, 노년에는 현실로부터 탈피하려는 도가적인 초탈 의식이 토로되고 있음도 간과할 수 없다. 예컨대, 「비로봉(毘盧峰)」을 보면,

直上毘盧眼豁然　一番回首等神仙
須臾雲捲山形露　影入東溟鏡裏天

곧장 비로봉에 오르니 눈앞이 환히 트이고
한번 고개 돌리니 신선이 된 듯 하여라
순식간에 구름이 산을 휘감아 드러내니

산그림자 동쪽 바다에 드리우고
거울 속엔 하늘이 들어있네

　여기서 고개 돌려서 신선과 같은 탈속의식을 추구함이 잘 드
러나 있으며, 또 「금강산을 떠나면서」를 보면, 첫구부터 「仙風」·
「塵蹤」·「蕭蕭」 등의 도가어(道家語)가 출현하니, 이제 그 시
전체를 보면,

仙風不許滯塵蹤　行橐蕭蕭竹一箭
三旬爲客長安寺　千里看山萬二峰
閒情雲自歸丹壑　末路人無問赤松
信美金剛如此好　倦遊今日更何從

신선의 풍모는 속세의 흔적 떨치고
전대주머니에 쓸쓸히 대지팡이 짚었노라
달포쯤 장안사의 나그네 되어서
천리길 와서 일만이천봉을 보았노라
한가한 마음에 구름도 절로 선인의 계곡으로 돌아가니
늙은 이 몸이 적송자 계신 곳을 물을 길 없도다
참으로 아름답다, 금강이여. 이렇게 좋을 수가
맘껏 놀았노니 오늘 또 무엇을 바라리오

라고 하여 단학(丹壑)의 세계 같은 현실도피를 추구하지만 노년
에 고대의 적송자(赤松子) 같은 신선을 추구할 자신감의 부족과
함께 현실을 부정할 수는 없는 책임감마저 드러내 보이고 있음

을 알 수 있다.

옥산 선생의 금강산 유람기를 흔히 보는 행락의 일환으로 평가해서는 결코 안 된다. 지금 남북이 대치되어 있고 평화가 멀리에 있는데도 금강산을 유람하는 오늘의 사람들에게 정신적 무장과 애국정신을 새삼 일깨워주는 본보기가 될 줄 믿으며, 이 점이 옥산 선생의 작품에 대한 학술적인 높은 가치와 함께 강조되어야 할 중요한 정신적인 교훈이라고 본다.

5.

잊을 수 없는 모습들…

나를 감동시켰던 일들

김 명 수

한국외대 행정학과 교수

1974년 1월 하순, 어느 추운 겨울날이었다. 학교에서 돌아와 보니 나의 차가 보이지 않았다. 나의 재산목록 1호가 보이지 않는 것이었다. 아! 도난 당한 것이로구나! 제일 먼저 나의 뇌리를 스쳐 가는 생각이었다. 인구 5만의 소도시 프로보(유타주 소재 대학 도시)에서는 전혀 염려가 되지 않던 일이 이곳 인구 12만의 알바니(뉴욕州都)에서 일어난 것이다. 꼭 필요하리라고 생각하여 프로보에서부터 몰고 왔던 자동차, Chevrolet Sports Fury Convertible 8기통. 아주 낡기는 했으나, 힘이 워낙 좋아, 5천여 km나 되는 동서횡단 길을 성공리에 달려와 출발한지 8일만에 나를 안전하게 지금 이곳 알바니에 안착시킨 바로 그 차! 겨울만 잘 보내고 나면 이 차는 정말 제 값을 톡톡히 할 것이었다. 스위치만 누르면 지붕이 걷혀 무개차가 되는, 생각만 해도 환상적인 그런 멋있고 듬직한 차였다.

집으로 돌아와 다급하게 경찰에 차량 실종 신고를 하였다. 그러나 신고를 받는 경찰관은 담담하게 아주 여유 있게 대답하였다. 동네 불량배들이 장난으로 차를 이용하고 어딘가에 내버려두었을 가능성이 많으니, 집 주위를 몇 불럭 돌아보라고 제안하는 것이었다. 그의 말대로 내가 살던 집을 중심으로 하여 부채꼴로 몇 불럭을 돌아다니며 찾아보았다. 그러나 허사였다. 차는 보이지 않았다. 눈이 많고 미끄러울 뿐더러 몹시 추워 더 이상 돌아다닐 마음이 내키지 않았다. 언 몸으로 집에 들어와 다시 경찰에게 연락하였다. 경찰은 무엇 때문에 존재하는가. 이럴 때 주민의 어려움을 해결해주어야 할 것 아닌가. 경찰은 잠깐 기다리라고 하더니, 잠시 후 자기들이 견인하여 보관중이라고 하였다. 이유인 즉 주차위치 위반으로 견인되었다는 것이었다.

사실, 이곳은 시내 주요 도로변에도 주차가 허용되어 있었다. 아무렇게나 주차를 허용하는 것은 아니고, 요일을 정하여 하루씩 번갈아 가며 도로변 한쪽에 주차하도록 되어 있었다.

작지만 누구나 쉽게 볼 수 있도록 하얀 판에 붉은 글씨로 쓴 표지판이 세워져 있었다. 그러므로 주차위반이 되지 않으려면 저녁에 어느 한쪽에 주차된 차는 다음 날 아침에는 당연히 반대편으로 옮겨놓아야 하는 것이다. 그런데 내가 이렇게 하지 않은 것이 화근이 된 것이다. 차를 옮겨 놓지 않은 것은 분명 나의 과실이었다. 아침에 학교에 갈려고 나왔을 때 차가 간밤에 내린 눈에 푹 파묻혀 있어 그 많은 눈을 치우고 차를 빼내기에는 시간이 없었기 때문이었다. 그래서 수업이 끝난 후 여유를 가지고 차를 옮기려고 하였으나, 차가 없어진 것이었다.

아마도 우리 나라 사람들에게는 차가 눈에 푹 파묻혀 있다는 표현이 실감나지 않을 지 모른다. 그러나 미국 북동부에서 이런 현상은 겨울에 자주 일어나는 일이다. 그 만큼 눈이 많이 내리기 때문이다. 특히 밤에 내린 눈을 치우는 제설차가 두어 번 지나갈 때까지 옮겨지지 않은 차의 주인은 차량의 주차위치를 정확하게 기억하지 못하는 경우 영락없이 커다란 낭패를 볼 수밖에 없을 것이다. 이미 사람 키만큼 높이 쌓여진 눈 속 어디에서 자기 차를 구별해낼 수 있겠는가.

차를 찾아가려면 32불을 지참하고 오라는 것이었다. 지금 기억으로, 처음에는 20여불 이야기하더니 방금 이를 수정하여 32불을 가져오라는 것이 불쾌하기도 하려니와 벌금치고는 꽤 많다는 생각이 들었다. 아르바이트할 때 시간당 임금이 2불 정도였으니, 하루 4시간씩 일한다해도 일주일 이상의 임금이 아닌가. 나는 부당하다고 항의하였다. 그러나 그 경찰관은 차를 찾아가려면 일단 그 벌금을 납부하고, 차후에 교통법정에서 다투라는 것이었다.

어떻게 하겠는가. 약자는 나인걸. 그렇게 하겠다고 했다. 꼭 이길 수 있으리라고 생각해서가 아니었다. 언어도 서툰 외국인이 법정에 서서 어쩌겠다는 건가 하는 생각이 들기도 하였다. 그러나 수업시간에 쫓겨 차를 옮기지 못한 죄 값치고 32불이라는 금액이 과도하다는 생각에는 변함이 없었다. 경찰관은 나에게 교통법정의 위치와 재판시간 등을 적은 쪽지 한 장을 건네주었다.

교통법정은 허술하였다. 평범한 교실 같았다. 판사 한 사람, 서기 한 사람, 그리고 장내를 정리하는 사법경찰인 듯한 한 사람이 앞에 있었다. 그 이외에 교실을 채우고 있는 사람들은 모두 나와 같은 처지에 있는 이의 신청자 혹은 피의자들이리라. 경찰이 호명을 하니 호명 받은 사람들이 일어섰다. 한번에 5~6명 정도가 호명되었던 것으로 기억된다. 그러자 판사는 한 사람씩 다시 호명하며 죄목을 불러주고 이의가 있는지를 물었다. 내 차례가 되었다. 여러 가지의 죄명을 나열하며 인정하느냐고 물었다. 당연히 승복하지 않는다고 대답하였다. 판사는 나를 앞으로 나오라고 손짓하였다. 앞으로 나가니 판사는 승복 못하는 이유를 말하라고 하였다. 주차 위치 위반에 대하여는 예상치 못했던 폭설과 수업 시간을 핑계로 어쩔 수 없었다고 답하였다. 소화전(fire hydrant) 에서 9m 정도 떨어져 주차해야 하는 규정을 위반했다는 부분에 대하여는 유타에서 이사온 지 얼마 되지 않고 또 주차하던 시각 이 깜깜한 밤이어서 소화전이 있는 것을 인식하지 못했다는 점 을 제시하였다. 그러자 판사는 나의 주장을 모두 인정하겠다고 하였다. 다만, 견인료는 나의 부담이어야 한다며 5불을 제하고 나머지 27불을 그 자리에서 서기로 하여금 반환해주도록 지시하 였다. 전혀 기대하지 않았던 결과였다. 참으로 놀라운 경험이었 다. 말이 통하는 사회로구나! 역시 상식이 통해!

나를 감명 시켰던 일은 그것으로 끝나지 않았다. 어느 날 처가 에서 보낸 조그만 가구가 뉴욕항구에 도착했다는 연락이 왔다. 번잡한 교통을 피하고 하루에 다녀오기 위해 아침 일찍 출발하 였다. 아주 추운 날이었다. 아마도 1976년 말경이 아니었던가 싶 다. 눈발이 가늘게 날리고 있었다. 그러나 운전에 지장을 받을 정 도는 아니었다. 알바니에서 뉴욕시까지는 3시간 반의 운전 거리. 차에는 우리 가족 전원, 즉 나, 집사람, 개구쟁이 두 살배기 아이 가 동승하고 있었다. 이른 새벽이어서인지 교통은 붐비지 않았 다. 규정 최대 속도 55마일로 열심히 달렸다.

그러나 이게 어찌된 일인가! 전조등이 자꾸 희미해지는 것이 다. 처음에는 날이 점점 밝아 오니 그러려니 하였다. 그러나 시간 이 흐를 수록 속도도 나지 않는 것 같았다. 아무래도 예사롭지 않게 생각되었다. 이미 고속도로에 들어와 있는 터라 아무 곳으 로나 나갈 수도 없었다. 차량 정비소를 찾으려면 일단 출구로 나 가야 했다. 그러나 출구가 보이지 않았다. 난방도 잘 되지 않고 있다는 느낌이 들었다. 아직도 주위는 어둡고, 출구는 보이지 않고, 차의 성능은 자꾸만 떨어지고… 어쩌란 말인가. 조심스럽게 한참을 달리는데 드디어 출구 표시가 나타났다. 반가웠다. 무조건 빠져나가기로 하였다. 마을이 나타났다. 그러나 어느 방향으로 가야 정비소가 있는지를 알 수가 없었다. 길가에는 아무도 보이지 않았다. 무조건 이리 저리 달리면서 주유소를 찾았다. 주유소에서도 웬만한 정비를 해주었기 때문이다. 그러나 아무 데도 주유소는 보이지 않았다.

　이 때 한 생각이 떠올랐다. 자동차의 에너지를 조금이라도 덜 쓰기 위해서는 일단 차의 엔진을 정지시키고, 직접 나가서 사람을 찾는 것이 낫지 않겠는가. 아무리 기다려도 사람도 차도 지나가지 않았다. 시간이 흐를 수록 차안에 있는 집사람과 아이가 걱정이 되었다. 시동을 꺼 놓았기 때문에 난방이 되지 않으니 얼마나 추울까 하는 생각이 들었기 때문이다. 그 순간 차로 다가가 다시 시동 걸기를 시도하였다. 그러나 이젠 시동조차 걸리지 않는 것이 아닌가. 난감하였다. 사람도 보이지 않고, 차도 지나가지 않으니 누구에게 도움을 청하란 말인가. 초조감이 엄습하였다. 본넷을 열고 문제가 무엇인가를 찾아보기로 하였다. 그러나 엔진 주변은 정상인 것처럼 보였다. 애당초 나와 같은 아마추어에게 차량의 문제점이 쉽게 파악될 리가 없지 않겠는가.

　이제 다른 길을 찾아야 했다. 차안을 안심시켜 놓고, 길가에 서서 사람이 지나가기를 좀 더 기다리기로 하였다. 얼마를 기다렸을까. 드디어 멀리서 자동차 소리와 더불어 불빛이 보이기 시작하였다. 절대로 놓쳐서는 안되었다. 다가오는 차가 나를 볼 수 있도록 최대한 몸을 길 쪽으로 구부리고 손을 내밀었다. 참으로 다행이었다. 경찰 순찰차였던 것이다. 내가 자초지종을 이야기하자 그들은 곧바로 차에서 나와 나에게 점프 케이블이 있느냐고 물었다. 사실, 나처럼 중고차를 몰고 다니는 운전자에게 점프 케이블은 필수품이었을 것이다. 그러나 나는 그 점을 간과하고 있었던 것이다. 그들은 자신들의 순찰차 뒤 트렁크를 열더니 점프 케이블을 꺼낸 후 나의 차로 다가왔다. 본넷을 열더니 자신들 차와 내 차의 배터리를 케이블로 연결한 후 나에게 시동을 걸어보도록 하였다. 신기할 정도로 시동이 시원하게 걸렸다.

시동이 걸린걸 본 그들은 이제 차의 문제점을 찾기 시작하였다. 엔진 주변을 이리 저리 살피더니 휀 밸트(fan belt)를 눌러본 후 나의 얼굴을 쳐다보았다. 문제점을 찾았다는 눈치였다. 그들은 바삐 움직이기 시작하였다. 몇 가지 연장을 가져오더니 휀 밸트 를 조이기 시작하였다. 차가 오래되어 휀 밸트가 느슨해져 엔진에 동력이 잘 전달되지 않은 것이었다. 그래서 배터리의 힘도 다 소진되었다는 설명이었다. 케이블을 분리하더니 이제 다 고쳐졌다며 서둘러 출발하라고 하였다. 그냥 떠날 수가 없었다.

어떤 형식으로든지 고마움을 표시하고 싶었다. 그러나 마땅히 좋은 생각이 나지 않았다. 사실 가진 것도 없었다. 나는 겸연쩍은 모습으로 손에 잡히는 몇 불을 그들에게 건네주며 조그만 성의이니 받아달라고 하며 고맙다는 말을 연발하였다. 그러나 그들은 그걸 받지 않았다. 얼굴에 미소를 지으며 추운데 빨리 차로 들어가 조심해서 가라며 손을 흔들고 자신들의 차로 향하였다.

차량을 제대로 정비하고 다니지 않는다고 핀잔도 하지 않았다. 낡은 차 몰고 다니면서 점프 케이블도 갖추지 않고 다닌다고 핀잔도 하지 않았다. 차가운 날 새벽에 밖에서 수고한 것에 대한 보상도 기대하지 않았다. 그들이 너무도 고맙고 존경스러웠다. 단속하는 경찰이 아니고, 도와주는 경찰이구나! 그런 일이 있고 난 후 미국의 경찰은 나에게 두려운 존재가 아니고, 어려울 때 기다려지는 존재가 되었다.

일본인의 친절과 대포집

이 탄

한국외대 한국어교육과 교수

　외국 어디를 다니다 보면 기억에 남는 친절이 있는가 하면, 또 불친절이나 사기 행위 등도 눈에 띈다. 사람이 사는 것은 다 마찬가지라 했던가. 이왕이면 친절한 식당, 아주 싼 대포집 이야기를 하려 한다. 일본에 가서도 많은 친절을 받았지만 그것은 나그네에 대한 친절이었으리라, 하지만 친절이 몸에 밴 것이다. 친절이 몸에 배었다는 일이 보통 일은 아니라고 생각된다.

　일본 천리대학(天理大學)에서는 매년 10월 초순경이면 조선학회(朝鮮學會)를 개최한다. 첫날은 공개강연을 개최하고 이튿날 어학·문학·역사학·민속학·고고학 등 여러 회의실을 이용하여 하루종일 개최한다. 그래서 10월이면 잠깐 동안 일본을 다녀오게 되는데 가는 김에 하루, 이틀 틈을 내어 가보고 싶은 곳을 준비했다가 들러보고 오게 된다.

　재작년 1997년 10월의 일이다. 시간이 있어 일본 학술대회에 참석하기 전, 히로시마를 들렀다. 도착하니 해가 진 8시경이었다. 처음 간 곳이라 차에서 내려 여관을 잡아 놓은 뒤 시내 구경을 할 마음이었다. 어디를 가도 호텔이나 여관이 예약제이니만큼 그게 순서였다. 그런데 오사카에서 기차를 타고 왔으니 호프 한 잔이 생각났다. 호프 한 잔이니 시간도 크게 걸리지 않을 것이라고

생각했다. 일행 셋은 가방을 들고 좀 걸었을까, 호프라고 쓴 집이
보였다. 문을 열고 들어서니 저쪽 테이블에는 벌써 떠드는 소리
가 나고 이쪽 스탠드에는 두 사람이 앉아 있었다. 스탠드 의자가
여유가 있어 우리는 넉넉히 앉을 수 있었다. 우리는 먼저 맥주
한 잔을 쭉 마셨다. 조그만 칠판에 안주를 죽 적어 놓았는데 시
샤모(ししゃも, 삿뽀로에서 많이 나는데 꽁치와 닮은 고기)가 눈
에 띄었다. 우리는 그걸 시켰다. 맥주를 마시다보니 앞에 정종을
거꾸로 꽂아 놓고 팔고 있었다. 수도꼭지를 틀면 정종이 나오는
데 따뜻하게 데워져 있었다. 이것이 이 지방의 정종이냐고 물었
더니 그렇다는 것이었다. 이 지방의 것이므로 맛이 어떻고 손님
이 많이 찾는 술이라고 하면서 자랑을 크게 할 텐데 웃기만 하
였다. 맥주만 마시고 가버릴 손님으로 생각했던 모양이었다. 일
본 정종의 숫자가 200여종이 넘는다고 했으니 어느 것이 좋은
지도 모를 판이다.

한 사람이 어디 한 잔만 따라 보라고 했다. 맛을 보더니 좋다
고 해서 우리들은 이제 맥주에서 정종으로 옮겨갔다. 마셔보니
역하지 않아 더 마실 수 있을 것 같았다. 정종을 마시니 안주를
더 시켜야 했다. 알아야 제대로 시킬 텐데. 火자나 鳥자 획이 없
는, 물에서 잡은 생선 같은 걸 시켰다. 종업원은 담배를 한 대 물
었다. 그걸 보고 우리는 양담배를 한 갑 주었다. 그랬더니 종업원
이 일본 담배 Hope를 주는 것이었다. 그래서 우리는 한국 담배
GET TWO를 또 주었다. 담배를 주고받는 동안 흥겨운 자리가
되었다.

호프집은 여자 둘이서 경영했다. 33살쯤 된 키 큰 여인과 키
작은 여자인데 키가 큰 여자가 스탠드 안쪽에 서서 팔았고 키가

작은 여자는 의자 사이를 왔다 갔다 하면서 손님 시중을 들었다. 얼마나 지났을까. 시간을 보니 밤 11시 40분 경이었다. 시간이 이렇게 가버리다니!

세 명이 정종 한 병하고 맥주를 좀 마셨는데 그 사이 여관에 전화를 걸어두는 것을 잊고 있었다. 우리가 전화를 걸어 알아보았으나 빈방이 없었다. 단골 손님중의 한 사람도 알아보았으나 없단다. 하는 수 없이 키가 작은 그 집 종업원이 몇 군데 전화를 걸어보더니 한 군데 방이 났다는 것이다. 그때가 밤 11시 50분 경이었다. 우리는 약도를 그려 주는 것을 받아들고 술집을 나섰다.「노비」(のび, 뻗음)라는 명함 (주인은 긴타, きんた)을 주기에 받았는데 알고보니 키 작은 여자가 이 술집 주인이었다. 일년에 두 번 고객에게 서비스 차원에서 조그만 행사도 벌이는 모양이었다.

시간이 늦어서인지 거리에는 띄엄띄엄 불이 켜 있을 뿐 대체로 캄캄했다. 주인은 문 밖에까지 나와서 잘 가라는 인사를 해 주었다, 친절하게. 우리가 80m쯤 가서 길을 건너려고 서 있었다. 무심코 그 집 쪽을 바라보았다. 그런데 그 주인은 인사를 했던 그 자리에 아직도 서 있는 것이었다. 우리 일행이 잘 가는 지 보려고 서 있었던 것이다. 정말 친절해 보였다. 멀리서 다시 인사를 하고 손을 흔들어 주었다.

다음 날, 1945년 8월 원자탄이 떨어진 그곳에 가 보았다. 20만 여명이 한 번에 죽었다니! 어이가 없었다. 전쟁은 이런 것이다. 나는 앙상하게 틀이 남아 있는 산업장려관, 폭탄에 다리가 무너지고 모든 게 다 재가 되었다는데 골절만은 튼튼하게 남은 산업장려관, 그 앞에서 사진을 찍었다. 같이 간 어느 선생의 말을 들을 것 같으면 그때는 전사한 한국인의 이름도 있었다고 한다. 국회의장 이효상의 이름으로 전사자를 추모하는 글도 있었다는데 지금은 모두 다 어디에 따로 보관중인 것 같다고 하였다. 나는 모든 전사자 앞에 기도를 드렸다. 전쟁을 좋아한 지도자 아래서 가엾게 숨져간 민초들, 민초들이야 무슨 죄가 있겠는가. 지금은 오직 평화공원으로 남아 있다. 민초들에게는 영원한 평화만이 있을 것이다.

1998년 12월 5일에는 일본 신전대학(神田大學)에 가게 되었다. 제2회 전국 학생 한국어 스피치대회를 하는데 심사위원으로 초청을 받은 것이다. 심사위원을 한국에서 2명, 이 대학에서 3명으로 구성하였다. 하루만의 초청이지만 퍽 좋은 계기였다. 그만큼 우리말도 널리 퍼지기 때문이다.

심사를 마치고 그날로 돌아오기에는 너무 벅찬 것 같아서 하루 더 묵고 가기로 하였다. 그래서 저녁을 들고 느지막하게 마쿠하리(まくはり, 幕張)에 있는 쓰보하찌(つぼはち, 坪八)에 들렀다. 쓰보하찌는 안주가 100엥, 200엥 하는 싼 술집인데 사람들이 많았다. 대학생들이 있는가 하면 회사에 다니는 사람들, 아주머니들, 부부와 초등학교에 다니는 아이들, 가지가지여서 대중이 없었다. 맥주도 팔고 간단한 식사도 되는 곳이었다. 우리들은 한 구석에 자리를 잡고 맥주 2병을 시켰다. 그런데 얼른 눈에 띄는 종업원이 있었다. 쉴 사이 없이 바쁜 틈 사이에도 미소를 잃지 않고 이리 뛰고 저리 뛰듯 일하는 사람, 대학생쯤 돼 보이는 여자 종업원. 신분을 물어보니 아르바이트하는 학생이란다. 어느 학교를 다니느냐고 하니까 신전대학 중국어과 3학년에 다닌다고 했다(이름은 하세가와, 長谷川). 아니 아르바이트 학생이 마치 이

집의 딸처럼 일을 열심히 하다니! 아르바이트하는 여학생도 저렇게 열심히 하니 돈을 벌게 되는 것이 아니겠는가.

아르바이트 여학생을 보니 마치 원숭이 모습과 매우 닮았다. 그 아르바이트 여학생은 자기는 '손오공'의 원숭이라고 해서 또 웃었다. 일하는 것이 즐거워 보였다.

이튿날 우리는 이승순(성악가이며 교포 시인)씨, 기쿠치(菊池 道子)씨, 마루치(丸地 守, 시인)씨 등과 함께 또 술집을 들렀다. 정종집이었다. 노비나 쓰보하찌 보다는 나은 집이었지만 분위기가 달랐다. 뭐라 할까. 호흡이 쓰보하찌나 노비하고는 달랐다.

서민들이 경영하는 곳을 보고 또 손님에게 친절한 모습을 보면서 우리 나라와 비교도 해 보았다.

적어도 60여 년 전, 비오는 날에 잘 딛고 가라는 뜻에서 등불을 밝혀주던 일본 여성들이 있었는데 그 여성의 뒤를 노비의 여주인이 그대로 이어가고 있는 거나 다름이 없었다. 사라지지 않는 아름다운 행동이다. 그리고 쓰보하찌의 그 여대생은 정해진 시간 안에 충분히 일하고 보수를 받는 그 땀의 대가가 아름답게 보였다. 어디를 가도 이런 곳은 자주 눈에 띈다. 차를 타도 그렇고 길을 물어도 그렇고. 낯선 나그네에게는 이런 일들이 보통 일로 보이지 않았다.

나는 그날 아르바이트를 하는 학생을 생각하면서 짧은 시를 지었는데 마침 이 글 내용 속에 나오는 것이므로 여기에 소개한다.

시작과 끝

정성을 다하는 모습에,
이 집은 맛이 있다.
원숭이 같은 아르바이트 대학생은
마치, 시냇가에서 가재 잡이 하는
모임에 온듯 매우 즐겁다
너의 웃음은
씨줄과 날줄 그 어디에서도
값진 것으로 남는다
너의 손을 펴 봐야 아무것도 없는 것,
그러나 인간의 웃음은
공간으로 남아 있다

맥주, 안주, 간단한 식사
우리들의 쉼터

우리들은 지구 어디에 앉아 있는 것이 아니고
공중에 떠 있는 것일까
오직 시작에서부터 끝까지
하루가 곁에 와 있다.

부르조아 출신 사민당 기수, 스웨덴의 팔메 수상

변 광 수

한국외대 스칸디나비아어과 교수

필자는 스웨덴에 유학하는 12년동안(1968~1980) 우리나라에서는 경험하지 못했던 새로운 제도와 현상들에 접하여 부러움과 궁금증을 떨칠 수가 없었다. 교과서에서만 읽었던 참다운 민주주의의 실체, 모든 가치 판단의 배경에 깔린 사회정의 정신. 빈부와 불평등의 차별이 없이 온 국민이 행복권을 누리는 평화로운 사회! 이런 모든 것들이 아시아의 한 후진국 학생에게는 경이와 선망의 대상으로 강하게 비쳐졌다. 이미 1960년대부터 세계에 유례가 없는 완벽에 가까운 복지사회를 건설한 배경에는 반세기에 걸친 사회민주당의 지속적 개혁정책이 크게 주효하였으며 그 중심에 엘란데르와 팔메 두 수상이 우뚝 서 있었던 것이다.

1986년 2월 28일 금요일 밤 11시 30분, 아직도 북구의 찬 겨울 바람이 텅빈 스톡홀름시의 한복판을 휩쓸고 지나갈 때 난데없는 괴한의 총격을 받고 차디찬 아스팔트 위에 선혈을 뿌리며 쓰러진 중년 남자가 있었으니 그는 바로 스웨덴의 현직 수상 울로프 팔메(Olof Palme)였다.

당일 오후 3시 그리스 국영 텔레비전과의 대담을 마지막으로 일주일의 일과를 끝낸 팔메 수상은 담당 경호원에게 경호 해제를 지시, 주말의 사생활로 들어가게 한 후 저녁을 먹고 모처럼

부인과 영화 관람을 갔던 것이다. 마지막 회를 구경한 수상부부
는 영화관을 나오면서 집까지 30분 거리밖에 안되니 걸어서 귀
가하기로 하고 인적이 거의 끊긴 밤거리를 나란히 걸어 가다가
골목길에 잠복해 있던 저격수의 흉탄에 쓰러진 것이다. 입헌군주
제를 채택하고 있는 스웨덴에서는 왕이 국가의 수반이지만 정치
에는 일체 관여하지 않으니 상징적 존재에 불과하여 정치의 실
권을 쥔 수상 자리는 대통령에 맞먹는 최고위직이다.

사건 자체는 비극이지만 국가의 수뇌가 경호원도 없이 수도의
늦은 밤거리를 활보할 수 있었던 것은 스웨덴이 얼마나 평화롭
고 안전한 개방 사회이었는가를 역설적으로 입증해 보이는 사례
이다.

울로프 팔메는 1927년 스톡홀름의 부유층 상류 가정에서 막내
아들로 태어났다. 아버지는 보험회사 사장이었고 어머니는 발트
해 연안의 독일계 귀족의 딸이었다. 집안에는 식모와 가정부를
따로 둔 전형적인 보수적 부르조아 환경에서 그는 성장하였다.
어릴 적부터 몸이 허약하여 학교를 자주 결석하였고 그래서 가
정교사를 통하여 집에서 공부하는 날이 많았다. 그는 어릴 적부
터 매우 총명하여 이미 세네 살 때부터 어머니의 지도로 책을
읽기 시작했으며, 17세의 이른 나이에 상류층 자녀들만 다니던
명문 시그투나 고등학교를 거쳐 스톡홀름대학에서 법학을 전공
하였다.

그는 재학중 1947~1948년까지 미국 오하이오주 케년대학
(Kenyon College)으로부터 장학금을 받아 유학의 기회를 얻었는
데 기숙사에서나 대학 캠퍼스에서나 책을 눈에서 떼지 않을 정
도로 열심히 공부한 끝에 두 학기만에 정치학 학사학위(BA)를

받는 기록을 남겼다. 당시 기숙사 한 방에서 함께 기거했던 영화
배우 폴 뉴먼(Paul Newman)의 회상에 의하면 팔메는 엄청난 독
서력으로 지식을 흡수하는 괴력을 보였고 특히 정치에 비상한
관심을 보여 기회만 있으면 정치상황에 대한 토론을 벌인 끝에
자기도 그의 영향을 받아 그후 정치에 많은 관심을 갖게 되었다
고 한다.

21세의 나이에 쫓기듯 미국대학을 졸업한 그는 단돈 300불을
쥐고 오하이오를 떠나 무전여행의 길에 올랐다. 긴 동해안을 따
라 뉴올리언즈, 텍사스, 멕시코를 거쳐 캘리포니아에 이르기까지
한 여름을 걸려 미대륙의 남부를 일주한 것이다. 잠자리는 버스
와 간이숙소에서, 먹거리는 주로 햄버거로 해결하며 그는 3개월
간의 긴 여행을 통하여 미국사회의 이모저모를 들여다보는 귀중
한 공부를 하였다.

천혜의 풍부한 자연자원, 자유시장 경제, 다양한 개방과 관용성
을 피부로 느낄 수 있었던 반면에 소수민족의 빈궁과 가난, 인종
편견 등을 목격할 수 있었다. 미국에서 돌아오자마자 그는 이내
체코에서 열린 국제학생회의에 스웨덴 대표로 참가하게 되어 짧
은 기간 내에 체제가 전혀 다른 두 사회를 경험할 수 있었던 것
이다. 그런데 그곳은 무엇보다도 구성원간에 마음의 문을 열 수
없는 침묵 사회라서 프라그에서는 친구를 만날 때도 몰래 담벽
을 빠져나가는 수밖에 없었다.

청년 팔메는 일찍이 스탈린주의에 대해 호감을 가져 본 적이
없었지만 체코에 와서 주민들이 억압 속에 살면서도 공산주의
구호들을 뇌까리는 것을 듣고서 크게 식상하지 않을 수 없었다.
그의 세 번째 여행은 아시아의 제3세계로 향했으니 이번에는 국

제학생기구의 의장 자격으로서 인도, 인도차이나 반도, 미얀마, 싱가포르 등을 방문하고 그곳의 학생들과 처음으로 접촉을 갖게 되었다. 인도의 뉴델리에서 세미나를 마친 후 그는 미국의 사회학자와 함께 며칠간 버스 여행을 하면서 기근과 가난에 허덕이는 시골 부락의 참상을 둘러 볼 수 있었다. 어느 마을에 가니 개울이 하나 있었는데 동네 사람들은 그물을 식수로 마시기도 하고 거기서 빨래도 하며 동시에 오수를 버려 하수구로 사용하기도 하였다.

말라리아에 걸린 사람들이 몇 명씩 모여 앉아 속수무책으로 죽음을 기다리고 있는 광경도 목도하였다. 동네마다 글을 읽을 줄 아는 사람은 고작해야 한 사람 정도인데 부패한 공무원은 여럿이었다. 무한한 가능성과 감수성으로 충만했던 20~21세의 청년 팔메가 체험한 매우 대조적인 세 개의 다른 세계, 즉 자본주의 미국, 공산체제하의 체코, 빈곤에 찌든 아시아 후진국의 실상은 그후 자신의 인생관과 세계관을 바꿔 놓는 데 결정적 역할을 하였다.

미국유학에서 돌아온 그는 스톡홀름대학에서 다시 법학을 계속하여 1951년에 졸업했는데 재학중 학생운동에 깊이 관여하여 졸업반 시절에는 스웨덴 전국대학 총연합회 의장에 당선되어 국제학생 활동에도 참여하게 된다. 학생 신분이던 1950년부터 팔메는 사회민주주의 운동에 적극적으로 가담하였는데, 동기는 그가 일찍이 여행을 통해서 다른 나라에서 목격한 빈곤의 참상, 빈부의 격차에 따른 사회적 부조리, 공산세계의 부자유 등을 해결하는 길은 사회개혁을 통해서이며 그 방법은 혁명이 아닌 의회민주주의에 의한 점진적 제도 변화라는 확신 때문이었다.

그리하여 그의 정치적 행로는 사회민주주의 길로 들어섰으며 이러한 그의 신념은 1970년대 후반 수상 재직 시절에 자기가 원하는 협력자를 언급하는 과정에서 분명히 드러났다. 그는 말하기를 만일에 자기가 우익과 공산주의 양자를 놓고 택일하도록 강요받는다면 이는 마치 페스트와 콜레라를 놓고 하나를 선택하라는 것과 마찬가지로 어느 쪽도 받아들일 수 없다는 것이다. 마침내 청년 울로프 팔메는 어릴 적부터 몸에 익은 부유와 평온의 부르조아의 온상을 과감히 깨고 자기 자신이 아닌 국민과 인류의 공정한 삶을 구현하려는 원대한 이상을 안고 근로대중을 기반으로한 사회민주주의 노동당에 합류하게 된다.

그는 1951년 스톡홀름대학내의 사회민주당 학생단체에 가입하면서 동시에 사민당원으로 입적하였다. 그후 2년간의 군복무를 마치고 난 1953년 여름 26세의 젊은 나이에 당시 사민당 당수이던 엘란데르(Tage Erlander) 수상의 개인 비서로 발탁된다. 전국대학 총연합회 의장으로 일할 때 그가 보여준 탁월한 능력과 리더십이 국가 최고 지도자의 눈에 들었기 때문이었다. 팔메는 1955년에 사민당 청년동맹(SSU) 연구부장직을 맡게 되면서부터 주말을 이용해서 전국 곳곳에서 대중연설과 강연, 토론을 통하여 사민당의 신세대 기수로서 이름을 떨치게 되었다.

한편으로는 엘란데르 수상을 그림자처럼 따라다니며 국내 정치는 물론 외교술까지 익히면서 젊음과 명석한 두뇌를 재치 있게 활용하여 수상을 가장 가까이서 보필하였다. 엘란데르 수상 역시 청년 팔메를 친아들처럼 생각하고 그의 재질을 높이 평가하여 장래 후계자로 내정하고 모든 정사를 빈틈없이 가르쳐주었다. 이 무렵 팔메의 정치사상은 엘란데르 수상과의 교류를 통해

서, 그리고 노동운동 단체들과의 토론과정에서 형성, 심화되었다
고 한다.

그러나 팔메의 정치적 식견은 1947~48년 미국 케넌대학 재
학시절에 학생자격으로 당대의 신자유주의 대가로 명성을 떨치
던 하이에크(Friedrich von Hayek) 교수의 이론을 비판하는 논문
을 쓸 정도로 이미 틀이 잡혀 있었다. 하이에크 교수는 모든 계
획경제에 반대하는 극단적 신자유주의 경제이론을 계속 발전시
켜 1974년에는 노벨 경제학상까지 수상한 걸출한 인물이었다.

1958년 국민추가연금(ATP) 제도 도입을 주요 선거 쟁점으로
내걸고 총선거에서 승리한 사민당은 사회복지 전반에 걸쳐 비사
회계 정당들과 거센 이념논쟁을 벌였으니 한쪽은 노후연금과 기
타 사회안전망 구축에서 개인의 저축과 사보험제도를 적극 활성
화해야 된다고 주장한 반면에 다른 한쪽은 공공분야를 확대하여
국가가 국민복지를 떠맡아야 한다고 맞섰다. 팔메는 물론 사민당
의 입장인 후자를 적극적으로 지지하면서 이를 위한 높은 세금
부담이 개인의 경제적 자유를 제한하는 것이 아니라 오히려 증
대시킨다고 역설하였다.

그리고 그는 비사회계 정당들이 제안한 사회안전망 또는 최저
생계보장은 가장 열악한 계층을 위한 구제조치에 불과하며 국민
전체를 위한 공정한 제도가 못된다고 주장하였다. 의료를 비롯한
다른 복지분야와 교육기회 및 연금 혜택이 가능한 한 모든 국민
에게 균등하게 돌아가야 한다고 생각한 그는 이런 조치야말로
바로 역동적 사회에서 국가가 담당해야 할 몫이라며 그의 정치
적 이념을 계속 발전시켜 나갔다.

엘란데르 수상과 팔메는 국민의 요구에 부응할 수 있는 '강력

한 국가'를 지지해 가면서 이런 체제는 곧 관료주의와 무자비한 억압을 수반하리라는 야당의 논거를 일축하였다. 이와 같은 팔메의 정치적 견해는『진보적 정치』와『선택의 자유가 보장된 사회』라는 두 가지 저서에 잘 나타나 있다. 그는 또한 50년대 학생 시절부터 국제관계에 큰 관심을 보여 오늘의 스웨덴 국제개발 협력정책을 수립하는 데도 주도적 역할을 하였는데 그 정책은 주로 반식민주의 노선을 지향하는 데 역점을 두고 있었다. 즉 개발원조는 민족해방과 함께 경제발전을 고무하는 데 초점을 맞추어야 하여 아울러 신생독립 국가들의 민주발전에 기여해야 한다는 것이다. 그 무렵 아시아, 아프리카 대륙에서는 베트남, 알제리 등 여러 곳에서 식민지배에서 벗어나려는 독립투쟁이 전개되고 있었다.

팔메는 앞으로 제3세계 국가들이 자본주의 열강의 신식민주의 노선과 공산주의 독재체제 사이에서 중도의 노선을 택하기를 기대하였던 것이다. 이들 신생 독립국가들에게 적어도 스칸디나비아의 사회민주주의 이념을 바탕으로 한 개혁주의 모델을 적용할 수 있지 않겠나 하는 것이 그의 조심스런 바램이었던 것이다.

이와 같은 진취적 사상과 개혁정신에 충만했던 팔메는 1965년 36세의 나이로 엘란데르 내각에 무임소 장관으로 입각하여 교체부 장관, 교육문화부 장관을 거쳐 1969년 사민당 당수겸 수상의 직에 올랐으니 그의 나이 42세로서 유럽에서 가장 젊은 수상이 되었다. 그는 최고 지도자의 자리에 오르자마자 그 동안 연구하고 계획해 왔던 일련의 개혁 프로그램을 추진해나가기 시작하였다. 그는 사회적 평등을 구현하는 수단으로서 교육정책에 특별한 전략적 의미를 부여하고 의무교육과 중등교육 제도를 개편하여 대학진학이나 취업 시 받게 될 차별적 대우와 불이익을 감소시켰다. 또한 성인교육 제도를 강화하는 한편 재래식 인문주의적, 이론적 교육방식을 지양하고 직업과 직결된 실용적 방식으로 대학교육 내용도 개편해 나갔다.

1960년대는 서방세계의 다른 나라에서처럼 스웨덴에서도 이념논쟁이 가장 뜨거웠던 시기로서 1969년 팔메를 당수로 지명한 집권 사민당은 전당대회를 통하여 모든 분야에서 사회적 불균형을 해소하고자 평등이념을 강화하는 기조 정책 프로그램을 채택하였다. 즉 교육, 고용, 복지, 남녀 성차별 분야가 개혁의 주요 대상이었으며 이러한 대과업을 추진할 위원회의 위원장은 1930년대 이후 스웨덴 사민당 지도자의 한 사람이었던 알바르 뮈르달(1902-1986)여사였다. 그녀는 유엔의 사회복지국장을 역임하고 제네바 군축회담에 스웨덴 대표 및 대사로서 장기간 봉사한 국제적 정치인으로서 군축을 통한 동서긴장 완화와 세계평화를 위한 노력으로 1983년 노벨 평화상을 받기도 하였다.

스칸디나비아 반도의 작은 중립국 수상 울로프 팔메가 국제적 명성을 크게 떨치게 된 계기는 베트남 전쟁을 둘러 싼 그의 확고부동한 자세 때문이었다. 원래 반식민주의자였던 팔메가 베트남 전쟁을 보는 시각은 전쟁 당사자인 미국의 견해와는 전혀 달랐으니 이미 프랑스가 패배한 낡은 식민지 전쟁을 다시 떠맡은 미국은 그곳에서 실패할 수밖에 없으며 그러기에 도덕적으로도 비난받아 마땅하다는 것이 그의 주장이었다. 뿐만 아니라 미국이 사이공 정부를 지탱하기 위해 부패한 군사독재자들을 잇달아 지원하는 것은 무모한 책략이며 닉슨 행정부가 공언한 아시아 반공정책치고는 매우 치졸하다는 것이다.

이미 1965년부터 베트남 전쟁을 비판하기 시작한 팔메는 1968년 2월 스톡홀름 시내에서 벌어진 학생들의 야간 반전데모 대열에 횃불을 손에 든 채 모스크바 주재 북베트남 대사와 나란히 서면서부터 첨예화되었다. 그의 돌출적 행동은 외신을 타고 즉각 전세계로 나갔으며 현지 주재 미국 기자는 다음날 아침 당시 교육부 장관이었던 그에게 어젯밤 횃불 데모에 참가한 것은 개인 팔메의 자격이었는가 아니면 공인의 자격이었는가를 다그쳐 물었다. 그러자 그는 서슴치 않고 나는 이 나라의 교육부 장관으로서 데모에 가담했다고 대답하였다.

그렇다면 학생들의 데모를 막아야 할 입장에 있는 장관이 오히려 데모를 부축인 행위는 무엇을 의미하는냐고 재차 캐묻자 팔메는 태연스럽게 대답하였다. "학생들의 데모가 잘못된 것이라면 막을 임무가 있지만 정당한 것이라면 함께 참여할 가치가 있는 것이다" 라고.

이렇듯 단호한 스웨덴 현직 장관의 발언은 대미 선전포고나 다름이 없다고 격노한 닉슨 대통령은 즉각 스톡홀름 주재 미국 대사를 본국으로 소환 조치한 후 근 일년간이나 후임을 보내지 않았다. 그 이전까지는 전통적으로 매우 우호적이었던 스웨덴과의 외교관계를 중단시켜버린 것이다. 강대국 미국의 분노는 여기서 그치지 않고 뉴욕항의 하역인부들을 조종하여 부두에 입항한 스웨덴의 볼보 자동차 수천 대의 하역을 거부하게 함으로써 그 배가 다시 귀국하는 사건까지 일어났다. 바로 경제적 보복 조치를 취한 것이다. 이러한 각종 압력에도 불구하고 그의 반전태도는 동요하지 않았으니 1972년 성탄절에 미국이 하노이에 대한 대대적 폭격을 감행하자 팔메는 수상 자격으로 성명을 발표하고 미군의 폭격을 2차 대전 중 나치군대와 공산당들이 저지른 잔학 행위에 맞먹는 만행이라고 신랄하게 비난하였다.

그의 발언은 미국을 비롯한 여러 곳에서 분노를 자아낸 반면 다른 곳에서는 격려와 찬사를 받기도 하였다. 팔메는 또한 1968년 여름 프라하의 자유화 물결을 소련이 탱크로 짓밟았을 때도 유사한 비난을 퍼부었었다. 서방세계 선진국 수뇌로서는 유일하게 강대국들의 약소국에 대한 무력적 억압에 과감하게 항거하는 팔메 수상의 용기와 신념에 찬 행동은 그 후 제3세계 국가들을 크게 고무하였다.

그가 수상으로 재임하던 1969~1976년까지 그는 기회균등, 국부의 공정한 분배, 남녀평등권 실현을 위한 제도개혁에 이어서 노동자들의 경영참여권(MBL)까지 법제화함으로써 노조기구에 보다 더 많은 힘을 실어주었다. 사민당은 1976년 총선거에서 에너지 해결 방법으로 원자로 증설 방안을 내세웠는데 야당들이 핵폐기물의 안전성 문제를 매우 심각하게 부각시킨 바람에 장기 집권 44년만에 실권하고 말았다. 팔메는 이제 야당 당수로서 1982년 재집권하기까지 국제문제에 더 많은 정열을 쏟는다.

우선 그는 국내외에서 신자유주의와 맞서 열렬한 투쟁을 전개하는 한편, 1970년대 들어서 재기하기 시작한 서유럽 사회민주주의 정당 모임인 '사회주의 인터내셔널'을 활성화하는 일에 서독의 빌리 브란트 수상, 오스트리아의 브르노 크레이스키 수상과 함께 주도적 역할을 담당하였다. 이 기구의 강령 속에는 팔메가 그 동안 정치이념의 기조로 삼아 온 민주적 개혁주의, 반식민적 독립주의, 반공산주의 이념들이 구체적으로 명시되어 있다. 그는 특히 제3세계 국가들과도 활발한 교류를 전개하여 이들 나라에서 일고 있는 민족운동 단체와 서방세계의 사회민주정당들을 연결시켜주는 교량 역할도 담당하여 비동맹국 지도자들과도 개인적 친분을 두터이 하였다. 그의 국제무대에서의 활동은 이라크와 이란의 전쟁이 장기화되자 유엔 사무총장의 위임을 받아 전쟁 종식을 위한 중재인으로 활약할 정도로 적극적이었다.

1980년대에 들어서서 그는 브란트위원회(Brandt Commission)에 참여하였고 또 자신이 이끄는 팔메위원회(Palme commission)에서 주도적 역할을 담당하기도 하였다. 전자는 부유국가와 빈곤국가들 사이의 경제발전에는 필연적인 연결고리가 있으며 제3세계 국가들의 경제적 급성장의 배후에는 선진 공업국들의 기득권이 개재되어 있다는 사실을 구체적으로 연구 분석하고 이를 시정하기 위한 광범위한 조치들을 권고하는 보고서를 작성한 바 있다. 동일한 맥락에서 팔메위원회의 보고서는 동서진영의 안보의 당위성은 인정하지만 보고서의 명칭대로 우리는 '공동의 안보'를 추구해야 된다고 주장한다.

만일에 어느 한쪽이 우수한 군사력을 바탕으로 일방적 안보만을 고집한다면 '공동의 안보'는 실현될 수 없다는 것이다. 오히려 가공할 잠재적 파괴력을 가진 핵무기를 앞세워 세계의 안보를 위협할 뿐이라는 것이다. 군축문제를 다루는 이런 비편향적 위원회의 막후에는 팔메가 주동적 역할을 하였고 미국과 소련의 전문가들도 함께 협조하였으니 팔메위원회가 내세운 제안들은 바로 현실적 이상주의에 바탕을 두고 있었던 것이다. 동 위원회의 보고서는 강대국간에 신뢰를 조성하는 방안도 담고 있는데 이러한 노력의 일환으로 강대국 사이에 새로운 정치적 기류가 형성되기도 하였다. 부유국과 빈곤국 사이의 동반자적 관계나 동서간

의 긴장완화를 위한 일련의 구상들은 팔메가 태어난 작은 동질
적 사회 스웨덴에서 가꿔 온 계층간의 공동이익 증진과 연대감
을 전세계적으로 구현해보려는 시도였을 것이다.

그의 노력은 여기서 그치지 않고 1984년에는 점증하는 핵무기
의 위협으로부터 지구를 구해내기 위한 구체적 방안으로 '5대륙
회의'(Five Continents Conference)를 결성하고 각 대륙의 대표
들로 하여금 우선 자기 지역에 핵무기 반입을 금지하여 비핵화
지역을 전세계로 확장하려는 운동을 전개하였다. 이 비핵화 운동
에는 아시아에서는 인도의 간디(Gahndi) 수상, 남미에서는 아르
헨티나의 알폰신(Alfonsin) 대통령, 남부유럽을 대표해서는 그리
스의 파판드레오우(Papandreou) 수상, 중부 아메리카에서는 멕
시코의 들라 마드리드(de la Madrid) 대통령, 아프리카에서는 탄
자니아의 뉘에레레(Nyerere) 대통령이 각각 동반자로 참여하였
다. 그러나 그의 원대한 꿈이 제대로 실현되기 전에 1986년 그
는 비명에 가고 말았다.

울로프 팔메는 자신이 선언한 대로 "나는 노동자 집안의 출신
은 아니지만 노동자 편에 속한다"는 변신의 길을 택한 후 안이
하고 풍요로운 부르조아적 생활방식을 스스로 청산하고 멀고도
험난한 노동운동의 길로 들어선 것이다. 그래서 정치적 활동을
시작한 20대 초반부터 그는 자기가 속했던 상류계층의 이익보다
는 힘들고 어려운 노동자 농민과 소외 계층의 이익을 우선하는
정책을 개발하고 추진하는 데 진력하였던 것이다.

계층간의 빈부의 격차가 없는 사회, 그래서 구성원 상호간에
공동체 의식이 조성되고 이 공동체 정신을 바탕으로 서로 협력
하며 살아갈 때 거기에는 갈등과 균열이 없는 정의로운 사회가

열리게 된다는 것이 그의 신념이자 이상이었던 것이다. 우리가 꿈꾸는 진정한 평화와 행복은 바로 이러한 공정한 사회정의의 바탕 위에서 이뤄질 수 있으며 이 목표를 달성하는 최선의 길은 사회민주주의 방식이라는 확신 때문에 그는 사회민주주의자가 된 것이다.

세계 각국의 지도자들이 자기 국내문제도 제대로 해결하지 못해 전전긍긍하는 마당에 팔메는 4년간의 장관과 11년에 걸친 두 차례의 수상직, 도합 15년의 공직 재임기간 중 많은 제도개혁을 통하여 국민의 복지 수준을 한 단계 더 높여 놓았다.

뿐만 아니라 국제문제에 있어서도 항상 약소국의 편에 서서 신생독립국을 지원하였으며 남아공화국의 인종차별 종식을 위해서도 많은 노력을 기울였다. 그는 특히 핵무기 확산 금지와 강대국의 약소국에 대한 억압을 대담하게 비판하여 제3세계국가들의 영원한 친구가 되었다. 그의 돌연한 죽음 앞에 제3세계가 가장 슬퍼했던 이유도 바로 여기에 있다. 인간 팔메는 자기 조국의 테두리를 벗어나 실로 세계평화와 공존공영이라는 인류의 이상을 실현하기 위해 죽는 그날까지 혼신을 다 바친 20세기의 거목 정치인이라 할만하다.

이란 사산 왕조(224~651)의 기원과 문화

김 정 위

한국외대 이란어과 교수

파르티아(Parthia)의 수많은 지방 영주 가운데 한 사람인 파박(Papak)의 아들 아르다시르 1세(Ardashir Ⅰ, 224-241)의 조상은 사산(Sasan)으로 알려져 있다. 결국 사산은 그가 세운 왕조의 이름이 되었다. 당시 파르티아는 볼로가세스 5세(Vologases Ⅴ, 207-222)와 아르타바너스 5세(213경-224)에 의해 분활 통치되고 있었다. 전자는 크테시폰을 중심으로 현재의 이라크를 기반으로 삼았고 후자는 수사를 수부로 한 현재의 후지스탄을 다스리면서 서로 우위를 다투고 있었다. 이 기회를 이용하여 파르스(Fars) 주의 영주 아르다시르는 224년 종주국 국왕 아르타바너스 5세를 호르미즈다간(Hormiz dagan) 평야에서 벌어진 전투에서 살해한 후 권좌에 올랐다.

227년 아르다시르는 동부 지역으로 진출하여 여러 부족들을 차례로 정복하였다. 그는 자신을 이란 족의 왕중왕이라 칭하고, 티그리스 강변의 고대 셀루키아를 베 아르다시르(Weh-Ardashir, 아르다시르의 착한 행위)라는 이름으로 바꾼 후 재건하여 크테시폰과 함께 쌍벽을 이루게 한 후 그의 위세를 떨쳐 보였다.

그의 아들 샤푸르 1세(Shahpur I, 241~272)는 영역을 더욱 넓혔다. 여러 번 로마 군과 싸웠는데 244년 유우프라테스 강변에서

로마 황제 고르디안 3세(Gordian III, 238~244)를 죽였고 256
년 시리아의 에데사에서 황제 발라리안(Valerian, 253~260)을
포로로 잡을 정도로 샤푸르 1세는 혁혁한 전공을 세웠다. 그래서
그는 이란족과 비이란 족의 왕중왕이란 칭호를 사용했으며, 이
칭호는 사산조 말기까지 지속되었다. 사산조의 영역은 파르티아
때보다 훨씬 광대했는데, 이것은 그 행정력이 효율적이었고 군사
력이 막강했음을 뜻한다. 중앙아시아 쪽의 동북부 국경 지역에서
아르다시르 1세와 샤푸르 1세는 쿠샨 왕조의 서부 지역을 정복
하였다. 이 후 사산 왕조의 외교 정책은 변방의 방어와 영토 확
장에 목적을 두고 추진되었다.

파르티아조 치하에서 중요한 지방의 총독은 세습적이어서 자
치적이거나 반독립적이었다.

그러나 사산조는 이러한 세습적인 지방 총독제도를 폐지하고
그 대신 주로 왕족 가운데서 총독을 임명 또는 해임했다. 따라서,
왕위 계승자는 보통 가장 큰 주의 총독직을 맡게 되었다. 예를
들면 옛날의 쿠샨제국(Kushanshahr) 또는 아르메니아와 같은 큰
주의 총독직은 왕위계승자가 차지했다. 작은 주의 총독 칭호는
샤(Shah 왕)였고 또 큰 주의 그것은 큰 샤(Bozorg Shah)였다.
그 결과 중앙 집권적 요소가 매우 강화되었다. 더구나 황제 개인
에게보다는 왕실에 대한 충성심이 강조되어서 왕실의 집단 지도
체제와 유사하게 되었다. 따라서 왕실에 속하지 않는 사람이 왕
권에 도전하기는 매우 어려웠다. 유일한 예외는 바르람 6세 추빈
(Bahram VI Chubin, 590-591)이었다.

사산 조 시대 로마와의 분쟁이 가장 첨예하였던 곳은 아르메
니아 지역이었다. 바흐람 2세의 사후(293)계승 문제로 내분이 일

어나 비록 샤푸르 1세의 막내아들 나르세스(Narses, 293~302)가 승리하여 즉위했지만, 아르메니아는 296년에 로마의 수중에 떨어졌다. 아르메니아도 기독교가 지배적이 되고 로마도 기독교화됐으므로 이후 이란과 로마-비잔티움 사이의 분쟁은 종교적 분쟁으로까지 변모했다. 샤프르 2세(309~379)의 아르메니아 실지 회복 노력은 빈번히 실패로 돌아갔으나, 로마의 콘스탄티누스 사후(361) 티그리스 강변과 아르메니아 대부분의 영토는 페르시아가 지배하게 되었다.

약 20년간의 혼란기(아르다시르 2세, 샤푸르 3세, 바흐람 4세)가 지난 후 야즈데게르드 1세(399~420)가 왕위에 올랐다. 그는 기독교에 대해 관용 정책을 폈는데, 이 때문에 귀족들의 원성을 샀으며, 또 그의 사후(420) 아들 바흐람 5세(420~438)의 계승에 어려움이 있었으나 아랍 부족국가인 히라(Hirah) 왕족 문디르(Al-Mundhir)의 도움을 받아 그는 왕위에 올랐다. 그는 동부 헵탈리트(Hephthalite)족의 침입으로 비잔틴(일명 동로마)제국과의 전쟁(421~422)에서 실패하자 제국과 100년간의 평화 조약을 맺고 기독교도에게 신앙의 자유를 허용했다.

얼마 후 헵탈리트 족은 다시 침입하여 사산 조를 괴롭혔다. 황제 피루즈(Firuz,457~484)는 그들과의 전쟁에 참패하여 전사했으며, 그의 가족과 보물도 그들에게 떨어졌다. 그의 동생 발라쉬(Balash, 484~488)가 즉위하여 방어에 골몰했으나 무능하여 폐위당했다. 후계자로 피루즈의 아들 카바드 1세(Kavadh I, 488~496 & 499~531)는 귀족들의 세력을 꺾어 놓으려다 실패하여 폐위당했으나 헵탈리트족에게 도망하여 3년 뒤에 그들의 도움으로 다시 왕위를 회복했다. 그는 새로운 종교운동을 일으킨 마즈

닥(Mazdak)을 옹호하여 정통 조로아스터교를 박해했다. 그러나 그의 아들 호스로우 1세(Khosrw I, 531~579)는 정통 조로아스터교를 재정립하였으며, 과세제도의 신설과 토지세의 개혁 등을 이룬 사산조의 명망 있는 통치자가 되었다. 토지세의 현물 납부제를 폐기하고 현금으로 대체했는데 이 정책은 후에 아랍 무슬림 정권도 계승했다. 또, 군대를 강화하여 비잔틴의 주스티니안(Justinian)황제와도 자웅을 겨루었고 또 헵탈리트족의 침입도 여러 번 격퇴하는 등 공적을 세워 그의 위력은 흑해에까지 다다랐다.

투르크 족은 560년경 이란 동부지역에서 출현하여 중근동으로 진출하기 시작했으나 아직 사산조의 영역에 심각한 위협은 되지 않았다. 호스로우 1세로부터 왕위를 물려받은 호르미즈드 4세(Hormizd Ⅳ, 579~590 재위)는 비잔티움과의 평화 협상에 실패하였지만, 기독교에 관대한 정책을 폈다. 이러한 정책은 바흐람 추빈(Bahram Chubin)장군이 획책한 음모로 인하여 결국 조로아스터교도들의 반란을 야기시켰다. 장군은 호로미즈드 4세의 아들 호스로우 2세를 옹립하여 아버지를 처형시켰다. 그후 곧 장군이 왕위에 오르려 시도하니 호스로우 2세는 비잔티움으로 도피하였다. 로마 황제 마우리스(Maurice, 582~602)의 도움으로 591년 바흐람 추빈을 물리치고 크테시폰에서 다시 왕위에 올라 그의 통치기간(591-628) 동안에 번영을 누렸다. 마우리스 황제가 암살되자(602) 비잔티움과 다시 전쟁이 시작되었다. 호스로우 2세의 군대는 안티오크(611), 다마스커스(613), 예루살렘(614), 이집트(619) 등을 차례로 정복하였다. 610년 왕위에 오른 비잔티움의 헤라클리우스는 보복 공격을 시작하여 627년에는 티그리스

강 유역까지 진출하였다.

이 후 호스로우 2세는 자신의 아들 카바드 2세(일명 Shiruye)에 의해 살해되었고(628), 카바드도 얼마 후 사망하자 한 동안 혼란했으나 호스로우 2세의 손자인 야즈데게르드 3세가 왕위에 올랐다(633).

비잔티움과 이란 사이의 장기간에 걸친 전쟁으로 인해 사산조의 국력은 쇠퇴하였고, 이슬람화된 신흥 아랍족의 새로운 도전에 직면하였다. 유프라테스 강변의 카디시야 전투(637)에서 사산조의 최고 지휘관 루스탐이 전사했으며, 야즈데게르드 3세도 651년에 메르브 근처에서 암살되었는데, 이와 함께 이슬람 이전의 이란의 역사는 종말을 고하게 되었다. 아랍무슬림들은 조로아스터교에 관용을 베풀었지만 이 페르시아인의 종교는 제국의 몰락과 함께 점차 쇠퇴 일로를 걸었다. 이 후 조로아스터교는 이란에서 점차 사라졌으며, 현재 야즈드 및 봄베이(Bombay, 현재 Mumbai) 등지에서 명맥을 유지하고 있다.

조로아스터교의 절대신 아후라 마즈다와 이란의 전통적인 신들의 결합이 파르티아 시대에 이루어졌는데, 사산조 때에는 불과 빛의 숭배 의식과 아후라 마즈다에 대한 경배 의식이 강조되었다. 더구나 사산조의 창시자 아르다시르의 선조들은 이스타흐르(Istakhr, 페르세폴리스의 이란명)의 조로아스터교 사원을 이끌고 있었기 때문에 처음부터 국가와 교회의 관계도 밀접하게 되어 상호 보완적이 되었다. 조로아스터교는 사산조 시대에 체계적인 종교로 발전하였다. 최고 승려(Mobedan mobed, 승려중의 승려)는 종교 관할권뿐만 아니라 후대에 왕위 계승자의 선정과 국사에도 중요한 역할을 수행하였다. 특히 승려들은 읽고 쓰기에 능

통하였고 또 아베스타를 비롯한 종교서적의 해설에 절대적 권위를 행사하였다. 게다가 그들은 행정 관청에서 기록과 서기 업무와 같은 비종교적 업무도 수행했다.

선과 빛의 신 오르미즈드(Ohrmizd 즉 아후라 마즈다)와 악마 아리만(Ahriman)의 대결이라는 이원론(二元論)의 구도를 교의로 삼고 선한 신령과 천사는 모두 전지 전능한 아후라 마즈다의 지휘를 받았다. 또, 여기에다 사산조의 근거지인 파르스 지역의 관행도 종교 의례 속에 상당히 스며들어 간 것 같다. 그래서 태양신 미트라도 조로아스터교와 결합된 것이다.

신학도 발전되어 선의 신 오르미즈드와 악의 신 아리만을 무한한 시간(Zurvan)에서 나온 것으로 생각하여 종래의 이원적(二元的) 개념을 수정하려는 주르반 종파가 나타나 한동안 지배적 교의를 누렸으나 호스로우 1세(Khosrow, 531~579 재위)가 이를 이단으로 선언하여 다시 정통으로 돌아갔다. 사산조의 조로아스터교는 제도화의 과정과는 별도로 의례의 정교화와 순수성의 교리를 지향하여 발전했다. 즉 인간 양심상 옳고 그름을 명확히 하는 결의론(決疑論, casuistry)적인 체제를 더욱 완전하게 정교하게 다듬어 가서 결국 인간이 부딪치는 모든 일을 허락된 것과 금지된 것으로 구분하고 그에 따라 각자는 죄를 짓지 말아야 한다.

설사 죄를 지으면 속죄함이 당연시 되었다. 조로아스터교가 이런 식으로 발전하자 정통성이 강조되어 승려들의 훈계에 신자들이 순종해야 되었다. 따라서 비정통적 또는 이단적 의례는 국가에 대한 반역이고 진정한 신에 대한 모독으로 간주되어 관용성에서 박해로 발전되었다.

기독교는 3세기 중반 이후 티그리스와 유프라테스 강변의 아람어(Aramaic) 사용 공동체에서 추종자가 많았다. 로마 제국에 기독교가 공인되기 전에는 사산조는 기독교를 관용했으나 마니교나 영지주의(Gnosticism)에 대해서는 적대적 태도를 취했다. 그러나 로마의 콘스탄틴 황제(Constantine, 306~337)가 점차 기독교를 공인한 후 특히 이란에서는 339년 이후 기독교도들은 샤푸르 2세와 그의 후계자들로부터 심한 박해를 받았다. 그럼에도 불구하고 이란의 기독교도는 사산 왕조가 멸망한 후에도 오랜 기간 동안 남아 있었다. 샤푸르 1세의 치하에서 마니교라는 새로운 종교가 나타났다. 창시자 마니(216?~274?)는 파르티아 왕족의 후손으로 모어는 아람어였으며, 그의 교리는 영지주의(Gnosticism)의 사상과 철학에서 강한 영향을 받았다. 또한, 마니는 스스로 예수의 사도 가운데 마지막 한 사람이고 요한 복음의 보혜사(Paraclete)라고 자처했다. 그는 요한복음의 영지주의적 해석을 통하여 조로아스터교와 기독교의 사상을 함께 결합하려 애썼다.

이러한 마니의 가르침은 샤푸르 1세의 지원을 받아 이란과 외부지역에까지 널리 전파되었으나. 그의 아들 바흐람 1세의 탄압 정책으로 마니는 처형되었고, 신자들은 박해를 받았다. 그 후 마니교는 후라산 지역과 사산제국의 동부 및 중앙 아시아에서 명맥을 유지하였다.

사산조 예술의 가장 뛰어나 작품은 석회석 절벽 위에 새겨진 거대한 부조물이다. 그 가운데 가장 잘 알려진 것이 페르세폴리스 근처에 있는 낙쉐 로스탐(Naqshe Rostam)과 낙쉐 라잡(Naqshe Rajab) 등이며 현존하고 있다. 그 외에도 이와 유사한 유적이 비샤푸르(Bishpur)에 있는데 이 고대 도시는 파르스 주의 카제룬(Kazerun)북쪽에 있다. 이 부조물들의 모습을 통해 사산조 통치자의 모습도 살펴볼 수 있다. 현존하는 건축물로는 호스로우 2세(590~628)가 크테시폰에 세운 거대한 궁전이다.

이 궁전의 일부는 지금까지 남아 있는데 구운 벽돌로 돔 형식의 천장을 만드는 사산조의 전형적인 건축물의 진수를 보여 주고 있다. 그 외에도 시라즈 남쪽의 피루자바드(Firuzabad)와 그 동남쪽의 사르베스탄(Sarvestan)에도 아르다시르 1세의 궁전이 보존되어 있고 그 방들의 천장은 대체로 돔과 홍예인데 이것은 사산조 시대의 건축물의 특징이다.

사산조 시대에는 문학이 크게 발달하지 않았는데, 그 이유는 이 왕조가 문학보다 종교 우선정책을 추진한 데서 비롯된다. 하지만 이 시대에는 파르티아조 시대와는 대조적으로 그리스어와 그 문학은 거의 사라졌다. 그러나 외국 종교의 영향과 더불어 외국 문학도 들어와 중대(中代) 페르시아어의 한 형태인 파흘라비어(Pahlavi)로 번역되었다.

그러나 파흘라비어로 쓰여진 문헌 가운데 현존하고 있는 것이 드물다. 그것조차 사산조의 말기나 그후에 편찬된 것이 대부분이지만 그 내용만은 이 왕조에 관한 것이다. 그 이유는 역사의 기록에 대한 관심이 사산조 말기나 그 이후에 나타났기 때문이다. 이 시대의 가장 뛰어나 번역 작품은 호스로우 1세 때 완성된 칼릴라와 딤네인데, 인도의 전설에 바탕을 두고 있다. 그 밖에도 헬레니즘의 낭만주의 문학도 소개되었다.

영원한 중국의 연인, 등려군(鄧麗君)

김 남 희

부산외대 중국어과 교수

1977년 가을부터 10년동안, 나는 국립대만대학 중문과에서 공부를 했다. 그때 가장 인기 있는 가수가 바로 등려군이었다. 그녀는 당시 일본에서 활동을 하였는데, 동시에 대만TV에도 자주 등장하여 일본과 대만이 아주 가깝게 느끼게 해 주었다. 그때 나는 그녀가 국보급 가수라는 것을 알았다. 귀국후 아주 오랜 시간이 흐른 뒤 우리 동네 비디오 가게에서는 1996년 내내 빌리기 어려운 홍콩 영화가 하나 있었다. 그리고 그 영화의 주제곡은 심심하지 않게 라디오 전파를 탔다. 나는 마치 내가 대만에 있는 것 같은 착각이 들 때도 있을 정도였다. 그 영화는 바로 홍콩 배우 장만옥과 여명이 주연한 『첨밀밀(甛蜜蜜)』이다.

이 영화는 중국대륙에서 홍콩으로 밀입국한 젊은 남녀의 결코 우연일 수 없는 만남과 사랑, 이별, 그리고 기구한 삶의 역정(歷程)과 해후(邂逅)를 그린 어찌보면 그저 단순한 멜로드라마이다. 그러나 영화 전반에 걸쳐 흐르는 등려군의 노래가 있다. 영화의 제목도 바로 그녀의 노래 제목이다. 재미있는 것은, 이 노래가 이 영화가 만들어지기 훨씬 전에 대만, 홍콩 등 여러 곳에서 남녀노소 할 것 없이 회자되었던 노래라는 것이다. 영화 속에서의 등려군은 단지 유명한 가수 등려군 그대로 나타난다. 달콤하게 미소

짓는 대형 포스터로 또는 좌판에 진열되어 있는 불법 복제 녹음 테이프의 표지로, 그저 달콤한 등려군의 노래 소리로, 그리고 딱 한번 길가에서 팬들에게 에워싸여 사인을 하고 있는 그녀에게 남자 주인공이 등에다 사인을 받아 가지고 신이나서 여자 주인 공에게 달려가는 장면, 그리고 마지막 신으로 뉴욕의 한 가전제 품 상점의 진열장 안의 TV 화면에서 그녀의 비보(悲報)가 보도 되는 장면 등 영화 전체를 연결하고 있다고 해도 과언이 아니다.

이 영화는 장소 이동이 강조된 듯하다. 중국 심천에서 홍콩, 홍콩에서 대만, 대만에서 미국으로, 이 모든 곳에 중국인이 살고 있다. 이것 역시 등려군과 결코 무관하지 않는 것이다. 영화 전반에 달콤한 그녀의 노래가 흐르지만, 남녀 주인공 즉 중국 젊은 세대들의 실제 삶은 정작 그와는 반대로 쓰고도 고달픈 것이다. 그래서 더욱 달콤함을 꿈꾸는 것이리라. 그렇다면, 이 영화를 비롯한 중국인들에게 등려군의 노래는 과연 무슨 의미를 담고 있는가? 삶의 참담한 현실 때문에 서로 잠시 외면하고 헤어지게 되는 두 사람을 결국 등려군의 사망 소식을 보도하고 있는 TV 수상기가 다시 만나게 해준다. 다시 말해서 이미 저 세상 사람이 되어 버린 등려군이 살아있는 사람들을 하나로 맺어준다는 것이다. 이 얼마나 큰 위력인가!

사실상 문화대혁명을 겪은 죽의 장막인 중국대륙에서는 등소평의 개방정책과 아울러 등려군의 노래가 일찌감치 스며들어갔다. 오죽하면 '대등(大鄧)'이 '소등(小鄧)'만 못하다고 하고, 등소평이 낮에 중국을 통치한다면, 등려군은 밤에 중국을 통치한다고 하였을까! 심지어는 중국인의 월평균 소득이 인민폐 40원일 때 사람들은 하나에 10~20원 하는 그녀의 녹음 테이프를, 그것

도 암시장에서 서로 앞다투어 구매하고, 인민폐 2원씩이나 호가
하는 손바닥만한 그녀의 사진도 없어서 못 팔 지경이었다고 한
다. 그렇다면 그녀는 과연 어떤 인물일까?

그녀는 1953년 1월 29일 대만 운림현(雲林縣)의 한 군인 가정
에서 사남 일녀 중 넷째로 태어나, 온 가족의 사랑을 독차지한
귀염둥이 외동딸이었다. 165센티의 키에, 적당한 몸매, 동그란 얼
굴의 자신의 목소리처럼 달콤하고 귀여운 미인이었다. 경극에 심
취한 그녀의 아버지 덕택에 그녀는 아주 어려서부터 지방극(歌
仔戲)에 나오는 노래들을 어른 흉내를 내가며 곧잘 부르고는 했
다. 1959년에 공군 방포(空軍 防砲) 소속 93사단 의장단의 이
(李) 선생님으로부터 음악을 배우기 시작하여 그녀의 음악 생애
의 첫 발을 내딛었다.

1964년, 중학생의 신분으로, 대만 중화 TV에서 개최한 황매조
(黃梅調) 가곡경연대회에서 '방영대(訪英台)'를 불러 대상을 받
음으로써 그녀는 학업을 중단하고 가수의 길을 걷기 시작하였다.
그녀의 실력은 점차로 인정을 받아서 TV에 출연은 물론, 1968년
에는 정식으로 극장 무대에 서게 되고, 레코드도 취입한다. 1969
년부터 싱가폴, 홍콩을 비롯하여, 1971년에 동남아 순회공연과
1972년에는 홍콩 십대 가수로 선정되고, 1973년에는 일본으로
진출하게 된다. 그후 줄곧 일본에서 주로 활약을 하면서 홍콩과
대만에서도 끊임없는 인기를 누렸다. 1979년부터는 무대를 더욱
넓혀 미국과 캐나다에서 콘서트를 열고, 미국대륙에 그녀의 열풍
이 몰아칠 무렵 죽의 장막에서 그녀를 주목하기 시작했다. 이렇
듯 그녀의 인기는 세월이 무색할 정도로 변함없이 더해만 갔다.
그녀가 정성을 가장 많이 쏟은 활동은 다름 아닌 군대 위문공연

이였다. 그래서 그녀를 '영원한 군중(軍中)의 연인'이라고 불렀다.

그러던 1995년 5월 8일, 태국의 북부 치앙마이에서 그녀는 천식으로 갑작스런 죽음을 맞게 되었던 것이다. 이로써 그녀의 42년의 짧은 인생여정을 끝마쳤다. 그러나 그녀의 예술생애는 결코 짧은 것이 아니었다. 그녀는 비록 너무 빨리 세상을 떠났지만, 남들 보다 20년 일찍 예술세계로 뛰어들어 한 순간도 허비하지 않고, 맹활약을 하다 간 짧지만 무게있는 인생이었다. 그녀의 영구에는 청천백일기와 국민당기가 덮여졌고, 온 세계의 화인(華人)들의 비통함 속에서 국상(國喪)으로 치러졌다.

그녀의 음악 세계는 과연 어떻기에 그렇게도 힘이 있는 것일까? 그녀의 노래들은 한 마디로 유행가의 전형이다. 즉 가사는 생활화된 언어로 지극히 통속적이며, 곡조는 복잡하지 않고 단순하고 간단하며, 지나치게 높거나 낮은 음이 없어서, 누구나 쉽게 따라 부를 수 있는, 듣기에도 가볍고 무난한 그런 곡들이다. 그녀의 음색은 달콤하면서 매끄럽다. 노래의 표현은 30~40년대 상해에서 유행하던 방식으로 감미로운 느낌을 준다. 무대 위에서의 그녀는 매우 차분하고 여성스러우며, 절대로 넘치지 않았다. 그녀의 이런 절제된 매너는 정말 소중한 것이었다. 사실상 그녀의 음역은 그리 넓지 못했다. 그녀는 지혜롭게 자신을 잘 알았다고 할 수 있다. 높은 음, 낮은 음 모두 피하고, 마이크를 잘 다룰 줄 알고, 정확하고 똑똑한 발음으로 청중의 귓가에서 속삭이는 호소력이 뛰어났다. 또 그녀의 목소리는 '달콤함 70%, 눈물 30%'라는 특징이 있다. 그녀는 그러한 목소리로 사람들의 마음에 위안을 주고, 쓰다듬었다고 평론가들은 말한다.

결국 그녀는 그러한 극히 자연스러운 무기로 죽의 장막 전체를 통치한 것이다. 문화혁명이라는 회오리가 할퀴고 간 중국대륙의 황폐해진 천지에 등려군의 노랫소리는 마치 이 세상에 처음으로 비친 한줄기의 햇살과도 같았으리라.

등려군의 예술적 성과의 시대적 의미를 문화이론에 입각하여 해석한다면, 그녀의 노래는 다중적인 특성을 지녔다고 할 수 있다. 전통적 여성주의 시각에서 본다면, 그녀의 노래는 전형적인 부권사회의 산물이다. 왜냐하면, 노래 속에서 그녀가 표현하는 것은 여성들의 정서이지만, 풀어주고 있는 것은 남성들의 가슴이기 때문이다. 그러나 문화이론은 일반 여성 팬들의 해석권과 그녀에 대한 사랑을 존중하는 까닭에 눈을 감아 버렸다. 더욱이 사람들이 유행가를 부를 때에는 자기자신이 그 노래의 주인공이 되어 버리기 때문이다.

심리학적 시각으로 보면, 가수와 청중은 상호 작용을 하는 협력 관계를 형성하고 있다. 청중들은 그녀의 노래, 그녀의 슬픔, 그녀의 기쁨, 그녀의 삶… 이 모두를 공유하고 있다. 특히 그녀가 죽은 뒤 팬들은 그녀의 노랫소리에서 세월의 흐름, 세월의 덧없음, 추억 또는 향수를 느낀다. 온유(溫柔)와 화고(回顧), 이것들은 사람의 마음속에 없어서는 안될 정서이다. 그녀는 오늘날 점차적으로 사라져가고 있는 중국여성의 완약(婉約)함과 온유함의 상징이었다. 그녀의 갑작스런 죽음은 그러한 시대의 대표적인 유행음악의 사라짐을 의미하는 것인 동시에 화인 사회의 대중문화사에 고전으로 남게되는 것이다.

그녀는 갔다. 그러나 그녀의 노랫소리는 여전히 높게 흘러나오고, 그녀의 팬들은 "천국에도 그녀의 팬들이 있겠지요"라고 하는 한 그녀는 결코 외롭지 않을 것이다.

잊을 수 없는 모습들　　391

　큰 길, 작은 길. 슈퍼마켓, 레스토랑, 레코드 가게… 택시 속에서, 라디오에서… 어디에서든지 그녀의 달콤한 노래소리가 흘러나온다.

停唱陽關疊
重擎白玉杯
殷勤頻致語
牢牢撫君懷

人生難得幾回醉
不歡更何待
啊, 再喝一杯, 乾了吧!
今宵離別後, 何日君再來

이별곡은 잠시 멈추고
백옥 잔을 다시 들어요,
열심히 지껄이지요
당신 마음 달래려고

우리네 인생살이에 몇 번이나 취할까
지금 아니면 언제 또
아, 한 잔을 더 들어, 다 마셔 버리세요
오늘 밤 헤어지면, 어느 날 그대 다시 오시렵니까

　그리고, 그녀는 결코 결혼을 하지 않았다.

다양성 속의 통일, 인도네시아

안 영 호

한국외대 마인어과 교수

인도네시아는 자와, 수마뜨라, 깔리만딴, 술라웨시 그리고 이리안 자야 등 5개의 큰 섬을 포함하여 1만 3천여 개의 섬으로 구성된 세계 최대의 도서국가이다. 인도네시아 국토의 면적도 2백 2만 7천㎢나 되며, 그의 인구는 약 2억 명에 달하는 세계 5대 인구대국이다.

광대한 국토와 천혜의 자원이 풍부한 인도네시아에 관심을 가진 포르투갈, 네델란드, 영국 등 서구세력이 16세기초부터 이곳을 침입하였으며, 그 중에서 네델란드는 3세기 반 동안 식민통치를 하기도 했다.

동쪽에서 서쪽에 이르기까지 5천km나되는 광활한 지역에 사는 420여 종족들은 자연적으로 여러 가지 유형의 종교와 더불어 다양한 문화를 이루게 되었으며, 각각 다른 언어와 생활관습으로 그들의 전통을 계승해 나가고 있다. 이들 가운데에는 자와족, 순다족, 미낭까바우족, 암본족 등 언어 인구가 1백만 명 이상인 종족도 7개나 있으며, 전체 인구의 60여%가 몰려 살고 있는 자와섬은 서부 지역에는 순다족, 중부와 동부 지역에는 자와족이 대종을 이루어 살고 있으며 이들 종족간에는 언어가 서로 통하지 않을 뿐만 아니라 전통 문화와 풍습도 차이가 있다. 여기에 아시아대륙, 특히 중국과 인도 등지로부터의 이주민의 도래와 서구 제국의 식민세력은 인도네시아의 문화를 더욱 다양하게 해 주었다.

외국문화에 대한 인도네시아인들의 개방성은 인도네시아인들로 하여금 세계에서 가장 포용력 있는 민족으로 부각시키는 원인이 되기도 했다. 힌두교, 불교, 이슬람교 그리고 기독교와 같은 세계적인 대종교가 인도네시아로 전래됨으로써 문화와 관습을 다양하게 해 주었을 뿐만 아니라 언어 발전에도 커다란 영향을 끼쳤다.

그러나 이와 같은 다양한 문화를 지니고 있는 인도네시아는 국가 기본이념인 '다양성 속의 통일'(자와어로 Bhineka Tunggal Ika)이라는 모토 아래 전 국민이 인도네시아어(Bahasa Indonesia)로써 의사소통을 하며 전체 인구의 약 80%가 이슬람교를 신봉함으로써 상호 응집하는 것을 볼 수 있다.

종족간의 전통적인 상부상조는 인도네시아의 사회 안정을 유지하는 데 있어서 유일하고도 가장 중요한 요소를 이루고 있으므로 구습과 전통이란 적절한 조정만 이루어진다면 대부분 현대 사회에 있어서도 유용할 것이다.

1945년 8월 17일에 독립을 획득한 이래 반 세기동안 많은 발전을 해 온 인도네시아이지만 아직도 선진국으로 탈바꿈하려는 의지가 대단하다. 노동 집약적 산업에서 중화학 공업으로 전환되어가고 있는 시점이므로 동·서양을 가리지 않고 외국의 기술과 자본을 마구 끌어들이고 있다. 우리 나라도 이 대열에 끼어 상호 협력을 도모하고 있다. 대형 빌딩, 고속도로, 도시 순환도로 건설은 물론이고, 봉제, 신발, 제지 그리고 자동차, 전자산업에 이르기까지 다양한 분야의 진출에 박차를 가하고 있다.

이와 같이 정치, 경제, 문화, 사회적 관계가 급속도로 발전하고 있는 가운데 우리는 부지불식간에 자만에 빠지곤 한다. 인도네시아와 우리 나라가 여러 분야에서의 관계가 긴밀해질수록 그들에 대한 예절을 지켜야 하고, 무엇보다도 그들의 생활관습부터 이해하는 것이 우선한다고 본다. 인도네시아는 국가 5대 원칙(Panca Sila, 신에 대한 신앙, 공정하고 문명화된 인본주의, 단결 및 화합주의, 국민협의회와 의회에 의한 민주주의, 사회정의주의)을 정해놓고 범국민적으로 실천하고 있다. 그리고 국민의 대다수가 무슬림(이슬람 신자)이므로 국법 이전에 이슬람 율법에 따라 생활하는 습관이 몸에 배여 있다. 여기에 서구식 문물의 영향을 오래 동안 받았으므로 이들의 일상생활에서의 예절은 다른 나라들의 것과 크게 다를 것이 없다.

다만 우리가 알아두어야 하고 삼가야 할 관습을 몇 가지 들어보기로 하자. 우선 무슬림들은 음식에 세심한 주의를 기울인다. 모든 음식물은 이슬람교가 허락하는(halal) 것만 먹을 수 있다. 이들에게 돼지고기는 금기 중에 금기이며 일상 대화에서도 돼지 이야기는 좀처럼 하지 않는다. 무슬림들은 라마단(금식의 달)에 1개월에 걸쳐 금식을 한다. 지구상에 기아로 허덕이는 사람들의 고통을 함께 한다는 뜻 있는 행사이며, 일출 시부터 일몰 시까지는 물도 한 모금 마시지 않는다. 따라서 이들이 금식하는 기간에는 언행을 조심해야 하며, 이들 앞에서 음식을 먹거나 마시는 일은 삼가야 한다.

또한 무슬림들에게 왼손을 내밀거나 어린이의 머리를 쓰다듬는 행동은 금기로 되어 있다. 특히 손가락으로 상대방을 가리키는 행위는 상대방을 모멸하는 것으로 느끼며, 인도네시아인들의 기질이나 성격상 과격한 어조와 행동이 섞인 대화를 가장 언짢게 여기므로 차분하고 조용하게 대화를 하는 것이 좋다.

인도네시아인들은 서구화된 문화가 그들의 생활 속에 점진적으로 전파되고 있으나, 그들 특유의 생활양식을 갖고 있으며, 대인관계에 있어서 매우 친근하고도 정중하다. 특히 외국인에게 호기심을 갖고 친절하게 대하여 준다.

그런데 인도네시아에 진출하여 있는 우리 한국인들은 인도네시아인들의 습성과 관습을 잘 이해하지 못하고 자기 편한 대로 이들을 대하기 때문에 종종 문제가 생기곤 한다. 흔히 한국인은 '강한 데 약하고, 약한 데 강하다.'라는 말을 한다. 인도네시아인들의 성격이 온순하고 마음씨가 착한데다가 한국인들이 이들을 고용하여 부리는 입장이므로 이른바 '약한 데 강한' 위치에 서게된다. 따라서 이들을 상당히 거칠게 다루는 광경을 도처에서 목격할 수 있다. 가정에서 가정부, 출퇴근 길에 운전기사, 회사에서 임직원, 공장에서 근로자, 간혹 술집에서 접대부 등을 대할 때 기본적인 예의를 벗어나서 자기 멋대로 대화를 하거나 지시를 하는 광경을 볼 수 있고, 심지어는 욕설을 퍼붓는 이들도 있다. 어떤 공장에서는 근로자들의 이른바 군기를 잡는다고 팔 굽혀펴기, 쪼구려 뛰기 따위를 시키는 가하면 심한 경우에는 구타도 한다는 기사가 일간지에 실렸었다. 이 얼마나 부끄럽고 못난 짓들인가? 우리의 입장은 그들의 자원과 노동력을 활용하여 기업의 이익을 추구하고 나아가 국익을 도모하기 위한 것이고, 그들의 입장은 외국인 회사에서 일함으로써 보다 유익한 처우를 받으며 나름대로의 긍지를 갖기 위함일 것이다. 우리는 어느 식민지에 가서 식민통치를 하는 것이 아니다.

인도네시아인들은 서로 이질화시키는 것보다 동질화시키려는 노력을 하고 있다. 그들의 호칭 가운데 Saudara(형제), Bapak(아버지), Ibu(어머니)등이 있는데 직계 가족관계가 아니더라도 같은 고향 사람, 친지, 직장 동료들 사이에 또는 외국인에게도 친근감을 주기 위하여 같은 또래나 손아래 사람에게 Saudara, 손위 사람에게는 아버지나 어머니처럼 생각하여 남성에게 Bapak, 여성에게 Ibu로써 각각 호칭한다. 얼마나 인간적이며 점잖은 용어들인가. 이러한 말들을 놓아두고 인도네시아어를 몇 마디 배웠다 하여 kamu(너), 또는 kau(너) 등 그들 간에 지극히 가까운 사이에서나 사용하는 인칭대명사(또는 호칭)들을 함부로 사용하여 기분을 손상시키는 경우가 종종 있다. '말 한 마디에 천냥 빚을 갚는다.'는 속담도 있는데 구태여 상대방에게 불쾌한 용어를 사용할 필요가 있을까?

서양 사람들처럼 식당에서 여성에게 먼저 의자를 빼내어 앉히는 것도 예의 가운데 하나이겠지만 인도네시아인들의 관습과 관행을 잘 이해하고 예로써 대할 때 비로소 본인도 그와 같은 대접을 받을 수 있고 나아가서는 동방 예의지국이라는 우리 나라의 국위도 선양하게 될 것이다. 다른 나라의 관습과 관행을 잘 이해하는 것이 곧 세계화를 추구하는 지름길일 것이다.

국제화시대 일그러진 한국인의 자화상

김 상 호

부산외대 무역학과 교수

바쁜 일상속에 문득 생각해 보니 내 나이 50대 중반이 되었다. 세월의 빠름을 실감한다. 생각해 보면 늘 바쁘게 살아왔다. 하루가 어떻게 지나가는지, 후딱 한 달이 가고 해가 바뀐다.

일상이 바쁘게 돌아가면서 우리의 생활패턴도 변하고 동시에 우리를 짜증나게 하는 것들도 많다. 대중교통 수단인 버스와 택시가 먼저 머리에 떠오른다. 이것들을 생각하면 과속과 난폭운전이 먼저 생각나니 안타까운 일이다. 승용차를 이용하지 않고 시내버스를 타고 출퇴근한 지가 오래 되었다. 그래서 그런지 시내버스에 대해 좋은 인상을 가지고 있지 않다. 박봉과 격무에 시달리는 운전기사들이 들으면 섭섭한 이야기가 되겠지만 말이다.

시내버스를 타면서 기사가 승객을 일부러 넘어뜨릴 작정을 하고 운전을 한다고 생각하는 경우가 종종 있다. 얼마전 신문보도에 임신 7개월의 20대 후반 여성이 시내버스 안에서 넘어져 유산을 했다고 한다. 택시 타기도 마찬가지이다. 특히 밤늦은 시간, 택시를 타면 마음이 불안해지며 기도 소리가 절로 나온다. '하나님, 저 운전사가 안전 운전 하도록 도와 주십시오' 하고 말이다.

지난 연말 부산지역의 경제단체 간부들과 망년회를 하면서 폭탄주라는 것을 마시고 혼이 난 적이 있다. 맥주 컵에 독한 양주를 가득 채운 양주잔을 그 속에 넣고 상대방과 팔짱을 서로 끼고 그 잔을 원샷에 마셔야 한다. 그렇지 못하면 벌주라고 해서 한잔을 더 먹어야 하니 기를 쓰고 먹었는데 나같이 술 못하는 사람은 그대로 정신이 나가는 것이다. 폭탄주라는 것이 무엇을 의미하는지 정확히 모르지만 독한 양주와 맥주가 합성된 큰잔을 가득 채워 한번에 다 마시면 몸속에서 폭탄반응이 나기 때문에 이렇게 부르지 않았을까 하는 생각을 해본다.

어른 사회가 이렇다 보니 젊은이들이 그냥 있겠는가. 해마다 신입생이 들어오면 대학사회에서도 폭탄주가 문제가 되고 있다. 후배 길들인다고 억지로 폭탄주를 먹여 갓들어온 후배 신입생을 죽이기까지 했다니 말이다. 왜 우리의 음주문화가 이렇게 되었을까? 곰곰이 생각해 볼 문제라고 생각한다.

나는 지금까지 인생을 살아오면서 긍정적인 사고를 가지고 살아왔다. 그래서 사회현상도 가능한 긍정적으로 보고 해결책을 강구하는 습관을 가지고 있다. 수업시간에도 나의 이런 사고는 학생들에게도 긍정적인 영향을 미치고 있다고 생각한다. 어떤 사안에 대해서 '그건 절대 안되는 겁니다' 보다는 '한번 해봅시다' 라는 것이 좋다는 것이다.

우리 민족은 단점보다도 장점이 많은 민족이다. 특히 문화를 보존하려는 우리 민족의 집념은 해외에서 대단한 평가를 받고 있다. 500만 명의 해외동포가 전세계 172개국에 살고 있다는 뉴스를 들은 적이 있다. 단일 민족으로는 세계화가 가장 잘된 민족이라는 것이다. 이들 각자가 해외 현지에서 나름대로 열심히 우리의 전통문화를 보존하고 살고 있는 것이다.

그간 여러 차례 중국을 방문하면서 광활한 중국 속에 살고 있는 조선족을 만나 보았다. 혼례의식, 음식, 예의범절에 이르기까지 우리의 문화를 잘 계승 보존하고 있는 것을 보았다. 뉴욕시의 할렘가를 도보로 걷는 것은 매우 위험하다고 한다. 그래서 나는 자동차를 타고 할렘가를 돌아본 경험이 있다. 그 속에서도 우리 교포들이 세탁소나 슈퍼마켓을 경영하는 것을 보면서 우리 한민족의 근성이 대단하다고 생각했다. 이런 민족이니까 단군이래 수천 년을 그것도 지정학적으로 강대국에 둘러싸여 있으면서 끊임없이 외세의 침입을 받았지만 국가를 보전하고 민족의 동질성을 유지해 온 것이다.

그러나 우리의 문화를 보존하려는 단일민족의 근성은 어떤 면에서 부정적으로 보여지는 측면도 있다. 전세계적으로 차이나 타운이 활성화되고 화교의 숫자가 늘고 있다지만 그 숫자가 줄어들고 있는 국가는 지구상에서 한국 한 나라라는 이야기를 듣고 쓸쓸해한 적이 있다. 실제 중국사람이 직접 경영하는 중국 음식점이 점차 자취를 감추어가고 있는 것이 사실이다. 단일민족, 단일문화의 전통이 강할수록 외국인이 한국인에게 느끼는 감정도 부정적인 측면이 강하다는 지적이다. 우리 자신도 모르는 사이에 외국인을 배척하고 배타적인 민족이 되었다는 것이다.

몇 년전 많은 외국 근로자가 코리안 드림을 꿈꾸면서 한국의 기업체에 취직을 하려고 들어왔다. 그러나 그들이 견디다 못해 한국을 떠나면서 김포공항에서 내뱉는 소리를 듣고 소름이 끼쳤다. '본국에 돌아가서 한국인을 만나면 그냥 두지않겠어요' 하는 것이다. 한국에서 근로자로 일하면서 받은 설움이 너무 뼈저리다는 이야기다.

나의 경우 부산외대에 부임한 지 10년이 되었다. 대학에 오기 전 서울의 무역센터에 있는 중재(仲裁)기관에서 15년여를 재직하면서 오대양·육대주에 걸쳐 100여국의 비즈니스맨을 만났다. 무역을 하다보면 다양한 갈등과 분쟁이 발생하기 마련인데 당사자간에 원만한 해결이 되지 않으면 중재(arbitration)에 의해 판정을 내리는 기관이다. 판정이 내려지면 중재법에 의해 법원의 확정판결과 동일한 구속력을 가지며 UN협약에 의해 국제적으로도 강제집행도 보장되는 것이다. 많은 외국인을 만나면서 그들의 문화를 이해하려고 노력했다. 또한 분쟁사건을 통해서 사기나 나쁜 짓을 한 외국인에 대해 좋지 않은 감정을 가진 적도 있다.

나는 또한 비교적 많은 나라를 여행한 경험을 가지고 있다. 20여국에 걸쳐 수십 개의 주요 도시나 지역을 방문해 보았다. 내가 처음으로 외국을 여행한 것은 미국으로 1979년 10월이다. 전(前) 직장에서 미국의 노사중재 제도를 연구하라는 명을 받고 3개월 일정으로 세계 최대의 중재기관으로 뉴욕에 소재하고 있는 미국중재협회(American Arbitration Association)로 가게 되었다. 객원 연구원의 자격으로 말이다. 뉴욕 도착 후 일주일만에 박정희 대통령 시해사건이 일어났는데 당시 내가 받은 충격은 엄청났다. 도저히 있을 수 없는 일이 발생한 것 같았다. 또한 남의 나라에서 창피하고 후진국의 면면이 표출된 것 같아 괴로워했었다. 그런데 내가 연구하는 3개월의 기간동안 어느 누구도 이 불행한 사건에 대해 물어보는 사람이 없었다. 처음에는 이상하게 생각되었다. 그러나 그들과 접촉하면서 내가 내린 해답은 그들이 나를 배려하기 때문이라는 것이다. 자기네들 직장에 와서 연구하고 있는 외국인에게 마음의 상처가 될 수 있는 언동을 삼간다는 사실을 알았기 때문이다.

한국 어린이를 입양시키면서 입양조건으로 장애어린이만 찾는 어떤 미국인 부부를 보고 충격을 받은 적이 있다. 종교적 신앙 때문도 아닌 평범한 생활인으로서 자신의 애들도 있으면서 말이다. 역시 배울 것이 많은 사람들이라고 생각을 해본다. 저런 정신이 모여서 다양한 민족을 하나로 융합시키고 조화시켜 초강대국이 되어 세계를 지도하는 국가가 되지 않았나 생각해 보는 것이다.

해외 여행을 하면서 우리 자신을 평가해 볼 때 반드시 극복하고 고쳐야 할 것들이 생각난다. 무엇보다도 한국인의 조급성, 나쁜 여행매너와 졸부근성이다. 특히 중국의 연변 조선족 자치주와 몽골에서 직접들은 이야기다. 한국 졸부들의 행태가 현지에서 사회 문제화되고 있었다. 식당이나 술집에서 100달러 지폐를 수십 장 내보이면서 종업원에게 들어주기 어려운 부탁을 하는 사람들이 많다는 것이다. 귀국해서 즉시 계약물품을 선적하기로 하고 돈부터 먼저 준 경우도 있었는데 소식이 없어 대사관을 통해 알아보니 그런 회사가 없다는 것이다.

지금은 많이 나아졌지만 몇년 전만 해도 중국, 러시아, 동남아 국가들을 여행하면서 졸부형의 한국 관광객이 뿌려놓은 나쁜 여행매너는 상당한 후유증을 야기시켰다. 터무니없이 고액의 봉사료를 주었기 때문에 한국 관광객을 아주 봉으로 보는 현상이 나타난 것이다.

1991년 모스크바대학을 방문했을 때의 일이다. 모스크바 시내의 정통 러시아 음식점에서 식사하는데 우리 일행들은 야단이 났다. 식사하는데 시간을 다 빼앗긴다는 불평 때문이다. 가이드가 "여기는 러시아 정통의 고급 음식점으로 음식이 약 2시간에 걸쳐 나오니까 러시아 음식문화의 진수를 감상하시면서 드십시오”라고 말했으나 불평은 여전했다. 그것도 교수님들의 입에서 말이다. 빨리 빨리 음식을 한꺼번에 다 가져올 수 없겠느냐는 것이었다. 엄청난(?) 인내 훈련을 했다고 생각했다. 2시간에 걸쳐서 식사를 했으니 조급한 한국인들에게는 견디기 어려운 인내수련을 한 셈이었다. 우리는 왜 이렇게 참지를 못하고 조급한가, 로마에 가면 로마인이 되라고 했는데…

카이로에서의 일이다. 스핑크스와 피라미드 관광에 나섰다. 100여 미터 정도의 거리가 떨어진 전방 쪽에 피라미드와 스핑크스가 있었고 현지인이 낙타를 몰고 있는 장면이 목격되었다. 우리가 50미터까지 접근하자 낙타 모는 현지인이 우리를 보고 손짓을 하며 말을 했다. “한국사람, 빨리 빨리”하며 손짓을 하는 것이다. 그것도 우리말로 말이다. 얼마나 한국사람들이 빨리 빨리 했으면 이집트 현지인이 ‘한국사람, 빨리 빨리’ 낙타 한번 타보고 1달러내고 가라는 것이다. 그 많은 외국 관광객 중에 한국사람을 그렇게 빨리 알아보는 것도 신기했지만 웬지 기분이 씁쓸했다. 좁은 국토에서 이렇게 많은 사람들이 토닥거리면서 살다보니 그렇지 않겠는가, 또한 그간 경제성장 하나만 지상목표로 하고 앞만 보고 빨리 빨리 달려오다 보니 그렇지 않았을까?

몇 년전 구라파를 갔다오면서 파리발 서울행 에어 프랑스를 이용한 적이 있다. 국내의 모 그룹 직원들과 해외 연수 갔다오는 대학생들 하면서 비행기 안이 소란스러웠다. 갖가지 추억이 있을 것이고 고국으로 돌아온다는 설렘도 있을 것이고 해서 이해가 되긴 하지만 동승한 외국손님들에게 미안한 감정을 어쩔 수 없었다. 소란스러움과 기내에서의 비정상적인 매너 때문이다. 같은 한국인으로서 부끄러움을 느꼈다. 구두를 벗고 양말만 신고 다니

는 사람, 양말까지 벗고 맨발로 기내를 활보하는 사람, 앞좌석이
비었다고 해서 뒷좌석에서 두발을 앞의자에 걸쳐놓고 있는 사람
들… 이미 식사 배식이 끝났고 음료수까지 마셨는데 여승무원을
불러 음료수를 가져오라고 하거나 맨발로 주방에까지 가서 부탁
하는 꼴불견이 연출되었다. 10시간이 넘는 비행시간에 많은 소란
스러운 한국인의 추태가 계속된 것이다. 나는 에어 프랑스 여승
무원의 표정을 유심히 관찰하였다. ‘우리가 한국노선을 운행하는
것은 돈을 벌기 위한 것이지 그 외에는 한국사람한테 배울 것이
없군요’ 하는 표정으로 읽었다면 내가 과민한 탓이었을까?

일본을 방문하면서 느끼는 것은 그들이 친절하다는 것과 우리
보다는 기초적 예의와 질서가 한 단계 위라는 것이다. 일본사람
을 돈만 아는 경제적 동물이라고 혹평하는 자도 있다.

그렇다고 할지라도 그들의 친절과 기초적 사회질서의 토양은
우리보다 앞서 있는 것은 분명하다. 일본의 지하철을 타보고 느
낀 것이 있다. 사람은 비교적 많이 승차했는데 빈자리가 더러 있
었다. 일본에서 오래 유학한 한국인에게 물어 보았다. 왜 자리가
저렇게 비어있는가 하고 말이다. 그분 말씀이 늙은 사람은 ‘아직
나는 젊고 건강한데 왜 자리에 앉는가’ 하는 생각을 하는 사람이
많으며 젊은 사람들은 ‘앉아 있는 것보다 서있는 것이 더 건강
에 좋다’ 라고 생각한다는 것이었다. 한 사회를 지탱해나가는 어
떤 흐름을 보는 것 같았다.

재작년 여름 오사카에서 학술회의가 있어 중급 규모의 호텔에
투숙을 했다. 8월이라 무척이나 덥고 습기가 많아 불쾌지수가 높
았다. 호텔 안에서는 국제전화를 할 수 없고 대신 전화카드를 사
서 호텔 밖의 국제전화가 가능한 공중 전화박스에서 하면 된다

는 것이었다. 몇 번 시도를 했으나 잘되지 않아 다시 호텔로 돌아왔다. 땀이 범벅이 되어 있었다. 호텔직원에게 사정이야기를 하면서 대신 좀 전화를 걸어줄 수 없느냐고 요청을 하였다. 호텔직원도 일이 바빴다. 체면불사하고 부탁을 하고 있는 것이었다. 그때 30대 초반의 어떤 일본 청년이 내옆에서 말하는 것을 들은 모양이었다. 그 분이 나에게 '나는 이 호텔에 투숙을 하고 있는 일본사람인데 도와줄 테니 잠깐 자기 방에 가서 짐을 두고 오겠다'는 것이었다. 5분 후 쯤 그 청년을 로비에서 만나 같이 호텔을 나와 몇 군데의 공중 전화박스에서 서울로 전화시도를 해보고 결국은 안내 교환을 불러 서울로 전화하는 법을 자세히 물어 서울집으로 통화를 했다. 그분이나 나나 더워서 땀을 많이 흘렸다. 알고 보니 모든 공중 전화박스에서 다 국제전화가 되는 것은 아니고 가능한 전화박스를 찾아야 하는 것이었다. 정말 고마움을 느꼈다. 알고 보니 그 분은 오사카가 고향은 아니고 두어 시간 걸리는 시골에 부인과 자녀 하나를 둔 33세의 기혼자였다. 오사카에서 취직을 했고 지금 이 호텔에 장기투숙을 하면서 돈을 벌고 있다는 것이었다. 그리고 1~2주에 한번씩 시골집을 다녀온다고 했다. 정말 고개가 숙여지도록 고마움을 느꼈다.

　해외여행을 하고 나서 느끼는 감정 중의 하나는 우리 한국인들이 표정관리에 서툴다는 것이다. 이 표정관리가 잘 안되어 몇 년전 로스앤젤레스 한국인 촌에 대한 흑인폭동이 일어나는 하나의 계기가 되었다는 이야기를 들었다. LA 흑인폭동 이후 LA에 거주하는 흑인목사 일행이 서울의 어느 교회를 방문했다. 거기서 한국인들의 결혼사진을 보고 놀랐다는 것이다. "일생에서 가장 즐거운 결혼식인데 왜 신랑·신부가 웃지도 않고 화난 표정으로 사진을 찍었느냐"라고 말하더라는 것이다. 그게 아니고 한국인들은 결혼식을 엄숙한 의식으로 생각하기 때문에 웃지 않고 있으며 그렇다고 해서 화난 표정이 아니라고 설명했다는 것이다. 흑인목사 한 분이 "진작 이 결혼사진만 보았어도 LA사태 발생을 예방할 수도 있었을 터인데…"하고 탄식하더라는 것이다. LA거주 흑인들이 한국인 가게에 가면 그들 생각에 한국 주인은 늘 화가난 얼굴을 하고 있었다는 것이다. 그래서 그들은 언제 한번 기회가 오면 저 화난 얼굴의 한국인을 혼을 내주어야 하겠다고 생각을 하고 있었다는 것이다.

이유야 어떻든 국제화, 세계화 시대에 표정관리는 대단히 중요하다. 어느 외국인이 이렇게 말했다고 한다. "동양인 중에서 한국인을 확인하는 확실한 방법이 있다. 성난 얼굴을 하고 있는 사람이 한국인이다"라고. 대체적으로 보아 일본인이나 중국인은 성난 표정을 짓지 않는다. 우리 한국인들이 성난 표정을 제일 많이 짓는다고 한다. 우리가 외국인에게 불쾌한 인상을 준다는 것은 심히 부끄러운 일이요 매우 염려스러운 일이다. 어두운 한국인은 좋지 않다. 우리는 미소짓는 훈련을 할 필요가 있다. 전 국민이 스마일 운동을 다시 한 번 일으켜야 한다.

집필자 57인 교수 명단(가나다순)

高景淳	부산외대 (경영학부)
高弘根	부산외대 (인도어과)
金基泰	한국외대 (베트남어과)
金南喜	부산외대 (중국어과)
金東璿	전 한국외대·부산외대 총장
金明守	한국외대 (행정학과)
金明玉	한국외대 (영어과)
金美子	한국외대 (영어과)
金尙敦	부산외대 (국어국문학과)
金相浩	부산외대 (무역학과)
金英愛	한국외대 (태국어과)
金英華	한림대 (영어영문학과)
金旭東	서강대 (영어영문학과)
金閨珍	한국외대 (아프리카어과)
金一坤	한양대 (영어영문학과)
金正梅	동국대 (영어영문학과)
金定慰	한국외대 (이란어과)
金鍾均	한국외대 (한국어교육과)
金洪九	부산외대 (태국어과)
閔聖泓	한국외대 (일본어과)
朴柄熙	울산대 (영어영문학과)
朴星來	한국외대 (사학과)
卞光洙	한국외대 (스칸디나비아어과)
宋慶淑	한국외대 (아랍어과)
宋在祿	인하대 명예교수
申載實	인하대 (영어영문학과)
安英浩	한국외대 (마인어과)
安彌圭	강릉대 (영어영문학과)

禹倫植	부산외대 (언어학과)
柳晟俊	한국외대 (중국어과)
尹鍾爀	홍익대 명예교수
尹孝寧	단국대 (영어영문학과)
李圭哲	부산외대 (아랍어과)
李相度	울산대 (중국어과)
李永傑	한국외대 (영어과)
李容晟	부산외대 (영어과)
李仁雄	한국외대 (독어과)
李庭元	부산외대 (불어과)
李 炭	한국외대 (한국어교육과)
李泰東	서강대 (영어영문학과)
張釖星	한림대 (중국학과)
全完慶	부산외대 (아랍어과)
鄭順姬	부산외대 (말·인니어과)
鄭容相	부산외대 (법학부)
鄭晋錫	한국외대 (신문방송학과)
鄭惠楨	한국외대 (서반아어과)
趙載永	한국외대 (영어과)
崔杞哲	부산외대 (통계학과)
崔永子	한국외대 (영어과)
崔玉迎	한국외대 (영어과)
崔鍾壽	한국외대 (영어과)
崔台岡	한림대 (러시아학과)
韓國鉉	한국외대 (화란어과)
韓美卿	한국외대 (일본어과)
韓炯坤	한국외대 (이태리어과)
咸連珍	호서대 (영어영문학과)
黃圭姬	부산외대 (태국어과)

교수57인의외국유학과문화체험이야기

인쇄 / 1999년 10월 30일 인쇄
발행 / 1999년 11월 5일 발행

편 저 / 金 東 璿
발행인 / 許 萬 逸
발행처 / 華山文化

등록 / 1994년 12월 19일 제2 - 1880호
주소 / 서울시 마포구 아현3동 628-24
전화 / 02) 3147-2263~4
팩스 / 02) 3147-2265

ⓒ 金東璿, 1999

ISBN 89-86277-27-1 03300   값 10,000원

※ 잘못된 책은 바꾸어 드립니다.